AS MESAS GIRANTES e o ESPIRITISMO

Zêus Wantuil

AS MESAS GIRANTES e o ESPIRITISMO

FEB

Copyright © 1958 *by*
FEDERAÇÃO ESPÍRITA BRASILEIRA – FEB

6ª edição – Impressão pequenas tiragens – 1/2025

ISBN 978-85-9466-175-3

Todos os direitos reservados. Nenhuma parte desta publicação pode ser reproduzida, armazenada ou transmitida, total ou parcialmente, por quaisquer métodos ou processos, sem autorização do detentor do *copyright*.

FEDERAÇÃO ESPÍRITA BRASILEIRA – FEB
SGAN 603 – Conjunto F – Avenida L2 Norte
70830-106 – Brasília (DF) – Brasil
www.febeditora.com.br
editorial@febnet.org.br
+55 61 2101 6161

Pedidos de livros à FEB
Comercial
Tel.: (61) 2101 6161 – comercial@febnet.org.br

Adquirindo esta obra, você está colaborando com as ações de assistência e promoção social da FEB e com o Movimento Espírita na divulgação do Evangelho de Jesus à luz do Espiritismo.

Dados Internacionais de Catalogação na Publicação (CIP)
(Federação Espírita Brasileira – Biblioteca de Obras Raras)

W251m   Wantuil, Zêus, 1924–2011

       As mesas girantes e o espiritismo / Zêus Wantuil – 6. ed. – Impressão pequenas tiragens – Brasília: FEB, 2025.

       366 p.; 21 cm – (Coleção Emmanuel)

       Inclui índice dos antropônimos e índice geral

       ISBN 978-85-9466-175-3

       1. Mesas girantes (espiritismo). I. Espiritismo. II. Federação Espírita Brasileira. III. Título.

CDD 133.9
CDU 133.7
CDE 90.01.00

SUMÁRIO

DUAS PALAVRAS 13

AS MESAS GIRANTES E O ESPIRITISMO 17

1 Anteriormente às mesas girantes. — Comunicação dos Espíritos por meio de *raps* ou *echoes* — A telegrafia espiritual. — Revelação dos Desígnios Superiores. — Veracidade dos fenômenos 17

2 Surgem as "mesas falantes" nos Estados Unidos. — Conversão de homens célebres. — Grande repercussão. — O primeiro periódico espírita do mundo. — A imprensa francesa. — Desvirtuamento do sentido das mensagens. — Objetivo das manifestações dos Espíritos. — Converte-se famoso professor da Universidade de Missouri. 19

3 O Velho Mundo na primeira metade do século XIX. O Espiritualismo moderno na Escócia e na Inglaterra. — A notável médium Sra. Hayden. — Ilustres personalidades se convencem da realidade dos fenômenos mediúnicos. — O primeiro periódico espírita inglês. — Os estudos de um médico. 27

4 O Dr. Kerner e a vidente de Prevorst. — O fantasma-batedor de Bergzabern. — A primeira manifestação de mesa girante na Alemanha. — O Dr. André, de Brémen. — O testemunho de professores universitários. — Comentários da imprensa francesa. 33

5 Angélique Cottin e a Academia das Ciências. — Jornais de Medicina criticam a Academia. — Outros casos semelhantes. — A casa apedrejada. — Os fenômenos mediúnicos no Presbitério de Cideville. O marquês de Mirville e o vigário de Saint-Roch comunicam-se com o manifestante invisível. — Declaração de Robert Houdin. 44

6 Giram as mesas por toda a França, em maio de 1853. — "O maior acontecimento do século", no dizer do padre Ventura di

Raulica. — Impressões de sábios magnetistas. — Antiguidade do fenômeno. — A marquesa de Boissy. 48

7 O escritor Eugène Nus e sua iniciação nos fenômenos. — As mesas "falam". — O redator de L'Illustration. — Escritos e peças musicais obtidos de Espíritos e testemunhados por Eugène Nus, Gérard de Nerval, Mme. de Girardin, Toussenel, etc. 52

8 O dramaturgo Victorien Sardou e os dois secretários do sábio Arago. — As sessões com Mme. Japhet. — Presença de ilustres inteligências. — Sardou, espírita e médium. 60

9 As "mesas girantes" tomam conta da França. — Relato de experiências. — Opinião do jornal *La Patrie*. — Jules Janin, "o príncipe dos críticos", descreve aquela singular agitação. — As críticas da *Revue des Deux Mondes* e da *Gazette de France*. — O marquês de Mirville contrário à explicação do ilustre químico Chevreul. — Debates entre o abade Moigno e os famosos engenheiros Séguin e Eugéne Montgolfier. — As declarações dos Srs. Corvisart e Castelnau. — Longo artigo de Félix Roubaud em *L'Illustration*. — O Dr. Mayer, redator-chefe da *Presse Médicale*. — Comunicação à Academia das Ciências de Paris. 63

10 As "mesas girantes" em todo o mundo. — Roma e Viena. — Na Academia Real de Bruxelas. — O ilustre estadista conde de Gasparin confirma os fenômenos e rebate o grande físico Foucault. — Comentários do marquês de Mirville. — O "fenômeno das mesas" entre os lamas e os chineses. 83

11 Robert Schumann e a mesa que lhe dá respostas. — "O movimento da mesa é real" — diz um membro da Academia na Imprensa, folha de Portugal. — O grande escritor Latino Coelho escreve longo trabalho sobre a "epidemia" das mesas girantes. — Presencia os fenômenos a rainha Isabel II da Espanha. — As declarações de Lopes de Mendonca em "A Revolução de Setembro", e a referência ao sábio Humboldt. 90

12 O abade Moigno e a teoria dos "puros Espíritos". — Habilidoso pronunciamento de Arago sobre as mesas que giravam sem contato algum. — As teorias do professor Stroumbo, da Grécia. — O conde de Ourches e suas experiências. 100

13 Introdução, pelos próprios Espíritos, do processo da escrita. — Sua simultaneidade. — O que viu o padre Bautain, vigário geral do Arcebispado de Paris. O "demônio" é o autor. — A palavra do padre Lacordaire, famoso orador sacro. 104

14 A Academia das Ciências nomeia uma comissão. — Faraday, sábio físico inglês, estuda as "mesas".— Suas experiências e conclusões. — Comentários depreciativos de Foucault. — Críticas do marquês de Mirville e de Eugène Nus. — Veemente carta do conde de Gasparin publicada no *Journal des Débats*. — Assombrosas e decisivas experiências relatadas pelo grande estadista. — Move-se a mesa sem qualquer contato com os circunstantes. — Gasparin e os fenômenos espíritas verificados nos Estados Unidos. — A importante contribuição de Gasparin. — Críticas de Félix Roubaud e de Victor Meunier às afirmações de Faraday. — Charles Richet e as "contrações musculares inconscientes". — A grande oportunidade que Faraday perdeu. 109

15 Brasil: o primeiro país da América do Sul a receber notícias sobre as "mesas girantes e falantes"— *O Jornal do Commercio*, do Rio de Janeiro, o vanguardeiro das referidas notícias. — Curiosidade geral. — *O Diário de Pernambuco*. — Escreve sobre o assunto o famoso jornalista brasileiro Francisco Otaviano. — Artigos publicados na Alemanha. — O testemunho do ilustre Dr. Sabino Pinho. — O "Dr. Cesário", as mesas e as curas obtidas com um sonâmbulo. — *O Cearense* narra fatos presenciados em toda parte. — Portugal e as "mesas". 128

16 Victor Hugo na ilha de Jersey. — Em visita ao grande romancista a Sra. Émile de Girardin, entusiasta das "mesas falantes". — O dramaturgo Auguste Vacquerie narra as experiências de que participou. Comunicação com os mortos. — A chamada "mesa Girardin". — A mediunidade e as doutrinas filosóficas de Victor Hugo. — O poeta

reencarnacionista. — O Espírito Dama Branca. — Famosas sessões na casa de Victor Hugo. — Opinião de Sully-Prudhomme, Jules Bois e Flammarion sobre os ditados mediúnicos de Jersey. — Hugo pergunta em versos, e a mesa responde também em versos. — A independência e a superioridade das respostas. — Hipóteses que se desmoronam. — Influência das ideias espíritas na obra hugoana. — A frase latina e seu profundo significado. — Certeza que tinha o genial escritor acerca da comunicação dos mortos com os vivos e da reencarnação. 143

17 O cepticismo e o negativismo da Ciência das Academias. — O marquês de Mirville, sua obra e suas ideias. — A opinião de Kardec sobre o primeiro volume desse escritor. — Mirville e o Espiritismo. — Uma brochura de 1850 demonstra a realidade da comunicação com os mortos. — Outros livros de Mirville. ... 183

18 Discussão pública entre o Prof. Brittan e o Dr. Richmond. — Publicada em Londres, em 1853, notável obra. — Extraordinários fatos espíritas verificados nos Estados Unidos e relatados por H. Spicer. — A conversão do Juiz Edmonds. — Na residência do Reverendo Dr. E. Phelps. O Neoespiritualismo revelado na França pelo conde de Richmond. — Descrição de maravilhosas manifestações mediúnicas. — Incompreendidas as novas ideias. 187

19 O testemunho de homens célebres quanto às mesas girantes e falantes. — O conde de Meslon; Frédéric de Rougemont; conde de Tristan. — Félicien de Saulcy, membro do Instituto Francês, se rende aos fatos. — Carta que ele dirigiu ao marquês de Mirville. — A mesa dá aulas a De Saulcy e faz desenhos originalíssimos. — Confirma a veracidade dos fenômenos das mesas o Dr. Coze, deão da Faculdade de Medicina de Estrasburgo. — O ilustre teólogo italiano padre Ventura di Raulica aceita os fatos e censura os descrentes................................ 195

20 O Clero, o demônio e as "mesas". — Escreve sobre o assunto, em 1853, o Correio Mercantil do Rio de Janeiro. — O teólogo francês Maynard atribui a Satã os fenômenos das mesas

girantes. — Os bispos e suas pastorais proibitivas. — Razões apresentadas. —Comunicações recebidas por Robert Owen e Eugène Nus. — Tallmadge, ex-governador de Wisconsin, obtém notável escrita direta na presença das médiuns Fox. — Conclusões a que chegou. — O livro do abade Almignana, o sonambulismo, as mesas girantes e a intervenção dos mortos. — Refutadas as teorias do conde de Gasparin. — A extraordinária sonâmbula Adèle Maginot. — Cahagnet e os Espíritos. — Posição da Igreja.. 203

21 No terreno da Ciência. — Crítica à teoria de Faraday transcrita no *Jornal do Commercio*, do Rio de Janeiro. — A "sugestão" do Prof. Carpenter. — Objeção do conde de Gasparin. — O ano de 1854. — Babinet, membro da Academia, publica sua hipótese explicativa. — Considera impossível o movimento e a suspensão da mesa, sem haver contacto. — Sua conversão posterior. — O conde de Ourches. — Análise da teoria de Babinet e das razões por ele apresentadas. — A Comissão da Sociedade Dialética de Londres. — Confirma-se o movimento de objetos, independentemente de qualquer contato material. — O professor suíço, Thury, repete as experiências de Gasparin e atesta-lhes a veracidade. 215

22 As investigações do sábio americano Prof. Dr. Robert Hare. — Dale Owen e seus dois grandes livros acerca da comunicação entre vivos e mortos. — O visconde de Santo Amaro. — As ponderações de Babinet. — A teoria fluídica. — O ectoplasma. — O literato Alphonse Karr critica os "movimentos nascentes" de Babinet. — Os médiuns são ventríloquos! — Hipótese insustentável, demonstra-o o conde de Gasparin. — A teoria do "longo perônio" e os Espíritos batedores. — A teoria do "curto perônio" do Dr. Lamballe. — Argumentos que se lhes contrapõem. — Críticas várias, inclusive a de Kardec. 224

23 Considerações sobre o *Neoespiritualismo* nos Estados Unidos, em 1854. — Crescente número de adeptos. — A célebre petição ao Congresso com quinze mil assinaturas. — O descaso parlamentar. — O Senador Tallmadge versus o Senador Shields. — O Juiz Edmonds responde aos gracejos havidos no

Congresso. — Importante sociedade espírita fundada em Nova York. 236

24 No Brasil, em meados de 1854. — "Evocações de alma d'outro mundo", interessantíssimo artigo publicado n'*O Cearense*. — Sessões em Londres com o Espírito Lord Byron. — Esclarecidas inteligências presenciam os fenômenos. — Comunicações de vários Espíritos. — "É composição de Gluck!". 242

25 O sábio químico Chevreul e sua célebre memória sobre a varinha divinatória, o pêndulo explorador e as mesas girantes. — Hipótese da ação inconsciente dos movimentos musculares. — Críticas à parcialidade de Chevreul. — As mesas falantes na opinião desse autor. — Fortes argumentos se lhe contrapõem. — Fragilidade da hipótese de fraude. — O Prof. Thury, da Universidade de Genebra. — Tiro de morte nas hipóteses aventadas. — Levanta-se, sozinho, um piano de 300 quilos! — Aparece a Chevreul o Espírito do seu amigo. 246

26 O Cavaleiro Gougenot des Mousseaux só vê demônios nas "mesas girantes e falantes". — Divergência de muitos católicos. — O redator de *La Table Parlante* crê em comunicações dos mortos. — Os exorcismos. — O vigário de Saint-Roch e o tamborete irrequieto. — O redator de *La Patrie*. — Monsenhor Bouvier, após negá-los, aceita os fatos. — "Operações diabólicas", salienta o bispo de Mans. — Satanás perde para o progresso. 258

27 A. Morin e suas frágeis hipóteses. — Como as almas dos mortos se comunicam com os homens: singular explicação de um sábio. — Bénézet, escritor muito considerado, narra as suas experiências e observações. — Fatos extraordinários se sucedem. — Demônio, mistificação, sonambulismo desperto. 267

28 O movimento "espiritualista" nos Estados Unidos. — O Velho Mundo aguarda um missionário. — Profecia do conde de Gasparin. — O Prof. Hippolyte Léon Denizard Rivail e suas primeiras ideias a respeito das mesas girantes. — A tendência

geral dos magnetistas. — Baragnon, General Noizet, Dr. Mayer, Barão du Potet, etc. 276

29 O magnetismo animal no século XIX. — O marquês de Puységur, d'Eslon e Deleuze. — Sumidades da Ciência e da Igreja pronunciam-se sobre os fenômenos magnéticos. — Experiências no Brasil. — O infeliz relatório de 1784. — As confissões dos famosos Drs. Georget e Rostan. — Experiências magnéticas a que assistiram ilustres personalidades do mundo médico. — A posição da Academia de Medicina de Paris, em 1831, diante do relatório da Comissão por ela nomeada. — A lucidez da filha do Dr. Pigeaire, da Faculdade de Montpellier. — Protestam alguns membros da Academia de Medicina. — Angélique Cottin, a "menina elétrica". — Fatos e mais fatos. — O od do Barão de Reichenbach. 280

30 Intercâmbio entre sonâmbulos e seres espirituais. — Observações, nesse sentido, de ilustres estudiosos. — Deleuze e o Dr. Billot. — Avolumam-se os fatos a favor das ideias espitualistas. — Cahagnet. — Ponderações do sábio Arago. 288

31 Posição do Prof. Rivail ante o fenômeno das "mesas falantes". — Idêntico procedimento do Dr. Brierre de Boismont. — Providencial encontro, em 1855, do Prof. Rivail com o Sr. Carlotti. — Com a sonâmbula Sra. Roger. — Na casa da Sra. Plainemaison o Prof. Rivail testemunha, afinal, os fatos então correntes. — As sessões com a família Baudin. — O processo da "cestinha" no intercâmbio com os Espíritos. — Experiências reiteradas levam Rivail a grandiosas conclusões. — Exploração do Novo Mundo. —Ilustres estudiosos insistem junto ao professor Rivail. — Os cinquenta cadernos de comunicações. ...292

32 Acontecimentos marcantes de 1855. — A obra mediúnica do ferreiro Linton. — O histórico das manifestações espiritistas segundo o pioneiro W. Capron. — Robert Hare, professor na Universidade de Pensilvânia, e seu monumental livro sobre a intervenção dos Espíritos. — O Prof. Thury e o engenheiro Girard de Caudemberg. — Dunglas Home, prodigioso médium americano, visita Paris. — Sua influência na propagação das

ideias espíritas. — As sessões com a sonâmbula Srta. Japhet e o Prof. Rivail. — Émile Littré. — Diálogo memorável. — Pronta a primeira parte de *O livro dos espíritos*. — Nas livrarias as *Revelações do além*, de Cahagnet. — O pseudônimo de Allan Kardec. — O "18 de Abril de 1857". — O Barão de Guldenstubbé e o notável fenômeno da "escrita direta". — Incontestável prova da comunicação dos Espíritos. — A relevante contribuição das "mesas girantes e falantes". — Sua destacada importância no Espiritismo. 302

ÍNDICE DOS ANTROPÔNIMOS CITADOS NESTE LIVRO 317
ÍNDICE GERAL 325

Índice das Ilustrações

Robert Owen 30
Experiências com as "mesas girantes", na Alemanha, em 1853 43
Um salão de Paris, em maio de 1853, segundo o jornal *L'Illustration* da época 50
Charges de *L'Illustration* 53
Charges de *L'Illustration* 54
Victorien Sardou 61
Experiência com o mocho 81
Agénor de Gasparin 121
Sr.ª Émile de Girardin 145
Auguste Vacquerie 145
Victor Hugo 159
Juiz Edmonds 190
N. P. Tallmadge 210
Robert Owen 226
Robert Hare 241
Alphonse Cahagnet 291
Allan Kardec 314

DUAS PALAVRAS

Embora sabendo de antemão que este escrito apresenta defeitos, falhas e imperfeições, para ele, contudo, pedimos a complacência do leitor, já que nos esforçamos para fazer o melhor.

Aqui e ali, nesse e naquele trecho, alguns confrades poderão perguntar por que não foi citado tal ou qual fato, por que não se deu maior relevo ou desenvolvimento àquela narração, por que foram esquecidos fulano e sicrano, por que não se fez comentário a tão interessante caso, por que a falta de concatenação de tais períodos, etc., etc.

A esses confrades caberá, com razão, essa crítica construtiva, mas cumpre-nos esclarecer que não nos moveu, na presente síntese histórica das mesas girantes e falantes, a mais mínima pretensão de apresentar um histórico perfeito ou completo sobre o assunto, já que para isso cremos seriam necessários inúmeros volumes, exigindo uma inteligência realmente à altura para semelhante empreendimento.

Nada mais fizemos que respigar, após afanosas pesquisas e pacientes leituras, algo do que diferentes escritores registraram com respeito ao nosso objetivo, até o aparecimento, em 1857, de *O livro dos espíritos*, a primeira obra da Codificação Kardequiana. Valha esse esforço como incentivo e estímulo a que outros confrades, mais esclarecidos e mais bem providos de obras bibliográficas, realizem finalmente o trabalho que todos aguardamos.

A quase totalidade do que se vai ler já foi por nós publicada, sob o título "Das mesas girantes e falantes", numa série de artigos estampados na revista *Reformador*, órgão da Federação Espírita Brasileira.

Reunidos neste livro, acreditamos que os leitores terão assim melhor visão do conjunto. Que bom proveito ele traga à coletividade, é o mais sincero desejo do

AUTOR
Rio de Janeiro (RJ), 23 de outubro de 1957.

"Como quer que seja, as mesas girantes representarão sempre o ponto de partida da Doutrina Espírita".

Allan Kardec, *O livro dos médiuns.*

"A mesa girante ou falante foi bastante ridicularizada. Falemos claro: essa zombaria carece de valor. Substituir o exame pela mofa é cômodo, mas pouco científico. O fenômeno da antiga trípode e da atual mesa tem, tanto quanto qualquer outro, direito à observação".

Victor Hugo, *William Shakespeare.*

"Há indivíduos para os quais os raciocínios de nada adiantam, visto que eles não raciocinam. Não raciocinam nem leem. Não lerão estas coisas, mas as julgarão; julgá-las-ão sem mais nem menos, do alto de sua importância, por meio de um argumento invencível: 'Não creio, porque não creio!'. É simples, fácil e peremptório. — 'Não admito tais coisas! Perdeis o tempo em me contar vossas histórias!'.

Os críticos dessa escola são tão velhos quanto o mundo. Sempre os houve, sempre os haverá".

Conde de Gasparin, *Des tables tournantes, du surnaturel en général et des esprits.*

As mesas girantes
e o Espiritismo

1 Anteriormente às mesas girantes. — Comunicação dos Espíritos por meio de *raps* ou *echoes* — A telegrafia espiritual. — Revelação dos Desígnios Superiores. — Veracidade dos fenômenos.

Numerosos foram os precursores do Espiritismo que evidenciaram a comunicação dos supostos mortos com os vivos da Terra, revelando-nos um novo mundo de conhecimentos até então semiocultos aos homens.

As visões do sábio sueco Swedenborg, as profecias de Cagliostro, ou os fenômenos mediúnicos produzidos em 1840, na Alemanha, pelo médium inconsciente Gottlieben Dittus; a clariaudiência de Charles-Louis (que dizia ser o delfim Luís XVII), do qual foram publicados, de 1839 a 1841, interessantes livros "revelados"; as retumbantes comunicações dos Espíritos obtidas desde 1840 por intermédio da sonâmbula Adèle Maginot, sob a orientação de Alphonse Cahagnet, que editorou a partir de 1847 os *Arcanos da vida futura desvendados*; as notáveis manifestações mediúnicas da famosa vidente de Prevorst, registradas pelo reputado Dr. Kerner, em 1829; os fenômenos com o pastor escocês Edward Irving; os extraordinários poderes mediúnicos de Andrew Jackson Davis, que, em 1847, em transe, recebeu *The Principles of Nature, her Divine Revelation*, obra que predizia para breve a comunicação ostensiva dos Espíritos, numa demonstração exuberante da imortalidade; dezenas de outros nomes e fatos vinham confirmando, cada vez mais claramente, a verdade milenária da comunicação dos seres que partiram com os que ficaram.

Não iremos relatar a interessantíssima história das pancadas e dos ruídos misteriosos, *rappings, noises* e *knockings*, que, segundo a descrição da Sra. Emma Hardinge Britten, principiaram em fins de 1844, na aldeia de Hydesville, condado de Wayne, no estado de Nova York, numa casa em que residiam os Weekmans, manifestações que continuaram após a saída do antigo dono e a entrada da família Fox, em 11 de dezembro de 1847. Não discorreremos sobre os empolgantes acontecimentos que conduziram a primeira conversação com os autores dos ruídos insólitos, em 31 de março de 1848, data que ficou gravada em letras inapagáveis no movimento espírita-espiritualista mundial. E nem buscaremos descrever as primeiras demonstrações públicas, com as irmãs Fox, iniciadas aos 14 de novembro de 1849, no Corinthian Hall, o maior salão de Rochester, e das quais resultou a organização do primeiro núcleo de estudantes do Espiritualismo moderno.

Acredita-se que o irmão do Sr. Fox, David S. Fox, tenha sido o primeiro a usar o alfabeto, em Hydesville, para comunicações sistemáticas com os Espíritos, mas foi Isaac Post, membro estimado da Sociedade dos Quakers, quem o divulgou, dele se utilizando em Rochester. Dizendo em voz alta o alfabeto, convidava-se o Espírito a indicar por *raps* ou *echoes*, no momento em que fossem pronunciadas as letras que, reunidas, deviam compor as palavras que queria dizer. Estava descoberta a "telegrafia espiritual". Por esse processo foi obtida a seguinte comunicação, a primeira que apresentou, em comparação com as anteriores, maior extensão, verdadeira mensagem reveladora dos desígnios superiores:

Dear friends, you must proclaim these truths to the world. This is the dawning of a new era; and you must not try to conceal it any longer. When you do your duty, God will protect you; and good Spirits will watch over you.[1] ("Caros amigos, deveis proclamar ao mundo estas verdades. É a aurora de uma nova era; e não deveis tentar ocultá-la por mais tempo. Quando houverdes cumprido o vosso dever, Deus vos protegerá; e os bons Espíritos velarão por vós").

Os anos 1848-1849 foram, segundo a expressão fiel de Eugène Nus, "a fase de incubação do *Modern Spiritualism*, o futuro Espiritismo na Europa".

Terminadas as investigações públicas em Rochester, com a afirmação da veracidade de fenômenos diversos, entre eles o da mesa movente (*table-moving*), testemunhados por respeitáveis personalidades, como os reverendos C. Haumond e E. Phelps, este doutor em Teologia, cresceu a agitação em torno deles, e a imprensa estadunidense divulgou-os de uma a outra extremidade da União, tanto que antes de findar o ano de 1850 o *modern Spiritualism* já havia invadido alguns estados da União, e Nova York contava numerosos centros.[2]

2
Surgem as "mesas falantes" nos Estados Unidos. — Conversão de homens célebres. — Grande repercussão. — O primeiro periódico espírita do mundo. — A imprensa francesa. — Desvirtuamento do sentido das mensagens. — Objetivo das manifestações dos Espíritos. — Converte-se famoso professor da Universidade de Missouri.

Até então os Espíritos, na nação americana do Norte, só se comunicavam através do processo a que já nos referimos, o qual, além de grosseiro, era de grande morosidade, trabalhoso e tedioso.

Os próprios Espíritos indicaram, em fins de 1850, nova maneira de comunicação: bastava simplesmente que se colocassem ao redor de uma mesa, em cima da qual se poriam as mãos. Levantando um dos seus pés, a mesa daria (enquanto se recitava o alfabeto) uma

---

1 A. Leah (Fox) Underhill – *The Missing link in Modern Spiritualism*, Nova York (1885), p. 48.
2 Eugène Nus – *Choses de l'autre monde, 2me édition*, p. 191.

pancada toda vez que fosse proferida a letra que servisse ao Espírito para formar as palavras. Este processo, ainda que muito lento, produziu resultados excelentes, e assim se chegou às mesas girantes e falantes.

"Há que notar que a mesa não se limitava a levantar-se sobre um pé para responder às perguntas que se faziam; movia-se em todos os sentidos, girava sob os dedos dos experimentadores, às vezes se elevava no ar, sem que se descobrissem as forças que a tinham suspendido".[3]

Sendo curiosíssima essa nova maneira de proceder, não houve quem não se sentisse fortemente atraído para essas experiências, e destarte a moda das mesas girantes e falantes tomou de assalto as cidades norte-americanas. Sacerdotes de mil e tantas seitas ocuparam-se da questão. Os padres católicos, julgando-se os mais fortes, confiantes e com grandes reforços de hissopes, vieram exorcizar os Espíritos e as mesas *caprissaltantes*. Mas as mesas "possessas" faziam coro e respondiam amém às orações exorcistas. O efeito era nulo; a água benta da Idade Média havia-se deteriorado![4]

Numa sessão realizada em Nova York, em 1850, sentados ao redor de uma mesa, vemos o rev. Griswold, o novelista Fenimore Cooper, o historiador J. Bancroft, o Rev. Dr. Hawks, os doutores J. W. Francis e Marcy, o poeta *Quaker* Willis, o poeta Bryant, o general Lyman e o periodista Bigelow, do *Evening Post*. Todos eles se manifestaram satisfeitos com a sessão e declararam: "As maneiras e a conduta das jovens (isto é, das três irmãs Fox) são tais que tudo se inclina a favor delas".

Em janeiro de 1851, o jurista John Worth Edmonds, ex-senador, ex-juiz do Supremo Tribunal de Nova York, um dos homens mais respeitados nos Estados Unidos, começou suas investigações no campo da fenomenologia espiritualista, e eis a narração de um fato que lhe foi dado presenciar a 23 de abril do mesmo ano: "Fiz parte de um grupo de nove pessoas e nos assentamos em torno de uma mesa colocada no meio do quarto, sobre a qual se achava um

---

3   Emma Hardinge – *History of Modern American Spiritualism*, 1870.
4   Paul Gibier – *O espiritualismo*, 1886.

lampião aceso. Um outro lampião permanecia em cima da lareira. Dentro em pouco a mesa foi elevada pelo menos a um pé do soalho, e sacudida para frente e para trás, com largo desembaraço. Alguns de nós tentamos retê-la, empregando toda a força de que dispúnhamos, mas em vão. Afastamo-nos todos para longe da mesa, e, à luz dos dois lampiões, vimos este pesado móvel de acaju suspenso no ar. Tomei a resolução de prosseguir essas investigações, decidido a esclarecer o público, pois pensava que tudo não passasse de ilusão; minhas pesquisas, porém, me conduziram a um resultado totalmente oposto".

A divulgação dessas experiências com as mesas, e a seguir a conversão do Juiz Edmonds, materialista que sempre rira da crença nos Espíritos, que sempre escarnecera de quem quer que fosse que acreditasse manter relações com um mundo espiritual, pasmaram a todos os norte-americanos, aumentando ainda mais o interesse pelas manifestações inteligentes ultratumulares.

Novos testemunhos, de pessoas de elevada consideração, como William Owens, Morrow, Gatchell, Kossuth (trata-se do célebre político e revolucionário húngaro Lajos Kossuth), Buchanan (certamente o Dr. Joseph Rhodes Buchanan, precursor da Psicometria), etc., vieram corroborar a veracidade dos fenômenos.

Por estarem na vizinhança dos Estados Unidos, o Canadá e o México foram as primeiras nações do mundo a conhecerem os extraordinários fatos.

Nesse meio tempo, os Espíritos se apossam das pessoas dotadas de mediunidade e iniciam novos processos de comunicação com os vivos da Terra. Os médiuns, sob a ação dos mortos, a princípio apontam as letras existentes num círculo; logo depois, psicografam (*writing mediums*) e transmitem mensagens psicofônicas (*speaking mediums*). As mesas falantes imediatamente decresceram de importância nos Estados Unidos, embora não desaparecessem, porque tinham a vantagem de provar aos iniciantes a absoluta independência do pensamento do médium.

Em 1852, W. Bryant, B. K. Bliss, W. Edwards e David A. Wells, professores da Universidade de Harvard, publicaram um manifesto célebre, para apoiar com seus testemunhos a autenticidade dos movimentos e elevação da mesa, sem que para isso entrasse em jogo qualquer agente físico conhecido. Tais professores, depois de várias experiências, "praticadas com o mais escrupuloso cuidado", se viram obrigados a "admitir que ali havia a manifestação constante de uma força inteligente, que parecia ser independente das pessoas vivas".[5]

Ainda em 1852, em 8 de maio, era dado à estampa, em Nova York, o primeiro periódico espírita do mundo, o *Spiritual Telegraph*, subvencionado pelo negociante, Sr. Partridge, com o auxílio do Rev. S. B. Britain.[6] Foi o vanguardeiro dos novos ideais em toda a América do Norte, em cujas colunas os adeptos mais eminentes respondiam as invectivas de artigos publicados pela imprensa profana. Esta, na sua generalidade, ridicularizava as mesas girantes e os Espíritos batedores, e — conforme as expressões de Gabriel Delanne — não havia escrevinhador de jornais ou sorumbático amanuense que não se desse por autorizado a criticar esses alucinados que acreditavam sinceramente que a alma do seu próximo pudesse erguer o pé de um móvel.

No outro lado do Atlântico, raras eram as notícias que ali aportavam falando dos extraordinários fenômenos, e, em geral, falhas, incompletas, desvirtuadas, pontilhadas do sarcasmo e do ridículo dos cronistas. Por isto mesmo, na Europa, a princípio nenhuma atenção ligaram ao "maravilhoso" que despontara naquelas plagas distantes. E, comentando, escreviam os jornais europeus que com certeza nascera mais uma seita religiosa na grande nação americana, onde — acrescentavam — o misticismo exaltado criava todos os dias novas religiões. Não havia, pois, novidade... A imprensa francesa calava-se completamente sobre essa revolução americana. Todos os paquetes que na França abordavam, procedentes dos Estados Unidos, transportavam pela boca dos passageiros aquelas novas, além de jornais e de uma que outra obra acerca do assunto que atraía as atenções gerais dos estadunidenses. Mas — diz o marquês de Mirville[7] — como os navios traziam ao mesmo tempo os preços do café e do algodão,

---

5   Torres-Solanot – *Primer Congreso Internacional Espiritista*, Proêmio, 1888.

6   W. G. Langworhy Taylor – *Katie Fox and the Fox-Taylor Record*, 1933, p.71.

7   J. Eudes de Mirville – *Des Esprits et de leurs manifestations fluidiques, deuxième édition*, 1854, p. 406.

estes tomavam toda a coluna dos periódicos franceses, na seção relativa aos Estados Unidos, e esta única preocupação absorvia em regra quaisquer outras notícias, principalmente aquelas a que nos vimos referindo, desprezadas como banalidades.

Segundo nos informa Mirville, o primeiro jornal francês a dar maior destaque à questão foi o *L'Univers*, num artigo publicado em 26 de julho de 1852, sob o título: *Les Spiritualistes d'Amérique*.

Não nos furtamos de traduzir alguns tópicos:

> Há um ano que os jornais políticos da América assinalam os progressos de uma nova seita, que possui adeptos em toda a superfície dos Estados Unidos. Tais progressos, longe de esfriarem, tomam notável desenvolvimento, e, em data recente, a atenção pública seguia os movimentos dos espiritualistas, reunidos em convenção geral na cidade de Cleveland, às margens do lago Erie. Trata-se de um magnetismo, desta vez sem sonambulismo, e da evocação das almas dos mortos, que viriam guiar os vivos com os seus conselhos. Duas jovens de Rochester, as irmãs Fox, respectivamente de 13 e 15 anos, foram, há quatro anos, as autoras dessa doutrina, ao sustentarem que elas entravam, à vontade, em comunicação com os Espíritos.

Após descrever o modo por que manifestavam os Espíritos a sua presença, através de pancadas, de estalos no ar, de abalos transmitidos a mesas ou a cadeiras, as quais se punham a dançar, após contar que pianos faziam ouvir concertos celestiais, sem o concurso de nenhum executante visível, o articulista concluía assim:

> A única explicação possível está no demônio, que é a causa desses criminosos embustes, e, para se convencer disto, basta reparar que as revelações dos Espíritos têm todas a finalidade de minar a religião, e que os jornais socialistas da América fazem grande ruído em tomo dessas superstições, na esperança de usá-las para popularizarem suas ardentes ambições.

Abrimos um parêntesis para explicar o motivo que conduziu o *L'Univers* a escrever a conclusão final. Nos Estados Unidos, as irmãs Fox, e bem assim vários outros médiuns, recebiam frequentes comunicações de Espíritos que revelavam serem aqueles fenômenos o prelúdio de uma renovação espiritual no mundo. O sentido exato dessas revelações foi, naqueles dias, maliciosamente desvirtuado por interesses políticos e religiosos, e em pouco tempo se estabeleceu uma reação violenta, sendo os "espiritualistas" arrolados como licenciosos, revolucionários e até criminosos. Começava o Espiritualismo moderno a ser tido como um perigo social, e se não fora um grupo de homens íntegros e respeitados pela nação, os quais, declarando desassombradamente as suas convicções a favor da realidade e transcendência dos fenômenos, fazerem frente aos detratores, a história daquele país talvez se manchasse com a perseguição e matança de centenas de mártires espíritas.

> As revelações — escreviam a imprensa conservadora e o clero — ensinam a destruição das organizações eclesiásticas existentes e dizem serem necessárias transformações vitais no mundo social e comercial. Como é geral a crença numa procedência espiritual desses ensinos, crença que se expande cada dia, o efeito será, como dissemos previamente, a formação de um grande partido radical, que em pouco tempo se desenvolverá por si mesmo e surpreenderá o mundo pela sua força.[8]

Misturando cavilosamente a política às revelações do Além, todas de fundo pura e visivelmente moralizador, os novos fariseus supunham, dessa forma, escurecer as verdades vindas de mais Alto, eclipsar a alvorada do Consolador prometido pelo Mestre Jesus. Tudo embalde, porém... As clarinadas dos Espíritos ressoavam mais e mais fortemente, sobressaindo ao alarido das vozes inconsequentes. Aqueles seres invisíveis, como verdadeiras trombetas celestiais, dirigiam-se para todos os lados apregoando por mil maneiras os novos ideais de amor e fraternidade.

O objetivo da intercomunicação dos vivos com os mortos desde cedo se revelara aos homens. O ex-governador de Wisconsin e Senador dos Estados Unidos, N. P. Tallmadge, uma das figuras

---

8   Emma Hardinge – op. cit. p. 308.

proeminentes da política ianque, numa carta[9] à Sra. Sarah Helen Whitman, de Providence, R. I., datada de Baltimore, 12 de abril de 1853, conta que na presença da Sra. Fox e filhas obteve na cidade de Washington, em fevereiro do mesmo ano, a seguinte mensagem do estadista John Caldwell Calhoun, falecido em 1850: "Meu amigo, perguntam-vos que bem podem fazer nossas manifestações. Eu respondo a isso: elas têm por objetivo congraçar os homens, convencendo os céticos da imortalidade da alma".

Essa comunicação foi dada letra por letra, uma pancada para cada uma, segundo o método ordinário que atrás já mencionamos. O Senador Tallmadge faz notar, em seguida, que no ano de 1850, em Bridgeport, com a presença de outros médiuns, entre as várias perguntas formuladas e as várias respostas recebidas, a pergunta "Que têm em vista os Espíritos em se manifestando a nós?" provocou da parte de W. E. Channing[10] uma resposta perfeitamente semelhante àquela de Calhoun: "Unir a família humana e convencer os céticos de uma outra vida". E conclui o ilustre senador com aquele espírito de observador profundo: "Essa unidade de vistas de dois espíritos tão elevados, sobre um ponto de suma importância, é digno, ao que me parece, de atenção".

Com esse longo parêntesis quisemos demonstrar que os processos ardilosos e desleais de que se serviram para perseguir o Rabi da Galileia e, posteriormente, os primeiros cristãos, foram, na verdade, aqueles mesmos empregados contra os adeptos do Espiritismo nascente.

Contudo, como que reparando logo após o comentário tendencioso a respeito dos fenômenos, o jornal *L'Univers* extraiu do *Courrier des États-Unis* uma correspondência de 25 de junho de 1852, datada de Saint Louis, cidade situada à margem do rio Mississippi. Esta correspondência começa assim:

> Passam-se aqui, e em grande parte da América, fatos aos quais a imprensa dá uma certa atenção... Se os fatos são o que pretendem ser, eles anunciam uma revolução religiosa e

---

9 M. Goupy – *Explication des tables parlantes, des médiuns, des esprits et du somnanbulisme*, 1860, p. 126.
10 William Ellery Channing (1780–1842) – famoso teólogo norte-americano.

social, e são o índice de nova era cosmogônica. O contágio se faz de maneira inexplicável, sem que seja possível compreender-lhe a causa: é uma alucinação que se apodera de quase toda a gente. Falo dos fenômenos conhecidos pelo nome de manifestações espirituais, ou manifestações dos Espíritos do outro mundo. Sei que estas palavras atrairão um sorriso de piedade para os lábios daqueles que não sabem de que se trata; apesar de tudo, a loucura, se loucura há, se apodera dos cérebros mais bem constituídos.

Mais adiante, o correspondente norte-americano, cremos que o pastor Haumond, refere-se à missão das senhorinhas Fox, ao número elevado de médiuns já existentes nos Estados Unidos, e observa:

Para as pessoas que têm acompanhado esses desenvolvimentos extraordinários, a fraude e a magia branca já não podem ser levadas em conta. Os que repelem a ideia de uma intervenção dos Espíritos chamam em seu auxílio a eletricidade e o magnetismo para explicar essas incríveis novidades; porém, as teorias mais engenhosas não podem dar a explicação de tudo o que se passa, e a hipótese dos Espíritos é até o momento a única que parece responder a todas as dificuldades.

Continuando, o *Courrier des États-Unis* narrou um fato de ampla repercussão nos meios médicos, fato que passamos a resumir: As irmãs Fox compareceram ao anfiteatro da Escola de Medicina da Universidade de Missouri, diante de uma assembleia de 500 a 600 pessoas, submetendo-se a um comitê de investigação, que fiscalizava as experiências dirigidas pelo deão da faculdade, sábio professor de Anatomia, célebre pelos seus conhecimentos médicos e reputado pela sua argúcia e cepticismo. A reunião foi presidida pelo presidente da Câmara Municipal da cidade, bem conhecido pela sua oposição à nova doutrina. Todos acreditavam que o velho professor demoliria, enfim, o edifício inteiro do Espiritualismo moderno. Mas, oh! espanto! O famoso materialista, depois de dissecar os fenômenos mediúnicos, proclamou a sua crença na imortalidade da alma e declarou crer na presença dos Espíritos e na comunicação através de meios físicos.

Finalizando a sua narrativa, o correspondente dizia que muitos outros fatos mais surpreendentes ainda poderia contar, mas preferia assinalar aqueles "cuja autenticidade está acima de toda a suspeita, e sobretudo essa singular declaração partida de um dos santuários da Ciência da metade do século XIX".

Como vemos, o artigo supramencionado não deixava de ser curioso, mas os franceses não se preocupavam com essas coisas que vinham de tão longe, e ninguém se lembrou de dar ao assunto maior relevo, pelo motivo que expusemos no princípio: tratava-se, segundo o pensamento geral, nada mais, nada menos, de uma nova seita americana, cheia de místicos e crendices inaceitáveis...

3 O Velho Mundo na primeira metade do século XIX. O Espiritualismo moderno na Escócia e na Inglaterra. — A notável médium Sra. Hayden. — Ilustres personalidades se convencem da realidade dos fenômenos mediúnicos. — O primeiro periódico espírita inglês. — Os estudos de um médico.

Era necessário, todavia, fazer chegar a Terceira Revelação ao conhecimento da Europa, naquela época o centro do mundo.

Moritz Carrière, em sua obra *Discursos e meditações religiosas dirigidos à nação alemã por um filósofo alemão*, dados à luz em 1850, fazia sentir, com as palavras "a hora presente é sombria e cheia de inquietações", a gravidade da crise moral por que atravessava o mundo europeu. Fazendo uma comparação da época em que vivia com a Roma antiga, traçava o seguinte quadro:

> As sombras de Mário, de Sila, de Catilina reapareceram nas sanguinolentas figuras de Danton, de Saint-Just, de Robespierre, e o século de César recomeçou com o século de Napoleão. Desde os Gracos, até a revelação do Cristo, o mundo pagão não conheceu tranquilidade de espírito; desde Lutero o mundo moderno também não desfrutou sequer uma hora de paz: apenas tumultos e guerras civis, militares e

espirituais. E para que o mundo repouse, enfim, é preciso não mais, é verdade, a revelação do Cristo, mas a compreensão e o cumprimento de sua lei. A dissensão está em todas as partes nas doutrinas religiosas. Há três séculos, desde o último concílio, a Igreja Católica está mergulhada num profundo sono; o cisma grego encontra-se embotado ou desagregado pelas heresias; o Protestantismo se dispersa por si mesmo e exclama: 'Tudo está consumado!' As negações, se assim posso falar, as negações fleumáticas e desesperadas da ciência alemã têm ido até aos extremos do niilismo. Quanto ao idealismo, vemo-lo tão estreito, tão impotente para produzir alguma coisa de durável, que não há muito se constituía no materialismo dos enciclopedistas franceses. Daí esse burburinho, essa algazarra de opiniões, de teorias e de sistemas que ensurdecem a Europa.

Tal era, numa pincelada de Moritz Carrière, o Velho Mundo da primeira metade do século XIX. Mas o filósofo alemão, dotado da visão profética dos grandes pensadores, a qual nada mais é que a inspiração vinda de Mais Alto, anunciava à Humanidade desesperançada uma nova esperança: "Eu sinto que nada morreu, que nada morrerá do que verdadeiramente viveu, e vejo nas lutas e nas convulsões do nosso tempo as primeiras dores de um novo parto, os primeiros sinais de uma renovação do Cristianismo".

O mesmo Espírito Santo (conjunto dos mensageiros do Senhor) que semeara novas ideias nas terras favoráveis de Colombo, onde o fruto já era colhido, semeá-las-ia também no solo semiárido do continente europeu. Regadas com a chuva do seu amor e aquecidas com o sol de sua caridade, certamente haveriam de germinar, crescer e frutificar.

Prepararam, então, os Espíritos Superiores a entrada dos novos ensinos naquelas velhas paragens históricas, onde campeava o cepticismo e o materialismo. Bem mais cedo do que se supunha, aqueles extraordinários fenômenos, negados pela Ciência, explorados pelos charlatães, ridicularizados pelos jornais, anatematizados por diferentes seitas, sofrendo desde o início formidável oposição, acompanhada, por vezes, de cenas selvagens, em que houve a deplorar violências, grosserias e absurdos de toda a espécie, atravessaram o Oceano Atlântico e invadiram a Europa.

É assim que em fins de 1852,[11] dando início a essa memorável tarefa, faziam desembarcar no norte da Escócia alguns médiuns americanos. Com eles vinha o *Modern Spiritualism*. Os fenômenos, principalmente as manifestações com as mesas girantes, espalharam-se pela Escócia, ganharam Londres e em menos de um ano se generalizaram por quase toda a Inglaterra.

É bem verdade que antes dessa "invasão" os ingleses já possuíam algumas informações acerca dos fatos estranhos que se verificavam nos Estados Unidos, e isso através da obra de Adin Ballou: *An Exposition of Views respecting the Principal Facts, Causes and Peculiarities involved in Spirit manifestation*, dada a público em 1852, na cidade de Londres, pelo editor G. W. Stone, mas aos médiuns e às experiências levadas a efeito é que se deveu a divulgação e aceitação dos fenômenos.

É de salientar que um dos médiuns que mais contribuiu para esse desenvolvimento foi uma notável mulher, a Sra. M. B. Hayden, verdadeira missionária encarregada pelo Alto de despertar a intelectualidade anglo-saxônica para a nova revelação.

Ela também aportara na Inglaterra em fins de 1852, juntamente com seu esposo, respeitável proprietário e diretor de um diário de Boston, de grande circulação na Nova Inglaterra. A seu respeito escreveu um biógrafo:

> Desvanecia toda suspeita com a natural ingenuidade de suas palavras, e muitos, que vinham divertir-se à sua custa, ficavam envergonhados ante a brandura e o excelente caráter de que ela dava mostras, e acabavam pela tratar com respeito e cordialidade.
> Invariavelmente deixava naqueles que a experimentavam a impressão de que, se os fenômenos manifestados por sua

---

11 O Dr. Giuseppe Lapponi, em sua obra *L'Hypnotisme et le spiritisme*, Paris, 1907, diz ter sido no começo de 1852, e que apenas desembarcara uma testemunha nos prodígios de Rochester, a qual seria a espoleta que em pouco tempo deflagraria uma verdadeira revolução em toda a Inglaterra. Nós, entretanto, nos apoiaremos em Mirville, em sua obra *Des esprits et de leurs manifestations*, publicada em 1853.

intervenção pudessem ser atribuídos à fraude, ela seria então — segundo a observação de Dickens — a mais perfeita artista que se possa imaginar.

Arthur Conan Doyle, em sua obra *The History of Spiritualism*, narra alguns aspectos da mediunidade da Sra. Hayden, que, conforme declarou eminente estadista daquele tempo, "merecia um monumento, ainda que fosse só por ter conseguido a conversão de Robert Owen". Esse famoso reformador social, cujas crenças materialistas exerciam perniciosos efeitos sobre a religião, proclamou, num manifesto, sua nova convicção: "o espírito do homem, em lugar de morrer com o corpo, como eu o acreditava, passa, ao separar-se dele, a uma outra existência mais luminosa, mais pura e mais feliz". Numa carta ao Sr. Goupy,[12] datada de Londres, 20 de maio de 1853, Robert Owen explicava que "o objetivo das manifestações observadas por toda a parte era preparar a reforma do mundo; convencer todos os homens da realidade de uma existência imortal após a que vivemos; inspirar-lhes a caridade, a benevolência e a mansidão sem limites". E, referindo-se às mesas girantes, afirmava que o movimento delas, sob a cadeia de mãos, era determinado por Espíritos de pessoas mortas.

Robert Owen

---

[12] M. Goupy – op. cit., p. 120.

Reunindo-se com alguns amigos, entre os quais o célebre estadista inglês *Lorde* Henry Brougham, obteve, por meio de pancadas batidas pela mesa, várias e interessantíssimas comunicações de extintas personalidades ilustres,[13] entre elas aquele que lhe foi grande amigo em vida, o Duque de Kent, pai da célebre Rainha Vitória, o que o levou a publicar, em 1854, um curioso livro com o título: *O futuro da raça humana, ou Grande, gloriosa e pacífica revolução, anunciada e cumprida por intermédio das almas de uma sociedade de mulheres e de homens notáveis pelo saber e pela probidade*.

A Sra. Hayden converteu à teoria espiritista outras figuras de relevo na Inglaterra, como o Dr. Ashburner, famoso médico da Real Academia, *Sir* Charles Isham, o professor Augustus de Morgan, renomado matemático e filósofo, a Sra. Fitzgerald, de antiga e nobre família irlandesa, a escritora Katie Stevens Crowe, o Dr. John Elliotson, sábio médico inglês, membro das mais importantes associações médicas de Londres, presidente da Sociedade Real de Medicina e Cirurgia, e que foi intimorato defensor do emprego do magnetismo animal no tratamento de certas afecções tidas por incuráveis e como poderoso e eficaz anestésico nas operações cirúrgicas, etc.

Assistiram, ainda, às sessões com a referida médium, convencendo-se da realidade dos fenômenos obtidos, várias personalidades inglesas bastante conhecidas e respeitadas, entre as quais mencionaremos: *Lady* Combermere, esposa do grande General inglês Stapleton Cotton Combermere; o filho deste, Major Cotton; o Dr. John Malcom, de Clifton; a Sra. Gibson, esposa do ilustre político Thomas Milner Gibson; *Sir* Henry Thompson, notável cirurgião; o escritor Colley Grattan; os Drs. Daniel e Samuel Dickson; o celebrado editor e literato escocês Robert Chambers; o Rev. A. W. Hobson, do St. John's College, de Cambridge, que se acredita ter sido o primeiro sacerdote britânico a ocupar-se dos fenômenos em voga; o grande físico, *Sir* David Brewster; o conde d'Eglinton, então governador da Irlanda, etc. etc.

Num longo artigo no periódico londrino *Critic*, em 1853, o Rev. Hobson chamava a atenção dos clérigos para os fenômenos

---

13   Alexander Aksakof – *Animismo e espiritismo*, 2. ed., FEB, p. 87 e 88.

"espiritualistas" que rapidamente se alastravam pela Inglaterra, convertendo "muitos homens cultos e inteligentes". Frisava estar plenamente convencido de não ter havido nenhuma farsa nas sessões com a senhora Hayden, cuja honorabilidade assegurou.

Por essas e outras razões, levantaram-se contra ela a imprensa, os púlpitos e as instituições de toda a classe, numa arremetida de injúrias, perseguições e insultos, sendo até tratada como vulgar aventureira americana. Tudo isto sofreu esse bondoso Espírito, que em fins de 1853 voltava à sua pátria.

Conan Doyle diz que, enquanto a Sra. Hayden semeava suas primeiras sementes, em Londres, ocorriam no Yorkshire, na cidade de Keighley, manifestações espirituais por meio das mesas, sob o controle de um americano recém-chegado e do inglês David Weatherhead, que fundou o primeiro periódico espírita inglês, o *Yorkshire Spiritual Telegraph*. Daquele condado de York, o movimento se propagou a Lancashire, e através de novos médiuns foi-se ampliando por outras regiões da Inglaterra, tornando-se familiares as experiências com as mesas, tanto que naqueles dias, segundo um artigo publicado em *The Yorkshireman* de 25 de outubro de 1856, "se convidava ao chá e à mesa movediça como um passatempo".

Impresso pela editora londrina Hippolyte Bailliere, saiu a lume, em 1853, um livro que moderou os sorrisos irônicos de muitos incrédulos empedernidos. Escrito, certamente em maio, por ilustre médico que ficou no anonimato, o livro em questão se intitulava *Practical instructions in table-moving, with physical demonstrations*, estudo sereno e consciencioso do assunto em voga, sem ser, como declarou o próprio autor, "a expressão de um entusiasmo insensato que dissimule a verdade".

No prefácio à sua obra, o médico explicou logo no começo:

> Cerca de um mês atrás, os jornais alemães revelaram ao público alguns estranhos e até mesmo incríveis fenômenos. Minha primeira impressão foi de incredulidade; mas, pouco depois, homens de elevada reputação, médicos e sábios, os quais eu conhecia ou pessoalmente ou por seus trabalhos, publicaram o resultado de suas experiências, atestando a realidade de

tais fenômenos, apesar de misteriosos e inexplicáveis em sua origem.

Durante o mês passado, entreguei-me à tarefa de pesquisar, de sondar esse novo e imenso oceano que se abriu à investigação atual. A dúvida já não é mais admissível; e seja qual for a causa que lhes deem nascimento, somos obrigados a admitir fatos positivos e materiais, constantemente reproduzidos com certa precisão matemática, e àqueles que buscarem negá-los aplicaremos estas palavras: "Têm olhos, mas não veem".

No final desse prefácio, o estudioso médico expressava seus votos para que as sociedades científicas submetessem a exame os fatos que iria expor, fatos, escrevia ele bem inspirado, que "talvez venham a ser o marco de uma das mais importantes vitórias do espírito humano".

Tendo estudado o movimento de corpos de toda a espécie, forma e peso, sob diferentes condições físicas, metereológicas, fisiológicas e morais, verificou não haver ali condições elétricas, magnéticas, fisiológicas e psicológicas. Tudo obedecia a uma força de natureza desconhecida, cujas leis a Ciência não havia ainda determinado.

Definitivamente estabelecidas, em princípios de 1853, essas manifestações nas terras britânicas, os mensageiros da Terceira Revelação rumaram para a altiva Alemanha, com os planos já combinados e em vias de execução.

4 O Dr. Kerner e a vidente de Prevorst. — O fantasma-batedor de Bergzabern. — A primeira manifestação de mesa girante na Alemanha. — O Dr. André, de Brémen. — O testemunho de professores universitários. — Comentários da imprensa francesa.

Felizmente, na pátria do genial filósofo Kant, o caminho para a entrada da nova Revelação já estava mais ou menos achanado por Justinus Kerner, sábio doutor em Medicina, uma das glórias literárias e filosóficas da Alemanha, autor da célebre obra *A vidente de*

Prevorst (*Die Seherin von Prevorst*) e de diversos outros livros sobre o sonambulismo, o Magnetismo, o intercâmbio com os Espíritos, obras essas publicadas em Stuttgart, de 1824 a 1852.

Não podemos deixar de algo dizer a respeito, nem que de muito leve, pois foi o Dr. Kerner quem, pode-se dizer, preparou o povo alemão para que este mais facilmente aceitasse as novas e universais manifestações despontadas em Hydesville.

O Dr. Kerner, cuja sinceridade e boa reputação jamais foram postas em dúvida por quem quer que seja, divulgou em 1829 os notáveis fenômenos que testemunhara na presença da sonâmbula Friederike (Madame Hauffe), juntamente com outros estudiosos, entre os quais Strauss, o célebre autor de *A vida de Jesus*, e o magistrado Pfaffen, cuja incredulidade se dissipou no dia em que ele, com seus próprios olhos, viu formarem-se "fantasmas" na sua frente.

Produziram-se com aquela médium os mais diferentes ruídos, pancadas secas, o deslocamento de inúmeros objetos, sonhos premonitórios, desdobramentos, etc. Ela via os Espíritos e com eles conversava, e confessa o Dr. Kerner que em certa ocasião ele observou, no lugar que a vidente indicara, "uma forma esbranquiçada e vaga, uma espécie de coluna vaporosa".

Tão assombrosos fenômenos repercutiram largamente na Alemanha, devido à reconhecida idoneidade moral daquele que os subscrevia. Na Inglaterra, mesmo, a obra do Dr. Kerner foi bastante comentada, mas na França pouco se lhe deu importância, sendo aquele tratado como impostor, e a Sra. Hauffe, como uma aventureira. Só treze anos depois, a famosa *Revue des Deux Mondes*, de 15 de julho, referindo-se ao livro *A vidente de Prevorst*, escrevia: "Este livro, no qual o maravilhoso abunda, tanto em revelações dos segredos de uma vida interior, como em pesquisas e vistas novas que dizem respeito a um mundo de Espíritos em relação contínua com o nosso, é dos mais estranhos e mais conscienciosamente elaborados, sobressaindo a tudo quanto foi escrito sobre tal matéria".

A influência dessa obra, posto que significativa no espírito dos homens cultos da Alemanha, naquela época, não bastou, todavia, para demovê-los de seus enraizados postulados materialistas.

De mais ampla e mais profunda repercussão seriam os fenômenos que invadiriam a terra goethiana em 1853.

J. Eudes de Mirville, um dos primeiros e dos maiores historiadores desse movimento na Europa, dizia,[14] ao ver, em fins de 1852, o rápido progresso da "epidemia" de Hydesville na Inglaterra: "Se ela algum dia chegar à Alemanha, todo este país pegará fogo".

Como que preparando o terreno para a alvorada desse dia, surgem na pátria de Lutero, em princípios de 1852, alguns casos semelhantes aos verificados com as irmãs Fox, ressaltando o de Bergzabern. Esta cidade da Baviera renana é revolucionada no mês de janeiro por um fantasma-batedor *(klopferle)*. A casa do alfaiate Pierre Sänger, onde os fenômenos se processavam, é visitada por uma multidão de curiosos, e as autoridades chegaram mesmo a pedir ao médico real do cantão, o Dr. Bentner, uma explicação para o caso, não tendo ele chegado a nenhuma conclusão.

O resumo a seguir foi extraído da longa descrição que do caso fez F. A. Blanck, redator do *Jornal de Bergzabern*, conforme a tradução feita pela *Revue Spirite* de 1858.

Uma menina dos seus onze anos foi a médium a quem os Espíritos Superiores incumbiram dessa extraordinária, porém penosa, missão. Claramente se observa que por detrás das manifestações físicas, ainda que conduzidas por Espíritos de ordem inferior, havia uma plêiade de elevados seres espirituais, com o fito — podemos dizer como Kardec — "de despertar a atenção dos homens e convencê-los da realidade de um poder superior, fora do mundo corpóreo".

Noites e noites seguidas, a criança fazia, adormecida, uma espécie de discurso. Deitada, de olhos fechados, a menina acenava com a mão direita a alguém e dizia: "Vamos! Venha para perto de minha cama e junte as mãos. Vou falar-lhe do Salvador do mundo". Cessavam as batidas e os *raps*, e os assistentes encarnados ouviam surpresos, em puro alemão, palestras sobre a vida e as ações de Jesus desde os 12 anos. Ao terminar, a criança dirigia a Deus uma prece fervorosa, pedindo que "lhe concedesse a graça de suportar com

---

[14] J. Eudes de Mirville – *Des esprits et de leurs manifestations fluidiques, deuxième éd.* 1854, p. 419. (Deste autor nos serviremos de agora por diante inúmeras vezes).

resignação os sofrimentos que lhe tinha enviado, pois que a havia escolhido para entrar em comunicação com o Espírito". Por fim, recitava com voz solene o Pai-Nosso, depois do que dizia: "Agora você pode vir". Imediatamente recomeçavam as batidas e os *raps*.

Relata ainda o Sr. Blanck que em princípios de 1853, numa certa noite, a menina, em estado de sono magnético natural, falou ininterruptamente cerca de meia hora, "e entre outras coisas declarou que durante o ano em curso produzir-se-iam fatos que ninguém poderia compreender e que seriam infrutíferas todas as tentativas feitas para explicá-los".

Com o passar dos meses, os fenômenos se tornaram cada vez mais interessantes, e até maio de 1853 foram confirmados por uma miríade de testemunhas, mas o governo do palatinado renano propôs a Sänger internar sua filha numa casa de saúde em Frankenthal, o que foi aceito. Assim mesmo, os prodígios de Bergzabern continuaram, e os médicos jamais puderam determinar a causa deles.

Sentimos não poder alinhar aqui (porque foge ao nosso objetivo) a série de fenômenos físicos, dos mais notáveis e variados, que se verificaram através da mediunidade da menina Philippine Sänger, que, sem dúvida, era dedicada missionária investida na dolorosa missão de renovar a Humanidade, despertando-a para a realidade de uma outra existência além do sepulcro.

O *Morgen-Blatt*, periódico da Baviera, também se ocupou do caso, e mais tarde, transcrevendo a notícia desse órgão, a *Gazeta de Augsburgo* de 18 de junho de 1853 acrescentava com certa ponta de malícia: "O fantasma bate tantas vezes quanto lhe ordena a menina; é obediente ao extremo... O que há de notável é que os *fantasmas-batedores*, assim no Velho Mundo que em o Novo, têm grande semelhança de família, parecendo-se como duas gotas d'água..."

Esses fatos igualmente chegaram ao conhecimento dos franceses, sendo registados pelo *Journal du Magnétisme* de 10 de março de 1853.

Já se supunha que na Alemanha os casos extraordinários observados em outras partes se limitariam a esses fenômenos, quando em abril ecoa de Brémen, importante cidade à margem do rio Weser, a notícia da primeira manifestação da "mesa girante", ou melhor, a primeira a que se deu publicação.

A conceituada *Gazeta de Augsburgo* (*Augsburger Zeitung*), nº 94, de 1853, referindo-se àquele fantástico acontecimento, declarava entre outras coisas: "Há cerca de oito dias que aquela nossa querida cidade está numa agitação difícil de se descrever; ela se acha completamente absorvida por um fato maravilhoso, com o qual não se sonhava antes da chegada do vapor de Nova York, o Washington... O novo fenômeno é importado da América".

É que esse navio trouxera a revolucionária notícia. Um negociante alemão, estabelecido em Nova York — diz o *Courrier du Bas-Rhin* — informava o seu irmão, residente em Brémen, sobre o fenômeno das mesas girantes, já conhecido nos Estados Unidos.

Experiências logo feitas confirmaram a veracidade daqueles fatos, mas o primeiro a relatar, com minúcias, o singular acontecimento de Brémen, foi um médico, o Dr. André, e por essa razão de boca em boca se espalhou a frase: "a descoberta do Dr. André".

Esse médico publicou seu interessante relatório na *Gazeta de Augsburgo* de 4 de abril de 1853. Transcreveremos a parte principal da experiência a que ele próprio assistiu:[15]

> Cerca de trinta pessoas se reuniam no salão. Uma jovem dama, irmã do negociante de Nova York, pediu-nos levássemos para o meio do salão a mesa que se achava diante do sofá. Oito pessoas foram convidadas a se assentarem em torno da mesa, feita de acaju, com quatro pés, e que tinha formato circular e um peso de aproximadamente 60 libras. Das oito pessoas mencionadas, três eram homens e cinco, mulheres, da idade de 16 a 40 anos. Havia um jovem estudioso de ciências naturais, um ferrenho incrédulo, e incrédulos eram também os demais, com exceção da jovem dama, a única que persistia, dizendo: cedo estarão do meu lado os que zombam.

---

15 *Les Tables mouventes et les miracles du dix-neuvième siècle, ou La Nouvelle magie, par un croyant de Chambéry* (Savoie), Turin, Cugini Pomba et Comp. Editeurs, 1853, p. 10 – 13. (Tudo indica ser A. Bonjean, membro da Academia Real de Saboia e cavaleiro de várias Ordens, o conceituado autor dessa obra).

Várias lâmpadas e umas trinta velas iluminavam o salão. Quando todos tomaram seus lugares à mesa, foi formada a cadeia, enquanto os assistentes, grupados em volta e fora da mesa, conversavam e riam.

Ao cabo de vinte minutos mais ou menos, uma das damas, declarando não poder ficar mais tempo junto à mesa, pois que se sentia mal, levantou-se. Rompida a cadeia, foi ela imediatamente reatada.

A experiência já se dilatava por mais de meia hora. Os que permaneciam sentados falavam em levantar-se. O jovem naturalista, porém, exortava à perseverança e dizia experimentar no braço direito correntes de uma natureza particular, as quais haviam passado insensivelmente, e com mais força, pelo seu braço esquerdo. Pouco depois, outras pessoas declararam experimentar as mesmas sensações, tornando-se evidente o fato de que todos quantos faziam parte da cadeia eram percorridos pelo mesmo fluido.

Enquanto um senhor idoso procurava demonstrar que se ia ver o acréscimo de uma loucura nova a todas as loucuras que já correram mundo, as damas assentadas à mesa soltavam exclamações, até que os sete experimentadores gritaram ao mesmo tempo: 'Ela se move! Ela anda!' E, de fato, a mesa se movia. Foi o tampo que primeiro começou a mover-se, da direita para a esquerda e da esquerda para a direita, como que a se balançar; em seguida, a *mesa inteira se pôs em movimento*! Os assistentes se apressaram em retirar as cadeiras dos sete experimentadores, que precisavam manter a cadeia, e a mesa, que as catorze mãos tocavam sempre ligeiramente, pôs-se a se dirigir para o norte e a girar sobre si mesma, com tal rapidez que aqueles que formavam a cadeia mal podiam segui-la na sua rotação.

Os movimentos duravam quatro minutos. A pedido de um dos espectadores, vários dos experimentadores se tocaram pelos braços e pelas vestimentas, e imediatamente a mesa ficou imóvel. Alguns instantes depois, a cadeia foi refeita, e ao fim de três minutos apenas o movimento da mesa recomeçou, tão rápido que se podia comparar a verdadeira corrida.

Em breve tempo, as pessoas que faziam parte da cadeia, esgotadas de fadiga, cessaram a experiência, e a mesa, recolocada diante do sofá, retomou sua tranquilidade normal.

A comunicação do Dr. André, como era de esperar, foi, no primeiro instante, acolhida nos meios mais cultos com uma chusma de gracejos e de ironias, todos primando pela total incredulidade.

Apesar dessa fria recepção, as mesas girantes, impulsionadas pelos Espíritos, que sopram onde querem, fizeram o seu giro pelas cidades alemãs, e as experiências multiplicadas por homens sérios e respeitáveis apagaram os risos de mofa, dando lugar a uma espécie de espanto geral.

Muito cedo, nas grandes cidades de Brémen, Viena, Berlim e Breslau, não havia uma mesa sequer em repouso ou em posição normal.

Influentes e sábias personalidades do mundo cultural alemão entregaram-se então a observações junto às mesas girantes, atestando, indiscutivelmente, os fatos, sobressaindo dentre elas os seguintes professores da famosa Universidade de Heidelberg: Carl Mittermaier, na época um dos mais eminentes juriscunsultos da Alemanha e "ardoroso campeão das instituições liberais"; Henrich Zoepfl e Robert von Mohl, também brilhantes juriscunsultos; Renaud e Vangerow;[16] Karl von Eschenmayer, professor de Filosofia da Universidade de Tubinga e que sustentara renhidas polêmicas com Hegel e Strauss sobre questões filosóficas; Joseph Ennemoser, médico e filósofo, professor da Universidade de Bonn e que muito se distinguiu na prática da Medicina magnética; o famoso poeta lírico Dr. Kerner (o mesmo a que nos referimos atrás), que, segundo o ilustre espírita alemão, Sr. de Rappard, antigo diretor do *Licht mehr Licht*, foi um dos primeiros promotores do movimento espírita na Alemanha; e o Dr. Loewe, de Viena, que arquitetou uma teoria para explicar o movimento da mesa, exposta nos seguintes termos:

> Esta teoria consiste na oposição polar, entre o lado direito e o esquerdo do corpo humano; ora, feita uma cadeia de seres

---

16 Um desses professores, em nome dos colegas, estampou na *Gazeta de Augsburgo*, de 18 de abril de 1853, um relatório a respeito das experiências que realizaram.

humanos, cujos polos contrários, isto é, o direito e o esquerdo, se tocam, e exercendo esta cadeia sobre um corpo qualquer uma ação prolongada, ela lhe comunica uma corrente elétrica e o transforma num ímã; a polarização se estabelece nesse corpo, por exemplo uma mesa, e, em virtude de sua tendência para a orientação magnética, o polo sul da mesa imprime a esta um movimento para o norte, o que faz que ela entre em rotação contínua e gire, assim, em torno do seu eixo, enquanto subsistam as condições indispensáveis.

Além das falhas na enunciação dessa teoria, que não vêm a pelo examinar, Mirville já em 1853 afirmava serem inteiramente dispensáveis as "condições indispensáveis" para que o fenômeno se processasse, o que vale dizer: a tal teoria havia decretado sua própria morte.

As experimentações prosseguiam em todas as partes, e, como que obedecendo a um plano previamente traçado, o fenômeno das mesas progredia a *marche-marche*, invadindo cidade após cidade, como se estivesse diante de estranha e inexplicável epidemia giratória.

O Sr. Chr. Elisa Hering, professor de Matemática e Física no Seminário de Gota, cidade à margem do Nesse, publicou em 1853 a obra *Mesas girantes: sessenta e quatro novas experiências físicas com indicação dos resultados obtidos*, na qual concluiu que a força movente possuía propriedades opostas às do magnetismo. Da autoria de C. H. Schauenberg, e editado em Dusseldorf, surgia, ainda nesse mesmo ano, novo livro sobre o assunto: *Tischrucken und Tischkloppen: eine Thatsache*.

A paixão por esse assunto chegou a tal ponto, que em meados de 1853 circulava em Brémen um jornal hebdomadário sob o título *As Mesas Girantes e os Espíritos Batedores*, cuja existência, todavia, nos parece ter sido curta.

Na França, pelas notícias chegadas de pessoas que vinham de além-Reno, ouvia-se um murmurinho de curiosidade, que logo descambava no anedotário e nos gracejos. Todavia, só em 4 de maio o povo francês era inteirado daqueles fatos através do jornal *Le Pays*: "do Báltico às margens do Danúbio, toda a Alemanha tinha a febre".

Já era, pois, tempo de a imprensa francesa, abandonando preconceitos, atacar de frente o transcendental fenômeno físico, e isto porque, em fins de abril,

> o grande exército, exército misterioso desta vez, havia decididamente transposto o Reno, e em todas as maiores cidades da França — Estrasburgo, Marselha, Bordéus, Tolosa etc. a epidemia girante retumbava como a descarga de mosquetaria, e, para melhor assenhorear-se dos espíritos, a princípio acometia apenas mochos, mesas, chapéus, pratos, etc.[17]

Tanto era verdade, que o respeitadíssimo Dr. Édouard Frédéric Eissen, redator-chefe da *Gazette Médicale de Strasbourg*, escrevia na *Union Médicale*, de 30 de abril, o seguinte:

> Nosso último número estava sendo impresso, quando a cidade de Estrasburgo se viu repentinamente invadida por uma epidemia importada da Alemanha, que por sua vez a recebeu através de um de seus portos do norte, por onde se realiza a comunicação marítima com os Estados Unidos da América.

Posteriormente, esse mesmo Dr. Eissen relatava na *Gazette des Hôpitaux*, de Paris, uma experiência em que lhe fora dado ver o movimento giratório impresso, involuntária e maquinalmente, a vários pacientes, quando se fazia cadeia com as mãos aplicadas no corpo deles, na altura do peito, fenômeno, aliás, que também foi registado na *Presse Religieuse*.

Subscrito por Wilhelm Depping, filho do historiador George-Bernhard Depping, surge no famoso jornal *L'Illustration*, de 7 de maio de 1853, páginas 303-304, o artigo *La secte aux esprits*, no qual o articulista tece comentários burlescos sobre as mesas girantes na Alemanha, dizendo mais adiante:

> No momento em que escrevemos estas linhas, os burgueses de Lipsia (Leipzig ou Leipsick) e de outras cidades da

---

17   J. E. de Mirville – op. cit. p. 422.

Alemanha se divertem — que recreação original! — em dançar com suas mesas... contanto que elas sejam de acaju! Antes, porém, de nos estendermos sobre esse singular fenômeno, para o qual um relatório do Dr. André, de Brémen, inserido, faz pouco tempo, na *Gazeta de Augsburgo*, veio chamar a atenção geral, convém, transportando-nos para além do oceano, passar aos Estados Unidos, pois é aí, nessa terra aberta a todas as loucuras, que se exibiu em primeiro lugar a comédia de que falamos. Estranho povo são, em verdade, os americanos! Não há no mundo nação mais ativa, mais séria, como não há mais crédula, mais supersticiosa, mais mística. O americano é apaixonado pelas verdades práticas, sem ser indiferente às quimeras e ilusões. Nos Estados Unidos as religiões nascem e se improvisam tão fácil e rapidamente quanto os governos na França.

Após historiar de modo sucinto o aparecimento do Espiritualismo americano, considerando-o cheio de práticas grosseiras de charlatanismo, e igualando os novos espiritualistas aos convulsionários dos tempos antigos, o Sr. Depping, conhecedor do assunto apenas por leituras mui superficiais, continuava:

> Os espíritos não somente respondem às perguntas que lhes são endereçadas, como têm ainda a propriedade de fazer dançar as mesas, fato que os americanos batizam com o nome de *table-moving*, e que os alemães traduziram por *Tischrucken*. Os habitantes de além-Reno, gente de natureza bastante positiva, adivinharam o charlatanismo[18] que se ocultava na seita dos Espíritos-batedores (*Esprits tapeurs*), e eles estão agora unicamente preocupados com as *Tischrucken*, fenômeno no qual, como de fato se crê, os espíritos não têm nenhuma participação. Fazem-se experiências em Brémen, em Lipsia, etc., que têm sido plenamente bem sucedidas. É uma das experiências tentadas em Lipsia que nossa

---

18 É falsa essa informação, que os investigadores em todo o mundo, inclusive na Alemanha, desmentiam. A própria *Gazeta de Augsburgo*, periódico alemão como se vê, narrava um desses notáveis fatos em junho de 1853, acrescentando que vários outros do mesmo gênero foram observados em todas as épocas, os quais muito embaraçaram as autoridades policiais alemãs, ou porque estas não conseguiam descobrir os autores, ou porque condenaram inocentes perfeitamente justificados pouco mais tarde.

gravura reproduz.[19] Um dos redatores da *Illustrirte-Zeitung* afirma ter seguido o movimento de rotação de uma dessas mesas até cair de esgotamento. Segundo ele, o processo é dos mais simples. Várias pessoas, cinco ou seis, entre elas algumas damas — como se sabe, as damas gostam muito da dança — se reúnem em redor de uma mesa de acaju, na posição indicada na figura, de maneira que seus auriculares se toquem. Ao cabo de vinte e cinco minutos, desenvolve-se, ao que se crê, uma corrente magnética, que dos assistentes se comunica à mesa. O móvel começa então a levantar-se, a tremer, a princípio lentamente, timidamente, e depois passa a girar com velocidade crescente, da esquerda para a direita, na direção norte. Os assistentes podem retirar as cadeiras e movimentar-se com a mesa tanto tempo quanto lhes agrade. Eis um fascinante exercício, sobretudo após o jantar, para facilitar a digestão! É mister que a mesa repouse diretamente no soalho, porque o tapete enfraqueceria a força magnética. Pela mesma razão, a mesa deve ser desembaraçada de todo objeto estranho. Entretanto, uma testemunha afirma ter visto móveis girarem com o lampião em cima deles, e o que parece inacreditável é que a lâmpada vacilava, mas não caía ao chão.

Experiências com as "mesas girantes", na Alemanha, em 1853

---

19 Veja-se a página 39.

Concluindo, o Sr. Depping observava:

> Tais são os fatos consignados nos jornais alemães. Pareceria, então, de acordo com as notícias que nos chegam, ser esse fenômeno motivado pelo magnetismo animal. Mas segundo quais leis o fluido misterioso se desenvolve para pôr assim em movimento os corpos inertes? É isto o que os sábios da Alemanha estão no momento ocupados em sondar.

Desconhecia talvez o articulista que as práticas com as mesas girantes haviam entrado na França de Napoleão III, e dentro em pouco, como um rastilho de pólvora, incendiariam todo aquele pedaço da Europa ocidental, de ponta a ponta.

5

Angélique Cottin e a Academia das Ciências. — Jornais de Medicina criticam a Academia. — Outros casos semelhantes. — A casa apedrejada. — Os fenômenos mediúnicos no Presbitério de Cideville. O marquês de Mirville e o vigário de Saint-Roch comunicam-se com o manifestante invisível. — Declaração de Robert Houdin.

Antes, porém, de continuarmos, convém lembrar que os Espíritos encarregados da renovação espiritual do homem vinham, de há muito, procurando despertar os estudiosos franceses através de certos fenômenos físicos, e entre os mais vizinhos de 1853 cumpre salientar alguns que mostram certa analogia com os que posteriormente coroariam a obra gigantesca dos Missionários da Terceira Revelação. Deles faremos a seguir uma descrição muito sucinta, e, como inspiradamente observava Mirville, todos esses fatos, em épocas diversas, eram evidentemente tijolos destacados de um único e mesmo edifício.

Paris, em princípios de 1846, assistia estupefata aos fenômenos que se produziam na presença de Angélique Cottin, pequena camponesa de 13 anos. Milhares de pessoas curiosas a visitavam, entre as quais se viam médicos de várias partes do país, físicos ilustres, advogados, farmacêuticos, magistrados, eclesiásticos, etc., sem excluir alguns circunspectos sábios da Academia parisiense. Arago, o famoso astrônomo e diretor do Observatório, secretário perpétuo da Academia das Ciências de Paris, comunicava a esta, na sessão de 2 de fevereiro, os estranhos fatos que tivera a oportunidade de verificar com os Srs. Mathieu, Laugier e Goujon. O pouco que o Sr. Arago anunciava foi o bastante para revoltar até os menos puritanos de seus colegas, mas os fatos testemunhados, meses a seguir, obrigaram a Academia a nomear uma "comissão" para examinar o assunto. Como sempre acontece, a comissão não viu nada, ou quase nada, e, após manifestar conjecturas sobre a possibilidade de fraude por parte da criança, declarou sem mais tergiversações: "Depois de ter pesado todas as ocorrências, a comissão é de parecer que as comunicações transmitidas à Academia, quanto a senhorinha Angélique Cottin, devem ser consideradas como não procedentes". Arago, que defendera com calor a realidade dos fenômenos, indiretamente ficara obrigado a transcrever a invalidade deles.

A repulsa a essa declaração, como não podia deixar de ser, foi grande por parte do público e da imprensa. A *Gazette Médicale* apreciou sob diversos aspectos a conclusão acadêmica, demonstrando ser ela ilegítima pela forma, *ratione formae*, e pelo fundo, *ratione materiae*. A *Gazette des Hôpitaux* de 11 de março escrevia:

> O relatório da Academia das Ciências, sobre a menina elétrica, foi em geral muito mal acolhido pela opinião pública. *Ele não satisfez a ninguém...* Que é outra coisa senão um *subterfúgio* essa declaração que consiste em declarar como improcedentes comunicações que têm sobre-excitado todo o mundo sábio, que têm sido repetidas pelas mil vozes da imprensa, que têm tido por órgão um dos mais ilustres sábios do século? Improcedentes!... Isto seria cômodo, se fosse possível...

Afinal, que se passava na presença da menina Angélique Cottin? Nada mais nada menos que manifestações físicas de caráter mediúnico, sendo mais frequente a agitação e levitação de tudo que a cercava, e, por duas vezes, segundo os depoimentos do conceituado magnetista L. M. Hébert de Garnay e de um cura do lugar, tesouras, amarradas e suspensas da cintura de Angélica, foram lançadas no ar, sem que o cordão que as amarrava se rompesse ou se desatasse. Este fato, de passagem da matéria através da matéria, foi muito mais tarde estudado experimentalmente pelo sábio alemão Friedrich Zöllner.

Casos outros do mesmo gênero se produziram, mais ou menos na mesma época, em Paris e outras localidades. É o caso, por exemplo, de nova menina, aprendiz de colorista, da rua Descartes, que, segundo o jornal *Le Siècle* de 7 de março de 1846, apresentava fenômenos interessantíssimos de movimentos e levantamentos de mesas, cadeiras, etc., testemunhados por um professor de um dos colégios reais de Paris. É o caso da herdade de Clairefontaine, próximo de Rambouillet, na qual, além dos fenômenos comuns já relacionados, sucedeu o que não se esperava: o cura do lugar, mal recitara algumas preces para exorcizar o provável demônio, foi agitado violentamente, tal como acontecera com pessoas da herdade, ao mesmo tempo que seus óculos eram quebrados... É o caso da comuna de Guillonville, cantão de Orgères, narrado pelo *Constitutionnel* de 5 de março de 1849, e logo depois por outros periódicos, também verificado com uma menina, Adolphine Benoît, empregada de uma quinta, e que não passava de notável médium de efeitos físicos. Todas as povoações do referido cantão só falavam dos estranhos e inexplicáveis acontecimentos, e a pobre criança chegou a ser internada no hospício de Patay, mas aí, felizmente, os fenômenos silenciaram, para reaparecerem logo após o retorno dela aos seus amos.

Em 2 de fevereiro de 1846, a *Gazette des Tribunaux* estampava misterioso fato que deixou desorientada a polícia e todo o quarteirão de Montagne-Sainte-Geneviève, da Sorbonne e da praça Saint-Michel. Uma casa de certo negociante, próxima da praça do Panteão, era atacada constantemente por projetis de diversos tamanhos e de vária espécie, os quais atingiam o seu objetivo "com precisão por assim dizer matemática". Narrando o fato, o jornal citado concluía que, "pelo peso dos projetis e pela distância de onde provinham, não podiam ser lançados por mãos humanas". Realmente, jamais conseguiram descobrir os peraltas autores...

Encheríamos páginas e mais páginas com relatos semelhantes aos mencionados, mas somente importa historiar aqui, pelo menos superficialmente, as extraordinárias manifestações no Presbitério de Cideville, de novembro de 1850 a fevereiro de 1851. Duas crianças estavam sendo educadas no referido presbitério, para se destinarem ao sacerdócio, quando através da mediunidade de uma delas, da menor, de 12 anos, notáveis fenômenos físicos se processam. A princípio ouviam-se, na casa do pároco, pancadas ora fracas, ora extremamente fortes, verdadeiros estrondos que a faziam tremer e que eram ouvidos a cerca de dois quilômetros. Seguiram-se centenas de outros fenômenos, diante de inúmeras testemunhas estupefatas: ruídos reproduziam em cadência o ritmo de canções; as mesas viravam de pernas para o ar ou passeavam fleumaticamente; as cadeiras se agrupavam e assim eram suspensas no ar; tesouras, escovas, breviários saíam voando por uma janela e tornavam a entrar pela janela oposta; os ferros de engomar, colocados junto ao fogão, recuavam, e o fogo os perseguia até o meio da sala; enormes estantes se entrechocavam e quebravam; as pás e as tenazes para o lume deixavam a lareira e avançavam sozinhas no salão; por vezes se apresentava uma espécie de coluna acinzentada, vaporosa, que, perseguida pelos assistentes, serpenteava em todos os sentidos, com ligeireza, e por fim se escapava por alguma fenda.

Muitas outras coisas foram observadas, e impossível nos é relacionar tudo. Apenas desejamos, não alongando mais essas considerações, um tanto afastadas do nosso verdadeiro objetivo, dizer que foi no presbitério de Cideville, departamento do Sena-Inferior, que o marquês de Mirville obteve, pelo mesmo processo empregado pelas irmãs Fox em Hydesville, comunicação com o invisível manifestante, talvez a primeira na França, o mesmo tendo feito depois um vigário de Saint-Roch, o abade D...[20], que ficou maravilhado com a exatidão de certas respostas, das quais ele só mais tarde pôde certificar-se.

Robert Houdin, o rei dos prestidigitadores, após tomar minucioso conhecimento desses fatos, declarou e assinou, com sua franqueza habitual: "Apesar de minha firme resolução de jamais intervir em discussões estranhas a minha arte, devo, entretanto, confessar, e

---

20   J. E. de Mirville – *Des esprits et de leurs manifestations fluidiques*, p. 339.

mesmo afirmar, que o maior número desses fatos, praticados em tal escala, e em circunstâncias tão ingratas, desafiam inteiramente todos os recursos daquela mesma arte".

Afinal, quando as duas crianças foram afastadas do presbitério, por ordem do arcebispo, o silêncio voltou àquele local.

Que os caros leitores nos perdoem essa extensa digressão, que julgamos, porém, necessária, a fim de ficar bem estabelecido que os Espíritos na França de há muito procuravam atrair, como entre os demais povos, as atenções dos homens, principalmente dos estudiosos, para a nova (e velha ao mesmo tempo) classe de fenômenos, que deixavam entrever algo mais além das concepções materialistas da época.

Os homens em geral somos, entretanto, enfatuados, presunçosos e negativistas por ignorância ou orgulho, de sorte que poucos são aqueles que conseguem apreciar devidamente as verdades que de onde em onde descem à Terra por acréscimo da misericórdia do Alto.

6 Giram as mesas por toda a França, em maio de 1853. — "O maior acontecimento do século", no dizer do padre Ventura di Raulica. — Impressões de sábios magnetistas. — Antiguidade do fenômeno. — A marquesa de Boissy.

Aqueles fatos que atrás alinhamos, pouco tempo depois, jaziam esquecidos...

Mas nova série de fenômenos, em grau muito maior e de mais dilatada repercussão, vinha de inundar subitamente toda a França, constituindo, malgrado suas aparências de puerilidade, "o maior acontecimento do século", segundo a expressão do reverendíssimo padre Ventura di Raulica, o mais ilustre representante da teologia e da filosofia católicas no século XIX.[21]

---

21   J. E. de Mirville – *Question des esprits, ses progrès dans la science (Appendice complémentaire du premier mémoire et réponses)*, Paris, 1855, p. 2.

Nos primeiros dias de maio, o ex-poderoso império de Bonaparte assistia, sob exclamações de espanto e assombro, a rotação de mesas de pé de galo (*guéridons*), de mesas pesadas, de chapéus, de pratos, de bacias, de cestas, enfim, de tudo quanto estivesse ao alcance e servisse ao objetivo em vista.

"Jamais simultaneidade foi mais completa, jamais telegrafia elétrica funcionou mais rapidamente" — anotava em 1853 o marquês de Mirville, que chegava a perguntar a si mesmo se a "explosão não ocorrera, naquela parte da Europa, num mesmo dia, para não dizer *na mesma hora*!"

Para o povo, os fenômenos constituíram, a princípio, apenas um simples divertimento a mais, ao qual se entregava, em todos os lugares, entre grandes gargalhadas.

Os que não se saíam bem nas experiências (e eram em maior número) acusavam de trapaça aqueles que obtinham êxito, e estes, por sua vez, tachavam de incrédulos e falsos os primeiros. "Elas giram, elas não giram", tal era, segundo Louis Figuier,[22] o ponto em torno do qual o vulgo agitava a questão das mesas.

País das antíteses, ora extremo em sua credulidade, ora insensato em seu cepticismo, e sempre demasiadamente superficial em assuntos sérios, humorística e fútil, tal era, na descrição de Figuier, a França do meado do século XIX, apesar do seu reconhecido gênio criador e eminentemente renovador. Ali, enquanto as mesas girantes faziam moda nos salões da alta sociedade parisiense, constituindo exótica maneira de matar o tempo, os homens de ciência, enfatuados de seu saber, fechavam os olhos, abstendo-se do menor comentário a respeito, "escudando-se no prudente e acomodatício silêncio de Conrart".[23]

Após os primeiros momentos de espanto quase geral, todos os espíritos estudiosos se voltaram para a Ciência acadêmica e para o Magnetismo. Os porta-vozes daquela, como já anotamos, fizeram-se moucos, e de suas cadeiras proclamaram "que não se dignariam ocupar-se com o fenômeno".

---

22 Louis Figuier – *Histoire du merveilleux, tome quatrième*, 1860, p. 295.
23 Antônio J. Freire – *Da evolução do espiritismo*, Lisboa, 1952, p.9.

Um salão de Paris, em maio de 1853, segundo o jornal *L'Illustration* da época

Os magnetistas prontamente compararam os fenômenos magnéticos com os novos surgidos havia pouco tempo, mostrando a íntima relação entre as duas espécies. No princípio, pareciam ter alguma razão, por falta de mais aprofundada observação. E, com isto, o Magnetismo se reabilitou aos olhos de todos, readquirindo aquele vigor que lento, lento, desfalecia.

O Dr. A. Mayer, ilustre magnetista francês, escrevia, entusiasmado, na *Presse Médicale*:

> É acaso uma força nova que vem de ser revelada? Quanto a mim, creio que se trata de uma manifestação particular da eletricidade vital, já há muito tempo estudada sob o nome de magnetismo animal. Ninguém saberia prever as aplicações de que é suscetível esta descoberta. É todo um mundo a explorar, e talvez seja a chave de uma Ciência

nova que nos desvelará os mistérios até o presente impenetráveis da Psicologia. Saudemos, pois, com regozijo essa era de regeneração que se anuncia, e cuja missão será purificar a Humanidade das doutrinas materialistas que a desviam do seu rumo! Sigamos, sem nos deixarmos desanimar ante os obstáculos, esse sulco que a casualidade nos mostrou. Quem sabe se no fim dele não haverá algo com que ilustrar toda uma geração?

Outro sábio magnetista, o famoso Barão Du Potet, que só mais tarde se converteu às ideias espiritistas, assim se expressava em seu *Journal du Magnétisme* de 10 de maio de 1853:

> A descoberta de Mesmer transpôs o círculo traçado em torno dela pelos Popílios de nossas Academias. Ela entrou no domínio da grande imprensa, com os novos fenômenos que, corroborando-a, lhe dão sanção universal. O *Journal du Magnétisme* encontra-se transbordante... Pode-se dizer, com plena certeza, que o que hoje se manifesta é um grande acontecimento. É um século que se inicia, como jamais houve igual. A luz vai brilhar nas trevas, e as trevas compreenderão.

Somente os espíritos elevados sentiam a importância da hora que se atravessava, somente estes vislumbravam a alvorada de novos e radiosos dias para o coração humano aflito e desorientado. À grande maioria não interessava sequer a causa dos fenômenos, quanto mais o objetivo deles!

O que se fazia era discutir a três por dois sobre o assunto. Negava-se, afirmava-se, ria-se, e os mais exaltados chegavam a encolerizar-se.

A imprensa, de quando em quando, estampava anedotas e charges sobre as mesas, tal como o fez, por exemplo, mais tarde, o jornal parisiense *L'Illustration* de julho de 1854 (imagens adiante, nesta obra).

A singular novidade, que de fato já era conhecida desde a antiguidade, mencionada por Tertuliano, no capítulo 23 de sua obra *Apologeticum*,[24] tornou-se, segundo as palavras do ilustre escritor espírita Dr. Antônio J. Freire, "o complemento obrigatório das partidas de voltarete e dos chás das reuniões mundanas".

A marquesa de Boissy, a célebre ex-condessa Teresa Guiccioli, que desempenhou relevante papel no último período da vida de *Lord* Byron, era, em 1853, uma das mulheres mais entusiastas pelas mesas girantes. Ela chegava a ponto de enviar "cartões de convite" aos seus amigos e admiradores, e muitos foram os céticos que se curvaram ante a realidade dos fenômenos.

7. O escritor Eugène Nus e sua iniciação nos fenômenos. — As mesas "falam". — O redator de *L'Illustration*. — Escritos e peças musicais obtidos de Espíritos e testemunhados por Eugène Nus, Gérard de Nerval, Mme. de Girardin, Toussenel, etc.

Conta-nos o literato e ensaísta francês, Eugène Nus,[25] que foi nesse ano de 1853, semanas antes da "invasão" em Paris, que pela primeira vez ouviu falar nesses fenômenos.

Tinham ele e alguns amigos o costume de se reunirem numa casa, à Rua de Beaune nº 2 (Paris), onde haviam redigido a *Démocratie Pacifique*, folha republicana que fora suspensa, como os demais periódicos defensores da república, após o golpe de Estado do sobrinho de Napoleão I. Foi ali que certa vez um dos amigos, Allyre Bureau, político, publicista e também professor de Matemáticas e de Música, deles o único que sabia a língua inglesa, ao passar os olhos num jornal norte-americano, fora atraído para a notícia das mesas girantes. Pilheriando, chamou a

---

24 Também Ammianus Marcellinus, na obra *Rerum gestarum, lib. XXIX, capit I*, fala do uso de uma mesinha que, à maneira da trípode de Delfos, se punha em movimento. Por terem usado esse processo e o do pêndulo na adivinhação do que sucederia a Valente no Império do Oriente, dois filósofos teúrgos gregos foram julgados pelas autoridades – C. de Vesme: *Histoire du spiritualisme espérimental*, I, 1928, p. 352 a 355.

25 Eugène Nus – *Choses de l'autre monde, deuxième édition*, s.d., p. 3-8; 111.

atenção dos colegas, entre a chacota e o desdém, mas, a pedido de um deles, traduziu todo o artigo. Todos deram de ombros ao que julgavam mais uma invencionice dos ianques para iludir os tolos. Um dos presentes, porém, achou que não custava nada experimentar. Arrastaram, então, uma mesa sólida e pesada para o meio da sala e, obedientes à orientação fornecida pelo artigo, repararam, ao cabo de alguns minutos, no levantamento da mesa sobre dois pés e na teimosia dela em não retomar a posição natural quando solicitada pela força em conjunto dos circunstantes, bem como nos diferentes movimentos que ela executava, inclusive o de rotação. Todos ficaram embasbacados, sem saberem o que pensar.

As experiências prosseguiram dia após dia, e sempre o mesmo resultado. Utilizaram-se de mesas de jogo, de mesas de pé de galo, e os mesmos movimentos extravagantes se obtiveram. A mesa de pé de galo, por ser mais leve, dava saltos sob os dedos dos assistentes, e, à vontade destes, erguia-se sobre cada um de seus três pés, imitava o movimento do berço ou o vaivém da onda, etc. A mesa era inteligente! Mas, daí à explicação real desse fenômeno, que o diabo o compreendesse!... — diziam os assistentes.

Jovem mesa, de exterior simpático, que fala várias línguas e conhece um pouco de aritmética e muitas histórias, pede um lugar de intendente de finanças.

— Os castigos escolares... Ora! deles não mais faço caso. As mesas foram feitas para trabalhar, portanto faço trabalhar a minha.

— Como é possível! é então você, infeliz rapaz, que mantém criminosa correspondência com a mesa de costura de Mme. Coquardeau?!

Um senhor a quem sua mesa serve de secretária, o que é ao mesmo tempo prático e útil.

— Senhor, já que não sei ler, diga-me, então, o que a mesa acaba de escrever.
— Ela escreveu que Batista é um maroto, e que bebe meu vinho.

— Anunciam a próxima chegada de duas mesas desenhistas, que manifestam as mais excelentes aptidões. Elas se acham a serviço do Sr. Pellerin, fabricante de estampas, em Épinal.

— Disseste que vossa cozinheira vos furtou, mas e as provas?
— Senhor comissário, eis a mesa da cozinha, que está pronta para depor por escrito.

— Senhor tabelião, não sei ler nem escrever, mas aqui está a vossa mesa, que assinará por mim.

Um membro do Instituto: — Estas histórias que por aí contam estão interessando a muita gente honrada. Quanto a mim, prefiro não crer nessas coisas a ir vê-las.

Charges de *L'Illustration*

Bem cedo, a novidade mostrou na França outra faceta assombrosa. As mesas, além de girarem, também falavam! E até se elevavam e se mantinham suspensas no ar, sem qualquer meio de sustentação!

Todos estes prodígios começaram a ser observados em alguns pontos isolados, nos primeiros dias de maio, intensificando-se à medida que deles os experimentadores tomavam conhecimento.

Na seção *Courrier de Paris*, do jornal *L'Illustration* de 7 de maio de 1853, página 290, Filipe Busoni, literato e jornalista, escrevia:

> Deixo esse ruído de talheres[26] pela dança das mesas (em alemão, *Tischruchen*, e *table-moving*, em inglês), fenômeno de eletricidade que opera da seguinte maneira: colocai-vos em número de seis, ou mesmo de doze, em torno de uma mesa, com as mãos estendidas em atitude de evocação, e por pouco que vossos dedos diabolizados irradiem fluido elétrico, sucede que ao fim de certo tempo a mesa se agita, muda de lugar, corre, pirueteia e até mesmo rodopia, na medida de vossa potência magnética. E se negardes este fato sobrenatural, sob o pretexto de que vós mesmos não o experimentastes ainda, ou de que não saístes bem sucedidos na experiência, experiência que uma multidão de testemunhas oculares estão prontas a atestar, invoco a confirmação que poderíeis ler no jornal *Le Siècle*, a este remetida das margens do Garona. No mais interessante momento desta experiência, feita em casa de família, a mesa magnetizada revelou de repente particular aptidão: ela obedeceu a voz de comando para a direita e para a esquerda, como um recruta em exercício; ela indicou a idade de um dos assistentes sem mais esforço que Munito, o cachorro que levanta a pata com tanta precisão. Que a Ciência negue, que os ignorantes duvidem, o milagre se consumou, e ele se repetirá em todos os países do mundo.

Por essa época, ou, mais provavelmente, meses depois, o Dr. Arthur de Bonnard visitava os amigos da Rua de Beaune, e, encontrando-os na posição de iniciarem a experiência da mesa, exclamou:

— Tendes feito girar as mesas!
— Conhecíeis isto, doutor?

---

26 O articulista francês havia referido-se, antes dessa ligeira nota, a um banquete.

— Como não? Não fazemos outra coisa em casa. Temos mesmo um Espírito, de nome Jopidiès, que entretém bastante os meus filhos.

— Um Espírito?!

— Sem dúvida! Não sabíeis que as mesas não se contentam em girar, que elas falam, e que são os Espíritos que se servem desse meio de comunicação, ao alcance de todas as famílias, para virem conversar conosco?

— Ora vamos!

— Experimentai uma palestra com a vossa mesa, e ide ver!

— Mas como?

— É muito fácil.

E o Dr. Bonnard, após dar as explicações necessárias, iniciou, com Eugène Nus e amigos, as novas experiências. Por meio de pancadas, significando "sim" e "não", combinou-se com a mesa, isto é, com o Espírito manifestante, o processo do alfabeto usado nos Estados Unidos: uma pancada batida para o A; duas, para o B; três, para o C, e assim por diante. Muitas vezes, adivinhada a palavra, não havia necessidade de ela ser completada. Mas, qualquer engano neste sentido, a mesa de imediato advertia do erro cometido e retomava o ditado interrompido.

A princípio, as repostas obtidas com o pé da mesa deixaram os presentes meio cépticos, meio incrédulos, não lhes permitindo aceitá-las como provenientes daqueles que as assinavam. Meses mais tarde, porém, utilizando uma mesa de pé de galo, Eugène Nus e seus companheiros conseguiram ditados de grande profundeza filosófica, entre eles uma série de frases compostas de doze palavras, as quais respondiam a perguntas sobre diferentes assuntos. "Eu não sei — escrevia mais tarde Eugène Nus[27] — o que os sábios pensarão disso; mas há indubitavelmente nessas frases, cuja maior parte diz tantas coisas em doze palavras, um poder de concentração notável".

Exclamações, como "perfeito", "encantador!", "esplêndido!", "não creio que se possa dizer melhor", "bravíssimo!", em

---

27 Eugène Nus – op. cit. p. 29.

todo momento escapavam da boca do literato admirado, que declarou de público:

> Desafio todas as academias literárias e sábias reunidas a formularem inesperadamente, instantaneamente, sem preparativo e sem reflexão, definições circunscritas em doze palavras, tão claras, tão completas e quase sempre tão elegantes como as improvisadas pela nossa mesa, à qual, quando muito, permitíamos, e ainda assim a muito custo, a faculdade de formar uma palavra composta por meio de um traço de união, como nesta definição do *Infinito*: *Abstraction purement idéale, au--dessus et au-dessus de ce que conçoivent les sens.*

A entidade comunicante demonstrava sempre muita paciência, muita calma e muito saber.

> Algumas vezes suspendíamos o fenômeno — escreve Eugène Nus — para que nós mesmos buscássemos o fim da frase, e jamais o encontrávamos. Um exemplo: a mesa nos dava a definição (em doze palavras) da fé:
> — *La foi déifie ce que le sentiment révèle, et...*
> — E... quê? — disse eu imediatamente, firmando minha mão sobre a mesa, para impedi-la de terminar seu ditado; só mais três palavras... Achemo-las! Entreolhamo-nos, meditamos, e ficamos de boca aberta. Afinal, restituímos à mesa a liberdade de seus movimentos, e ela acabou tranquilamente a sua frase:
> — *... et la raison explique.*

Muita coisa interessante há ainda para ser narrada, como, por exemplo, a respeito do trecho em inglês, espontaneamente ditado pela mesa, ao se lhe pedir se expressasse naquela língua. Mas, a fim de não nos alongarmos em demasia, vamos a uma nova e curiosa produção da mesa de pé de galo de que se servia Eugène Nus. A mesa, agora, ditava composições musicais, confiando a Allyre Bureau, um dos companheiros de Nus, a tarefa de fazer o acompanhamento, pois ele possuía profundos conhecimentos de música.

Com a palavra o famoso autor de *Les Choses de l'autre monde*, narrando este fato:

> Uma pancada significava dó; duas, ré; três, mi; quatro, fá, e assim por diante. De ordinário a mesa começava por dizer-nos de quantas notas se comporia a melodia, quase sempre trinta e duas, sem número favorito para a frase musical, como era de doze para a frase falada.
> Preenchida essa formalidade, ela ditava consecutivamente as notas, que escrevíamos em cifras; depois dividia os compassos, designando-nos, uma pós outra, a quantidade de notas que cada compasso devia conter; feito isso, a mesa nos dava o valor da unidade, mínima, semínima ou colcheia, logo em seguida o valor de cada nota que ela fornecia, marcando o compasso com um dos pés, sobre o soalho.
> Vinha a seguir a indicação dos acidentes, sustenidos ou bemóis, nesta ou naquela nota de tal ou tal compasso; depois, o tom; e, afinal, o título do trecho, que a mesa tinha o capricho de não no-lo revelar senão depois de tudo terminado.
> A maior parte desses títulos não desmente a originalidade espontânea do fenômeno: *Canto do mar, Canto da Terra no espaço, Canto do astro satélite lunar, Cantos de Saturno, de Vênus, de Júpiter, de Marte*, de todos os planetas do nosso turbilhão solar, inclusive o *Planeta-Firmamento*, que até hoje não tivemos a satisfação de conhecer, e cujo nome insensato muito nos surpreendeu.[28]
> Findo o ditado, Bureau executava a melodia em um órgão que havíamos alugado para esse fim. A mesa, sobre a qual nossas mãos se conservavam pousadas, indicava o movimento, batendo o compasso, e retificava os erros, caso os houvesse. Depois disso, o nosso amigo metia o trecho

---

[28] Jean-Baptiste Eugène Nus, desencarnado em janeiro de 1894, não pôde conhecer este novo planeta, descoberto que foi em 1930, a que deram o nome de Plutão. É notabilíssima e extraordinária essa revelação do sábio Espírito comunicante sobre a existência de mais um planeta além da órbita de Netuno, o qual somente 76 ou 77 anos depois seria focalizado pelos grandes telescópios, apesar de ter sido pressentido cerca de cinquenta anos antes de sua descoberta por alguns mestres da Astronomia.

no bolso, e em sua casa compunha o acompanhamento, que ele submetia à aprovação da mesa, no dia seguinte. Terminada a audição, se a mesa estivesse contente com o trabalho do seu cooperador, manifestava sua satisfação dando várias pancadas no soalho; caso contrário, ela se erguia e ficava imóvel, sinal habitual de que havia erro. Então Bureau recomeçava, e a mesa assinalava, levantando-se, os acordes que lhe desagradavam. Quando era o acompanhamento inteiro que a mesa rejeitava, ela deixava o seu colaborador executar novamente até ao fim, e se erguia em seguida. Compreendia-se, então, ser necessário recomeçar tudo até obter-se o que a mesa desejava.

Certa vez, por mais que tentasse o Sr. Bureau executar acordes, ao órgão, de uma das melodias ditadas, nela não encontrava ele sentido algum. Consultada a mesa, esta confirmava sempre a perfeição da melodia que ditara. Bureau já estava irritadíssimo, crendo mesmo numa mistificação, quando certo dia consegue aquilo que julgara impossível, e a mesa, logo às primeiras notas no órgão, agita-se de júbilo, e no final da audição exprime sua alegria por pancadas repetidas no soalho.

Félicien David, Prudent (pianista que então alcançava em Paris grande fama), Gérard de Nerval, Mme. de Girardin (Delphine Gay) foram algumas das famosas personalidades da música e da literatura francesas que ouviram a execução das melodias ditadas pela mesa, ficando encantadas e surpresas com o fato.

Eugène Nus conta que num sarau, que teve a presença de Mme. de Girardin (de quem falaremos mais adiante), *O canto do mar* foi reclamado à cena mais de vinte vezes pelos assistentes!

Victor Meunier, o autor de várias obras de natureza científica, assistiu também a inúmeras daquelas sessões da rua de Beaune, e sempre ele era acolhido pela mesa com uma frase amável numa destas quatro línguas: francês, inglês, grego ou latim.[29]

---

[29] Meunier escrevia no jornal *Le Rappel* de 1865, do qual era redator da seção científica: "O Espiritismo viceja, espesso como uma floresta, sobre as ruínas do materialismo agonizante".

Essas experiências feitas em Paris por Eugène Nus e seus amigos, na casa onde haviam redigido a *Démocratie Pacifique*, abrangeram os anos de 1853 e 1854, e talvez parte de 1855.

A notícia dessas singulares reuniões desde o começo se espalhara pelos cafés dos bulevares, e, além daqueles ilustres visitantes já citados, outros inúmeros a elas afluíram, como o poeta Pottier, os literatos Toussenel, Véran-Sabran, etc.

8 O dramaturgo Victorien Sardou e os dois secretários do sábio Arago. — As sessões com Mme. Japhet. – Presença de ilustres inteligências. — Sardou, espírita e médium.

Devemos assinalar que, antes de Eugène Nus, já em 1851 um talentoso rapazinho, de seus vinte anos, desconhecido então, mas que posteriormente se tornaria brilhante dramaturgo e membro da Academia Francesa (1877), iniciava as experiências com as mesas girantes, acompanhado de seu pai, ilustre professor, e de amigos eminentes, como Tiedeman-Manthèse,[30] filósofo holandês, ex-residente[31] de Java e primo-coirmão da rainha da Holanda; Saint-René Taillandier, célebre literato, doutor em Letras, e mais tarde membro da Academia Francesa; Pierre-Paul Didier, o editor da Academia, etc.[32]

O tal rapazinho, como todos os leitores já devem perceber, era Victorien Sardou, que, em 1897, quando se levava à cena, no teatro *Renaissance*, sua ruidosa peça *Spiritisme*, descreveu ao Sr. Georges Montorgueil, redator do *Éclair*, como se tornara espírita.

É da *Revista Internacional do Espiritismo Científico* (1909), edição em língua portuguesa da mesma revista originariamente

---

30   "Manthèse", escreveu Henri Sausse. Entretanto, também se vê escrito Marthèse ou Marthese no *Compte Rendu du Congrès Spirite et Spiritualiste International*, de 1889.

31   *Residence*: funcionário que representava o governo holandês perante a população javanesa.

32   *Primer Congreso Internacional Espiritista* (resenha completa), setembro 1888, Barcelona, p. 124.

francesa e publicada em Paris pelo Sr. Demétrio de Toledo, que extraímos parte daquela interessante entrevista.

Era por volta do ano de 1851. Victorien Sardou, então estudante de Medicina, tinha por amigo íntimo o sábio astrônomo Jean Goujon, um dos secretários de Arago, diretor do Observatório de Paris.

Victorien Sardou

Certa noite, conversavam os dois amigos sobre Filosofia e Ciência, como era de hábito, quando Goujon se lembrou de contar a Sardou a estranha experiência a que assistira na véspera, em casa do cônsul dos Estados Unidos, experiência que era, nesse terreno, a primeira a ser tentada em Paris.

O caso se passara assim: estando de passagem pela capital francesa um médium norte-americano, este, a pedido do cônsul estadunidense, concordara em dar a sessão aludida pelo amigo de Sardou.

Convidado para assistir à sensacional experiência, Arago, que não pudera comparecer pessoalmente, enviara em seu lugar os seus dois secretários, Goujon e Mathieu.

Felizmente, a experiência deu excelentes resultados: uma mesa executou movimentos inesperados e incríveis, chegando, em certo momento, a elevar-se sozinha, malgrado os esforços desesperados que Mathieu fizera para retê-la no solo.

> Eu tive imediatamente — disse o famoso dramaturgo ao redator do *Éclair* — irresistível curiosidade de assistir a uma dessas experiências e de eu mesmo experimentar. Foi assim que me lancei na corrente espírita. No começo, porém, as minhas tentativas foram absolutamente sem resultado. Por fim, acabei descobrindo na Rua Tiquetonne uma tal madame Japhet, que era médium. Na sua presença se produziam fenômenos interessantes. Foi no salão de madame Japhet que um belo dia me encontrei com Allan Kardec, nessa época simples curioso.

A começar de 1851, como é provável, e até 1855, o distinto grupo, atrás mencionado, se ocupou com os fenômenos do Espiritualismo moderno, importado da América, entregando-se a sérias e contínuas investigações.

Segundo as declarações de Pierre-Gaetan Leymarie, o digno sucessor de Kardec, aqueles ilustres investigadores obtiveram assim, servindo-se de vários médiuns, dos tiptólogos aos psicógrafos, milhares de comunicações de almas que se diziam de pessoas mortas. Dessas relações, aquele grupo de homens chegou à conclusão da imortalidade da alma e de seu poder de comunicar com os vivos da Terra. Haviam eles reunido cinquenta cadernos de comunicações diversas.[33] Não logrando sistematizá-las nem ordená-las, incumbiram desse árduo trabalho o emérito Prof. Denizard Rivail, cujos vastos conhecimentos e raras aptidões de síntese eram largamente conhecidos.

E foi com esses cadernos que Kardec construiu parte da monumental obra *O livro dos espíritos*.

Sardou tornou-se aos 25 anos um bom médium, e desde essa época um espírita fervoroso, inabalável em suas convicções até a sua desencarnação.

---

[33] Henri Sausse – *Biographie d'Allan Kardec, 4ᵐᵉ édition*, 1927, p. 30.

9

As "mesas girantes" tomam conta da França. — Relato de experiências. — Opinião do jornal *La Patrie*. — Jules Janin, "o príncipe dos críticos", descreve aquela singular agitação. — As críticas da *Revue des Deux Mondes* e da *Gazette de France*. — O marquês de Mirville contrário à explicação do ilustre químico Chevreul. — Debates entre o abade Moigno e os famosos engenheiros Séguin e Eugéne Montgolfier. — As declarações dos Srs. Corvisart e Castelnau. — Longo artigo de Félix Roubaud em *L'Illustration*. — O Dr. Mayer, redator-chefe da *Presse Médicale*. — Comunicação à Academia das Ciências de Paris.

Voltando aos dias da tumultuosa França de meados de 1853, vemos que grupos e mais grupos de experimentadores curiosos se haviam organizado num fechar de olhos. A maravilhosa "loucura" do século XIX já se havia infiltrado no cérebro da Humanidade: a capital mais formosa do mundo. De Montmartre a Montrouge e dos Champs-Elysées a Charenton, não havia talvez uma única casa onde não se fizessem girar as mesas.[34]

E Paris inteira "assistia, atônita e estarrecida, a este turbilhão feérico de fenômenos imprevistos que, para a maioria, só alucinadas imaginações poderiam criar, mas que a realidade impunha aos mais céticos e frívolos".[35]

A imprensa francesa, diante da demonstração irrefragável dos novos fatos, que saltavam aos olhos de todos, franqueou mais amplamente suas colunas ao noticiário a respeito, dessa forma ateando mais fogo nos debates e controvérsias que então se levantavam entre os observadores menos superficiais.

Como curiosidade, transcreveremos alguns artigos, inteiros ou não, que bem evidenciam o tumulto de que então se via dominada a Europa.

---

34 Eugène Nus – op. cit. p. 111 – 112.
35 Antônio J. Freire – op. cit. p. 15.

O Dr. Prevost, de Alençon (Orne), publicava, e todos os jornais se apressavam em reproduzi-la, a notícia seguinte:[36] "Em 8 de maio de 1853, no Círculo Literário de Alençon, após sérias experiências feitas em companhia de vários amigos e colegas, pensei, podendo para isso dispor de numerosos experimentadores, pôr em movimento uma mesa de bilhar.

> Formamos uma cadeia de vinte e duas pessoas ao todo. Nossas mãos só se apoiavam nas tabelas de acaju, mas ficavam rigorosamente isoladas do pano do bilhar. Eis que, ao cabo de quarenta e oito minutos, um estalido bastante pronunciado se fez ouvir e logo sentimos a oscilação do móvel; quatro minutos depois, *a mesa de bilhar se dirigia para a direita.*
> Quando ela já havia percorrido uma distância aproximada de cento e vinte centímetros, ordenei-lhe que parasse e voltasse imediatamente ao seu ponto de partida. Houve um minuto de hesitação, após o que a mesa retornou e estacou com tal precisão que nos encheu a todos de grande pasmo.
> A ata desses fatos existe no Círculo literário, assinada por todos os seus membros, entre os quais se encontram os Srs. F. Frémy, *maire*; Hippolyte Verrier, adjunto; o general Sébille; B. de Mondetour, substituto do procurador imperial; o conde Serizay, homem de letras, etc.

Nas colunas do *Indépendance Belge*, o Sr. Jules Lecomte, célebre autor dramático, romancista e jornalista francês, contava que sobre si mesmo havia sofrido a rotação ao se submeter à influência de uma cadeia formada por três damas. "Nenhuma vontade — salientou o narrador —, nenhuma resistência se pode opor a essa força desconhecida, espantosa, que me subjugava de tal maneira, que não mais ousei rir".[37]

Lê-se em *La Patrie* de 11 de maio de 1853:

> Fazer dançar as mesas é coisa muito difícil, mas conseguir que elas falem, obter delas respostas às perguntas mais indiscretas,

---

36 *Les Tables mouvantes et les miracles du dix-neuvième siècle, par un croyant de Chambéry*, 1853, p. 52– 53.

37 Idem, ibidem, p. 60.

fazê-las predizer a chuva e o tempo bom, isto parece muito mais extraordinário e de mais difícil digestão. Contudo, no rumo em que vão as coisas, ninguém diga desta água não beberei...

Como que a confirmar o que acabava de dizer, *La Patrie* estampa a carta muito significativa de um homem cuja sinceridade não pode — frisa o cronista — ser posta em dúvida, o qual vinha de relatar fatos de aspecto verdadeiramente incrível.

O signatário de uma outra carta, procedente de Bordéus, e publicada no jornal *La Guyenne*, trazia esta novidade:

> Um chapéu submetido a imanação animal se mostra, dentro de suas possibilidades, mais inteligente ainda que uma simples mesa; ele indica, por pequenos saltos, a idade das pessoas, o número de moedas que elas levam nas algibeiras, além de dar o total de cavalheiros e de damas reunidos na sala, etc.

Na seção *Histoire de la semaine* do jornal *L'Illustration* de 14 de maio de 1853, páginas 305 e 306, o periodista que se assinava Paulin, nada menos que o escritor político J. B. Alexander Paulin, fundador daquele importante semanário, transcreve o começo de um folhetim de Jules Janin, literato francês, cognominado "o príncipe dos críticos":

> A Europa inteira, que digo eu, a Europa? Nesse momento o mundo todo tem a cabeça transtornada por uma experiência que consiste em fazer girar uma mesa. Em todas as partes só se ouve falar na mesa que gira; o próprio Galileu fez menos barulho no dia em que provou ser a Terra quem realmente girava em volta do Sol. Ide por este lado ou por aquele, nos maiores salões, nas mais humildes mansardas, no atelier do pintor, em Londres, em Paris, em Nova York, em São Petersburgo, e vereis pessoas gravemente assentadas em torno de uma mesa desocupada, que eles contemplam à maneira desses crentes que passam a vida a mirar seus próprios umbigos! Oh! a mesa! Ela fez tábua rasa dos nossos prazeres

noturnos; e seria inútil — mas, na verdade, disso se guardaram — que nossos maiores artistas despendessem gênio e espírito com o propósito de fazerem esquecer um único instante a mesa que gira. Em vão Meyerbeer nos daria um segundo Robert, o Diabo; em vão Scheffer nos encantaria com uma outra Margarida; em vão a senhorinha Mars nos convidaria para suas festas poéticas; em vão Béranger escreveria nova coleção de canções; em vão nos diriam: ei-la que ressurge com seus vinte anos a senhorinha Taglioni, a sílfide; ou, ainda, eis ali Fanny Elssler, e o próprio Balzac, e até mesmo Soulié... Debalde se nos depareriam os menos fabulistas... o Universo continuaria a exclamar: A mesa e o chapéu! Não mais se atende a nada, abandonadas ficaram quaisquer outras curiosidades! Uma brincadeira de crianças substituiu, para essas grandes populações desocupadas, animações e interesses vários; e a glória e até mesmo a fortuna foram olvidadas a fim de se prestar atenção às agitações da mesa, aos movimentos do chapéu! Escutai! Escutai! A mesa tremeu sob essas mãos palpitantes! O chapéu suspirou! Um velho chapéu que procura imitar aqui o papel de pitonisa, um velho chapéu profético onde estão encerrados os destinos da Humanidade toda! Nos encontros inicia-se logo a conversação com a pergunta: tendes visto a mesa mover-se? Tendes visto girar o chapéu?

Era assim que começava o folhetim de Jules Janin. O autor do artigo, Paulin, tece a seguir alguns comentários, dizendo crer no fenômeno, e termina deste modo: "Não temos necessidade de advertir os nossos leitores de que eles devem igualmente desconfiar daqueles que negam e daqueles que zombam, levando a exageração ao absurdo".

É também em 14 de maio, página 850, que a *Revue des Deux Mondes* traz em sua "Crônica da quinzena" uma nota sobre a revolução das mesas girantes, aliás, a primeira dessa revista, fazendo-o, entretanto, com alguma dose de desprezo. O cronista escrevia de modo especial acerca da situação política e social do mundo, ressaltando a gravidade do momento que então se atravessava, quando se põe a lastimar o desvio das atenções gerais para o "fenômeno corriqueiro" das mesas girantes. Num certo ponto lê-se o seguinte:

> Vede a que estranho passatempo uma sociedade pode entregar-se com paixão, com toda a paixão da ociosidade moral e intelectual! Ela se acha presentemente enamorada do Magnetismo e da magia, limitando-se a ver mesas e chapéus que giram pela virtude soberana do fluido magnético, como se Mesmer e Cagliostro ainda vivessem!
> Que girem os chapéus e as mesas, bela invenção realmente! E o pobre cérebro humano, não gira ele também?

Aos 17 de maio de 1853 deu-se a conhecer que, em Saint-Étienne e em Privas, as mesas não giravam porque não se tinha fé, mas que em Apt, embora essa fé não fosse em grau maior, todas as mesas giravam e obedeciam. Nesta última cidade, uma menina, certamente a médium principal, caíra em sonambulismo quando fazia parte da cadeia, e os médicos que a examinaram concluíram tratar-se de um caso de sonambulismo magnético.[38]

Na *Gazette de France*, de 18 de maio de 1853, seu redator-chefe, o barão Jaques de Lourdoueix, escreve extenso artigo a propósito dos fenômenos em voga, relacionando-os com o caso do Presbitério de Cideville (já por nós relatado), que ele classifica na mesma categoria. Em certo trecho de seu trabalho, diz aquele jornalista:

> Os espíritos fortes e os incrédulos do século representam quase sempre um mesmo papel nesses assuntos; aqueles, embora desconcertados com o testemunho de seus sentidos, associam suas declarações às dos incrédulos. E quando sucede que sumidades da Ciência são chamadas a verificar esses fatos maravilhosos, as objeções delas, digamo-lo, são sempre fracas, indecisas, incompletas, e revelam mais confusão que certeza... Se, pois, esses fatos sobrenaturais estão provados, conclui-se que não se poderia dar aqui melhor aplicação a certa frase da Escritura, dizendo-se que a mesa escarnecerá dos negadores: *irridebit eos*.

No mesmo dia, 18 de maio, o jornal *La Patrie* publicava a explicação que certos sábios davam do fenômeno:

---

[38] J. E. de Mirville – *Des esprits et de leurs manifestations fluidiques*, p. 428.

> Aqueles que giram mesa e chapéus são quase todos de boa-fé; mas eles se enganam ao crerem que é por um ato de sua própria vontade ou por uma efusão de fluido magnético que fazem girar o objeto inanimado posto sob seus dedos. Tudo é devido a uma ação muscular imperceptível a eles mesmos e a todas as demais pessoas. Trata-se de um movimento vibratório emanado de milhares de pequenos ramos nervosos... Acrescei a isto a fadiga, a umidade das mãos, e tereis uma explicação, senão completamente satisfatória, pelo menos bem plausível do fenômeno de que nos ocupamos.
>
> O Sr. Chevreul[39] — continua o jornal *La Patrie* — analisou esta predisposição fisiológica e ilustrou-a com o fato habitual do jogador de bilhar, que, após haver tocado sua bola de bilhar, a segue com os olhos, com os ombros e com todo o corpo, fazendo esforços extravagantes, como que para dar-lhe impulso, se bem que ela não mais esteja sob a ação direta dele, etc.

Comentando essas explicações mal dissimuladas sob a capa da Ciência, escreveu o marquês de Mirville:[40]

> Que felicidade a nossa de haver o Sr. Chevreul efetivamente dito "como que para", porque se ele cometesse a desgraça de falar "e o jogador com efeito a impele", estaríamos perdidos. Na verdade, não mais saberíamos o que responder. Mas este bem-aventurado "como que para" nos salva de um passo desagradabilíssimo; ele nos relembra o que poderíamos esquecer, isto é, que, nas relações ordinárias do homem com a matéria, jamais, em tempo algum até aqui, os esforços musculares em conjunto de quem quer que seja teriam influenciado de centímetro a direção do objeto que não estivesse sob a ação direta deles.
>
> Como os tempos estão mudados! Há dois anos, toda a Academia das Ciências se revoltava contra o ilustre Barão de Humboldt, que acreditava ter desviado, a distância, uma

---

39 Michel Chevreul (1794–1889), sábio químico francês, membro da Academia das Ciências de Paris e autor de várias e importantes descobertas.
40 J. E. de Mirville – *Des esprits et...*, p. 429.

agulha imantada, experiência que, não obstante, jamais se repetira em Paris.

Eis agora que, de repente, em lugar de agulhas, mesas pesadas valsam em toda a parte e ao gosto de cada um. E tudo isso se explica *facilmente*! *É bastante plausível*... Sim, desta vez, Senhores Sábios, não vos deixaremos *mutilar* os fatos, nós vos prevenimos; desde o começo deste volume não fazemos outra coisa que restabelecer, com boas provas, todos esses fatos que vossos colegas conciliam com seus caprichos, após havê-los negado inteiramente.

Hoje em dia a metade da França se levantaria conosco para ratificá-los e dizer-vos: "Não, vossos ramos nervosos jamais explicarão, seja o fenômeno físico, seja a inteligência de nossas mesas, que nos respondem as perguntas, seja sobretudo a superinteligência daquelas que amanhã, provavelmente, nos revelarão aquilo que nós mesmos ignoramos".

E Mirville concluía assim o seu comentário:

> Ao amanhã, pois! Entretanto, não deixa de ser bem triste ver um homem de altíssimo mérito, como o Sr. Chevreul, dar corda para se enforcar ao mais medíocre estudante que, *com sua bola de bilhar na mão*, saberá como responder-lhe. Imaginem quem daqui por diante se submeterá à Física! Ei-la terrivelmente comprometida. Uma ciência, capaz de abjurar dessa maneira todos os seus princípios, perde muito de sua autoridade aos meus olhos.

Desfavoravelmente ao "sistema das vibrações musculares" de Chevreul, também se manifestou um profundo estudioso do assunto, o acadêmico de Saboia, Bonjean, que, entre outros pronunciamentos, asseverou: "Objeção mais especiosa que real, contra ela se levantam ao mesmo tempo a experiência, a lógica e a razão".

O notável cirurgião Dr. Jules Guérin, redator-chefe da *Gazette Médicale*, de Paris, inseria no número de 28 de maio da citada publicação judiciosos comentários em torno da hipótese de Chevreul, declarando, em suma, que esta só seria admissível e começaria a ter o caráter de crítica científica, quando confirmassem, em experiências, que a soma dos efeitos obtidos é igual à soma dos esforços empregados.

Juntamente com pessoas de projeção científica, os redatores do *Messager du Midi* efetuaram numerosas experiências, nas quais se tomou todo o cuidado para se evitar qualquer possível pressão involuntária das mãos, e unanimemente chegaram à conclusão de que o fenômeno não podia ser atribuído a uma causa puramente mecânica.

Com o título *Les Tables tournantes, les femmes pirouettantes, les chapeaux pivotants, les pendules intelligentes*, o abade Francisco Moigno, ilustrado teólogo e físico, escrevia na revista *Cosmos*, da qual era o redator-chefe, um longo artigo[41] que começava assim:

> Já que as mesas dançantes, polcantes, corredoras, falantes, transpuseram segunda-feira última o limiar do santuário da Academia das Ciências, sob um título admiravelmente ambicioso, *Influência da ação vital e da vontade sobre a matéria inerte*, temos de abrir-lhes as páginas do *Cosmos*, e nós o fazemos com muito gosto, bastante felizes em poder, afinal, dar asas a esta verdade cativa, que se revoltava a ponto de querer quebrar-nos os dedos.
> Humilde servo, primeiro que tudo, da observação, que nos consumiu vinte dos mais belos anos de vida, começaremos por uma solene aceitação dos fatos.
> Admitimos que as mesas, pela imposição das mãos, têm girado, polcado, mazurcado, corrido; que elas têm farejado o norte, lançando-se para ele através de uma janela fechada, conforme escreveram a Arago; que elas têm respondido a perguntas, como o noticiaram o *Courrier de Lyon* e a *Presse* após a comunicação de Arago, etc., etc.

---

41 *Cosmos* (*Revue encyclopédique hebdomadaire des progrès des sciences*), fundada por B. R. de Monfort, redigida pelo abade Moigno, maio de 1853, p. 583 a 594.

O abade Moigno admite todos os fatos que lhe chegam aos ouvidos, ainda que jamais os tenha podido reproduzir, nem vê-los reproduzir-se ante os seus olhos, mas para ele não há

> nem fatos extraordinários, nem descoberta memorável, nem influência desconhecida de agentes naturais ou de Espíritos, sendo tudo consequência bem simples de uma causa fisiológica velha quanto o mundo: o resultado, fácil de prever, de movimentos musculares produzidos pela vontade e pela imaginação, sem que nossa alma tenha a consciência e o sentimento da impulsão dada por ela aos nossos órgãos, sob a influência de uma preocupação que a absorve, ou de um arrebatamento que a fascina e deslumbra.

O abade Moigno seguiu, como era mais natural, a esteira do sábio Chevreul, chegando mesmo a transcrever uma carta que este último endereçara a Ampère, relativamente aos movimentos que o pêndulo executava quando suspenso de um fio seguro pela mão, carta estampada na *Revue des Deux Mondes* de 1º de maio de 1833.

Pensava ele, com isso, assegurar uma posição de realidade definitiva para a sua teoria da "ação muscular", cópia carbono da de Chevreul.

Mais adiante, torna a frisar o ilustre redator do *Cosmos*:

> As mesas giram, os chapéus giram, os vasos giram, os travesseiros de plumas giram, etc., etc., em condições especiais muito variáveis, muito incertas; mas eles giram pelo efeito naturalíssimo de pequenos movimentos de trepidação e de impulsão involuntários, não sentidos, que se somam incessantemente uns aos outros, se estão na mesma direção, e chegam a constituir um total de forças vivas capaz de efeitos mecânicos intensíssimos.

É facílimo afundar esta teoria tão simplista, mas o leitor encontrará, por si mesmo, no desenrolar deste trabalho, os fatos experimentais que não lhe deram, a ela, tempo de germinar.

A seguir é publicada pelo abade uma longa carta que acabara de receber do Sr. Marc Séguin, então um dos mais famosos engenheiros franceses, membro correspondente do Instituto de França. Escrevendo de Annonay, aos 9 de maio de 1853, eis como ele iniciava sua carta referente às mesas girantes:

> Sabeis, meu caro abade, o quanto sou pouco curioso e pouco apressado em correr atrás de novidades; por isso me conservava até o momento completamente estranho aos fatos que, há algum tempo, perturbam todas as cabeças. Mas ontem, domingo, jantava eu em Saint-Marcel, a uma légua de Annonay, quando de mim se acercou o Sr. Eugéne Montgolfier, que conheceis, e fez absoluta questão de me convencer da realidade desses fenômenos.

Os dois homens de ciência juntaram-se a um terceiro e iniciaram uma série de experiências, primeiro com um chapéu, depois com uma mesinha de dois a três quilos. O êxito — afirma o missivista — foi surpreendente: a mesa realizou os mais diferentes movimentos e até batia com perfeição, levantando-se sobre dois pés, o compasso de valsas e polcas que eram tocadas ao piano. É de notar aí um fato singular, acrescentava o Sr. Séguin: "Quando, por esquecimento ou distração, o piano não executava dentro do compasso, aqueles que estavam em contato com a mesa não podiam reunir-se por um ato de suas vontades num mesmo propósito, e, então, ela parava subitamente..."

O ilustre engenheiro e inventor prossegue em sua sincera narração e termina vendo nesses fatos "uma ordem inteiramente nova de fenômenos, aos quais se ligarão provavelmente todos os fatos esparsos e isolados do magnetismo animal, do convulsionismo, etc., etc.".

O abade Moigno tece alguns comentários sobre as experiências de Séguin-Montgolfier e, divergindo da conclusão do narrador, persiste na sua teoria, procurando explicar as coisas a seu modo, fazendo certas comparações, de caráter matemático, com a posição dos dedos sobre a mesa, enfim, usando de argumentações de quem nada viu. Segundo ele, o fenômeno não era devido a eletricidade, ao magnetismo, a simpatias do espírito e da matéria, à influência da ação vital e da vontade, mas exclusiva e unicamente à "fé robusta, nascida da imaginação, da ilusão, da preocupação de espírito, à disposição e tendência ao movimento nascidas da fé magnética, a impressão produzida pelos órgãos musculares, sem que disso se tenha consciência ou se perceba".

O assunto, entretanto, não ficou nesse pé. O Sr. Séguin envia ao abade nova e notabilíssima carta, delicada, mas independente e positiva nos seus termos, solicitando ao amigo a publicasse. Por esse motivo, surge na revista *Cosmos* de 19 de maio, páginas 612 a 617, novo artigo de Moigno, intitulado *Tables tournantes*. Seu autor informa que Séguin havia lido com vivíssimo interesse a sua dissertação sobre as mesas girantes, mas que este não ficara "bem convencido da verdade de sua demonstração, nem convertido às suas prudentes doutrinas".

Compreendemos perfeitamente — continua o abade — esta disposição tão diferente de nossos espíritos: não temos podido, nós mesmos, nem produzir nem ver produzir-se à nossa frente nenhum fato inexplicável pelas teorias bem simples que conscienciosamente expusemos; o Sr. Séguin, ao contrário, tem testemunhado fatos verdadeiramente estranhos.

A seguir vem a carta do célebre engenheiro, da qual extraímos os trechos abaixo:

Quando raciocino a sangue frio sobre os resultados realíssimos e bem positivos que obtive e vi obterem diante de mim, penso estar sob o império de alguma alucinação que me faz ver as coisas ao contrário do que elas são, tanto a minha razão se opõe a admiti-las. Mas, quando renovo minhas experiências, já não é possível que me recuse à evidência, ainda mesmo que ela me confunda e transtorne todas as minhas ideias. Como quereis — quando a mesa, muito levemente tocada pela ponta dos dedos, realiza um esforço contra minha mão e contra minhas pernas, a ponto de me fazer recuar e chegando quase a se quebrar — que eu possa crer que a pessoa, que sobre ela impõe suas mãos, lhe comunique uma impulsão capaz de semelhante força mecânica? E quando esta pessoa sou eu mesmo, conservando toda a minha razão para poder medir o esforço que enxergo e perceber a imensa desproporção que existe entre o leve contato de meus dedos e os movimentos tão violentos da mesa, como quereis que eu aceite vossa explicação?

A questão de que tratamos está de tal forma na ordem do dia, ela fez tão súbita e tão profunda invasão em todas as cabeças, que é de grande proveito seja ela seriamente discutida entre nós; e até que cheguemos a um acordo, defenderemos opiniões diametralmente opostas.

Se quereis ser consequentes convosco mesmos — diz ao abade — e permanecer nos sábios limites de uma imparcialidade e de uma justiça inflexível, que não tem dois pesos e duas medidas, aceitai então, sem hesitação, corajosamente, os fatos como eles são, os fatos bem vistos e inteiramente reproduzidos por mim, em quem, eu o espero, tendes tanta confiança quanto em vós mesmos; a explicação virá mais tarde, ficai bem seguro disso. Crede firmemente haver no fenômeno das mesas girantes alguma coisa além do que ali percebeis, isto é, uma realidade física fora da imaginação e da fé daquele que as faz mover, fora também da impulsão mecânica produzida pelo contato tão superficial dos dedos do operador.

Como que a demonstrar o que dizia, Séguin refere-se a um seu cunhado, a quem ele viu "suar sangue e água", sem nada ter conseguido com a mesa, tendo isto desapontado muitíssimo a todos, não havendo ninguém que o pudesse definir ou explicar.

O abade Moigno, diante dessas e outras considerações contidas na referida carta, busca habilmente contornar a situação em que caíra, mas reafirmando sempre a sua pretensiosa (e única possível para ele) explicação para os fatos.

Referindo-se "aos prodígios" obtidos por Séguin e Montgolfier, esperava ser um dia testemunha ocular dessas experiências com a mesa e o chapéu, mas exigindo que elas obedecessem às condições assentadas por ele, "a fim de se conseguir — acresce com certa presunção — uma prova decisiva, que não mais permitiria qualquer dúvida sobre a verdadeira natureza e sobre a causa dos fenômenos". Contudo, corrige depressa o abade: "não levaremos a incivilidade até esse ponto". Felizmente, se não os fatos formariam fila, à espera do senhor abade!

A impressão que se tem é que o ilustre redator do *Cosmos*, pontificando a respeito de um assunto que ainda mal conhecia, se viu subitamente desconcertado ante os novos fatos que se lhe apresentavam. O marquês Eudes de Mirville[42] chegou mesmo a escrever: "O Sr. Séguin tem mil vezes razão contra seu sábio denegador".

No *Courrier de Lyon*, de 17 de maio de 1853, subscrito por seu diretor M. Jouve, apareceu longo artigo que despertou entusiasmados comentários, pois que não deixava margem alguma para as teorias decantadas por alguns acadêmicos.

Eis o que narrava o Sr. Jouve:

> Para proceder-se à experiência, como nós mesmos, várias vezes, o fizemos com inteiro êxito, operar-se-á não sobre a mesa apenas, mas sobre um conjunto mais complexo, composto de uma mesa de pé de galo (*guéridon*), de pequenas dimensões, e de uma cesta de vime superposta àquela.
>
> O móvel de que nos servimos tem três pés, forma circular e trinta centímetros de largura; a cesta de vime é de forma oval e de dimensão quase igual.
>
> As mãos que formam a cadeia foram colocadas sobre a borda superior da cesta, que, ao fim de quatro ou cinco minutos, se animou e iniciou seu movimento de rotação da direita para a esquerda. Cedo, a própria mesinha se pôs a ranger, a se elevar ora num sentido, ora noutro. Pediu-se, então, à cesta para arrastar a mesinha no seu movimento rotatório; após algumas oscilações e alguns movimentos irregulares, como que para aprumar-se, a mesinha se levantou sobre um único pé e, formando um só corpo com a cesta, com esta se pôs a girar rapidamente, seguindo-a em todas as direções que a vontade dos operadores lhe imprimia.
>
> Essa primeira prova, de êxito infalível se se usar de condições idênticas, foi o primeiro passo para a demonstração que tínhamos em vista. Se se pode admitir que o atrito das mãos seja capaz de, com a ajuda de uma trepidação nervosa, atuar

---

42 Mirville – *Des esprits et...*, p. 433.

sobre uma superfície rugosa com a qual os dedos estão em contato, não se compreende tão facilmente como essa impulsão poderia comunicar-se ao corpo colocado debaixo do primeiro, a não ser com o auxílio de uma pressão violenta e combinada, que não existia e que não podia existir nessa experiência.

Segue-se o que é ainda mais inexplicável segundo as leis ordinárias da Física e que descia a teoria dos Srs. Moigno, Chevreul e outros incrédulos. Após haver provocado diferentes exercícios com a cesta unida à mesa, ordenamos à primeira que se levantasse num sentido, ao passo que a segunda se levantaria no sentido oposto. Certa hesitação aparente antecedeu o cumprimento da ordem. A mesinha começou a elevar um dos seus pés, e, logo que completada essa operação, a cesta por sua vez se elevou também, mas do lado oposto. Nesta posição, que se pôde manter por vários segundos, o verte do ângulo formado pela mesa e pela cesta correspondia à abertura do ângulo formado pelo piano dos pés e do assoalho.

Essa experiência, repetida várias vezes com o mesmo êxito, nos conduziu assim a curioso resultado, inteiramente concludente.

Depois de se ter procedido ao ensaio relatado mais acima, uma das pessoas que formavam a cadeia quis experimentar o peso real da cesta. Segurou-a pela borda superior e, no ato de suspendê-la, através de esforço todo físico, ficou fortemente assombrada ao achar uma resistência muito superior à do peso conjeturado. Todos os operadores reunidos tentaram então a mesma prova, por uma razão idêntica, e certificaram que a mesa e a cesta se atraíam mutuamente, como se um desses corpos fosse poderoso ímã. Mantendo-se a cadeia, tentou-se então, aplicando-se com esse objetivo a força da vontade, efetuar o levantamento da própria mesa, o que não se conseguiu, apesar de uma tensão de espírito bastante sensível e que podia ser representada por um peso de três ou quatro quilos.

A mesma cesta, revirada, e sobre a borda da qual se formava a cadeia, resistiu vigorosamente ao esforço dos operadores que tentaram levantá-la por uma das extremidades, ao passo que se erguia, inteiramente sozinha, e voltava à primitiva posição quando a ordem lhe era dada nesse sentido.

O aumento do peso dos objetos, a resistência tenaz que por vezes opunham aos experimentadores, tudo isso foi mais tarde comprovado por inúmeros sábios dignos desse nome, em sessões com diferentes médiuns (veja-se, além de outras, a obra *Les Phénomènos phsiques de la médiumnité*, da autoria do Dr. Schrenck-Notzing).

Em 18 de maio de 1853, tendo a esposa do grande pianista e compositor Louis Lacombe colocado, sozinha, os dedos sobre uma mesa de pé de galo, conseguiu que ela se movimentasse e, diante dos espectadores admirados, fizesse uma série de singulares evoluções, com pequenos saltos e arremetidas nervosas. Um dos pés da mesa traçou depois diferentes figuras geométricas. Adquiriu logo o móvel uma agitação fora do comum, chegando quase a magoar a Sra. Lacombe.

O pianista tentou, em seguida, também sozinho, experimentar a sua potência, mas em vão; a mesa permaneceu o tempo todo imóvel, o que vinha, mais uma vez, contradizer a hipótese das vibrações musculares e consequente tendência ao movimento.

Esses fatos foram descritos em *La Patrie* pelo senhor Hébert de Garnay, redator do *Journal Du Magnétisme*.[43]

O Sr. Jouve volta às colunas de sua folha periódica para contar o fato seguinte:

> Operava-se sobre uma mesa de pés bastante rugosos e desprovida de estabilidade, a ponto de não se poder fazê-la deslizar por meio de uma pressão mecânica, pois que ela inevitavelmente tombaria.
> No começo, a mesa se agitava violentamente em todos os sentidos, sem poder avançar senão por saltos. Recomendou-se-lhe que levantasse dois de seus pés e que girasse sobre o terceiro, recomeçando a mesma evolução após cada meia volta. Com efeito, a mesa serviu-se desse expediente, e, coxeando

---

[43] *Les Tables mouvants et les miracles du dix-neuvième siècle*, ou *La nouvelle magie*, par Un croyant de Chambéry, 1853, p. 49 – 50.

(*clopin-clopant*) como a panela de barro de La Fontaine, ela chegou sem acidente ao seu destino. Depois, um dos operadores lhe disse: levante um pé e ande com dois outros. Dito e feito. O móvel, satisfeito com essa nova maneira de andar, levantou-se, ora de um lado, ora de outro, e pôs-se a caminhar resolutamente na direção indicada, tal como o faria um pastor das Landes, ou um escolar de 10 anos, andando sobre andas. Após uma hora de experimentação, a mesa adquirira tal potência magnética, que agora obedecia de um modo febril, lançando-se impetuosamente na direção que se lhe apontava, fazendo recuar as pessoas que formavam a cadeia, e quase lhes dando encontrões.[44]

La Patrie de 20 de maio de 1853 transcrevia da *Revue Médicale* uma declaração dos Srs. Corvisart e Castelnau, em que estes pretendiam explicar os fatos quer pela "imaginação", quer pelas "vibrações musculares invisíveis e involuntárias". Refutou-os o Dr. Prosper de Pietra-Santa (famoso médico da Corte francesa e autor de inúmeras obras de Medicina) na mesma *Revue Médicale* apresentando sobre o assunto três objeções que, segundo afirmava, desmoronavam as teorias supracitadas.

No dia 21 de maio, lia-se em *La Patrie* que "as mesas passeavam e se reviravam sem contacto, bastando, tão só, *volições mentais e insuladas*, ou mesmo um simples *passe magnético*, precaução esta demasiado supérflua do experimentador". Esta notícia permitiu a Mirville perguntar: "Diante dessa nova dança das mesas, sem contacto dos dedos, qual será a sorte da explicação pela vibração muscular e principalmente pela *umidade das mãos?*"

Félix Roubaud, médico e autor de numerosas obras, pelas quais se fez célebre, colaborador do jornal *L'Illustration*, escrevia neste hebdomadário, em 21 de maio de 1853, páginas 324 a 325, longo trabalho sob o título *La Danse des tables*:

> O fenômeno mágico da dança das mesas, longe de enfadar a atenção pública, incita cada vez mais os espíritos, e parece

---

44 Id., ibid., p. 93 e 94.

mesmo querer que sejam esquecidas as preocupações financeiras, das quais, na falta de outras, nossa época está farta.

Melhor que ninguém, eu e meu editor estamos em condições de atestar esse entusiasmo: eu, pelas comunicações numerosas que nos chegam de todas as partes; ele, pela venda rápida da primeira edição do meu livro — *La Danse des tables. Phénomènes physiologiques démontrés.* A questão é encarada sob todos os seus aspectos, e cada um, segundo suas tendências, seus cargos, suas disposições morais ou sua instrução, dá preferência a tal ou tal parte do problema: este comprova minhas asserções quanto aos temperamentos, às idades e ao sexo; aquele examina minhas afirmações a respeito dos caracteres, das antipatias, das simpatias, etc., etc.; outros, afinal, detendo-se no aspecto puramente recreativo, imaginam a construção de aparelhos baseados em algumas experiências curiosas que indiquei em meu livro.

Numa carta que se dignou enviar-me, o redator-chefe da *Presse Médicale*, o Dr. Mayer, já me anunciava um aparelho, a ele inspirado pela experiência do pêndulo, e que tem por fim medir o comprimento das oscilações e evitar o menor abalo produzido pela contração fibrilar dos músculos.

Essa experiência do pêndulo pode dar lugar a um brinquedo para crianças, o qual, além de atrair vivamente a atenção daquelas, concorreria para lhes desenvolver a inteligência.

O brinquedo é muito simples e comporta ao mesmo tempo grande variedade, sendo possível dar-lhe o luxo que certas pessoas procuram nos brinquedos infantis. Compõe-se ele de um fio, não importando sua natureza, de dez a vinte centímetros de comprimento, em uma das extremidades do qual se suspende um títere, um boneco, em suma o objeto que se prefira. O fio, colocado na mais absoluta imobilidade e seguro pela mão, oscila, após um tempo mais ou menos longo, sob a influência do fluido, e executa todos os movimentos que a vontade lhe impõe. São poucos os brinquedos que oferecem tantos encantos. Além disso, pode-se tornar o divertimento ainda mais atraente, organizando-se a cadeia com várias crianças, entre as quais uma seguraria o aparelho, enquanto outra daria as ordens, seja mentalmente, seja em alta voz.

A se crer numa notícia chegada até mim, certo fabricante de brinquedos já teria tomado providências no sentido de aproveitar essa ideia emitida no meu livro.

Há outro passatempo para crianças, igualmente facílimo de efetuar-se, e que se assemelha ao jogo de argolinha. Segundo uma carta do Dr. Eissen, de Estrasburgo, quem, aliás, foi o primeiro a torná-lo conhecido, esse outro brinquedo já funciona na capital da Alsácia. Consiste ele numa mesa redonda e que pode girar sobre um eixo central. A mesa apresenta, em torno dela, assentos, que podem tomar a forma de cadeiras de braços, de cavalinhos, etc., etc. As crianças, acomodadas nesses assentos, põem suas mãos sobre a mesa de acordo com o processo consagrado. Quando o fluido age, mesa, assentos e crianças são levadas no movimento rotatório. Como este movimento muda de direção, à vontade de cada um, as crianças podem ser submetidas a uma espécie de disciplina moral, pelas ordens que emanarem de umas delas.

Afinal, há uma terceira experiência, para cuja descrição me servirei do meu livro, e que se pratica com um mocho de piano. O mocho, como todos sabem, é principalmente constituído de um parafuso sem fim, que permite elevar e abaixar o assento, conforme a rotação seja da direita para a esquerda, ou vice-versa. Duas, três pessoas quando muito, bastam para a experiência. Elas colocam suas mãos sobre o assento, tal como o fizessem sobre uma mesa comum, e, logo que o movimento se produz, conseguem fazer que o assento desça ou suba, ordenando-lhe, alternativamente, variar o sentido de sua rotação. Deve-se ter o cuidado de se dar as ordens antes que o assento atinja as extremidades do parafuso. Se isto é esquecido na extremidade inferior, todo o mocho entrará em movimento; se a inadvertência se verificar na extremidade superior, o assento, abandonando o fim do parafuso, pode ferir um dos experimentadores.

Para prevenir esses inconvenientes, não retardando os movimentos ascendentes ou descendentes, é suficiente, antes do início da experiência, contar as espirais do parafuso e o número de giros circulares que o assento pode descrever num tempo determinado e com uma velocidade desejada.

Pautem-se as ordens por todos esses dados do problema; e, quando nada entrave a experiência, fica-se pasmado diante desse movimento mágico, que pode ser prolongado até a extinção das forças dos experimentadores, não do fluido, que este não morre senão com a vida.

Le tabouret de piano.

Experiência com o mocho

Como vemos, de um acontecimento de consequências tão importantes para a Humanidade, alguns homens, a princípio, atentaram tão somente na parte mais extrema, mais pueril, e, sem ao menos averiguarem exatamente a origem e as causas do fenômeno, e os efeitos bons ou maus que poderiam advir do seu desenvolvimento, despreocupados e buliçosos, agindo como verdadeiras crianças inconscientes, criaram variadas diversões com diferentes objetos postos em movimento giratório, tais como as que acabamos de transcrever. Foi este, entre a maioria, o período mais superficial e infantil do ciclo das mesas girantes.

Na sessão de 23 de maio de 1853 da Academia das Ciências de Paris, é feita uma comunicação da autoria do Sr. Bonjean, distinto farmacêutico em Chambery, membro da Academia Real de Saboia, "reconhecido pelos seus importantes trabalhos e úteis descobertas". Relata ele várias experiências levadas a efeito dentro da Academia saboiana e atesta a "perfeita inteligência do agente em questão", atribuindo, porém, as respostas da mesa "à reflexão do pensamento da pessoa que as provoca", porque, considera ele, "o móvel não pode satisfazer e não satisfaz senão às perguntas cujo resultado seja conhecido, sem jamais poder criar o desconhecido".

Não tendo sido o Sr. Bonjean "premiado" como dezenas de outros investigadores o foram, os quais, naquela mesma época, obtiveram respostas que nenhum dos presentes poderia ou saberia articular, por desconhecê-las, não nos é lícito censurá-lo por aquela sua afirmação. Diremos apenas que os fatos não lhe foram propícios!

Contudo, o Sr. Bonjean possui um alto mérito, o de testemunhar a veracidade dos fatos e (o que é mais importante) de invalidar inteiramente os "movimentos musculares", de Chevreul e Moigno, com os recentíssimos fatos que vinha de anunciar: as mesas de Estrasburgo giravam, e giravam também as pessoas que as haviam colocado em agitação; e as mesas de Lyon não precisavam experimentar o contato dos dedos para que girassem, dançassem e falassem: a imposição das mãos, a distância, bastava para animá-las. "Evidentemente — comentava a revista *Cosmos* de 29 de maio, pela pena de Moigno — elas têm o diabo no corpo".

Outras muitas experiências concludentes, relatadas nos jornais da época, e que cansariam o leitor se todas transcritas para estas páginas, vinham lançar por terra qualquer espécie de impulsão muscular, voluntária ou involuntariamente exercida, cabendo dizer que hábil geômetra de St. Pierre d'Albigny (Savoia), o Sr. Alexis Clert-Biron, chegou até mesmo a construir uma engenhosa mesa, com todos os requisitos para desfazer as últimas esperanças dos mais recalcitrantes adeptos da teoria da influência muscular.

10

As "mesas girantes" em todo o mundo. — Roma e Viena. — Na Academia Real de Bruxelas. — O ilustre estadista conde de Gasparin confirma os fenômenos e rebate o grande físico Foucault. — Comentários do marquês de Mirville. — O "fenômeno das mesas" entre os lamas e os chineses.

Sendo a França o país-centro por excelência, para onde convergiam todas as novidades mundiais e de onde elas se irradiavam, num fechar de olhos, para os pontos mais afastados do Globo, é fácil de concluir que as demais nações, principalmente as europeias, já teriam recebido as notícias sobre o propalado movimento das mesas. De fato, assim foi, e os Espíritos, aproveitando-se da onda de curiosidade que invadira todas as plagas, nelas também se movimentaram intensamente, no grandioso e abençoado objetivo de despertamento progressivo dos homens para as realidades vivas da Vida Póstuma.

No Império Russo, no Império Otomano, na Itália, na Espanha, em Portugal, nos Países Baixos, na Suíça, e, posteriormente, na América do Sul, e talvez na própria Ásia, onde o fenômeno não era desconhecido, as mesas giraram, giraram...

Na Itália, a "dança das mesas" passou a ser o divertimento da "cidade eterna" e, segundo a *Gazeta de Augsburgo*, o povo estava estupefato diante do acontecimento, não sabendo se o fenômeno era um milagre ou simplesmente um fato maravilhoso. Assegurava-se, então, que fora feita uma experiência na casa do secretário de Estado, Cardeal Giacomo Antonelli, que ficou sobremodo encantado com o que viu.

Em Viena, o jornal *Wanderer* estampava interessante experiência realizada por pessoas idôneas. Conseguiram elas obter o movimento giratório de uma mesa, a certa distância desta, segurando as extremidades de fios de cobre finos e bastante flexíveis, presos às bordas da mesa.

Na capital belga, uma brochura traduzida do alemão por Louis Hymans e Flatau, e intitulada *Table qui danse et table qui répond, expériences à la portée de tout le monde*, despertava a curiosidade geral, atraindo, para a prática do fenômeno, até os mais indiferentes.

Na ata da sessão de 10 de maio de 1853 da Academia Real de Ciências de Bruxelas, lê-se que o Sr. Lambert Quételet, secretário perpétuo dessa instituição, levara ao plenário uma carta que recebera do Dr. Carus, e, conformemente o desejo do missivista, apresentava uma nota dele, *referente a um novo processo para produzir o movimento de rotação de pratos de madeira com a eletricidade desenvolvida pelas várias pessoas que formam a cadeia.*

> O nome do célebre fisiologista alemão — acrescenta Quételet — e a alta consideração que tenho pelo seu saber e caráter me conduziram a seguir atentamente as experiências feitas de acordo com o processo indicado, mas devo confessar que não pude formar nenhuma convicção a esse respeito, e que os movimentos que vi produzirem-se, em determinadas circunstâncias, parecem-me devam ser atribuídos quer à fadiga entre os experimentadores, quer a movimentos involuntários produzidos por pessoas mais ou menos impressionáveis.[45]

Em 12 de maio de 1853, o ilustrado conde Agénor de Gasparin, famoso estadista, escritor e orador, membro de várias sociedades culturais, escrevia de Valleyres (cantão suíço de Vaud) uma carta dirigida ao *Journal de Genève*, que a publicou em 26 de maio.

As afirmações do conde Gasparin deram muito que falar nos meios cultos europeus, por se tratar de um homem conhecido e admirado pelo seu caráter e absoluta integridade moral.

Ei-la, *in totum*, para que os leitores possam devidamente apreciá-la:[46]

> Senhores,
> É impelido por um sentimento de *dever* que a vós me dirijo. Toda a verdade a isso me obriga, e estamos sempre prontos para protestar contra o estranho e cômodo desdém que certos sábios (sem relacionar os ignorantes) opõem aos fatos dos quais não conhecem a explicação.

---

45 *Cosmos*, junho de 1853, p. 47.
46 Cte. Agénor de Gasparin – *Des tables tournantes, du surnaturel en général et des esprits, tome premier (deuxième édition)*, Paris, 1855, p. 197 – 200.

Tal é o sentimento que me leva, apesar de minha incompetência científica, a transmitir-vos a narrativa da experiência que aqui hoje se acaba de realizar. Longe de associar-me ao pensamento que inspira o último relatório do Sr. Foucault,[47] no *Journal des Débats*, sustento que é absurdo filosófico estabelecer *a priori* a impossibilidade de coisas que recusam verificar. Quando vejo o Sr. Foucault felicitar as Academias por estas não terem dado nenhuma atenção às *mesas girantes*, apresento então duas questões:

1ª – Teriam as Academias a pretensão de compreender tudo o que elas admitem? Se a transmissão de minha vontade a um móvel, que se torna por assim dizer meu membro, é incompreensível, a transmissão de minha vontade à minha perna ou ao meu braço não o é menos?

2ª – Deve-se considerar como objeto de zombarias a questão, tão séria em si mesma, de saber se o espírito humano vem ou não de levantar um dos véus que lhe ocultam as grandes leis divinas e de reconhecer uma vez mais sua prodigiosa ignorância? Acredito que uma dessas leis acaba de ser descoberta. Não obstante, a opinião pública fará o seu julgamento. Ela decidirá sobre isso, a despeito do encolher de ombros ou do silêncio combinado daqueles que parecem recusar aos simples mortais o direito de observar os fatos e de apreciá-los mediante o bom senso.

Se se faz mister um diploma para falar do assunto que nos ocupa, devo calar-me, como os leigos da Idade Média se calavam na presença dos teólogos. Mas certamente sereis de parecer, senhores, que jamais retornaremos àquela Idade, e que assim vos dignareis acolher a narração que tenho para fazer-vos, com as reflexões que motivaram o seu envio.

Tomamos uma mesa de freixo, cujo tampo, de 80 centímetros de diâmetro, está montado em pesada coluna da mesma madeira, coluna que termina por três pés, distantes entre si de 55 centímetros.

---

47   Trata-se do célebre físico francês, que trouxe grandes progressos à Ciência. Dele são amplamente conhecidos dois notáveis feitos: a determinação da velocidade da luz na superfície da Terra e a comprovação experimental do movimento de rotação do nosso planeta.

As pessoas que tomaram parte na experiência foram dois sábios botânicos, os Srs. Muret e Reuter, o pastor Tachet, o Sr. Boissier, vários domésticos, três crianças de onze a quinze anos, minha mulher e eu.

A mesa demorou muito a se pôr em movimento, só começando a girar depois de cerca de uma hora. O movimento, a princípio prejudicado pelas desigualdades do assoalho construído com tacos, acabou, entretanto, por se operar em diversos sentidos, segundo a nossa vontade. Esta vontade bastava também para pará-la bruscamente.

Não insisto mais sobre este ponto. Se houvesse tão só o fenômeno de rotação, o fato talvez não fosse de todo concludente. Desconfio, se bem não seja acadêmico, e admito que é possível (em rigor) que uma impulsão mecânica se imprima involuntariamente.[48]

Mas a rotação não serve senão para abrir caminho a outros fenômenos, para os quais é impossível a explicação numa ação muscular qualquer.

Todos nós, um após outro, endereçávamos ordens à mesa, que prontamente as executava, e bem difícil me seria pintar-vos o caráter singular desses movimentos, dessas pancadas batidas com tal nitidez, com tal solenidade, que ficávamos quase que assombrados.

— Bate três pancadas, bate dez. Bate com este pé, com aquele, com aqueloutro; levanta-te sobre dois de teus pés, sobre um deles; fica aprumada; resiste ao esforço daqueles que, colocados no lado em que te elevares, procurarão reconduzir-te ao chão.

Dada a voz de comando, logo a mesa obedecia e realizava movimentos que nenhuma cumplicidade involuntária ou voluntária teria podido provocar. Às vezes, era em vão que tentávamos baixá-la da posição que tomava sobre um único pé, resistindo ela, incontestavelmente, a todos os esforços nesse sentido.

Todos obtivemos igual êxito, após darmos ordens à mesa. As próprias crianças se fizeram obedecer, exatamente como os adultos.

---

48 Mais tarde, o próprio conde Gasparin verificou, em experiências outras, a fragilidade dessa teoria.

> Há mais: combinou-se que aquele que emitisse as ordens não pronunciaria em voz alta o que desejaria da mesa, por exemplo, um determinado número de pancadas. Apenas se limitaria a pensar nesse número, após havê-lo comunicado ao ouvido de seu vizinho. Pois bem! A mesa assim mesmo obedeceu. E jamais se verificou o menor erro.
>
> Depois, pediu-se à mesa que batesse tantas pancadas quantas correspondessem à idade de cada um. Ela assentiu, apressando-se, de uma forma muito cômica, quando o número de pancadas a bater era algo considerável. Devo confessar, para vergonha minha, que fui corrigido por ela; tendo involuntariamente diminuído minha idade, a mesa, apesar disso, deu 43 pancadas em lugar das 42, mas minha esposa havia pensado na cifra verdadeira.
>
> Afinal, depois de haver continuado durante mais de uma hora essas experiências, nas quais vieram tomar parte os vizinhos e os servos da herdade, julguei que era tempo de pôr um fim a elas. Ordenei, então, à mesa que se erguesse, que se erguesse mais e que se inclinasse para o meu lado, o que foi feito.
>
> Aceitai, etc. (A. DE GASPARIN)

Não nos seria difícil comentar, de acordo com os conhecimentos que hoje o Espiritismo nos traz, a interessante carta do conde de Gasparin, por nós transcrita. Todavia, julgamos de maior interesse, e importância mesmo, o comentário que o marquês Eudes de Mirville teceu a respeito daquela epístola:[49]

> Sem dúvida, acabamos de dar aqui um grande passo. Além das qualidades e dos talentos da mesa, viu-se reinar muito humor e até mesmo um rasgo de *superinteligência;*[50] pois, notemo-lo bem, aquele humor se manifesta por essa rapidez impressa às pancadas, na razão direta do seu número, como se estivéssemos diante de uma demonstração de urbanidade

---

[49] Mirville – *Questions des esprits*, p. 44.
[50] Nota de Mirville: Definimos a superinteligência como sendo uma inteligência superior àquela do interrogante ou das pessoas presentes.

por parte da mesa, que, conhecendo aparentemente o valor do tempo, deseja poupar o dos seus ouvintes. A seguir, observai: o experimentador se *engana*, e a mesa o *corrige*! Ela revela o que não está no pensamento do médium, e escusado será dizer que tudo se explicaria somente porque o número certo se acharia no pensamento da Sra. Gasparin. Ninguém admitirá facilmente aqui o regime da comunidade, e sempre se indagará como essa mesa, interrogada por *monsieur*, pode, mesmo que tivesse ouvido *madame*, escolher com tanta precisão entre os seus dois mestres e adivinhar que *monsieur* estava errado, ao passo que *madame* possuía a verdade. Todas as probabilidades eram para o primeiro, visto que ele perguntava a sua própria idade, e, entretanto, é o pensamento da esposa que prevalece! ... Eis, em todos os casos, uma mesa realmente inspirada por sua galanteria!

Vemos, assim, que as mesas, além de manifestarem obediência, memória e pantomima, ou seja, segundo a expressão de Mirville, "uma virtude, uma faculdade e um talento", demonstravam também possuir sagacidade, inteligência e poderes de adivinhação.

Em 27 de abril de 1853, o jornal russo *Sjevernaja Ptschelà* (*Abelha do Norte*) publicou um artigo do sábio Tscherepanof, que viajara pelo país dos Kalmouks, onde os lamas, sacerdotes da religião budista, se servem — escreve ele — de uma mesinha quadrada para descobrir objetos perdidos ou roubados. Em síntese, o fato se passa assim: o lama, tendo à sua frente a mesinha e sobre ela sua mão, põe-se a ler um formulário. No fim de meia hora, ele se levanta, sempre com a mão na mesma posição. A mesa se ergue também, acompanhando, no ar, todos os movimentos que o lama executa. Por fim ela marcha avante, percorre diversas direções e acaba por cair, quando indicada a direção principal onde deverá ser encontrado o objeto escondido.

O fenômeno de que Tscherepanof foi testemunha se verificou nas cercanias de Jélany, na província de Zabaïkal, em 1831. Conta ele que a mesa voou até a distância de 15 toesas.[51]

---

51   Cerca de 29 metros.

> O objeto furtado não foi achado no campo; mas, na direção indicada pelo móvel, morava um camponês russo que observara o fenômeno extraordinário, o qual no mesmo dia se suicidou. Sua morte súbita despertou suspeitas. Fizeram-se buscas na casa dele, e aí foi encontrado o que se procurava.
> Eu não acreditava no que os meus olhos viam — confessa Tscherepanof — e a mim mesmo explicava este fato por alguma escamoteação que o lama empregava. Estava persuadido de que ele elevava o móvel no ar por meio de um fio invisível aos olhos dos espectadores. Mas, após exame minucioso, não encontrei o menor traço de fraude. A mesa movente era de pinho e pesava cerca de libra e meia.
> Estou convencido de que aquele fenômeno se produzia pelas mesmas causas que hoje fazem mover as mesas, os chapéus, as chaves, etc.

Para a narração desses acontecimentos, utilizamo-nos do jornal *L'Illustration* de 25 de junho de 1853, página 407. Eis agora o comentário que esse jornal fez:

> Dessa forma, os chefes da seita dos *Espíritos*, que julgaram ter inventado a *table-moving*, nada mais fizeram que retomar uma invenção há muito tempo conhecida de outros povos. *Nihil sub sole novum*, dizia Salomão. Quem sabe se no tempo do próprio Salomão não conheciam o processo de fazer girar as mesas!... Que digo eu? Esta experiência era já conhecida antes do digno filho de David. Lede o *North-China-Herald*, citado pela *Gazeta de Augsburgo* de 11 de maio, e vereis que os habitantes do Celeste Império se entretinham com esse passatempo desde épocas imemoriais.

Jamais os espiritistas norte-americanos pretenderam ter inventado as mesas girantes, como quer insinuar o articulista. Os fatos espíritas surgiram nos Estados Unidos espontaneamente, e só depois é que os Espíritos batedores lembraram aos encarnados a experiência com as mesas, que lhes facilitavam a comunicação. Esta e inúmeras outras manifestações dos Espíritos eram, de fato, conhecidas de vários povos, e em todas as épocas. "Os modernos — como bem frisou

Allan Kardec — não têm outro mérito que o de havê-las despojado do misticismo, do exagero e das ideias supersticiosas dos tempos de ignorância".[52]

11
Robert Schumann e a mesa que lhe dá respostas. — "O movimento da mesa é real" — diz um membro da Academia na Imprensa, folha de Portugal. — O grande escritor Latino Coelho escreve longo trabalho sobre a "epidemia" das mesas girantes. — Presencia os fenômenos a rainha Isabel II da Espanha. — As declarações de Lopes de Mendonca em "A Revolução de Setembro", e a referência ao sábio Humboldt.

No histórico que vimos fazendo, quase se nos escapava um nome ilustre. Queremos referir-nos a Robert Schumann, um dos maiores representantes da música romântica, nascido na Saxônia, e cuja vida até a morte está cheia de fatos a lhe atestarem a mediunidade audiente.

Sobre a ligação deste notável compositor com as mesas girantes, lemos nas páginas 212 e 213 de *La Vie douleureuse de Schumann* (Paris, 1928), obra da autoria de Victor Basch, professor na Sorbona:

> E eis que em 1853 ele começou a se interessar pelas mesas girantes, com uma paixão que não deixou de parecer estranha àqueles que o observaram. Em maio de 1853, relata Wasilewski,[53] cheguei a Düsseldorf e, numa tarde, entrei nos aposentos de Schumann. Ele estava num canapé e lia um livro. Perguntei-lhe de que assunto tratava o livro, e ele me respondeu com voz febril, em tom bem alto:
> — Não sabeis nada acerca das mesas girantes?
> — Como não?

---

52 Allan Kardec – *Revue Spirite*, 1859, p. 280.
53 Violinista e escritor alemão, autor de *Robert Schumann, eine biographie* (1880).

E nisto seus olhos, geralmente semicerrados, se abriram bastante, as pupilas se dilataram desmesuradamente, e ele se pôs a falar com um ar ao mesmo tempo inspirado e lúgubre: *As mesas girantes sabem tudo!*

Quando vi que ele se exprimia com muita seriedade, tratei de não contradizê-lo, e ele se acalmou.

Em seguida, chamou sua segunda filha para perto dele, e começou a fazer experiências com uma mesinha.

Se se duvida do testemunho de Wasilewski — continua Victor Basch —, segue-se uma efusão do próprio Schumann: Que força maravilhosa! — escreve a um de seus amigos, em 25 de abril de 1853 — Imagine que perguntei à mesa qual o ritmo dos primeiros compassos da Sinfonia em dó (*ut*) menor. Ela hesitou mais tempo que de hábito, antes de responder, acabando por me dar o ritmo, porém demasiadamente lento. Quando lhe disse: Mas o movimento é mais rápido, cara mesa, ela se apressou em me bater o compasso verdadeiro. Também lhe pedi se dignasse indicar-me o número em que eu pensava. Estávamos como que envolvidos de milagres.[54]

Aos 17 de outubro de 1853, lemos, entre as notas do jornal, uma que se intitulava: *Experiência, sem êxito, de evocação dos Espíritos*. Clara[55] relata essas sessões, sem aí nada descobrir de extraordinário nem de alarmante. Robert — escreve ela —, sempre que não se sente perfeitamente bem de saúde, faz girar as mesas e com isto se mostra felicíssimo. Logo que começa suas experiências, ele se sente bem e agradavelmente superexcitado. E ela prossegue muito seriamente: Robert está encantado com esta força miraculosa, e acabou por se afeiçoar à mesinha, tendo-lhe prometido uma nova capa.

Eugenie Schumann, filha do grande músico, escreveu numa obra de sua autoria, intitulada *Schumann — Vida romântica — Inquietudes artísticas — Diário íntimo*, o trecho:[56] "Em papai, o espírito resistiu até ao fim. Ainda no outono de 1853 me é impossível

---

54 A obscuridade e a falta de complementação decorrem do original francês.
55 Esposa de Schumann, famosa pianista.
56 Veja-se a tradução de Eugênio Germain, Buenos Aires, s. d., p. 379.

achar um sintoma mórbido, um rasgo de anormalidade, a menos que se tome por tal sua paixão pelas mesas magnéticas, ponto que prefiro não dilucidar".

Schumann, por várias vezes, no desenrolar de sua vida de artista, deixara perceber visíveis sintomas de loucura, que mais tarde, em 1854, eclodiria de maneira brusca e violenta, não se podendo jamais imputar às mesas girantes (como alguns poucos biógrafos insinuaram) a causa do desarranjo mental que consumiu os últimos anos do malogrado compositor alemão. Cumpre ainda lembrar que o diagnóstico dos médicos que o trataram apenas se referiu a uma grave afecção cerebral, e nada mais...

Todavia, é inegável que acidentes foram observados no decorrer de algumas sessões com as mesas e, à exceção daqueles ocasionados por uma desusada violência dos móveis submetidos à cadeia das mãos, quase todos, senão todos, tiveram sua origem em pessoas ou debilitadas, ou facilmente impressionáveis, ou muito nervosas. Nesses casos, declaravam-se estados de excitação nervosa, síncope, convulsões, e até mesmo ocorreram fatos mais graves, tudo, porém, resultante da inexperiência ou do abuso dos experimentadores, então completamente ignorantes das leis que regiam os fenômenos.

Passemos, porém, adiante.

No jornal *Imprensa*, de Lisboa (Portugal), aparecia, em 15 de maio de 1853, longo artigo sobre *A dança das mesas e dos chapéus*, assinado por B. du B. Após transcrever do *Moniteur des Hôpitaux* algumas experiências feitas por médicos franceses de reconhecida ilustração e ilibada probidade científica, o autor do artigo relata suas próprias experiências, em número de seis ao todo. De tudo que observara, tirou ele certos corolários, dos quais vamos citar os dois mais importantes:

> O movimento de rotação da mesa é real e evidente; os incrédulos que experimentem e se convencerão. Não se pode considerar o movimento como o resultado de impulsões involuntárias e apercebidas que cada um dos experimentadores imprima, sem consciência disso, ao objeto em que se experimenta. Demonstra-o a lei que regia a direção do movimento,

demonstra-o o fato, muito repetido, de se ter conseguido o fenômeno por intermédio de pessoas inteiramente desprevenidas e ignorantes do que ia ocorrer, demonstra-o de um modo irretorquível a experiência.

Esse artigo, transcreveu-o o jornal português *A Nação*, de 18 de maio, e após lê-lo é que o grande escritor lusitano J. M. Latino Coelho se animou a escrever: "Uma descoberta prodigiosa!" — Extenso trabalho a respeito das mesas girantes, do qual não nos podemos furtar de reproduzir aqui alguns trechos, já porque constitui uma bem interessante peça de lavor descritivo, já porque é um dos primeiros documentos históricos do "movimento giratório" na terra lusitana.

Apresentamos, então, o que extraímos das páginas 1 a 3 do diário lisbonense *A Revolução de Setembro*, de 19 de maio de 1853:

> Se entrardes agora em qualquer salão, ou em qualquer café, no *Grêmio* ou no *Marrare*; se fordes a um sarau de damas ou a uma *conversazione* de acadêmicos e literatos, vereis toda a gente pacificamente entretida em redor de uma mesa, de um mocho, de um chapéu. O que fazem aquelas criaturas silenciosas, tímidas, anelantes de cansaço, nervosas de impaciência, agora desalentadas, logo triunfando num grito unânime de jubilação e de entusiasmo? Vede em volta daquela mesa de pé de galo aquele círculo duplo de variadas personagens, que entre si formam uma cadeia extravagante, mágica, misteriosa. Vede aqueles rostos juvenis, rosados, pálidos, morenos, de outras tantas formosas damas que alternam com as fisionomias masculinas, ora petrificadas pela apatia, ora enrugadas pela esperança, ora melancólicas de desalento. Ali uma criancinha de olhos brilhantes como as estrelas e negros como o céu da tempestade; ao pé, uma mulher que dá à sua bela fisionomia, simpática e *rewese*, o tom da pitonisa que consulta, ébria de inspiração, o oráculo de Apolo; acolá uma elegante que levou a abnegação até ao ponto de tomar uma pose desgraciosa, e de conservar um anel dourado dos seus cabelos desenrolado, a pender-lhe sobre o seio, para não

levantar a mão fremente de sobre a mesa encantada; mais adiante um *leão* que esquece a mulher dos seus encantos, que lhe fica fronteira, para fixar os olhos ávidos na tábua polida onde repousa as mãos; além, um velho, que tomou há dez minutos uma pitada estrepitosa do mais excitante *vinagrinho*, e que, parodiando a exclamação de Cambronne, pronto a sofrer, mas nunca a descontinuar a esperançosa cadeia, adia para melhores tempos a ocasião de se assoar; acolá um jovem professor, entusiasta e romanesco, contempla com interesse a mesa pertinaz, e quebra a espaços o silêncio soturno, e altera a contração acadêmica dos seus vastos seios frontais, para confortar com uma palavra de animação o vizinho que desespera, ou o incrédulo que sorri; mais adiante um par do reino sente uma mosca vadia e diabolicamente *flanadora* saltitar-lhe indolente no dorso avermelhado do nariz, e o austero senador, Cúrcio de nova espécie, sofre em silêncio o passeio tormentoso do insolente moscardo, e vota, em holocausto a uma experiência maravilhosa, o seu nariz pontiagudo aos deuses infernais; ali um acadêmico, que entrou na academia pelo mérito extraordinário de reunir a uma calvície cesariana um abdômen de Vitélio, espreita, de dentro do cortiço informe de tecido celular que o envolve, a ocasião de sair de um martírio inqualificável, e de sacudir um mosquito ignóbil que abusa do nobre ardor científico do paciente, para lhe traçar a golpes de *ferrão* um mapa geográfico no pergaminho lustroso da calva. Todos se contemplam, todos se apostrofam mudamente; o vizinho desconfia do vizinho; o crente vê em cada sócio um espírito danadamente incrédulo; a velha conjura os espíritos maus; a donzela imaginosa compraz-se e delicia-se na realização de mundos fantásticos que entrevira nas criações dos romancistas; o sábio vê o mundo dos magnetismos alargar os seus horizontes até o infinito; e o erudito, rememorando o problema do tirano de Siracusa, o banho de Arquimedes, e a palavra solene do geômetra siciliano, prega provisoriamente ao céu da boca o impreterível eureca, para o soltar em explosão na ocasião oportuna.

Que faz toda esta gente em volta de uma mesa? Nada, porque têm assentes sobre a tábua as mãos que apenas se tocam pelos dedos mínimos. É em roda das mesas que se passam — dizem — senão os mais belos, ao menos os mais duradouros prazeres da vida. É a mesa a ara expiatória da fome, e o altar do sacrifício à deusa Gula. É em roda dela que a ambrosia, variada ao infinito por esta arte quase fabulosa, que Júpiter ignorou, a arte dos Brillat-Savarin, e dos Vatel, nos faz gostar os prazeres inefáveis do paraíso escandinavo do Walhalla. É em volta dela que o Porto e o Xerez escrevem em cada copo de conviva uma página deste poema lírico em ação, que nos faz ver o mundo um Éden. É em volta da mesa que o tinir dos dedos, o luzir das cartas, a música frenética do ouro arrastam num turbilhão endemoninhado as cabeças exaltadas dos jogadores. Mas em volta desta mesa que vedes não há sequer um prato de azeitonas e um pichel de vinho, última e concisa expressão da bem-aventurança culinária. Em volta desta mesa não há sequer uns dados, símbolo abreviado desta paixão torpe, que faz a transição das paixões aos crimes, porque conduz da avareza ao latrocínio.

O que esperam, pois, estas criaturas pacientes? Simulam um episódio da iniciação nos mistérios de Elêusis? Imitam um *sábado* lôbrego de feiticeiros? Preludiam tranquilos, num recolhimento enganoso, as turbulências das bacantes, no ardor descomposto das festas dionisíacas?

Atendei: — Um sussurro a princípio surdo, crescendo sucessivamente até estalar em grito uníssono, anuncia que alguma coisa notável aconteceu e quebrou a monotonia da experiência. — *A mesa move-se* — e a exclamação que entre júbilos acende o entusiasmo em todos os rostos e serve como que de *hurra* de vitória àqueles pacíficos experimentadores, já fatigados de conjurar em silêncio as forças magnéticas da Natureza. E de fato a mesa começa de mover-se lentamente. Se os dedos mínimos da mão direita estão sobrepostos aos da esquerda do vizinho da direita, o movimento executa-se também da esquerda para a direita. Se a ordem se inverte, o movimento muda logo de sentido. A princípio oscilante, incerto, muito lento, o movimento aumenta de velocidade, e a poucos passos a rapidez é tão grande, que os operadores têm de levantar-se e seguir a rotação, ou antes, a transitação da mesa, arrastados por ela numa espécie de dança macabra da eletricidade.

Essas experiências, que foram, primeiro, modestamente tentadas sobre chapéus antes de assumirem as dimensões já mais científicas da mesa, multiplicam-se hoje ao infinito, e o gosto e o fervor científico de verificar e contraprovar o fato curioso que elas demonstram fazem hoje de cada indivíduo um Arago improvisado, ou um Humboldt. Tentadas ao princípio por nós e por dois colegas nossos no professorado, executadas entre epigramas da incredulidade, e antes como brinquedo que como uma experimentação de sábios, propagadas por nós entre pessoas respeitáveis pela sua ilustração científica e literária, acharam um apóstolo fervoroso em cada uma das pessoas que, incrédulas e zombeteadoras, se prestavam a ajudar a experiência. O fato está hoje demonstrado e evidente para as maiores celebridades de Lisboa. Professores, acadêmicos, engenheiros, robusteçam com a sua opinião o que vai hoje sendo uma crença popularíssima.

Ainda hoje o nosso colega e membro da Academia, o Sr. Dr. B. du B.,[57] nos dá parte das curiosas e novíssimas experiências que, a bem da Ciência, instituiu, e das quais, novo Kepler, deduziu afoitamente as leis destes singulares movimentos, que só esperam um Newton para os referir a uma causa final. Contam-se casos curiosíssimos destes fandangos notáveis. Há vítimas expiatórias do furor experimental. Um dos mais distintos poetas portugueses, sujeitando à dura prova uma mesa valetudinária, imprimiu-lhe tão desordenado movimento, que a desventurada banca deixou um pé no campo da batalha.

[...]

A epidemia invadiu todas as habitações e todos os lugares da reunião, desde a oficina culinária até os salões mais *fashionables,* desde o Marrare até S. Bento. Há dias um digno par, notável pela fertilidade da sua eloquência, célebre

---

57 Trata-se evidentemente de José Vicente Barbosa du Bocage, médico e abalizado zoólogo português, nascido em 1823 e falecido em 1907. Na época mencionada, era, como Latino Coelho, lente na Escola Politécnica de Lisboa. Ambos foram sócios efetivos da Academia Real das Ciências de Lisboa, mas Latino Coelho nela ingressou somente em 1855.

nos anais parlamentares pelas suas rebeldes hemorragias oratórias, que nenhum emplastro regimental pôde nunca estancar, apelava debalde para o patriotismo e para a dignidade da Câmara numa destas apóstrofes de colérica facúndia, que fazem tinir de susto a campainha do presidente. Era em vão, porque a Câmara em peso estava a esse tempo nos corredores dividida em seções, para fazer andar... as senatórias carapuças.

Apesar da memória-folhetim que lemos ontem na *Imprensa*, o fenômeno está ainda pouco esclarecido, e as suas leis ainda mui longe de serem descobertas.

[...]

A Academia das Ciências de Lisboa, que depois da sua nova reorganização ainda não se lembrou de nos dar notícias oficiais da sua existência, bem poderia tentar uma série de experiências conscienciosas e instituir um inquérito imparcial sobre esta nova e interessante manifestação das forças eletromagnéticas. A Academia, que ama o repouso e a inércia, sacrificaria a Ciência, e acrescentaria a herança dos Laplaces e Aragos, sem contrariar os seus hábitos hereditários. Todos sabem que estas experiências se fazem estando os operadores sentados e numa completa imobilidade intelectual e física.

Nesse mesmo número de *A Revolução de Setembro*, a seção "Correio Estrangeiro" dizia que,

> segundo notícias procedentes da Espanha, efetuaram-se em uma reunião particular, no sítio real de Aranjuez,[58] na noite de 8 de maio, as experiências magnéticas que fazem mover um chapéu, um prato, uma mesa, etc., e que a rainha Isabel II, ciente do êxito daqueles ensaios, quis presenciar a sua repetição no dia imediato. Com efeito, as mesmas pessoas que haviam antes formado a cadeia magnética repetiram as experiências, não só com as mesas como também com outros objetos, e mesmo com o corpo humano, e todas apresentaram novamente satisfatório resultado, causando agradável

---

58 Povoação da província de Madrid, nas margens do Tejo.

surpresa às pessoas reais e à sua comitiva, parte da qual entrou nas experiências.

O jornal *La España*, da cidade de Aranjuez, salientava no seu número de 19 de maio de 1853 que os próprios seres humanos rodopiavam sobre si mesmos, quando submetidos à ação da "cadeia magnética".

Por essas notícias, vê-se que até a catolicíssima terra dos "reis católicos" e da Inquisição igualmente recebera o batismo giratório — preâmbulo da obra universal da Terceira Revelação. A "luz" vinha para todos...

Em 21 de maio, Lopes de Mendonça, conceituado escritor e jornalista português, declarava nas colunas do folhetim de *A Revolução de Setembro*:

> É a grande ocupação hoje na sociedade. Nas reuniões de todo o gênero não se trata de outra coisa. Fazem-se cadeias, observam-se oscilações, criam-se terremotos parciais, para maior realce da Ciência. O próprio Humboldt dedica a sua poderosa inteligência à análise de tão extraordinária descoberta. Teremos reproduzida a época de Cagliostro e Mesmer.
> Ainda bem, eletricidade, que vieste ressuscitar as emoções deste século arrefecido e caduco: sê bem-vinda. O mundo não podia permanecer assim; à falta de paixões dimanadas do espírito, teremos simpatias produzidas pela eletricidade.

O autor, que era também sócio efetivo da Academia das Ciências de Lisboa, finaliza assim o seu comentário humorístico sobre as mesas:

> As diversões elétricas ainda que não aumentem a esfera das ciências, ainda que não provem melhor uma coisa já provada, que é a nossa pequenez, devem ser apreciadas como uma distração. Se Nero tivesse conhecimento deste meio inocente de passar o tempo, talvez não tivesse deitado fogo a Roma, num acesso insuportável de *spleen*.

Constituindo para uns nada mais que influências magnéticas, para outros, como o Sr. Mendonça, tudo não passava de certa modalidade de eletricidade. Ambos esses grupos tiveram, no princípio, razão de assim pensar, porque os fenômenos ainda não apresentavam característicos que lhes dessem outra origem. O próprio Allan Kardec, até meados de 1855, supôs, diante dos fatos que lhe chegavam aos ouvidos e dos que eram relatados pelos jornais, que as mesas se moviam pela ação de uma corrente magnética, ou elétrica, ou, ainda, pela de um fluido qualquer.[59]

O admirado folhetinista e poeta satírico portuense Faustino Xavier de Novais era, em 1853, correspondente de *A Nação*, de Lisboa. Nesse jornal, assinava seus escritos com o pseudônimo José Valverde, e num deles, publicado em 7 de junho de 1853, incluiu breve comentário sobre as mesas, conforme se segue:

> Continua o magnetismo a ocupar as cabeças, e há de demorar-se no Porto, porque encontra aqui muitas vazias, onde pode encaixar-se facilmente.
>
> O *Tizana* refere-nos os prodígios obrados por uma mesa magnetizada, em casa do Jerônimo Carneiro. A mesa obedecia à voz de uma menina de 14 anos, mas isso também eu faria, sem estar magnetizado; porém o tal trastinho respondia às perguntas da pequena com mais presteza do que um dos nossos ministros, a qualquer interpelação! Tenho cismado de dia e de noite com a tal brincadeira, porque me deixei dominar da mania de querer descobrir quem é o tal *senhor magnetismo*, e o motivo por que ele faz andar e desandar. O mano, que não é tolo de todo, talvez possa auxiliar-me nesta empresa.
>
> O *Nacional* de terça-feira também diz que viu um chapéu obedecer à voz dum homem, pulando e dançando!

Vários outros periódicos portugueses se ocuparam com as mesas girantes e falantes, mas achamos suficientes os que aqui registamos, os quais já dão uma ideia perfeita de como foram recebidos os novos fenômenos na terra de Camões.

---

59 Allan Kardec – *O livro dos médiuns*, 22. ed. em português, p. 69; *O que é o espiritismo*, 10. ed. em português, p. 40; *Obras póstumas*, 10. ed. em português, p. 237.

12

O abade Moigno e a teoria dos "puros Espíritos". — Habilidoso pronunciamento de Arago sobre as mesas que giravam sem contato algum. — As teorias do professor Stroumbo, da Grécia. — O conde de Ourches e suas experiências.

Continuando com a citação de artigos que ventilaram o assunto em pauta, cremos de interesse o que o abade Moigno escreveu na revista *Cosmos,* de 29 de maio de 1853, baseando-se no relatório da Academia das Ciências de Paris, relativo à sessão de 23 de maio.

Conta ele que o Sr. Vauquelin, oficial ministerial em Mortagne, incrédulo havia muito tempo, em razão do fracasso de suas experiências, conseguiu mais tarde que as mesas não só girassem, que também respondessem às mais indevassáveis perguntas, adivinhassem os segredos mais ocultos.

> A mesa encantada dava o número dos processos estudados durante o dia, a quantidade de proscritos políticos da cidade, o número de moedas que uma menina tomava em sua mão sem as contar, etc. Desta vez — diz o abade — o caso é por demais extraordinário, e caímos definitivamente em plena magia; é chegado o momento de ir dizê-lo a Roma. Admitir, com efeito, que a mesa responda ao pensamento de alguém que lhe impõe as mãos, é psicologicamente, fisicamente, explicável; a mesa então não passa de instrumento puramente passivo; e, ainda que disso não tenha consciência, é certamente a própria pessoa quem emite ao mesmo tempo a pergunta e a resposta. Mas quando a pergunta está fora do alcance da pessoa que a fez; que esta pessoa, por conseguinte, não pode desempenhar na resposta papel ativo, por ignorá-la, estaríamos então no caso de dizer que a mesa se tornara ativa, inteligente, clarividente, etc., etc. Fatalmente se haveria de optar entre a fraude e a mentira, ou entre a magia e o crime. Dizemos crime, porque há crime ao se pedir a uma causa qualquer a realização de um efeito completamente fora de proporção com ela.

E continua o abade Moigno:

> Se, como o dizia Arago, a mesa, sobre a qual uma pessoa impõe as mãos, interrogada numa língua que esta pessoa ignora, dá, por meio de um número exato de pancadas, resposta à pergunta que se lhe faz, neste caso não se trataria nem de magnetismo, nem de eletricidade, nem de influência da vontade sobre a matéria; mas, a admitir-se o fato constante, o que é duro de crer, embora não impossível, estaríamos diante da intervenção dos Espíritos e da magia. As inteligências que rejeitassem essas deduções do bom senso seriam inteligências *détraqués*, e discutir com elas seria o mesmo que fazê-lo com verdadeiros loucos. Admitis, então, dir-me-ão, a possibilidade e mesmo a verdade da intervenção dos Espíritos e da magia? Sim, fogosamente sim, se admitis que o pêndulo suspenso de vosso dedo dá a hora que ignorais; se admitis que a mesa responde às perguntas que lhe fazeis numa língua qualquer, ignorada daquele que toca o móvel; se admitis que alguém realmente lê através de uma parede, ou que uma pessoa adormecida vos diga a primeira ou a última palavra de tal página do livro hebreu, persa, sânscrito, chinês, guardado em vosso bolso; se admitis que esse mesmo sonâmbulo sabe, compreende, fala línguas que ele jamais aprendeu; se sois bastante crédulo para admitir essas singularidades, bastante obstinado para nos constranger a nelas crer convosco, obrigar-nos-eis, com isso, a admitir, sob pena de abjurar toda a razão e toda a lógica, a intervenção dos Espíritos e a magia. E, notai-o bem, sois vós que nos impondes essas convicções, que logo achareis tão ridículas ou tão absurdas; e sobre vós, não sobre nós, que deve cair toda a responsabilidade. Se não fostes ludibriados, se os fatos extraordinários que nos afirmais são verdadeiros, estamos, destarte, com a verdade: a intervenção dos Espíritos e a magia são então tristes, mas grandes realidades.

Não achando o abade Moigno extravagante a hipótese da intervenção dos Espíritos, entra em considerações de natureza filosófico-científica, para colocar esta sua opinião em harmonia com a Ciência da época. Baseando-se na lei da evolução, conclui pela existência de "puros Espíritos" e diz ser isto "uma coisa natural e a mais simples do mundo, que não necessita, mesmo, ser rigorosamente demonstrada pela fé ou pela História".

> Os *puros Espíritos* — explica o abade — seriam então dotados de inteligência, vontade e liberdade, e como há os humanos que, fazendo bom uso de sua liberdade, se conservam no bem, e os que, fazendo mau uso dela, se mantêm no mal, é também natural que os *puros Espíritos* tenham usado ou abusado de sua liberdade e que haja, por consequência, no mundo dos *puros espíritos*, dois campos: o campo dos bons, os bons anjos; o campo dos maus, os demônios.

Esses *puros espíritos* é que se poriam em comunicação com o "mundo médio das almas humanas", podendo exercer certa influência sobre as nossas inteligências e vontades, intervindo até certo ponto nas mesas falantes.

Essa foi a saída, de acordo, aliás, com os seus conhecimentos teológicos, que Moigno encontrou para explicar os fatos que implicavam, obrigatoriamente, uma ação inteligente extraterrestre, conquanto para os fatos corriqueiros das mesas girantes continuasse a manter a teoria dos "movimentos musculares" de que já tratamos.

Por essa época, como aumentava o número de mesas que giravam sem o contato dos dedos dos experimentadores, Arago, na sessão acadêmica de 23 de maio de 1853, referindo-se a esse fato, preparou habilmente o espírito dos cientistas presentes, declarando que, "mesmo que um dia fosse verificado, o fenômeno não passaria então de simples transmissão do movimento através do ar". Com estas meras palavras, ele procurava salvaguardar a derrocada da teoria do movimento muscular inconsciente, em voga entre seus doutos companheiros acadêmicos, e da qual ele mesmo era simpatizante.

O Sr. Stroumbo, professor de Física na Universidade de Atenas e na Escola Real Militar, escrevia, em 4 de junho de 1853, uma carta à revista *Cosmos*, relatando as experiências que efetuara com um prato de porcelana ou de faiança ordinária colocado em cima de uma mesa de mármore polido. Apoiando os dedos sobre o prato, obtinha, no fim de algum tempo, o movimento dele, sendo este, em síntese, o resultado de suas experiências.

Por ser um homem de ciência, não ficaria bem ao Sr. Stroumbo que deixasse de emitir explicação para o fato. Assim, apresentou uma de caráter físico e fisiológico ao mesmo tempo: o prato se movia por causa da aderência estabelecida entre os dedos e a superfície do corpo sólido (caráter físico), seguida da contração sucessiva e necessária dos nervos, que, sob a ação da respiração, tendem a sair da atitude forçada que se lhes impõe para voltar à sua posição primitiva (caráter fisiológico).[60]

Não compreendemos bem o que queria dizer o ilustre professor grego, mas aí ficam registadas as suas ideias, as quais ele resolveu estender às mesas girantes, considerando que dos pratos às mesas não havia senão um passo.

Datada de 6 de junho de 1853, o Sr. Babinet[61] recebia uma carta subscrita pelo conde de Ourches, na qual este lhe narrava a experiência seguinte: polvilhou, com pó de talco, uma mesa de pé central, bem como as mãos dos operadores. Obedientes às regras habituais, ele e os companheiros permaneceram com as mãos por mais de uma hora sobre o tampo da mesa, e em vão esperaram que esta se movesse. A experiência fracassara totalmente.

E com ar vaidoso, vangloriando-se antes do tempo, o conde assim finalizava sua carta: "a maneira hábil por que realizei o eclipse do movimento me dá algum título para me assentar ao vosso lado no palácio do Instituto e no Observatório Imperial".[62]

O conde de Ourches pretendia com a sua malograda experiência estabelecer a necessidade da aderência dos dedos à mesa,

---

60 *Cosmos – Tables tournantes*, 8 de julho de 1853, p. 92.
61 Jacques Babinet (1794–1872) – Físico, matemático e astrônomo francês, membro da Academia das Ciências de Paris, famoso por seus inúmeros inventos e memórias.
62 *Cosmos*, 8 de julho de 1853, p. 95.

aderência que o pó de talco impedia. Parece, contudo, que os Espíritos lhe pregaram uma peça, com o intuito talvez de abater-lhe a soberba, pois as mesas giravam agora com ou sem contato das mãos. E mais tarde, em 1 de outubro de 1858, o próprio conde de Ourches, na sua residência, em Paris, tinha a oportunidade de presenciar, à claridade do dia, no fim do almoço, uma mesa, em torno da qual haviam tomado lugar sete pessoas, elevar-se carregada de frutos e vinhos, e manter-se suspensa no ar, enquanto os convivas permaneciam sentados em roda, *sem a tocarem*. E todos os assistentes viram a mesma coisa. Uma destas testemunhas foi o famoso espírita norte-americano Robert Dale Owen, que relatou o fato na sua obra *Footfalls on the boundary of another World, with narrative illustration* (Filadélfia, 1860).

13 Introdução, pelos próprios Espíritos, do processo da escrita. — Sua simultaneidade. — O que viu o padre Bautain, vigário geral do Arcebispado de Paris. O "demônio" é o autor. — A palavra do padre Lacordaire, famoso orador sacro.

Em 10 de junho de 1853, da Espiritualidade os missionários da Terceira Revelação introduzem o processo da escrita, mais fácil, mais cômodo e mais rápido. Até então, não nos referindo aos sonâmbulos e aos casos esporádicos de mediunidade audiente e vidente, os Espíritos se comunicavam através de pancadas e *raps* na madeira ou no ar, ou movendo uma agulha que podia girar num quadrante em que se encontravam as letras do alfabeto.

E diz o *Dictionnaire encyclopedique des sciences médicales*, publicado sob a direção do Dr. Dechambre, membro da Academia de Medicina de Paris, que os Espíritos indicaram simultaneamente, na França, nos Estados Unidos e em outros lugares, o novo processo de correspondência. Na data mencionada, a mesa falante comunicara:

Toma no quarto vizinho a cesta; amarra-lhe um lápis; coloca-a sobre o papel; põe os dedos na borda. Instantes depois a cesta se punha em movimento e escrevia bem legivelmente esta frase: O que digo aqui, proíbo que o digas a quem quer que seja; da próxima vez que eu escrever, escreverei melhor...

Não entendemos o motivo que determinou a proibição. Com certeza haveria algum, não sabemos!

O processo da cesta só lentamente foi entrando, e aos poucos o lápis tomou outras disposições que facilitavam ainda mais a escrita. Empregou-se depois uma mesinha, e até a prancheta, meios bem estudados por Kardec em *O livro dos médiuns*, mas a mesa falante não caiu de moda, sendo usada até muitos anos mais tarde.

Como era natural, as mesas atraíram muitos sacerdotes ilustres, que igualmente emitiram suas opiniões, em geral de comum acordo com as suas ideias religiosas.

O padre Louis Eugéne Marie Bautain, vigário geral do arcebispado de Paris, e ao mesmo tempo doutor em Teologia, em Medicina e em Direito, foi, segundo a afirmação do marquês de Mirville,[63] a primeira autoridade científica da França a tratar das mesas em questão, e cremos que o primeiro sacerdote.

Em sua obra *Avis aux chrétiens sur les tables tournantes et parlantes, par un ecclésiastique*, editada em 1853, escrevia ele:

> Vi mesas girarem sob a aplicação da mão humana, sem nenhum esforço muscular da parte do operador, e mesmo contra a sua vontade firme de abortar a experiência; ouvi-as falar à sua maneira; vi, ouvi, toquei, apalpei e me assegurei, por todos os meios possíveis, de que ali não havia nem fraude nem ilusão. Se a lógica quer que a indução de forma alguma se estenda além dos fatos observados, esta também exige que aquela vá até o último limite desses fatos, e que até esgote o assunto. Ora, há ali fenômenos de pensamento, de inteligência, de razão,

---

63 Mirville – *Question des esprits*, p. 76.

de vontade, de liberdade (quando as mesas recusam responder)... e às causas deles os filósofos sempre chamaram Espíritos ou almas... Mas que Espíritos?... É indubitável, em primeiro lugar, que esses Espíritos veem e sabem de coisas que ignoramos e que não podemos ver... Esses fatos se reproduzem todos os dias, se bem essas experiências não tenham êxito constante, pois que há frequentemente erros e inexatidões... Os Espíritos em questão percebem portanto mais, e mais longe que nós, e se não o fazem sempre com precisão, como, aliás, nem sempre dizem a verdade, fica, contudo, estabelecido que, sem serem entes infalíveis, eles veem coisas do outro mundo e do nosso, coisas que nós outros não percebemos...

Mais adiante, referindo-se à natureza boa ou má dos Espíritos comunicantes, o abade Bautain sentenciou:

Segundo o que vi e ouvi, respondo com segurança que não são bons Espíritos, isto é, ministros da vontade e da palavra de Deus. Basta-me uma prova, que para mim é decisiva: é que eles recusam responder claramente ao que diz respeito a Nosso Senhor Jesus Cristo; e quando se busca constrangê-los nesse ponto, insistindo com uma palavra imperiosa, as mesas resistem, insurgem-se, agitam-se, tombam algumas vezes e se lançam ao chão, escapando às mãos que as tocam... Vi essas coisas várias vezes, e certo dia vi uma cesta, assim animada, torcer-se como uma serpente e fugir rasteiramente de diante de um livro dos Evangelhos, que se lhe apresentava sem nada dizer.

Para o ilustre sacerdote, a conclusão a que ele chegara era perfeitamente lógica e sensata, a única, aliás, de pleno acordo com os ensinamentos que recebera na Igreja Católica. Com certeza, o Espírito comunicante não ratificou a pergunta dele no concernente à divindade de Jesus Cristo, e por essa razão foi imediatamente tido na conta de um mau Espírito ou demônio. Se ao tempo de Galileu, por exemplo, estivessem em moda as mesas falantes, e se uma delas (ou mesmo todas) teimasse em afirmar que a Terra é que revoluciona em torno do Sol, sem dúvida o Sr. abade também incluiria os Espíritos manifestantes entre a legião escura do Príncipe da Mentira, e a mesa ou as mesas falantes seriam fatalmente queimadas em praça pública, *ad majorem Dei gloriam*.

Quanto ao segundo caso narrado pelo Sr. Bautain, o da cesta, pode-se realmente supor (mas não afirmar) que animava aquela um Espírito "desencarnado" de ordem inferior, não um demônio ao feitio católico.

Continuemos, porém. Continuemos.

Agora é o famoso pregador francês, o padre dominicano Lacordaire, quem, numa carta a Mme. Swetchine, e datada de Flavigny, 29 de junho de 1853, escrevia:[64]

> Tendes visto girar as mesas? Ouvistes-as falar? Não me interessei em vê-las girar, por ser um fato muito simples, mas eu as tenho ouvido e *feito falar*. Elas me dizem coisas notabilíssimas sobre o passado e o presente. Por muito extraordinário que isto seja, e, para o cristão que crê nos Espíritos, um fenômeno vulgaríssimo e sem valor. Em todos os tempos houve maneiras mais ou menos extravagantes para se comunicar com os Espíritos. Somente outrora é que se fazia mistério desses processos, como se fazia mistério da Química; a justiça, por execuções terríveis, impelia para o esquecimento essas estranhas práticas. Hoje, graças à liberdade de cultos e à imprensa universal, o que era secreto tornou-se uma fórmula popular. Talvez assim, através dessa divulgação, Deus queira proporcionar o desenvolvimento das forças espirituais com o desenvolvimento das forças materiais, a fim de que o homem não se esqueça, à vista das maravilhas da mecânica, que há dois mundos contidos um no outro: o mundo dos corpos e o Mundo dos Espíritos. É provável que esse desenvolvimento paralelo vá crescendo até o fim do mundo, e um dia dará margem ao reinado do anticristo, onde se verá, de

---

[64] *Correspondance avec Mme. Swetchine* (Paris, 1862). Segundo a *Revue Spirite* de 1867, p. 43.

uma e de outra parte, pelo bem e pelo mal, o emprego de armas sobrenaturais e prodígios espantosos. Não concluo daí que o anticristo esteja próximo, visto que as operações de que somos testemunhas nada têm, salvo a publicidade que se lhes deu, de mais extraordinário que o que se via antigamente.

Para o culto, erudito e brilhante orador sacro, o fenômeno das mesas, que por pancadas respondiam às perguntas que se lhes faziam, era, de alguma forma, corriqueiro e desprovido de maior interesse. Para ele talvez o fosse, mas não para milhões de seres desesperados e inconsoláveis que buscavam uma prova palpável da sobrevivência após o último alento. Seria daquelas manifestações simples e materiais que pouco mais tarde se levantaria um grandioso edifício doutrinário das mais benéficas consequências para a Humanidade.

Mais adiante, porém, como que bafejado por inspirações celífluas, deixa impresso em algumas linhas o objetivo, o verdadeiro objetivo daquela universal comunicação dos Espíritos.

A *Revue Spirite* de 1867, então dirigida por Allan Kardec, fez, acerca dessa carta, o comentário que se segue:

> O padre Lacordaire escrevia essas coisas em 1853, isto é, quase no princípio das manifestações, numa época em que os fenômenos eram, ainda, mais um objeto de curiosidade que motivo de meditações sérias. Se bem que eles não estivessem constituídos nem em Ciência, nem em corpo de doutrina, o padre Lacordaire entreviu-lhes o alcance, e, longe de considerá-los como coisa efêmera, previa-lhes o desenvolvimento no futuro. Sua opinião sobre a existência e a manifestação dos Espíritos é categórica; ora, como ele é geralmente tido pelo mundo todo por uma das altas inteligências deste século, parece difícil classificá-lo agora entre os loucos, após o terem aplaudido como homem de grande senso e adiantamento. Pode-se, portanto, ter o senso comum e crer nos Espíritos.

14 A Academia das Ciências nomeia uma comissão. — Faraday, sábio físico inglês, estuda as "mesas". — Suas experiências e conclusões. — Comentários depreciativos de Foucault. — Críticas do marquês de Mirville e de Eugène Nus. — Veemente carta do conde de Gasparin publicada no *Journal des Débats*. — Assombrosas e decisivas experiências relatadas pelo grande estadista. — Move-se a mesa sem qualquer contato com os circunstantes. — Gasparin e os fenômenos espíritas verificados nos Estados Unidos. — A importante contribuição de Gasparin. — Críticas de Félix Roubaud e de Victor Meunier às afirmações de Faraday. — Charles Richet e as "contrações musculares inconscientes". — A grande oportunidade que Faraday perdeu.

Na seção *Revue Scientifique* do jornal *L'Illustration* de 25 de junho de 1853, o Dr. Félix Roubaud, que em 1854 fundaria a *France Médicale*, escrevia a seguinte nota:

> Censuram-nos o silêncio que guardamos sobre diversas comunicações feitas à Academia das Ciências, relativas à dança das mesas. Respondemos que, após a comprovação do fenômeno, importa não cindir a questão, pois o que se deseja é remontar às causas e explicar o fato. Uma comissão foi nomeada pela Academia das Ciências, e esperamos o relatório dessa comissão para abarcar o problema em seu conjunto e dar a cada um dos membros a parte de elogio ou de reprovação que lhe couber.

A Ciência oficial francesa começara por negar inteiramente o fenômeno das mesas girantes, declarando-o, *a priori*, absurdo e impossível.[65] Contudo, porque os fatos, por força mesmo de sua realidade, se impunham a despeito da indiferença acadêmica, porque as experiências se multiplicavam em todos os lugares e meios sociais, e os testemunhos chegavam tão numerosos quão irrecusáveis, a Academia das Ciências de Paris, por intermédio de alguns dos seus membros,

---

65   Louis Figuier – *Histoire du merveilleux dans les temps modernes*, t. IV, Paris, 1860, p. 308.

houve por bem reconhecê-los. Agora, solicitada de todas as partes para que fornecesse uma explicação, não podendo por mais tempo conservar-se no indiferentismo, prometera responder alguma coisa, e, tomando por pretexto uma comunicação do Sr. Carlos Kaepellin, secretário perpétuo da Sociedade de Agricultura do Alto-Reno, inventor e professor de Física em Colmar, resolveu nomear, afinal, para estudar o curioso fenômeno das "mesas", uma comissão composta de três dos seus membros: Chevreul e Babinet, figuras respeitáveis pelo saber, e mais o ilustre químico e agrônomo Jean Boussingault. "Dura e fatal missão!" — sublinhou o marquês de Mirville.

Todavia, ao que parece, e tudo indica, a tal Comissão não passou de uma farsa, pois a Academia por si mesma jamais se pronunciaria sobre o assunto, e só o fez por um par de seus membros, o que não é a mesma coisa. Não houve relatório oficial, como aquele que ela pronunciou em 1784, a respeito do magnetismo animal... E talvez tenha sido melhor assim.

No passado, tantos e tantos foram os pronunciamentos emitidos por ela, e que mais tarde caducaram, para descrédito de sua autoridade, que desta feita resolvera permanecer de pé atrás. Deixaria que seus representantes falassem, como lhes parecesse mais acertado, e nada mais. Com este proceder, o nome aureolado da Academia permaneceria a salvo de futuras incriminações e risotas, aliás, bem desagradáveis. Retornaremos, depois, àqueles famosos cientistas e às suas teorias explicativas do fenômeno em voga.

Em *La Patrie* de 26 de junho de 1853, o Sr. August Gathy, musicógrafo e compositor muito conhecido na época, expôs os fatos que observou numa reunião com cerca de vinte pessoas, destacando, no final de sua narração, uma singular e violenta luta de pés entre uma mesa e uma mesinha de pé de galo (*guéridon*), parecendo, a todos os presentes estupefatos, que ambas traíam vontades próprias.

Em 2 de julho de 1853, o periódico inglês *Athenaeum* estampava um trabalho escrito por Faraday,[66] então o mais ilustre físico e

---

66 Michael Faraday (1791–1867) – Sábio químico e físico inglês, membro da Sociedade Real de Londres, cujas descobertas e trabalhos teóricos e práticos lhe granjearam justa reputação universal.

o mais hábil experimentador da Inglaterra, trabalho que reproduzia a comunicação que ele fizera à Sociedade Real de Londres a respeito das mesas girantes. Transcreveu-o *in extenso*, sob o título original *Pesquisas experimentais sobre as mesas girantes*, a revista *Cosmos* (tomo III), páginas 96 a 101.

Faraday começa dizendo que desde o princípio achou que as mesas se moviam sob os dedos em consequência de uma ação mecânica ordinária exercida pelas pessoas situadas em torno delas, embora disso não soubessem conscientemente. Relaciona, a seguir, as experiências que levou a efeito com aparelhos construídos especialmente para o caso. Tendo-se utilizado de placas, formadas dos mais diferentes materiais sob o ponto de vista da eletricidade, e colocadas entre a mesa e os experimentadores, declarou jamais ter observado o menor traço de efeitos elétricos ou magnéticos.

Ensaios preliminares levaram-no a afirmar que uma única pessoa é suficiente para pôr a mesa em movimento, e que este movimento não era obrigatoriamente circular, mas que também podia produzir-se em linha reta. Contudo foi verificado por muitos estudiosos que, vez por outra, a mesa permanecia imóvel, e nem uma nem dez pessoas conseguiam imprimir-lhe o mais ligeiro movimento. Os fatos jogavam por terra a afirmativa teórica de Faraday, que na realidade nunca impusera suas próprias mãos sobre a mesa, como o faziam os verdadeiros experimentadores.

> Por mais que modificasse ao infinito o método de experimentação e o modo de observação — escrevia ele —, foi-me impossível perceber mesmo a mais leve indicação de que se tratasse de alguma força natural particular. Não percebia nem atrações, nem repulsões, nem força tangencial, nem qualquer coisa que não fosse uma pressão puramente mecânica exercida por inadvertência, ou sem consciência reflexa, pelo operador.

São os dedos e as mãos — conclui o famoso físico — que impulsionam a mesa, fazendo pressão sobre ela. E explicava que após longa espera os dedos e as mãos se tornam rígidos, entorpecidos, insensíveis, e em consequência exercem uma pressão que no fim de algum tempo adquire um grau de intensidade bem grande para pôr em movimento a mesa ou qualquer material colocado em cima dela.

Noutro lugar, repisava ele: "É para mim um fato demonstrado que a mesa gire sob as mãos de pessoas que o queiram, sem de modo algum suspeitarem que elas mesmas é que imprimem à mesa uma força mecânica vulgar".

Faraday terminava assim a longa exposição por ele endereçada ao periódico *Athenaeum*:

> Estou um tanto confuso e envergonhado por ter sido levado a publicar essas pesquisas, porque acreditava ser desnecessária, na época atual, e nesta parte do mundo, tal publicação. Espero, contudo, que ela seja útil. Há pessoas que não convencerei, que amontoarão objeções sobre objeções; mas declaro, como me assiste o direito, que a elas não responderei. Firmei minhas convicções próprias como experimentador e creio não estar mais obrigado a travar controvérsia sobre esse ponto, do mesmo modo que sobre várias outras questões científicas, a propósito das quais emiti opiniões diferentes das dos outros físicos, como por exemplo a essência da matéria, a inércia, a magnetização, a luz, etc., etc. Estas importantes questões serão decididas, em última instância, cedo ou tarde, pelo sufrágio universal, e a decisão quanto às mesas girantes não se fará esperar por muito tempo e ela justificará a exatidão de minhas explicações.

Não vamos reproduzir aqui as experiências realizadas por Faraday, especialmente as dos discos de papelão, que, embora engenhosos, pouco satisfizeram ao próprio autor.[67] Não o fazemos por desnecessário, pois que os fatos quase que imediatamente vieram patentear a fragilidade e precariedade de suas conclusões, que nem tempo tiveram para germinar, morrendo no nascedouro. Não lhe adiantou publicar, no mesmo ano de 1853, uma obra com as suas opiniões, intitulada *The Table turning delusion*, e nem lhe aproveitaram os aplausos de alguns companheiros de lides científicas.

---

67   Louis Figuier – *Histoire du merveilleux*, tomo quarto, 1860, p. 313.

Acreditamos que tenha havido da parte de Faraday sinceridade e lealdade nas experiências que levou a efeito, apesar dos infelizes resultados. Apreciamos bastante a sua independência e superioridade de espírito ao se dispor a examinar o assunto em pauta, atitude que vários professores da Universidade de Edimburgo desdenharam tomar; mas discordamos do procedimento anticientífico e orgulhoso do ilustre físico, ao dizer que não se demoveria a responder as numerosíssimas objeções que certamente suscitaria. Que fazer, porém, se os fatos, "dotados de uma obstinação indiscreta", teimavam em contradizer as conclusões do sábio inglês? Ocultar tal verdade, se por motivos de acatamento e respeito? Ele os merece, não há dúvida, mas a verdade deve brilhar mais alto. Bem lembradas aqui seriam essas palavras de Flammarion, outro sábio: "Quando se trata de ideias novas, podem os maiores Espíritos enganar-se".

Lembremos quo o próprio Faraday (Eugène Nus, *Choses de l'autre monde*, 2me. éd., p. 150) empreendera forte campanha contra a abertura do Istmo de Suez, *provando* por A mais B, tal como anteriormente o fizera o grande engenheiro Lepère, que a união do Mar Mediterrâneo com o Mar Vermelho ocasionaria catastrófico dilúvio, sendo engolidas, pelas águas, grandes porções das terras que circundam o Mediterrâneo. Acreditava ele, depois de largos estudos, e conforme o eco das mais remotas tradições, que o Mar Vermelho estava sensivelmente acima do nível do Mar Mediterrâneo.

Tal afirmação foi posta por terra por alguns oficiais da marinha inglesa, e em 1859, Ferdinand de Lesseps dava início a uma das obras mais grandiosas do século XIX, a construção do Canal de Suez, que foi oficialmente inaugurado em 1869.

L'Illustration de 9 de julho de 1853, na página 27, extrai também do *Athenaeum* a doutrina de Faraday concernente às mesas, e no seu número de 23 de julho, na página 59, publica novo artigo sobre o mesmo assunto, traduzido do *Fraser's Magazine*. Aí, as ideias expostas estão calcadas nas de Faraday, e demasiado será repeti-las, portanto.

> Foi um espetáculo deplorável – escreveu o marquês de Mirville[68] – ver um homem como o Sr. Faraday comprome-

---

68   Mirville – *Questions des esprits*, p. 23.

ter a sua grande e justa reputação europeia com uma leviandade que a um aluno não se perdoaria. Se ao menos ele se tivesse dignado experimentar por si mesmo, não se contentando com o papel de observador!... Porque, afinal, já que ele admitia uma realidade física e pretendia apresentar a explicação à Sociedade Real de Londres, em que lhe seria desonroso se assentasse *burguesmente*[69] junto a uma dessas mesas que preocupavam toda a Europa? Não se entregou ele diariamente a experiências bem mais burguesas e mil vezes menos importantes?

Conforme lemos em a nota 69, Foucault (1819–1868) — uma das grandes autoridades científicas da França naquela época, físico laureado pela Sociedade Real de Londres, autor da memorável experiência com o pêndulo suspenso da cúpula do Panteão e de outras não menos conhecidas, membro, posteriormente, da Academia das Ciências de Paris e de outras — no *Journal des Débats*, em artigo, deixa transparecer seus parcos conhecimentos sobre o assunto das mesas girantes, fato que procurou inutilmente dissimular, ora com o ridículo, ora com a aspereza da linguagem.

O conde Agénor de Gasparin, diante dos processos a que recorreu Foucault, remeteu da Suíça, para ser publicada no *Journal des Débats*, uma carta, uma assaz extensa carta datada de 13 de agosto de 1853, a qual o referido periódico inseriu em suas colunas de 30 de agosto. Reproduzida no primeiro tomo da obra de Gasparin, *Des tables tournantes (deuxième édition*, 1855), nas páginas 200 a 214,

---

[69] Expressão usada por Foucault no folhetim científico do *Journal des Débats* de 15 de julho de 1853, num escrito sobre as mesas girantes. "Guardai-vos de supor que o grande físico (Faraday) se tenha *burguesmente* instalado diante de uma mesa de pé de galo com o fim de fazê-la girar sob a imposição de suas próprias mãos".
"Ah! Se ele o tivesse feito — comentou Mirville —, é provável que teria dito inteiramente o contrário daquilo que sua abstenção o fez dizer, e sua dignidade não se encontraria tão mal".
"*Burguesmente*, palavra que me agrada muito — escreveu Eugène Nus —, mas se eu fosse Faraday, ou mesmo algum físico ainda mais ilustre, eu teria preferido experimentar burguesmente as coisas por mim mesmo, a me expor a cientificamente malhar em ferro frio."
E o conde Agénor de Gasparin, não resistindo também à citada observação de Foucault, lamentava: "De suas próprias mãos: Ah! É precisamente isto que faltou ao Sr. Faraday. Se ele houvesse condescendido com os simples mortais, servindo-se, como eles, de suas próprias mãos, talvez evitasse comprometer um belo renome científico com a descoberta de pretensa demonstração que não demonstra nada e que não se aplica a coisa alguma".

bem merecia, pelo brilhantismo das argumentações do autor, ser transcrita *in totum* nestas páginas, se a isso não se opusesse o caráter de síntese que temos procurado dar ao nosso trabalho.

O erudito missivista responde, à altura, as asserções infundadas e negativistas emitidas por Foucault, que, abusando de sua autoridade, classificara entre os tolos e iluminados as pessoas que se põem em torno da mesa, e chegou a deplorar, conforme sua expressão, a imbecilidade do século, dizendo que

> só o sábio, isto é, o homem das ciências exatas, conserva seu bom senso no meio desses pobres ignorantes, legistas, administradores, filósofos, agricultores, políticos, *gentalha, estúpida espécie,* que são a presa das ilusões, das superstições mais vergonhosas, e que não sabem nem observar nem raciocinar.

Só nos cabe deplorar nessas palavras o cúmulo da vaidade, *vanitas vanitatem*, e transcrever alguns parágrafos, respigados aqui e ali, da veemente e desassombrada carta do conde de Gasparin em resposta ao Sr. Foucault, a quem, aliás, não deixava de admirar pelos seus reais méritos científicos.

Ei-los:

> Há outros sábios além daqueles que empregam fórmulas algébricas; há outras verdades além daquelas que se demonstram por teoremas; há outros fatos além daqueles que percebe o telescópio ou que põe a nu o escalpelo; há outras Leis Naturais além daquelas que as academias promulgaram...
>
> No momento em que o orgulho das ciências exatas brilha como jamais brilhara, no momento em que elas multiplicam suas descobertas e pensam ter penetrado todos os segredos da Criação, sobrevém uma pequena observação, enfadonha, imprevista, que não se deixa classificar em nenhuma das categorias oficiais. Irão refazer as categorias por tão pouca coisa? Renunciarão os sábios a sua infalibilidade? Confessarão a sua ignorância e os seus limites? Não. É mais simples recusar ao novo fato o direto de existir. Ele não deve existir; logo, não existe; não há lugar para ele no mundo. As academias, que sabem tudo e que tudo compreendem, não saberiam o que fazer nesse caso.

Em nome do verdadeiro espírito filosófico, denuncio as decisões *a priori* e as rejeições de exame. Em nome do verdadeiro espírito científico, denuncio a pretensão de se repelir uma coisa nova somente porque ela é nova e porque não se classifica sob qualquer dos rótulos convencionados. Em nome do verdadeiro espírito de liberdade, denuncio a opressão que se pretende exercer, sufocando com improbações ou com um elenco calculado as descobertas que contrariam a teoria admitida. Tem-se o direto de desdenhar, mas após se ter estudado; o desdém que precede o estudo chama-se abuso de poder. Foucault aí se inspirou e disso se felicita. A Academia das Ciências, falou ele com acento de triunfo, a Academia das Ciências respondeu, de um modo geral, com desdenhoso silêncio; ela não quis ocupar-se das comunicações que sobre esse assunto lhe foram remetidas; ela as considerou como não ocorridas.

De que lado está a credulidade, pergunto eu, do lado daqueles que fecham os olhos ou do lado daqueles que os abrem, que comparam, que experimentam, que decidiram colocar os fatos acima de seus sistemas, em lugar de sotopor os fatos aos sistemas? Existe uma credulidade negativa, como se sabe perfeitamente. Há os crédulos porque recusam crer, como há os crédulos porque creem. Aqueles que dormem sobre o cômodo travesseiro das ideias estabelecidas e que jamais cometem a imprudência de possuir uma opinião própria são os mais crédulos dos homens. Os mais crédulos e os menos corajosos! Nossas sociedades modernas perecem por falta de coragem, por falta de convicções independentes.

Sou tão desconfiado quanto qualquer outro; concebo, respeito, aprovo a desconfiança em semelhante matéria; como outros, encolhi os ombros quando se começou a falar das mesas; recusei crer antes de ter visto; mesmo após ter visto, fiz empenho em rever, rever várias vezes, com precauções e controle científicos; afastei as experiências cujo resultado fosse explicável por uma ação muscular qualquer, voluntária ou involuntária; enfim, fui tão rigoroso, mais rigoroso para com o fenômeno do que o foram Faraday e Foucault. Mas não decidi prematuramente que o fenômeno devia ser uma ilusão e que seus partidários *deviam* ser iluminados. Tal é a diferença entre a conduta deles e a minha.

[...] Os que têm assistido a experiências em que a mesa obstinadamente permanece imóvel — malgrado a boa vontade dos assistentes, malgrado suas ordens repetidas e sua excitação nervosa, ao passo que doutras vezes bastam dois ou três minutos para que as mesmas pessoas consigam uma rotação enérgica — terão dificuldade em admitir a explicação baseada numa impulsão mecânica involuntária.

Paciência! Virá o dia em que Foucault, que é um homem de ciência e de consciência, lamentará ter sido tão arrebatado. Então interrogará a si mesmo que relação existe entre o fenômeno, tal como é, e essa pretendida refutação de Faraday, a qual fez que soltassem tantos gritos de vitória. Que demonstra Faraday por meio de seus discos superpostos? Que há uma força? Ninguém o duvida. Que não fazemos milagres? Bem o sabemos. Que, numa rotação impressa, os discos superiores precedem os discos inferiores? É claro. É claro, e isso não prova nada...

E eis, entretanto, a grande experiência que deu motivo a que se declarassem extintas todas as dúvidas, que se podia afinal livrar-se dos "bandos de iluminados" e de suas perguntas importunas! Doravante, não mais se responderá! Após esse estudo tão completo, que haveria ainda para ser examinado? A Sociedade Real de Londres, "que não julgou faltar a sua dignidade" por se ocupar de semelhantes coisas, Faraday, "que está um tanto envergonhado e confuso" de se ter rebaixado a essa comunicação, os outros corpos sábios, que nada examinaram e nada disseram, todos, a uma, exclamam pelo órgão de Foucault: "Tem-se o direito de afastar como incuráveis todos aqueles que se mantiverem irredutíveis diante dessa análise tão fina..."

Ponhamo-nos de alcateia! Os representantes das ciências exatas correm o risco de se tornarem, dentro dos limites dos tempos atuais, os inquisidores de nossa época.

Se os sábios se deixassem arrastar ao abuso de sua autoridade; se, persuadidos de que possuem a explicação definitiva do mundo visível, se recusassem ao exame de fatos novos que parece não se encaixarem em suas explicações, eles poriam em perigo sua legítima autoridade. Os fatos são mais fortes que as academias. Repelidos, negados, escarnecidos, continuam a subsistir, e é com uma teimosia inexorável que eles reclamam seu lugar ao Sol. Não os sustarão opondo-se-lhes impedimentos, apreciações apaixonadas ou refutações irrisórias.

O conde de Gasparin, na carta que vimos transcrevendo parcialmente, cita então uma das experiências que ele e outros assistentes testemunharam, experiência que destrói as hipóteses da ilusão, da ação involuntária e até mesmo das ações voluntárias e da fraude:

> Tomei uma mesa de freixo, cujo tampo, com 80 centímetros de diâmetro, está montado numa coluna da mesma madeira, assentada sobre três pés equidistantes de 55 centímetros. Posta em movimento, iniciou-se a experiência decisiva. Digo "a experiência", mas deveria dizer "as experiências", porque o fato que narro aqui foi renovado e confirmado muitas vezes, e as experiências, separadas por intervalos de vários dias, tiveram grande número de testemunhas, entre as quais se contaram homens que não eram nada ignorantes, crédulos ou iluminados. Eis como procedemos: Decidiu-se, a fim de que o fato fosse concludente, que a mesa obedecesse doze vezes seguidas,[70] sem o menor erro. Um dos assistentes escrevia num pedaço de papel o número de pancadas que a mesa devia bater; depois, às escondidas, ele mostrava o papel a um dos experimentadores, a quem encarregava de dar a ordem. Todas as outras pessoas que circundavam a mesa tinham os olhos fechados e só os abriam após o término da operação. Era, pois, absolutamente impossível que a cifra pedida fosse conhecida ou suspeitada por alguma delas. Além disso, a fim de que a única pessoa conhecedora do número não produzisse, ela própria, o movimento por uma pressão involuntária ou voluntária, impunha-se-lhe, ordinariamente, a condição de dirigir a ordem ao pé colocado imediatamente à sua frente, e sobre o qual não terá nenhuma ação.

---

[70] Nota de Gasparin: O número doze foi escolhido por ter sido o da última experiência. Em outras ocasiões, exigimos que o êxito se repetisse vinte, trinta vezes sucessivas.

Estando tudo assim organizado, doze números foram sucessivamente comunicados a pessoas cuja autoridade sobre a mesa estava comprovada, e por doze vezes o pé designado levantou-se e bateu distintamente os números que só eram conhecidos de um único dos dez experimentadores que formavam a cadeia. Aqueles que os escreviam (um de cada vez) tinham usado de certa malícia. Os números ora eram curtíssimos, ora muito elevados. Certa vez ficamos surpresos ao ver que o pé permanecia imóvel, apesar da ordem que recebera. A explicação não se fez esperar: o algarismo inscrito no papel era o zero! Aqueles que creem numa ação involuntária queiram explicar como essas nove pessoas, convencidas de que o pé devia elevar-se, não lhe imprimiram um movimento sequer, pois que somente a décima pessoa (sem ação sobre o pé colocado diante dela) sabia que sua ordem correspondia à cifra zero.

Por esse tempo quisemos saber até que ponto podia ir a força comunicada à mesa. Sobre esta subiu um homem de 87 quilos, e ordenamos ao móvel que girasse; após longa demora, com tentativas e estalidos, ela concretizou o nosso desejo. Ordenamos-lhe batesse umas pancadas, e ela igualmente nos satisfez. A seguir, pediram-lhe que se erguesse inteiramente e deitasse ao chão o seu fardo, o que foi feito.

E noutra parte de sua carta, frisava com desassombro:

De nenhum modo me empenho em que as mesas girem e obedeçam, mas faço questão que nenhuma tirania sufoque a verdade, seja ela qual for. Abalanço-me a combater os processos sumários e a manter, com as minhas parcas possibilidades, o que nos resta de liberdade: a liberdade no domínio do pensamento científico.

Em nova missiva, dirigida ao periódico *L'Illustration*, datada de Valleyres, 18 de novembro de 1853, Gasparin reafirmava, baseado em suas experiências:

Tenho um meio bastante decisivo de tornar inúteis os famosos discos do Sr. Faraday: suprimir totalmente o contato, estabelecer, ou a rotação da mesa, ou o levantamento de seus pés, *sem que ela seja tocada por nenhuma das mãos que formam a cadeia acima do tampo.* Suponho, em presença de tal resultado, que não mais nos falarão de impulsão mecânica ou de ação muscular inconsciente!

Foi em 26 de setembro de 1853 que Gasparin e seus companheiros de experimentação conseguiram, segundo a ata da sessão publicada em *Des tables tournantes, du surnaturel en général et des esprits* (2. ed.), páginas 32 e 33, que a mesa se movesse, sem a tocarem. Em sessões posteriores, a mesa, ainda sem o contato dos dedos das testemunhas, realizou inúmeras peripécias: bateu com os pés, ergueu-se, resistiu ao esforço que faziam para baixá-la, revirou-se, girou etc. Era ocasião, agora, de o sábio abade Moigno, sobre quem já falamos em artigos anteriores, ir comunicá-lo em Roma, pois ele, em sua revista *Cosmos*, de 15 de maio de 1853, escrevera que se algum dia a mesa girasse, com os dedos repousados não diretamente sobre o tampo dela, mas sobre pequenas esferas de madeira não fixadas, iria "dizê-lo a Roma", "mas após haver largado sua pena aos diabos, e deitado sua língua aos cães, a fim de não ser constrangido a assinar ou a intentar de viva voz uma acusação de magia, um apelo à fogueira". O conde foi, entretanto, além dos desejos de Moigno: conseguiu que a mesa não apenas girasse, mas que fizesse mil diabruras sem o mais mínimo contato dos dedos dos operadores. Parece, porém, que o famoso ex-jesuíta não cumpriu sua promessa ao tomar conhecimento desses fatos, ou porque neles não acreditou, ou porque sabia que em Roma não o tomariam a sério ou o julgariam um alucinado...

O conde Agénor Etienne de Gasparin (1810–1871) foi realmente um escritor francês culto e erudito, destemeroso e de perfeita honradez, e sua volumosa obra em dois tomos, de quinhentas páginas cada um, intitulada *Des tables tournantes, du surnaturel en général et des esprits,*[71] dada à luz em Paris, cremos que no mês de novembro de 1854, foi amplamente divulgada e comentada, contribuindo de maneira bem significativa para que se aceitassem as mesas girantes como um fato incontestável.

Essa obra, logo que saiu do prelo, recebeu na seção "Chronique Littéraire" de *L'Illustration* um comentário do então conhecido

---

71   Uma segunda e terceira edições apareceram respectivamente em 1855 e 1888.

crítico e jornalista Félix Mornand, que aplaudiu a coragem valorosa que o conde de Gasparin demonstrou ao tratar de tais assuntos, reafirmando ele próprio, por sua vez, a realidade dos fatos já testemunhados por milhões de pessoas.

Antigo ministro plenipotenciário, referendário no Conselho de Estado, e deputado em Bástia (Córsega), brilhante conferencista, era Agénor de Gasparin respeitado e admirado pelo seu caráter reto e independente, bem como pela sua proverbial generosidade. Protestante liberal, lutou por nobres causas de natureza religiosa e social, manejando vigorosamente a pena e a palavra falada, e a partir de 1849 fixou-se na Suíça, afastando-se da política.

O livro supramencionado gira todo ele em torno de uma tese, a sua tese: "Demonstrar que o fenômeno das mesas girantes é real, e que é de natureza puramente física; que não pode ser explicado nem pela ação mecânica dos músculos, nem pela ação misteriosa dos Espíritos".[72]

Agénor de Gasparin

---

[72] *Des tables tournantes* etc. (I vol.), *2me. édition*, p. 3.

Quem lê, como o organizador deste trabalho a leu, essa obra de Gasparin, verifica de imediato que à opinião firmada por esse ilustre estadista, contra a intervenção dos Espíritos nas mesas girantes, falta-lhe base, pelo motivo de ele não ter tido a felicidade de observar fatos categóricos que o fizessem pensar de maneira diferente. Em parte não teve tanta culpa, embora devesse ter tomado, em razão do que dissemos, uma atitude mais de expectativa do que de ataque. Ele criticava os sábios da época que se punham a escrever a respeito das "mesas" sem nada ou quase nada terem visto ou estudado. Todavia, caiu ele, infelizmente, no mesmíssimo círculo vicioso da intelectualidade acadêmica: as mesas falantes eram um mito, e os fenômenos que atestavam a intervenção dos Espíritos, observados na França, na Inglaterra e, sobretudo, nos Estados Unidos, onde os médiuns, controlados por verdadeiros homens de ciência, produziam maravilhas, tudo, tudo era alucinação, fraude ou mistificação, ou mesmo coincidência, a que se ajuntariam os erros de testemunho, os arrebatamentos, a condescendência e os exageros voluntários ou involuntários dos assistentes.

> Falais em homens transportados pelos ares ou suspendidos em torno dos lustres de um salão; em mãos sem corpo que vêm inscrever sobre um papel a assinatura exata de pessoas mortas; em médiuns que profetizam, que revelam minuciosamente um passado por todos ignorado, que falam línguas deles desconhecidas e que nenhum dos presentes jamais aprendera. Permiti-me — concluía Gasparin — declarar-vos que não creio nisso uma sílaba sequer, e acrescentar que acredito perfeitamente na lealdade daqueles que narram tais coisas.[73]

O procedimento incoerente de Gasparin fez que Eugène Nus declarasse ser a obra dele "o mais curioso edifício de contradições que um escritor consciencioso, mas ilógico, tenha construído com suas próprias ideias".

A muitas de suas afirmações arbitrárias e desarrazoadas, nas quais por vezes não se forrou de palavras zombeteiras ou irônicas,

---

[73] Idem, t. II, p. 396.

acresceu largas razões de fundo religioso, deixando escapar os defeitos de uma interpretação escriturística haurida principalmente no Protestantismo.

Num certo ponto do primeiro volume, o conde de Gasparin declara que os fatos por ele testemunhados foram comprovados centenas de vezes, e que, portanto, não mais se poderia dizer: "Eu acreditarei quando vir". No entanto, mais adiante, ao referir-se aos fenômenos de caráter nitidamente espírita, então em voga nos Estados Unidos, submetidos a rigoroso controle por parte de numerosas pessoas, igualmente distintas, insuspeitas e ilustradas, fenômenos obtidos e confirmados em diferentes regiões do país, o Sr. conde nega-os a pés juntos e pontifica: "Aí só acreditarei quando vir". Bem aplicadas seriam aqui estas palavras de Richet: "Tudo quanto ignoramos parece sempre inverossímil. Mas as inverossimilhanças de hoje tornar-se-ão amanhã verdades elementares".[74]

Apenas os fenômenos que ele também tivera ocasião de observar eram os únicos verdadeiros. Para esses, tinha a sua própria explicação, e, embora a defendesse calorosamente, repisava, a todo instante, constituir, nada mais, nada menos, que uma hipótese, que, posteriormente, poderia ser substituída pela "teoria definitiva, sábia e oficial", e diante dela desde já se inclinava com respeito. Segundo ele, há um agente, a que denominava *fluido,* não sobrenatural, mas físico. Esse agente, essa força, emanando dos operadores, ou de alguns dentre eles, é que imprimiria aos objetos os movimentos que a vontade ou o pensamento do principal experimentador determinava.

A palavra *fluido* não tinha, para Gasparin, qualquer significado concreto. Tanto designava uma substância particular, sutil e imponderável, como podia designar uma simples força, uma vibração, uma coisa qualquer, em suma.

Agénor de Gasparin reúne no primeiro volume de sua obra as atas das doze sessões, de 20 de setembro a 2 de dezembro de 1853, que ele escrupulosamente realizou em Valleyres, na Suíça, com as mesas girantes, embora anteriormente já houvesse tido numerosas sessões, das quais, entretanto, nada anotara. O livro dele, a que nos

---

[74] Charles Richet – *Traité de Métapsychique, 2me. édition*, p. 8.

vimos referindo, além de ser de fato bem escrito e de possuir méritos inegáveis, prestou marcantes benefícios na época de sua publicação e até mesmo depois. Apesar, portanto, de suas compreensíveis deficiências, igualmente observáveis na obra de Mirville, tanto uma quanto outra foram na França defensoras do fenômeno das "mesas girantes", e criaram ao mesmo tempo, em torno delas, um ambiente de mais atenção, de mais consideração e, mesmo, de certo respeito.

> As mesas têm tido contra si — escrevia Gasparin no prefácio de sua obra, datado de 8 de agosto de 1854 — as excomunhões acadêmicas, e as cartas pastorais dos bispos, e os ataques da imprensa, e as impugnações soberbas, e o menosprezo não menos soberbo das pessoas que desprezam sem saber por que. Elas têm ainda tido contra si os acontecimentos políticos, os russos e os turcos, Paskewish e Omer Pacha. Insurgiram-se contra elas, e elas perseveraram; desdenharam-nas, e elas perseveraram; olvidaram-nas, e ainda perseveraram. Indignações estudadas, silêncios premeditados, nada prevaleceu. Elas giram, a despeito de Faraday; predisseram-lhes a morte, demonstraram-lhes a morte: elas continuaram a girar, e giraram de tal modo, que se acabou por mudar de parecer, tanto que os últimos trabalhos destinados a confundi-las apresentam traços de reserva, de circunspecção, direi, quase de respeito, com o que, na verdade, não estávamos habituados.
> Se Faraday e Foucault foram injustos para com as mesas — esclarecia noutra parte do livro —, isso não diminui no primeiro sua ilustração europeia, e no outro suas engenhosas descobertas, cheias de promessas futuras. Não me ficaria bem querer mal a Foucault, porque, sem os processos sumários aos quais julgou dever recorrer, sem o tom peremptório de que usou, jamais eu poria no estudo do fenômeno novo essa perseverança a que se liga o sentimento do dever.
> Não ataco, pois, nem os sábios em geral, nem tal sábio em particular. Não tenho a tola pretensão de rebaixá-los, ou a pretensão mais tola ainda de elevar-me a mim mesmo. Penetrado do sentimento de minha incompetência, estava prestes a aceitar suas decisões como oráculos, mas as rejeições de exame por parte deles me chocaram de tal modo o ser

[1]

moral, que me fizeram sair da minha posição natural. Não pude concordar com o que diziam: "Não veremos; não leremos; não experimentaremos; não responderemos". Contudo, mesmo depois, e ao tempo em que a minha fraca voz se aventurava a interromper um silêncio universal e prolongado, não recusei aos meus adversários nenhuma das homenagens que lhes são devidas. Ainda mais, eu compreendia a conduta deles: vivendo num ambiente científico, nada tendo visto de sério, não tendo assistido senão a desprezíveis experiências de salão, a simples rotações a que a ação muscular está apta a explicar, eles tiveram razão de duvidar.

Estas últimas palavras ajustam-se como uma luva ao próprio autor delas, o qual, só havendo presenciado uma pequena parte dos fenômenos "espiritualistas", tivera, naturalmente, também razão de duvidar quanto ao que de extraordinário se passava além-Atlântico, fora dos seus olhos.

Na seção *Revue Scientifique* de *L'Illustration* do dia 30 de julho de 1853, página 80, Félix Roubaud também se bateu contra as afirmações generalizadas do sábio físico inglês Faraday, como veremos a seguir:

> O Sr. Faraday publicou num jornal inglês as experiências que realizou concernentes ao fenômeno da dança das mesas, e *L'Illustration*, no seu amor à verdade, repetiu-lhe a narração em suas colunas. Já o nosso colega de *La Presse*, o Sr. Victor Meunier, respondeu ao físico de Londres, e, acordando com as objeções que ele dirigiu a Faraday, faremos notar que este não somente esteve sempre distante da questão, mas que as consequências por ele extraídas de suas experiências não são nem lógicas nem científicas.

Roubaud tece, em seguida, comentários em torno das demonstrações mecânicas efetuadas pelo ilustre físico, provando o nenhum valor de suas deduções. "Enfim — propõe —, para terminar com esta suposta pressão dos dedos, convidaremos os experimentadores a duplicar, triplicar, quadruplicar voluntariamente essa pressão, e eles verão que lhes é impossível obter um movimento *uniformemente* circular como na *dança das mesas*". E assim conclui o crítico daquele jornal ilustrado: "Não obstante as experiências de Faraday, não obstante a demonstração mecânica e as denegações de Arago, o problema permanece então na mesma: qual a natureza da força que produz o fenômeno da dança das mesas?"

O sábio fisiologista Charles Richet, no seu *Traité de Metapsychique*, 2. ed., páginas 526 e seguintes, dá certa importância àqueles movimentos musculares inconscientes, no caso de os assistentes tocarem a mesa, mas parece fazê-lo um tanto arbitrariamente, visto que não traz em seu apoio nenhuma experiência que demonstre ou prove suas asserções. Todavia, num certo ponto, considerou ele: [1]

> De fato, o problema está longe de ser tão elementar. E cair-se-ia em grave erro se se acreditasse que tudo se explica pelas contrações musculares inconscientes. Com efeito, os grandes movimentos da mesa, quando ela é muito pesada, por exemplo, e que as contrações musculares são quase imperceptíveis, dificilmente podem ser explicados por movimentos inconscientes, de maneira que, em alguns casos, é quase impossível afirmar que os deslocamentos da mesa são devidos unicamente a contrações musculares. Muitas e muitas vezes, vi mesas pesadas deslocarem-se intensiva e rapidamente, embora o médium mal as tocasse. Viravam, davam voltas, iam de uma extremidade à outra do quarto, com tal agilidade que difícil nos era segui-las, e entretanto o médium só pousava, muito de leve, um dedo no centro da mesa.
> Entre outras experiências desse gênero — continua Richet —, citarei a que se segue, bem característica. Eu mandara construir, para as experiências que desejava fazer com Eusapia Paladino, na ilha Ribaud, uma mesa quadrada de um metro de altura por um metro de lado. Demais, os pés da mesa eram pontiagudos, para dificultar o levantamento desta pelos pés. Aconteceu que, quando eu e Ochorowicz vimos a mesa que o marceneiro acabara de entregar, julgamo-la muitíssimo pesada (vinte quilos). Apesar disso, tentamos no mesmo dia, à noite, a experiência. Apenas Eusapia tocara com a extremidade dos dedos essa pesada mesa,

houve levantamentos enormes, oscilações consideráveis, e, sem que os pés da mesa fossem tocados, ela se elevou completamente por eles quatro.[75]

9   Após essa narração, Richet vive interessante dilema: acredita e não acredita, com respeito a esses casos, na ação de movimentos musculares inconscientes e chega a um resultado que não corresponde às premissas.

Estudando depois o caso das mesas e de outros objetos que se deslocam sem o contato das mãos, Richet abole aqui a hipótese dos movimentos inconscientes e abrange no capítulo das telecinesias os novos fenômenos. A bem dizer, julgamos nós, todos os fatos relacionados com as mesas girantes podem aí ser incluídos.

O outro aspecto do fenômeno, contido nas "mesas falantes", não foi tomado em devida consideração, e, entretanto, ele evidenciava, em muitas circunstâncias, de modo irretorquível, a intervenção de Inteligências extraterrenas.

Faraday intentou explicar apenas os casos mais simples de movimento e rotação das mesas, deixando intocáveis os de maior complexidade e variedade que então também se verificavam. Ele, porém, não se aprofundou em suas observações, limitando-se tão só a algumas experiências de cunho puramente físico, cujas consequências entendeu aplicar ao fato natural. A contribuição de Faraday para o progresso da Humanidade teria sido ainda mais relevante se ele se dispusesse a atacar mais de frente o problema que na ocasião se lhe apresentava.

Sir William Crookes, que em 1853 conheceu de perto a aparelhagem usada por Faraday nas experiências com as mesas girantes, feitas na casa do Rev. J. Barlow, secretário do *Royal Institution*,[76] ao relatar suas célebres pesquisas sobre a "força psíquica", no *Quarterly Journal of Science* de 1º de outubro de 1871, cita o trecho de uma

---

75   Nota de Charles Richet: Para explicar pela mecânica natural este fenômeno, todas as hipóteses são absurdas. Não havia ali nem ganchos, nem cordas. Estava-se à meia luz, e segurávamos as mãos e a cabeça de Eusapia.

76   Ver *Recherches sur les phénomènes du spiritualisme*, por William Crookes, F. R. S., trad. J. Alidel, s. d., p. 89 a 91.

carta que aquele genial cientista escrevera, em 1861, a *Sir* Emmerson Tennent, a propósito de uma proposta para a investigação experimental dos fenômenos que se produziam pela assombrosa mediunidade de Daniel D. Home. "Se as circunstâncias — lamentou o famoso descobridor do tálio — não houvessem impedido a Faraday encontrar-se com o Sr. Home, não duvido que ele seria testemunha de fenômenos semelhantes ao que vou descrever..."

15
Brasil: o primeiro país da América do Sul a receber notícias sobre as "mesas girantes e falantes"— *O Jornal do Commercio*, do Rio de Janeiro, o vanguardeiro das referidas notícias. — Curiosidade geral. — *O Diário de Pernambuco*. — Escreve sobre o assunto o famoso jornalista brasileiro Francisco Otaviano. — Artigos publicados na Alemanha. — O testemunho do ilustre Dr. Sabino Pinho. — O "Dr. Cesário", as mesas e as curas obtidas com um sonâmbulo. — *O Cearense* narra fatos presenciados em toda parte. — Portugal e as "mesas".

Enquanto na Europa se multiplicavam, com fins de estudo, ou de recreação, as experiências com as mesas girantes, discutindo-se a torto e a direito sobre a legitimidade ou sobre a explicação do singular fenômeno, veremos o que se passava na América do Sul.

O grandioso movimento preparatório do Espiritismo, organizado e dirigido pelos Espíritos do Senhor, repercutira, como era natural, nas plagas brasílicas. A corte do Rio de Janeiro parece ter sido o lugar onde primeiro aportaram as notícias vindas do Velho Mundo, concernentes à curiosa "loucura" das mesas. Quase que imediatamente depois dessas revelações provenientes do exterior, grupos diversos se constituíram na capital do Império brasileiro para comprovar a realidade dos fenômenos, havendo, a princípio, como é lógico, mais espírito de simples curiosidade que propriamente interesse científico na maioria dessas reuniões.

As buscas que efetuamos em inúmeros jornais da época, de diferentes estados da União, levam-nos a supor que o velho e respeitável *Jornal do Commercio*, do Rio de Janeiro, atualmente com mais de um século de existência, foi o primeiro órgão da imprensa brasileira a estampar notícias acerca das "mesas girantes". E pelo que pudemos averiguar, a 14 de junho de 1853 é que o povo carioca tomou conhecimento, através da seção *Exterior — Correspondência do Jornal do Commercio*, dos fatos que então empolgavam principalmente os Estados Unidos e a Europa.

O correspondente em Berlim, provavelmente o médico e escritor português Dr. José da Gama e Castro, transmitia, com a data de 18 de abril, entre outras notícias, a boa nova seguinte: "Não há neste momento uma reunião em Alemanha na qual não se fale da nova importação americana — *the moving table* — e não se experimente mais de uma vez o fenômeno. Parecendo-me que a sua descrição poderá interessar aos seus leitores, passo a referir o que vi". O correspondente descreve, a seguir, a maneira de se obter, tal como tivera ocasião de observar, a rotação da mesa e do chapéu, enumerando, com alguma minúcia, diversas condições para se conseguir o objetivo em vista, enfeixando suas informações com uma espécie de convite aos estudiosos: "É de esperar que os homens que gozam de grande autoridade nas ciências se dignem examinar um fenômeno, de cuja existência ninguém pode duvidar, e que provêm de uma causa simples e natural, e que o expliquem de maneira que possa satisfazer a curiosidade pública".

Cerca de duas semanas depois, no folhetim do *Jornal do Commercio* de 30 de junho de 1853, página 1, sob o título *A Rotação Elétrica*, era dado a público o escrito abaixo:

> Meu caro editor: A moda é mais capaz de fazer uma revolução do que quantos Mazzinis há aí pelo mundo. Anteontem, véspera de S. Pedro, entrei em duas ou três casas, contando divertir-me com a interessante leitura das sortes e com a moagem dos roletes de cana, e em todas elas vi as famílias e os convidados silenciosos, em grupos, uns em derredor de uma mesa, outros de um chapéu, outros de um livro, todos

com as mãos estendidas sobre esses objetos e formando cadeias digitais!

Quem fez essa revolução nos nossos hábitos, quem deu esta nova face aos salões, quem aumentou este jogo de prendas (sem abraços, com aperto de dedo e da pontinha do pé), quem desterrou o piano, a conversa e a cantoria para substituí-los por uma adoração do chapéu, da mesa e do livro? Ora! Quem havia de ser? — A imprensa.

Um tal correspondente de Berlim lembrou-se de escrever à redação deste jornal que na Alemanha estavam na berra as *moving tables* (mesas girantes), e explicou o simples e fácil processo de comunicar a vida aos chapéus e às mesas. Eis que logo os curiosos, científicos e não científicos, começaram a fazer experiências; e daí a dias um colega da imprensa referia ainda timidamente o resultado afirmativo das experiências de um hábil professor nosso, e outro colega traduzia as que se fizeram em alguns lugares da Europa.

Imediatamente todos quiseram verificar por si mesmos o princípio rotatório dos objetos inanimados, e assim hoje não há uma sala, um escritório, um corredor, onde se não encontrem dois ou três experimentadores acocorados a chocarem com os olhos e com as mãos o infeliz chapéu do mais curioso dos três. Nos Estados Unidos, as mesas, não contentes com o giro, com o passeio e com a dança, ainda vão adquirindo outras faculdades: em Filadélfia, em Nova York, em Boston, na Nova Orleans, segundo se lê na *Revista Britânica* as mesas... *falam*!

Mais adiante, escreve o autor dessa epístola: "Seguramente estamos no mais assombroso período da Ciência e dos descobrimentos!" E conclui assim:

> Tenho presenciado e feito tantas experiências desse gênero, que hoje não me é possível duvidar daquele fato. Duas pessoas simplesmente, com as mãos impostas sobre as abas de um chapéu, tocando-se mutuamente os dedos mínimos, formando uma cadeia elétrica, obtêm de cinco a vinte minutos de rotação daquele objeto.

Em uma mesinha redonda, em pratos de porcelana, em livros, em lenços, tenho presenciado experiências sempre felizes. Outro fato admirável que observei, foi que, fazendo-se a cadeia digital sobre a cabeça de qualquer indivíduo, imprime-se-lhe a direção que se quer, embora ele tenha os olhos fixos para um ponto e esteja de ânimo deliberado a não se mover. Meu caro diretor, creia ou não em bruxarias, deve convir comigo (e veja que concorda também com o príncipe da Dinamarca) que
"There are more things in heaven
and earth, Horatio,
Than are dreamt of in your philosophy".

O venerável *Diário de Pernambuco*, cuja publicação se iniciara no Recife, em 7 de novembro de 1825, quase dois anos antes do *Jornal do Commercio* do Rio de Janeiro, e até hoje existente, cabendo-lhe, pela sua data de aparecimento, a primazia na Imprensa de toda a América Latina,[77] em seu número de 2 de julho de 1853 punha o povo do "Leão do Norte" ao par dos fatos que então atraíam a curiosidade geral dos europeus.

Na seção "Exterior", de notícia procedente de Paris, e datada de 20 de maio, contava o correspondente que "não se pode pôr pé em um salão, sem ver toda a sociedade em torno de uma mesa redonda, tendo cada um o dedo mínimo apoiado no do vizinho, e esperando todos em silêncio que a tábula queira voltar".

Noutro ponto, lê-se o seguinte: "Nossa Academia de Ciências está embaraçada; ela não quer admitir um resultado contrário às leis da Física, mas, há um fato, e se ele prova alguma coisa é certamente nossa ignorância de certas relações entre o ser animado e a matéria bruta". E arrematando sua longa dissertação dizia o correspondente: "Chamem ao nosso mundo bem velho; ao ver o que se passa, parece que ele está ainda na infância, e que nossos netos hão de ver coisas estranhas. Em verdade, desejar-se-ia viver por curiosidade!"

Do número de 14 de maio de 1853 da *Revue des Deux Mondes*, o *Jornal do Commercio* de 7 de julho traduzia, e estampava

---

77 *"Anais da Imprensa Periódica Brasileira"*, 1908, parte II, v. I, p. 399.

na primeira página, uma crônica na qual se faziam referências aos singulares "fenômenos giratórios", crônica já por nós comentada à página 60 deste volume.

No *Folhetim* desse mesmo diário carioca aparecia, em 10 de julho, subordinado ao título *A Semana*, novo trabalho acerca do assunto em pauta, conforme a transcrição a seguir:

> A mesa gira ou não gira com a imposição dos dedos? Move-se ou não o chapéu do infeliz curioso que o sujeita a uma cadeia de meiminhos? A matéria inerte recebe por transmissão o fluido vital, e em vez de ser movida por transmissão à força bruta é capaz de empuxar as mãos delicadas que têm a paciência de a aquecerem? – Eis o tema exclusivo das conversações, das disputas, das experiências, não só de Paris, Brémen e Nova York, mas também da Lutécia americana, da volúvel cidade do Rio de Janeiro. A alta do juro, a organização do banco nacional, a oposição parlamentar, as estreias dos novos cantores, tudo isso já não excita a atenção, já está banido da conversa, é matéria cediça, pertence à História antiga, passou, como passam todas as coisas nesta boa capital, com a velocidade do raio, sem fazer impressão, sem deixar saudades, para ressurgir no dia... em que falte alimento novo à curiosidade, como os trajos que a moda reabilita nos seus momentos de cansaço, quando se vê fatigada de inventar extravagâncias.
>
> A mesa, que até agora *apenas* servia para suportar pratos, iguarias e talheres; ou como *consolo*, luzes, cristais, vidrinhos de essência e jarras de flores; ou como escrivaninha, papéis, livros e tinteiros; hoje, mais feliz do que os namorados, mais feliz do que as luvas de Jouvin, recebe a doce pressão de um carinhoso dedo, o suave contacto de uma delicada mãozinha! — e mais avisada do que Adão, mais cautelosa do que Reinaldo nos jardins de Armida, foge — quem o diria! —, procura subtrair-se à fascinação, corre do perigo, repele carícias, que muito imprudente invejaria. E tanto que, se eu fora mesa...

Segue-se um trecho alusivo às irmãs Fox e às manifestações *espiritualistas* em a Norte América, e no qual o folhetinista se excede na ironia, ultrajando aquelas médiuns e, indiretamente, o próprio povo estadunidense.

E continua:

> A fama, que, para satisfazer o seu gênio alvissareiro, só neste século inventou o barco de vapor, o carril de ferro e o telégrafo elétrico, a fama atirou para além do Oceano a notícia do novo descobrimento, em uma carta de pessoa séria, visto que ninguém acredita nos jornais da *União*. O Dr. André, de Brémen, médico de nomeada, tomou a sério esse *improvement*, e depois de algumas experiências publicou na *Gazeta de Augsburgo* um artigo que sem mais atavios de imaginação ressuscita tudo o que há de fantástico e de medonho nas baladas alemãs, nos contos de Hoffmann, e nos sombrios romances de Ana Radcliffe. Com semelhante autoridade já não era lícito condenar, sem exame, a bruxaria americana. Toda a Europa descansou os dedos sobre a mesa; toda a Europa sentiu-lhe os primeiros arrepiamentos, ouviu-lhe os primeiros ruídos, apercebeu-lhe os primeiros arrastões, acompanhou-a no giro lento, correu após ela, tropeçou na corrida, e correndo o mundo, e arquejando e caindo, proclamou nos salões, nas ruas, nos jornais, por toda a parte, que a *mesa, carregada de fluido*, girava arrastando os circunstantes, princípio complementar talvez dest'outro, já conhecido desde o tempo de Baco e Sileno, que a mesa descarregada de líquido faz girar a cabeça dos devotos que lhe *minoraram o peso*.
>
> Como sempre, a dúvida, o sarcasmo, o epigrama, a zombaria, aí vieram contestar, escarnecer e motejar da rotação espontânea da pobre mesa. Alguns, receosos, como Galileu, de confessarem a verdade, diziam lá consigo: "E, no entanto, ela gira!" Outros, querendo passar como os cabeçudos da Ciência, como os papas infalíveis da Física, não admitiram a menor concessão. Tudo para eles não passa de um efeito de imaginação. De um lado os alemães e os americanos com suas aspirações ao maravilhoso; de outro, os parisienses com o seu espírito zombeteiro; de um lado o Dr. André, de Brémen; o Dr. Eissen, redator da *Gazeta Médica de Augsburgo*; o Dr. Mayer, diretor da *Presse Médicale de Paris*; o

> Dr. Boehm, diretor do Observatório de Praga; o Dr. Achille Chereau, médico de Paris, correspondente do *Siècle*; reconhecendo todos e proclamando a rotação elétrica ou o quer que seja da matéria; do outro lado, Léon Foucault; Henri Loger, quinzenista do *Constitutionnel;* e, sobretudo, Moigno, homem eminente na Ciência, chamando sonho, delírio da imaginação, extravagância infantil a todos os fatos observados pelos outros experimentadores.
>
> Esse estado de dúvida chegou a tal ponto que o mais chistoso folhetinista, que há um quarto de século ilustra o rodapé do *Journal des Débats*, tirou-se da dificuldade com o talento e recursos de um homem acostumado às argúcias do espírito francês. Não se inscreveu nem pró nem contra: limitou-se a escrever sobre, desenhando a fisionomia dos salões depois do descobrimento das virtudes ocultas do pau.
>
> Alucinação ou verdade, imaginação ou fato real, aí está a mesa a girar diante de nossos olhos: dois professores de Física, um operador muito positivo, homens cépticos, que não se contentam com qualquer história, fizeram repetidas experiências e presenciaram a dança mágica, e um deles nos asseverou que hoje não duvidaria de acreditar nas almas do outro mundo, nos lobisomens, no mau-olhado, nas sortes e nos feitiços, e até na ressurreição dos capuchos!"

O autor desse artigo, descobrimo-lo depois, fora o poeta, jornalista e diplomata Francisco Octaviano de Almeida Rosa, "espírito culto, *bon diseur* um tanto quanto céptico". Sobressaiu-se no *Jornal do Commercio* como folhetinista, não encontrando, na época, quem o excedesse no estilo, sutil, alado e leve, respigado de humorismo.

Em 11 de julho de 1853, o *Diário de Pernambuco* transcreveu, sob o título *As danças das mesas*, longo artigo assinado por Cossart e originalmente publicado no *Courrier Du Bas-Rhin*. O articulista referia-se às experiências feitas na Alemanha, nas cidades de Berlim, Breslau, Viena, Heidelberg, etc., frisando que os jornais mais sérios, como a *Gazeta de Leipzig, a Gazeta de Weser, a Gazeta de Colônia,* as subscreviam como verdades inegáveis.

Outras coisas interessantes foram narradas pela *Folha do Baixo-Reno*, que julgamos supérfluo transladar para estas páginas, cumprindo, entretanto, notar que nesse mesmo número do *Diário de Pernambuco*, como a demonstrar o interesse que o assunto despertara entre os seus leitores, estampou-se outro trabalho, agora extraído de *L'Illustration*, intitulado *A seita dos Espíritos*, a que já nos referimos na página 31.

Dois dias depois, em 13 de julho, no citado diário recifense o Dr. Sabino Olegário Ludgero Pinho[78] dá a público um trabalho seu com o título de *Magnetismo*, no qual conta ter procedido em sua casa a experiências com respeito ao palpitante fenômeno do momento. Descreve os resultados satisfatórios que ele e diversos amigos conseguiram obter com um prato, um chapéu e uma mesa de três pés, citando, depois, os nomes daquelas pessoas, todas conhecidíssimas na sociedade do Recife de então, entre as quais sobressaía o nome do irrequieto e famoso general José Ignácio de Abreu e Lima.

O autor do referido artigo se ufana, diante da confirmação inegável dos fatos observados, do magnetismo animal, que, segundo ele, é que produzia os estupendos fenômenos das mesas girantes. Nesse ponto relaciona o Magnetismo com a Homeopatia, e termina dizendo que aquele veio trazer muita luz às teorias homeopáticas.

Abrimos pequeno parêntesis em nosso estudo para destacar a personalidade benemérita do médico português Jean Vicente Martins, naturalizado brasileiro, e que então, em 1853, como discípulo e sucessor imediato de Benoît Mure, que voltara à Europa, vinha pelas colunas do *Jornal do Commercio* defendendo ardente e brilhantemente a Homeopatia, que no Brasil sofria um combate sem tréguas de ferrenhos adversários alopatas. A ele se havia juntado, entre outros, seu grande amigo Antônio de Castro Lopes, médico, poeta e latinista, que em 12 de julho de 1853 narrava publicamente, pelo *Jornal do Commercio*, a sua conversão à Doutrina de Hahnemann.

---

78 Médico formado pela Imperial Faculdade de Medicina da Bahia, membro do Instituto Homeopático do Brasil, o primeiro propagador da doutrina hahnemanniana em Pernambuco e em todas as antigas províncias do Norte, membro de diversas instituições homeopáticas da Europa, autor de inúmeros trabalhos sobre o ramo de suas cogitações médicas. Falecido em 1860.

O primeiro foi um exemplo de fé viva e de trabalho contínuo em benefício da coletividade brasileira[79] e, pela sua ação heroica durante a epidemia de febre amarela no Rio, mereceu da imprensa o epíteto de "Anjo salvador de uma cidade condenada". [80] O segundo acompanhou os passos de seu mestre, e mais tarde enfileirou-se entre os intimoratos propagadores do Espiritismo em nossa terra.

Fechado este parêntesis, temos agora a assinalar, no prosseguimento normal do nosso trabalho, a série de artigos que ilustre investigador e estudioso da ação magnética, no tratamento de moléstias várias, vinha subscrevendo, no *Jornal do Commercio*, com o nome de Dr. Cesário, que mais nos parece um pseudônimo. No artigo IV, todos sob o mesmo título de *Magnetismo animal*, estampado naquele periódico em 13 de julho de 1853, mas datado de 11 do mesmo mês, o *Dr. Cesário* faz referências às mesas girantes e crê, como os seus colegas magnetistas europeus a princípio o creram, que a rotação corria por conta do fluido magnético. Era este que agia sobre os corpos inanimados, comunicando-lhes movimento. A seguir, ainda nesse artigo, o Dr. Cesário critica o folhetinista do *Jornal do Commercio*, porque este havia escrito inverdades a respeito do sonâmbulo de quem ele se servia para obter notáveis curas, e acresceu expressivo documento em apoio de suas asserções: "... da boa lucidez do sonâmbulo, que nunca *fora matuto*, já têm convenientes provas grande número de doentes e muitas de nossas ilustrações médicas e literárias, entre elas, os Exmos. Srs. visconde de Olinda,[81] de Monte Alegre, Barão de Cairu, Aureliano e o muito distinto lente de Anatomia da Escola de Medicina desta Corte, o Sr. Dr. José Maurício Nunes Garcia, que, conhecendo profundamente o Magnetismo, assistiu a várias consultas; então viu a exatidão com que o nosso sonâmbulo costuma indicar no atlas anatômico o órgão, ou em qual do seu ponto existe a moléstia: a recapitulação, o diagnóstico,

---

79   Veja-se em *Brasil, coração do mundo, pátria do evangelho*, obra psicografada por Francisco Cândido Xavier, o início do cap. XXIII.

80   *Grande enciclopédia portuguesa e brasileira*, vol. XVI, p. 458.

81   Marquês em 1854.

prognóstico e tratamento, coroado afinal de feliz êxito nos casos compreendidos na órbita do possível".

No quinto artigo, publicado no mesmo jornal, em 12 de agosto de 1853, o Dr. Cesário declarava estar realizando experiências com uma mesa de pé de galo, que se conservava imóvel quando queria dizer não. Por meio de batidas com um dos pés, a mesa "tem respondido — afirma o experimentador — a quaisquer questões que se lhe há feito, já sobre as quatro operações aritméticas, horas, minutos, etc., etc., já sobre o número de anos de qualquer um, o de moedas, seu valor e nação, e até das que estejam ocultas, e enfim sobre fatos históricos controversos de grande magnitude.

> Uma série de experiências escrupulosamente feitas na presença de muita gente, quer em casa do distinto químico-farmacêutico Sr. Ignácio José Malta, e quer em nosso gabinete e outros lugares, nos tem assaz convencido que em verdade a mesa, depois de magnetizada, produz semelhante fenômeno, cuja existência confirma ainda mais o que apresenta o sonambulismo.

A novidade das "mesas girantes" rapidamente se espalhou por outras cidades importantes do Brasil, e em pouco tempo não havia ninguém que não tivesse conhecimento, pelo menos de ouvido, do estranho fenômeno giratório. Eram as tais mesas tão populares naquela época quanto o são hoje os enigmáticos "discos voadores".

É assim que lá na terra de Bezerra de Menezes, o Ceará, surgia nas colunas do jornal bissemanário *O Cearense* (fundado em 1846), em seu número de 15 de julho de 1853, a primeira notícia sobre o fato em pauta, proveniente da cidade do Recife (Pernambuco). Com data de 3 de julho seguia, então, para o referido periódico de Fortaleza, sucinta notícia, nos seguintes termos:

> Apareceu agora em França um fato que despertou sumamente a curiosidade pública: quero falar-lhe das tábulas volteantes (*tables tournantes*) que, embora tenham sido inventadas na América inglesa, os franceses deram carta de naturalização. Quer Vmc. saber os efeitos dessas tábulas? Figure uma

> sala, e uma porção de pessoas em torno de uma mesa redonda, tendo cada uma o dedo mínimo apoiado no do vizinho, e esperando todos em silêncio que a tábua queira voltear.
> Nessa posição fica-se 15 minutos, e até uma hora, e durante esse tempo a mesa vai arrastando em seu movimento os experimentadores contentes e admirados. Esta experiência pode-se repetir com uma multidão de objetos inertes, e o efeito se opera pelo fluido magnético, que lhes comunica o impulso e produz o movimento. À vista disso, o Magnetismo tem direito a ser acreditado como uma verdade, e a não ser julgado um conto de fadas.[82]

O mesmo jornal, em seu número de 26 de julho de 1853, página 4, sob o título *Mesas dançantes*, escrevia:

> Não é só na Alemanha, França, Pernambuco, etc. que se fazem experiências elétrico-magnéticas das tais mesas dançantes. O Sr. José Smith de Vasconcellos fez, no domingo, uma experiência em sua casa, na presença de muitas pessoas, com uma mesa redonda, que depois de alguns minutos rodou pelo meio da sala, até que os experimentadores romperam a cadeia! Neste momento presenciamos várias experiências desta.
> Digam lá os sábios da Escritura
> Que segredos são estes da Natura.

Em 2 de agosto de 1853, *O Cearense* transcrevia, sobre o fenômeno das mesas, pequenos parágrafos de alguns periódicos europeus, como *La Presse*, *La Patrie*, o *Correio de Lyon*, o *Dunkerqueoze* e as *Folhas Litográficas*. Interessa registar aqui apenas o que escreveu o *Correio de Lyon*:

> Uma das pessoas presentes sentou-se ao piano e executou uma polca e uma valsa, e o móvel, sem que seus pés deixassem de tocar o chão, começou a oscilar acompanhando o compasso da música. Os movimentos eram mais pausados,

---

[82] Tudo que apresentasse aspecto extraordinário e fora do habitual dava margem, naquele tempo, a ser tido como oriundo do Magnetismo.

ou mais acelerados, segundo a viveza dos acordes da peça que se executava. Mandou-se a mesa indicar a idade de dois mancebos, que se achavam entre os operadores, os quais tinham respectivamente 18 e 8 anos. O móvel levantou os pés do lado onde estavam as pessoas indicadas e bateu o número de pancadas igual ao dos anos. Disseram-lhe para declarar, pela mesma maneira, a hora; ela deu onze pancadas. Mandaram que acrescentasse o número de minutos, e ela bateu vinte e três pancadas. O relógio marcava efetivamente onze horas e vinte e três minutos. Ordenaram-lhe que indicasse o nome de uma pessoa, fazendo certo sinal quando o ouvisse, e tendo-se pronunciado muitos, a mesa conservou-se quieta até ouvir o verdadeiro nome.

Outras coisas maravilhosas narrou o *Correio de Lyon*, que respondeu pela veracidade de suas asserções, e o artigo que deu essas notícias veio assinado pelo Sr. Jouve, diretor daquela folha.

O Cearense de 2 de agosto menciona também certas experiências levadas a efeito em Fortaleza por várias pessoas mais ou menos conhecidas, de algumas das quais cita os nomes. Apesar da incredulidade geral, todas obtiveram o movimento das mesas.

Extraída de *O Nacional*, da cidade do Porto (Portugal), saía publicada no jornal cearense de 5 de agosto a notícia seguinte:

> *Audite o rustice*! A paixão, o fanatismo pelo movimento de rotação dos chapéus, das mesas, dos relógios e de outros objetos, paixão que se apoderou dos parisienses, madrilenos e lisbonenses, chegou até nós. É mais que uma paixão, é um delírio que se apoderou de moços e velhos, de velhas e moças, e o movimento se manifesta por toda a parte. Nós vimos ontem coisas que nos deixaram perfeitamente pasmados: uma mesa quadrilonga obedecia cegamente à voz de uma menina de catorze anos de idade.
>
> Depois de estabelecida a cadeia magnética, dizia ela à mesa: "anda" — e ela andava. "Ladeia quatro *vezes* à direita e quatro à esquerda" — e a mesa ladeava tantas vezes quantas ela indicava. "Dá tantas voltas quantos são os pintos que o Sr. F. tem no bolso" — e a mesa deu quatro

voltas, que eram justamente os pintos que aquele cavalheiro tinha. "Avança para a direita, e para a distância de quatro palmos do muro" — e a mesa avançou, e medido o espaço acharam-se quatro palmos exatos. "Quantos pares de botas tem o Sr. F.?" Deu seis voltas, e era justamente o número. "Levanta as duas pernas da frente" — e a mesa as levantou, e, à voz da jovem magnetizadora, ela as foi descendo vagarosamente. "Dá tantas voltas quantas são as ervilhas que o Sr. F. tem na mão direita" — e deu sete; contadas as ervilhas, achou-se que era aquele número. Disse a mesa com exatidão as horas e muitas outras coisas que seria longo narrar, e que nós nunca acreditaríamos, se não víssemos com os *nossos próprios olhos*.

Ainda em *O Cearense*, em seu número de 26 de agosto de 1853, saía a público um artigo de seu correspondente no Rio, datado de 10 de agosto. Eis o que ele dizia:

> Por onde começarei hoje a minha epístola? Se não há grandes acontecimentos a contar, não deixa, contudo, de haver objetos de interesse secundário em abundância, se eu não tivesse sempre preguiça e o seu jornal oferecesse mais espaço. Não me lembro se já falei do *Magnetismo*, esse prodígio que ocupa o espírito e a atenção de todo o mundo.
> Sei que por lá se ocupam igualmente com ele; mas, não obstante, sempre vou referir-lhe uma experiência que ultimamente vi, e fiz.
> O Magnetismo, até hoje especulação da Ciência, ou do charlatanismo, acreditado por poucos, desacreditado por muitos, tido por impostura e mentira pelos homens das ciências demonstradas, hoje se acha no domínio público, é o entretenimento das famílias, o brinquedo dos rapazes; pois não há quem não tenha feito girar mesas, pratos, chaves, etc.; e não tenha visto estes corpos inertes moverem-se, e, o que é mais, com inteligência superior responderem a todas as questões, e até adivinharem! Acha isso impossível, ou incrível? Pois experimente, e verá. Será

> preciso ou recusar a evidência dos sentidos, ou acreditar no fato incontestável. Como se faz? Essa é boa! Pois eu sei lá como as mesas adquirem movimento, e inteligência? Por que é que as sementes desabrocham, nascem e crescem? Porque o ímã aponta o Norte, e atrai o ferro? Porque é que o arame transmite o pensamento e palavras a centenas de léguas, em minutos, por essa maravilhosa descoberta da *eletricidade?* Que importa que o homem continue a ignorar a causa dos grandes fenômenos da Criação, se eles existem?
> Por que não podemos compreender, explicar, devemos duvidar? Ridícula vaidade é esta, do orgulho humano, que, para acreditar nas obras da Criação, quer ser participante de todos os segredos da Divindade!
> Já é muito o que a inteligência humana há descoberto, e o horizonte dos conhecimentos humanos todos os dias se alarga mais, semelhante a esse *mirage* que o caminhante do deserto vê adiante de si sem nunca tocar; demos, portanto, infinitas graças ao Criador, mas não tenhamos o louco ou o ridículo orgulho de querermos ser participantes dos arcanos da Natureza.

O correspondente, atônito com o que presenciara, sem saber explicar os fatos que se passaram diante dele, apressa-se demais em seus raciocínios, acaba por dar à matéria inerte a faculdade de pensar! E adiante prossegue:

> Mas vamos à experiência por mim feita, cuja veracidade, portanto, lhe garanto com tanta convicção quanto tenho de minha própria existência.
> Em um desses belos dias, que às vezes passo nessa terra de grandes passatempos, estava eu em companhia de muitas pessoas escolhidas por ocasião de fazer anos a dona da casa. Veio a propósito o Magnetismo, que é objeto do dia,[83] e fomos à experiência. Sobre uma mesa de jacaran-

---

83 Como já assinalamos, os neófitos julgaram que tudo não passava de novas manifestações do Magnetismo.

dá, de peso de 3 para 4 arrobas, formou-se uma cadeia de mãos de 7 pessoas, ligadas pelos dedos mínimos, *et ubi eram in medio eorum*.

Já sabe, a maior parte das mãos eram de *alfenins*, de que falam os poetas e romancistas.

Depois de meia hora, pouco mais, ou menos, a mesa começou a mover-se, e daí a alguns minutos não andava, corria, dirigida a força magnética por um dos da roda: este mandou a mesa andar ora à direita e ora à esquerda, e esta lhe obedecia prontamente. Depois, passou-se a apreciar o grau de inteligência da mesa. Perguntou o diretor quantos anos fazia a dona da casa. Levantou a mesa um dos pés e bateu pausadamente 32 pancadas, justamente os anos da senhora! Repetiram-se estas perguntas com diferentes pessoas da roda, e sempre respondeu ela com exatidão. Perguntaram as horas, respondeu precisamente. Perguntaram que dinheiro tinha, na algibeira, um dos da roda; deu 10 pancadas, e, com efeito, tinha 10 moedas no bolso. Outras muitas perguntas se fizeram, que foram exatamente respondidas.

Depois disso, como duvidar desse espantoso fenômeno chamado *Magnetismo*?! Se uma mesa pode responder exatamente, por que não o poderá um sonâmbulo magnetizado? De minha parte não duvido mais de nada, ou, se duvidar do que vejo, devo também duvidar de minha existência, para ser ao menos um céptico lógico.

A curiosidade e o interesse gerais deram ensejo a que o ilustre magistrado, político e escritor Henrique Veloso de Oliveira, homem de vasta erudição e opulento tradutor, desse à luz, por essa época, no Rio de Janeiro, uma obra estrangeira, por ele traduzida com o nome de: *O mistério da dança das mesas, desenvolvido e publicado por um católico*.[84]

Foi essa mais uma excelente contribuição para o melhor conhecimento, entre nós, do que se passava além-mar, levando, ainda, os cépticos pirrônicos a meditar mais seriamente sobre o assunto.

---

84 Inocêncio Francisco da Silva – *Dicionário bibliográfico português* tomo III (1859), p. 189.

16

Victor Hugo na ilha de Jersey. — Em visita ao grande romancista a Sra. Émile de Girardin, entusiasta das "mesas falantes". — O dramaturgo Auguste Vacquerie narra as experiências de que participou. Comunicação com os mortos. — A chamada "mesa Girardin". — A mediunidade e as doutrinas filosóficas de Victor Hugo. — O poeta reencarnacionista. — O Espírito Dama Branca. — Famosas sessões na casa de Victor Hugo. — Opinião de Sully-Prudhomme, Jules Bois e Flammarion sobre os ditados mediúnicos de Jersey. — Hugo pergunta em versos, e a mesa responde também em versos. — A independência e a superioridade das respostas. — Hipóteses que se desmoronam. — Influência das ideias espíritas na obra hugoana. — A frase latina e seu profundo significado. — Certeza que tinha o genial escritor acerca da comunicação dos mortos com os vivos e da reencarnação.

Deixemos por um pouco o Brasil e retornemos à Europa.

O genial poeta, romancista e dramaturgo francês Victor Hugo, desterrado após o golpe de Estado de Napoleão III, em 2 de dezembro de 1851, residia agora na ilha de Jersey, onde desembarcara em 5 de agosto de 1852.

> A França do usurpador, a França cuja II República acabava de ser espezinhada pela ambição do sobrinho do *Corso*, a França e o mundo inteiro tinham assistido ao ataque formidável do poeta democrata contra o Império todo-poderoso, e a polícia imperial tinha exilado *Victor Hugo, o Grande* (como o próprio Napoleão III lhe chamava), o qual ousara fulminar o imperador Napoléon, *le Petit*, como o poeta o descrevia.[85]

Foi naquela ilha inglesa, massa granítica, escarpada e penhascosa, batida pelas águas do Mancha, que o famoso escritor realizou

---

85 *Revista Internacional do Espiritismo Científico*, 1905, ed. portuguesa da mesma publicação francesa, e editada em Paris pelo Sr. Demétrio de Toledo.

suas primeiras sessões com as "mesas falantes", que, depois das "mesas girantes", faziam a sua *entrée* em Paris.

Ao findar o verão do ano de 1853, aos 6 de setembro, a Sra. Émile de Girardin desembarcou em Jersey, a fim de passar uma pequena temporada junto à família Victor Hugo. Aquele porto de célebres refugiados políticos, de inúmeros países, recebia a visita da inspirada poetisa, romancista e teatróloga, que granjeara celebridade desde os 16 anos de idade, com o cognome de Musa da Pátria, privilégio este bem raro no século XIX, pois, conforme frisava Edmond Texier, cronista de *L'Illustration,* até aquele ano "somente três poetas viram a glória sorrir num período que não é ainda a juventude: Victor Hugo, Delphine Gay[86] e Alfred de Musset".

Bela, amável e bondosa, brilhando pela delicadeza e encantos do espírito e por sua mais alta distinção, tinha em Victor Hugo um sincero admirador, ao qual se haviam juntado outras gemas do mundo intelectual da época, como Soumet, Alfred de Vigny, Guiraud, os irmãos Deschamps, Balzac, Sainte-Beuve, Lamartine, etc.

Na aprazível vivenda de Marine-Terrace, onde a família Hugo fixou moradia, a Sra. de Girardin, nos dez dias que permaneceu na ilha dos exilados, conheceu melhor o dedicado e fiel amigo de Hugo, o poeta e dramaturgo Auguste Vacquerie, "o homem que morreu sem ter desejado ser nem senador, nem deputado, nem acadêmico, nem condecorado".[87]

Foi esse literato francês, cujo irmão Charles morrera tão tragicamente com a esposa Léopoldine, filha de Victor Hugo, ambos afogados no Sena, entre Caudebec e Villequier, quem primeiro relatou biblicamente as experiências com as "mesas falantes", introduzidas no lar hugoano pela Sra. de Girardin, a cujo espírito de perseverança e fé se deveu o descortino de novos e mais largos horizontes para muitos dos proscritos de Jersey.

---

86   É o nome de batismo da Sra. Émile de Girardin.

87   "Hugo foi para Vacquerie o que Vergílio foi para Dante: *Duca e maestro*" – disse um cronista, no jornal *L'Illustration* de 23 de fevereiro de 1895.

Sr.ª Émile de Girardin

Auguste Vacquerie

Extraído de *Les Miettes de l'histoire*, 3. ed. (1863), segue-se o que a propósito escreveu Vacquerie às páginas 380 a 389:

> [...] no momento em que todos a invejavam, a Sra. de Girardin sabia-se doente, e morreu no ano seguinte.[88]
> Seria sua morte próxima que a levara a interessar-se pela vida extraterrestre? Ela andava preocupadíssima com as mesas falantes, e logo me perguntou se eu acreditava nisso. Ela cria firmemente nessas coisas e passava as noites a evocar os mortos. Sua preocupação refletia-se, sem o saber, até em seu trabalho; o tema de *La joie fait peur* não se refere a um morto que retorna? Queria porque queria que acreditassem com ela, e, no dia mesmo de sua chegada, foi difícil fazê-la aguardar o fim do jantar! Após a sobremesa, levantou-se e levou consigo um dos convivas ao *parloir*, onde atormentaram uma mesa, que permaneceu muda. Ela imputou o mau resultado à mesa, cuja forma quadrada contrariava o fluido. No dia seguinte, ela própria foi comprar, numa loja de brinquedos infantis, uma mesinha redonda, com um único pé terminado por três garras. Colocando-a sobre a mesa grande, igualmente não a conseguiu animar. A Sra. de Girardin não esmoreceu e disse que os Espíritos não eram cavalos de tipoia, que esperam pacientemente burgueses, e sim seres livres e de vontade própria que só vinham quando lhes aprazia.
> No dia seguinte, renovada a experiência, apenas o silêncio respondeu. Ela perseverou, mas a mesa embirrou.
> Era tal o ardor de propaganda da parte da Sra. de Girardin, que esta, certo dia, jantando em uma casa da ilha, fez a família interrogar uma mesa redonda, de pé central, a qual provou a sua inteligência não respondendo aos jersianos. Os repetidos resultados infelizes não na abalaram; ela permaneceu calma, confiante, risonha, indulgente diante da incredulidade.
> Na antevéspera de sua partida, ela nos pediu lhe concedêssemos, como despedida, uma última tentativa. Eu não havia assistido às tentativas precedentes; não acreditava no fenômeno e nem queria acreditar. Não sou dos que fazem cara feia às novidades,

---

88 Isto é, em 29 de junho de 1855, com 51 anos de idade.

mas aquela experiência escolhera má ocasião, por desviar Paris de pensamentos que eu, pelo menos, supunha mais urgentes. A minha abstenção fora até então o meu protesto. Desta vez, porém, não pude recusar assistir à última prova, mas fui com a firme resolução de só crer no que fosse bem evidente.

A Sra. de Girardin e um dos assistentes conjuntamente colocaram as mãos sobre a mesinha. Durante um quarto de hora, nada; mas havíamos prometido ter paciência; cinco minutos depois ouvimos leve estalido na madeira; isto podia ser o efeito de uma pressão involuntária produzida por mãos fatigadas, mas, sem demora, o estalido se repetiu, seguindo-se febril agitação. De repente uma das garras do pé da mesa se ergueu, e a Sra. de Girardin disse:

— Está aí alguém? Se há alguém e se deseja falar-nos, bata uma pancada.

A garra caiu, produzindo um ruído seco.

— Há alguém! — exclamou a Sra de Girardin — Fazei perguntas.

Fizeram perguntas, e a mesa a elas respondeu. A resposta era breve, uma ou duas palavras quando muito, hesitante, indecisa, às vezes ininteligível. Defeito talvez de nossa interpretação? O modo de traduzir as respostas prestava-se ao erro; eis como se procedia: enunciava-se uma letra do alfabeto: a, b, c, etc., a cada batimento do pé da mesa. Quando esta se detinha, anotava-se a última letra pronunciada. Mas, muitas vezes, a mesa não parava nitidamente numa letra, enganava-se, sendo consignada a precedente ou a seguinte; por efeito de nossa inexperiência e porque a Sra. de Girardin quase não intervinha, a fim de que o resultado fosse menos suspeito, tudo se atrapalhava.

Em Paris, a Sra. de Girardin empregava, disse-nos ela, um processo mais seguro e mais rápido; mandara expressamente fabricar uma mesa com um alfabeto em quadrante, no qual um ponteiro designava por si mesmo a letra.

Apesar da imperfeição do meio, a mesa forneceu, entre respostas equívocas, algumas que me impressionaram.

Após ter sido apenas testemunha, tive por minha vez que ser ator; estava tão pouco convencido, que tratei o milagre como a um asno sábio a quem se manda adivinhar qual "a donzela mais casta da sociedade". Disse eu à mesa: "Adivinha a palavra em que penso". Para fiscalizar mais de perto a resposta, tomei lugar à mesa com a Sra. de Girardin. A mesa forneceu uma palavra, e era exato. Minha tenacidade resistiu. Pensei comigo que o acaso podia ter inspirado a palavra à Sra. de Girardin e que esta podia tê-la comunicado à mesa. Já me acontecera, num baile da Ópera, dizer a uma mulher de dominó que eu a conhecia, e, perguntando-me ela seu nome de batismo, proferi, ao acaso, um nome que ela reconheceu ser o verdadeiro. Sem mesmo invocar o acaso, eu poderia muito bem, à passagem das letras da palavra, ter tido, inconscientemente, nos olhos ou nos dedos, um estremecimento que as denunciasse. Recomecei a prova; mas, para estar seguro de não me trair quando da passagem das letras, nem por uma pressão maquinal nem por um olhar involuntário, deixei a mesa e lhe perguntei não a palavra que eu pensava, mas a sua tradução. A mesa respondeu: "Queres dizer sofrimento". Eu pensara em *amor*.

Ainda assim não fiquei persuadido. Supus que a mesa teria sido favorecida, pois, sendo o sofrimento de tal forma o fundo de tudo, achei que a tradução podia aplicar-se a qualquer que fosse a palavra em que houvesse pensado. *Sofrimento* teria traduzido *grandeza, maternidade, poesia, patriotismo*, etc. tão bem quanto *amor*.

Ademais, eu poderia estar sendo vítima de um logro, mas isso seria admitir que a Sra. de Girardin, tão nobre, tão amiga, com os pés na sepultura, tivesse transposto o mar para ludibriar os proscritos.

Antes de acreditar nisso, muitos impossíveis eram críveis; mas eu estava decidido a duvidar até a injúria. Outros interrogaram a mesa, e esta adivinhou os pensamentos ou incidentes só deles conhecidos; de repente ela pareceu impacientar-se com as perguntas pueris; recusou responder, continuando, entretanto, a agitar-se, como se tivesse alguma coisa a dizer. Seu movimento tornou-se brusco e voluntarioso como uma ordem.

— É ainda o mesmo Espírito que está aí? — perguntou a Sra. de Girardin.

A mesa bateu duas pancadas, o que, na linguagem convencionada, significava "não".
— Quem és?
A mesa deu o nome de uma morta, viva na memória de todos os presentes. [89]
Aqui não havia lugar para a desconfiança; ninguém teria tido a audácia, o atrevimento de, à nossa frente, fazer do túmulo um teatro de saltimbancos. Já era bem difícil admitir a mistificação, e muito menos uma infâmia! A suspeita seria desprezada por si mesma. O irmão interrogou a irmã que saía da região da morte para consolar os exilados; a mãe chorava; inexprimível emoção constringia todos os peitos; eu sentia claramente a presença daquela que duro golpe de vento arrebatara. Onde estava? Amava-nos ainda? Era feliz? Satisfazia ela a todas as perguntas, quando não declarava ser-lhe vedado responder. A noite corria, e ficamos ali, com a alma presa à invisível aparição. Finalmente, ela nos disse: "Adeus"; e a mesa não mais se moveu.
Rompia a madrugada. Subi para meu quarto e, antes de me deitar, escrevi o que acabava de ocorrer, como se aquelas coisas pudessem esquecidas! No dia seguinte, não mais foi necessário a Sra. de Girardin convidar-me; fui eu quem a levou para a mesa, junto da qual passamos a noite.
A Sra. de Girardin partiu no dia imediato. Acompanhei-a até a bordo, e, quando largaram as amarras, ela me gritou: "Até à vista!" Não mais a revi. Mas tornarei a vê-la.
Ela voltou à França, onde aguardou o fim de sua vida terrena. Seu salão era bem diferente do que o era alguns anos antes. Não mais estavam lá os seus verdadeiros amigos. Uns se achavam fora da França, como Victor Hugo; outros, mais longe, como Balzac; outros, mais longe ainda, como Lamartine. Ainda por lá andavam todos os duques e embaixadores que ela quisesse, mas a revolução de fevereiro enfraquecera toda a sua fé na importância dos títulos e das funções, e os príncipes não a consolavam da falta dos escritores. Ela substituía os

---

89 Refere-se o escritor à filha de Victor Hugo, Léopoldine, desencarnada em 4 de setembro de 1843, e que, segundo as palavras do escritor Jules Bois (*Le Miracle moderne*, 4. ed., p. 109), "inaugurou as revelações dos 'Espíritos', em Jersey, e foi a anunciadora deles".

ausentes pondo-se à mesa com um ou dois amigos. Os mortos acudiam à sua evocação; ela, desse modo, tinha reuniões que se equivaliam às melhores de outrora, e onde os gênios eram substituídos pelos Espíritos. Seus convidados de então eram Sedaine, a Sra. de Sévigné, Safo, Molière, Shakespeare. Foi entre eles que ela morreu. Partiu sem resistência e sem tristeza; essa imortalidade tinha-a feito perder toda a inquietação. Coisa tocante: para suavizarem a esta nobre mulher a penosa transição, esses grandes mortos vieram procurá-la!

A partida da Sra. de Girardin, de Jersey, não me arrefeceu o entusiasmo pelas mesas. Precipitei-me de corpo e alma para essa grande curiosidade que a morte entreabriu.

Não esperava mais a noite; começava ao meio-dia e só acabava pela manhã; quando muito, eu interrompia para jantar. Pessoalmente, nenhuma ação exercia, eu, sobre a mesa, e não a tocava, apenas a interrogava. O processo de comunicação era sempre o mesmo, e com ele já me havia familiarizado. A Sra. de Girardin remeteu-me de Paris duas mesas: uma pequena, em um dos pés da qual estava adaptado um lápis, que devia escrever e desenhar; experimentada uma ou duas vezes, ela desenhou mediocremente e escreveu mal. A outra mesa, maior, possuía um alfabeto em quadrantes, no qual um ponteiro marcava as letras.[90] Esta foi igualmente rejeitada, após uma experiência sem êxito, e ative-me definitivamente ao processo primitivo, o qual, simplificado pelo hábito e por algumas abreviações convencionais, cedo ganhou toda a rapidez desejável. Conversava correntemente com a mesa; o sussurro do mar misturava-se a esses diálogos, cujo mistério crescia com o inverno, com a noite, com a tempestade, com a soledade. A mesa não respondia com palavras, porém com frases e páginas. Ela, de ordinário, era grave e magistral, mas, por momentos, espirituosa e mesmo cômica. Tinha acessos de cólera; deixei-me insultar em mais de uma ocasião, por lhe ter falado com irreverência, e confesso que só ficava tranquilo após obter o perdão.

---

[90] Allan Kardec, em *O livro dos médiuns*, item 144, denomina-a "Mesa Girardin", tendo em vista – diz ele – o uso que dela fazia a Sra. Émile de Girardin nas numerosas comunicações que obtinha como médium. A descrição da citada mesa e a maneira de se obterem as páginas de Além-Túmulo podem ser lidas no mesmo item suprarreferido.

Era exigente, escolhia o interlocutor, queria ser interrogada em verso e era obedecida; então respondia também em verso. Todas essas conversações foram recolhidas, não mais após o término das sessões, e sim durante estas, e ditadas pela mesa. Elas serão publicadas algum dia e apresentarão um problema obrigatório a todas as inteligências ávidas de verdades novas.
Se me pedissem a solução, eu vacilaria. Não teria hesitado em Jersey, teria afirmado a presença dos Espíritos. Não é a opinião de Paris que me retém; sei todo o respeito que se deve à opinião da Paris atual, desta Paris tão sensata, tão prática e tão positiva que só crê no *maillot* das dançarinas e no caderno dos corretores de câmbio. Mas o cepticismo de Paris não me faria baixar a voz. E é com satisfação que digo a ela não duvidar eu da existência do a que chamam Espíritos; jamais tive essa fatuidade de raça, fatuidade que decreta deter-se no homem a escala dos seres; estou convencido de que temos, pelo menos, tantos degraus a percorrer quantos são os percorridos, e acredito tão firmemente nos Espíritos como nos onagros. Admitida a existência deles, a sua intervenção não passa de um acidente; por que então não poderiam eles comunicar-se com o homem por um meio qualquer, e por que este meio não poderia ser uma mesa? Seres imateriais não podem mover; mas quem vos disse que sejam seres imateriais? Eles também podem possuir um corpo, mais sutil que o nosso e imperceptível ao nosso olhar como a luz o é ao nosso tato. É verossímil que entre o estado humano e o estado imaterial, se este existe, haja transições. O morto sucede ao vivo, como o homem ao animal. O animal é um homem com menos alma, o homem é um animal em equilíbrio, o morto é um homem com menos matéria, mas ainda com alguma. Não tenho, pois, objeção racional contra a realidade do fenômeno das mesas.
Mas nove anos correram sobre tudo isso. Interrompi, depois de alguns meses,[91] minha conversação cotidiana, por causa de um amigo cuja razão pouco sólida não resistiu a esses sopros do desconhecido. Não mais reli, depois, esses cadernos onde dormem aquelas palavras que me comoveram tão

---

91 Vacquerie, na verdade, só interrompeu esse intercâmbio em outubro de 1855.

profundamente. Não estou mais em Jersey, sobre esse rochedo perdido entre as ondas, no qual, expatriado, apartado do solo, fora da existência, morto-vivo, a vida dos mortos não traduzia surpresa para mim. E a certeza é tão pouco natural no homem que duvidamos até das coisas que vimos com os nossos olhos e tocamos com as nossas mãos.

Eu sempre achei São Tomé bastante crédulo...

Assim terminaram essas páginas dedicadas às "mesas girantes" o fulgurante autor de *Les Miettes de l'histoire* e de tantas outras peças literárias, entre poesias, dramas, comédias e artigos jornalísticos.

A Sra. Émile de Girardin (*née* Delfina Gay), após sua desencarnação, enfileirou-se, incontinenti, na vasta legião dos servidores da Terceira Revelação. Pelos seus elevados dotes morais, já revelados, em vida, através de trabalhos literários, foi chamada a colaborar na grandiosa obra Kardequiana, ao lado de excelsos mensageiros da Verdade, alguns dos quais tinham sido igualmente célebres na literatura terrestre, como Santo Agostinho, Chateaubriand, J. J. Rousseau, Channing, Fénelon, etc.

Allan Kardec incluiu em *O livro dos médiuns*, no capítulo das *Dissertações espíritas*, um ditado espontâneo do Espírito Sra. de Girardin, arrolando-o como tipo das comunicações verdadeiramente sérias. O princípio da página mediúnica deixa entender claramente que ela mantinha um intercâmbio frequente com Kardec e o seu grupo de colaboradores, transmitindo instruções e conselhos bebidos nas Escolas do Infinito.

Informa Jules Bois que a Sra. de Girardin pôs Victor Hugo a par das mesas, mas que este nenhuma importância concedera então ao assunto, tendo-se, mesmo, recusado a assistir aos ensaios propostos por ela, visto lhe parecerem pueris.

Isso, entretanto, não é verdade. O poeta participou ativamente das duas últimas sessões promovidas pela Sra. de Girardin, tendo feito numerosas perguntas aos Espíritos comunicantes e observado uma sucessão de ocorrências bem curiosas.[92]

---

92 Maurice Levaillant (*membre de l'Institut*), *La Crise mystique de Víctor Hugo, d'après des documents inédits*, 1954, p. 79 – 94.

Parece que Auguste Vacquerie é quem, após a partida da insigne poetisa para Paris, incentivou o gigante da literatura europeia numa outra literatura, transmitida por intermédio da "mesa falante". E as sessões continuaram em Marine Terrace até fins de 1855, sendo tudo registado em cadernos, que dariam, se todos impressos, dois volumosos livros.

Paul Meurice, literato francês, íntimo amigo e admirador ardente de Victor Hugo, e um dos executores testamentários da bagagem literária do grande escritor, foi quem encontrou os tais cadernos, deles dando conhecimento a Camille Flammarion, que em 1899 afirmava ainda existirem, pois que os manuseara havia pouco.[93]

O próprio Paul Meurice assistiu a algumas das experiências na ilha dos exilados, e embora tivesse tido a intenção de publicar os ditos cadernos, como fez com obras inéditas de Victor Hugo, não chegou a concretizá-la.

Só mais tarde, em 1923, Gustave Simon daria a público, no seu livro *Chez Víctor Hugo. Les Tables tournantes de Jersey*, setenta atas das sessões, atas escolhidas entre numerosas outras mais, algumas delas transcritas, ao que parece, sob a forma de fragmentos.

Os cadernos de atas das sessões encerram, quase inteiramente, uma série de diálogos entre o romancista de *Os miseráveis* e os seus interlocutores invisíveis, "que não raro se pretendiam Espíritos de grandes mortos".

A Sra. Paul Meurice, escrevendo de Paris à Sra. Victor Hugo, no outono de 1853, inteirava-a do seu contato com o fenômeno das mesas, através das sessões do conde de Ourches.

Sobre a primeira a que compareceu, declarou: "Os Espíritos não quiseram conversar muito tempo comigo, mas resolveram fazer uma algazarra em todo o quarto em que estávamos. Pancadas que obedeciam às nossas "ordens" ressoavam no soalho, nas paredes, nos móveis, no espelho, na mesa e até mesmo sob minha mão [...]"

De outras sessões com o conde de Ourches participou a Sra. Paul Meurice, tendo sido uma delas encerrada com notáveis

---

[93] C. Flammarion – *Les Espériences de Víctor Hugo à Jersey et du groupe fouriériste à Paris*, décimo artigo de uma série, publicado no número de 7 de maio de 1899 de *Les Annales politiques et littéraires*.

experiências de levitação. Entretanto, a mais assombrosa de todas, efetuada posteriormente, foi assim descrita pela Sra. Paul Meurice à sua amiga de Jersey:

> Lembrai-vos de que estamos junto a grande mesa de forma quadrada, no canto da sala. Há aí uma outra mesa, pequena, toda de madeira, de três pés e redonda.
> — Espírito da mesa grande, queres mandar vir à tua presença a pequena?
> — Sim.
> Espera de alguns minutos. A mesa grande caminha...
> Seguimo-la. Ela vai encontrar-se com a pequena, parece falar-lhe em secreto, enquanto lhe dá leves pancadas. A mesa grande retorna ao seu lugar, e nós a seguimos.
> Expectativa e grande atenção durante dois minutos. A mesa pequena se sacode, como que a animar-se, seus movimentos são incertos, à direita, à esquerda. Chamam-na, e ela, finalmente, se põe a caminho. À medida que se aproxima, ela desliza mais rapidamente sobre o assoalho. A dez passos de nós, saltita, e após um último esforço ela toca a mesa grande, à qual parece, por meio de pancadinhas muito doces, devolver carícias. Esse passeio foi feito com tanta graça, havia tal doçura na chegada dessa mesinha de pé de galo, que eu fiquei deveras enternecida. Afigurava-se-me haver ali um pouco de ternura, senão de inteligência, e eu tive vontade de abraçar a mesa, como o teria feito a uma criança.
> Estávamos encantados, porém queríamos mais.
> — Faze-te transportar pela mesa grande—disseram à pequena. É possível?
> — Sim.
> E durante alguns minutos vimos estranho espetáculo. A mesa pequena ensaiou levantar-se; saiu-se bem, mas não alcançava a altura necessária. A grande se inclinou; preocupação inútil. Elas recomeçaram a falar em segredo, após o que a pequena ficou impassível. A grande se pôs a girar em vários sentidos, tentando, a cada novo giro, introduzir um dos seus lados sob a pequena. Mas somente ao fim de numerosos ensaios é que ela conseguiu fazer que um dos lados mantivesse a mesinha

em equilíbrio, tendo-a então levantado e sustentado no ar o tempo que desejamos.

Eu achava a cena tão maravilhosa, que não teria tolerado se alguém tocasse na mesinha, fosse o motivo que fosse.

Quando narro o fato que vi, riem e me dizem que sem dúvida havia ali um ímã...

Apesar desses extraordinários fatos, adiante, em sua carta, ela confessava: "Eu gostaria mais de assistir ao ditado de páginas esplêndidas como as que recebeis".

O proeminente autor de *La Légende des siècles* era médium, como diversos fatos de sua vida o atestam.

Sob o título "Um sonho", o poeta narra[94] um estranho *tête-à-tête* que ele tivera com o falecido Duque de Orleans, Ferdinand Philippe Louis Charles Éric. "Eu sonhei — declarou o famoso romancista — na noite de 13 para 14 de novembro de 1842, precisamente quatro meses após o decesso do Sr. Duque de Orleans, que se deu a 13 de julho, e na mesma noite do dia em que expirava o luto posto pela morte do príncipe".

O sonho é contado com característicos e minúcias bem interessantes, pelos quais podemos concluir (e é este, não padece dúvida, o motivo que levou Hugo a registá-lo) tratar-se de uma realidade vivida em Espírito, enquanto o corpo físico repousava. Num casarão de vários salões, localizado numa cidade que no sonho ele conhecia perfeitamente bem, descrevendo-lhe até certas particularidades, mas que em vigília jamais vira igual, encontra-se com o duque e outros conhecidos já mortos, no meio de pessoas inteiramente estranhas. Hugo conversa com o duque, que se mostra abatido e tristonho, o mesmo fazendo com os outros amigos; observa a passagem do Espírito através das paredes, e fica admirado com a penetração que sua própria vista adquirira, pois que ele podia, à sua vontade, ver os salões contíguos, os quais lhe seriam vedados à visão comum, em estado de vigília.

A narração do sonho ocupa várias páginas de *Choses vues* e é de fato um atestado a favor da comunicabilidade dos vivos com os chamados mortos.

---

94 *Choses vues* (*Oeuvres inédites de* Víctor Hugo), Paris, 1887, p. 69.

Na sua viagem à Espanha, no ano de 1843, Victor Hugo conta que via fantasmas e monstros ao crepúsculo, e descrevia-os como realidades, que sem dúvida o eram à vidência do genial escritor. E para não ser olhado como louco, valeu-se do testemunho dos maiores gênios, declarando não haver um espírito de grandes voos mentais que não tivesse sido atormentado, seduzido ou pelo menos surpreendido pelas "visões que saem da Natureza". "Alguns — acrescenta Hugo — disso têm falado e de certo modo o têm registado em suas obras, a fim de que as formas extraordinárias e fugitivas, as coisas sem nome que eles entreviram 'na obscuridade da noite', vivam para sempre da vida imortal do estilo e do pensamento desses autores".

Mais um fato podemos aqui alinhar. Trata-se de interessante fenômeno premonitório, não tão raro, pois tem sido observado em todos os países e em todos os tempos.

No dia 9 de setembro de 1843, de regresso da Espanha, Victor Hugo, por intermédio de um jornal que vira num café da aldeia de Soubise, soube da morte de sua filha Léopoldine. Pois bem, um dia antes ele havia redigido uma nota, publicada na folha *Pyrénées*, que dizia assim, em certo ponto: "Na noite de minha chegada a Oléron[95], encontrava-me vencido de tristeza... Tinha a morte na alma. Parecia-me que essa ilha era um caixão mortuário deitado sobre o mar, e que a Lua era ali uma vela".

O Sr. Maurice Levaillant, a quem já nos referimos em nota, fornece outros curiosos dados sobre essa premonição, sintetizando-os neste comentário (páginas 43-44):

> Mal o viajante, no começo de setembro, pusera os pés em terra francesa, fúnebre obsessão o invadira. Ele sofria, na tarde de 4 de setembro, à hora mesma em que, noutro lugar, duas velas brancas viravam sobre o Sena. Ao alvorecer do dia seguinte, na diligência, que voz secreta lhe ditava então versos quase desesperados sobre a morte? Que luz fazia palpitar estranhamente as constelações, como se elas estivessem encarregadas de lhe transmitir uma mensagem? Por que essa "opressão" que o prostrava, à medida que se dirigia para o

---

[95] Ilha francesa na foz do rio Charente.

Norte, quando deveria sentir-se leve? E quem, afinal, lhe sugeriu ver na ilha de Oléron a forma de "um imenso caixão mortuário"? Quantos sinais e premonições! Sua desventura estava prevista, inscrita, conhecida no céu. Tudo não se passara tal como houvesse sido há longo tempo preparado e prescrito? — Prescrito, sim; mas por que vontade superior? Por que misteriosa decisão?

E no cumprimento mesmo do drama, do qual se relataram as mais minuciosas circunstâncias, quantas estranhezas e hesitações, posteriormente bem claras! O acaso fez tudo, declara a sabedoria humana, que nada mais é que ignorância e incapacidade. O acaso? Não; mas sim uma espécie de destino, nem cego nem inexorável, que muitas vezes diminuiu prazos e moratórias, como que para salvar a vítima. Contudo, em todos os momentos, uma vontade superior interveio... e com que animosidade!

Ao seu amigo Edouard Thierry, que vinha de perder um irmão, endereçava Victor Hugo uma carta consoladora, datada de 23 de setembro de 1843, na qual se lê este trecho: "Choremos juntos, juntos tenhamos esperança. A morte tem revelações, os grandes golpes que abrem o coração abrem também o espírito, a luz penetra em nós ao mesmo tempo que a dor. Quanto a mim, eu creio, eu aguardo uma outra vida..."

Louis Barthou, da Academia Francesa, conta[96] que mais tarde as premonições se fizeram por "pancadas noturnas", e que tanto em 1871 quanto em 1873 o poeta, que receava ser vítima de um pronunciamento bonapartista e com isto até sonhara, buscou interpretar, com o fim de se proteger, "as pancadas obstinadas, surdas e mesmo metálicas" que nitidamente ouvia em seu quarto de dormir, junto à cabeceira da cama, ao pé desta, nas paredes, na porta, etc., conforme a descrição que delas fez o poeta no seu canhenho, registando-as como manifestações do Outro Mundo. Eis uma das curiosas anotações de Victor Hugo sobre essas inesperadas visitas

---

96 Louis Barthou – *Les Carnets de Victor Hugo*, p. 747 – 757 da *Revue des Deux Mondes*, de 15 de dezembro de 1918.

do Além-Túmulo: "Esta noite — escreveu ele —, pelas duas horas, batidas em minha porta, muito fortes e de tal maneira prolongadas, levaram-me a abri-la. Aí não havia ninguém, e evidentemente havia alguém. *Credo in Deum aeternum et in animam immortalem*".

As teorias filosóficas de Victor Hugo, que foi influenciado pelas doutrinas pitagóricas e swedenborgianas, e iniciado na Cabala pelo filósofo israelita Alexander Weil, aproximavam-se em muitos pontos das do Espiritismo, antes que este fosse codificado, antes mesmo do aparecimento das "mesas falantes". É assim, por exemplo, que em 1851, dirigindo-se a um seu colega e vizinho na Câmara de Paris, o Sr. Savatier-Laroche, exclamava: "E eu também, eu creio na elevação gradual das almas e em suas migrações sucessivas, tenho sobre esses assuntos um belo livro a escrever". A crença na "circulação das almas", ou seja, na reencarnação, já possuía numerosos adeptos, entre os quais alguns, como Fourier, Victor Hennequin, Jean Reynaud, haviam participado do convívio de Victor Hugo.

Essa doutrina, informa Paul Berret no seu artigo *Victor Hugo, spirite*,[97] o poeta das *Orientales* afirma-a no *Journal de l'Exil*[98] de agosto de 1852, um ano e pouco antes das sessões que ele iniciaria com as mesas, e estende-se à natureza inteira. Em determinado ponto do seu artigo, Hugo escreveu: "Da boa ou da má conduta do homem depende a sua reentrada na existência primitiva, e, da mesma maneira, cada coisa da Natureza se transformará". Com essas palavras o seu autor desejava esclarecer que a reencarnação, com seu cortejo de dores ou de alegrias, depende da conduta que o homem tivera em precedente existência; e da mesma maneira que o homem se transforma, nesse ciclo contínuo de reencarnações, também cada coisa da natureza se transformará no tempo. Tanto assim é a tradução do pensamento de Hugo, que este a confirma a seguir: "A vida mineral passa à vida orgânica vegetal; a vida vegetal torna-se vida animal, cujo espécime mais elevado é o macaco. Acima do macaco começa a vida intelectual, escala invisível e

---

97   *Revue des Deux Mondes*, de 1º de agosto de 1922, p. 555 – 582.
98   Folha redigida por Adèle Hugo, durante os anos de exílio em Jersey, e cuja existência só foi conhecida em 1892.

infinita, pela qual cada Espírito se eleva na eternidade, tendo Deus por coroamento".

Victor Hugo

Mais tarde, quando o poeta se inteirou de alguns dos princípios da Doutrina Espírita, os mesmos que havia muito aceitava, ele repetiu com mais clareza, com mais vigor suas ideias a respeito do que vimos de dizer. Numa resposta aos ateus, traçou então as luminosas linhas que se seguem:[99]

> Quem nos diz que eu não me torne a encontrar nos séculos? Shakespeare escreveu: A vida é um conto de fadas que se lê pela segunda vez. Ele teria podido dizer: pela milésima vez! Porque não há século em que eu não veja passar minha sombra.
> Não credes nas personalidades moventes, isto é, nas reencarnações, sob o pretexto de que nada vos lembrais de vossas

---

99 Docteur Edm. Dupouy – *L'Au-delá de la vie*, Paris, 1917, p. 216–217.

existências anteriores. Mas como a reminiscência dos séculos apagados ficaria impressa em vós, se nem sequer vos lembrais de mais de mil e uma cenas de vossa vida presente? Desde 1802, houve em mim dez Victor Hugo! Acreditais acaso que eu me lembre de todas as suas ações e de todos os seus pensamentos?

Quando houver atravessado o túmulo para *reencontrar uma outra luz*, todos esses Victor Hugo me serão até certo ponto estranhos, mas será sempre a mesma alma! Sinto dentro de mim toda uma vida nova, toda uma vida futura. Sou como a floresta que por várias vezes foi abatida: os rebentos novos são mais e mais fortes e vivazes. Subo, subo para o infinito! Tudo é radiante em meu espírito. A terra me dá sua seiva generosa, o céu, porém, me ilumina com os reflexos dos mundos entrevistos!

Dizeis que a alma é apenas a expressão das forças corporais. Então por que minha alma é mais luminosa, quando essas forças corporais vão em breve abandonar-me? O inverno jaz sobre minha cabeça, mas a primavera eterna invade minha alma! Aspiro nesta hora os lilases, as violetas e as rosas como o fazia há vinte anos! Quanto mais me aproximo do fim, mais escuto em torno de mim as imortais sinfonias dos mundos que me chamam! É maravilhoso e é simples.

Há meio século que escrevo meu pensamento em prosa e em verso: história, filosofia, dramas, romances, lendas, sátiras, odes, canções, etc.; tudo tenho tentado, mas sinto que não disse a milésima parte do que está em mim. Quando me curvar para o túmulo, não direi como tantos outros: terminei minha jornada. Não, a sepultura não é um beco sem saída, é uma avenida; ela se fecha no crepúsculo, ela se reabre na aurora!

*

A casa em que Victor Hugo residia, em Marine-Terrace, era visitada por fantasmas. Os habitantes da ilha diziam que, fora outros três, ali se vira errar um espectro, e que esse espectro aparecia ainda algumas vezes, passeando pela praia situada nas proximidades. O porte feminino e as vestes esbranquiçadas fizeram que lhe dessem o nome de *Dama Branca*. Pois este Espírito (pelo menos se fez anunciar com aquele apelido) "frequentou", desde 23 de março de 1854, a mesa de Marine-Terrace, conforme relata o *Journal de l'Exil*.

Após revelar-se, a *Dama Branca* recusou-se a conversar, insistindo que só se explicaria na rua, às três da madrugada, e ali se faria então visível. Victor Hugo achou más escolhas, a hora e o lugar do encontro, e resolveu permanecer dentro de sua casa, o mesmo fazendo todos os acompanhantes da sessão.

Não tendo podido conciliar o sono, Hugo pôs-se a trabalhar em seus escritos e só foi deitar-se altas horas da noite. O tempo passa, e eis que de repente, estando semiacordado, ouve ele violento toque de campainha. O poeta acende uma vela, olha para o relógio e verifica que o fato se deu às três horas da madrugada. Sem dúvida é a *Dama Branca*, pensa por um momento, e acrescenta: "Os Espíritos são pontuais".

Na manhã seguinte ele narra aos familiares os fatos que à noite se verificaram, e todos unanimemente lhe afirmam não terem ouvido nenhuma campainha tocar.

Passam-se os dias. O Espírito *Dama Branca* comunicou-se outras vezes, despertando em Victor Hugo profunda simpatia. Ela chegou a dar a ideia de se adaptar um lápis a um dos pés da mesinha, a fim de que os Espíritos pudessem desenhar. Posta em prática essa nova faceta do fenômeno, alguns desenhos rudimentares foram obtidos de diferentes autores, até que *Dama Branca*, a pedido, traçou o seu próprio retrato.

Pouco tempo depois, Victor Hugo acompanhou o enterro de um proscrito. No cemitério, ao se curvar sobre a cova, viu, pálido de assombro, deitada e suavemente luminosa, a forma que o Espírito *Dama Branca* desenhara e atribuíra a si mesma.[100]

> Dantes — escreve Hugo no *Journal de l'Exil*, depois desse acontecimento — eu dormia como um homem tranquilo, agora não me deito jamais sem sustos, e, quando desperto

---

100 Maurice Levaillant – op. cit., p. 135.

pela manhã, é com um calafrio. Ouço Espíritos darem pancadas, bem como um ruído assim (Victor Hugo bate *sobre uma mesa*). Dois meses atrás, antes que a *Dama Branca* houvesse feito o seu retrato, eu não tinha esses temores, mas agora, confesso-o, sinto indizível horror sagrado.

Tudo isso é suficiente para patentear, mais uma vez, a personalidade mediúnica de Victor Hugo. Afora os fenômenos citados, é sabido ser comum aos médiuns não desenvolvidos, não controlados, aquele estado de receio, de pânico e até mesmo de terror, que os leva, por vezes, ao total afastamento de tudo quanto se relaciona com a vida *post mortem*. Felizmente, o sublime vate de *Les Contemplations* não chegou a tal ponto. Prosseguiu ele as sessões com as "mesas falantes", por elas ainda se manifestando a própria *Dama Branca*, que, segundo um escritor, se tornou para Hugo uma "mensageira da fé". Sem o sentir, no contacto com diferentes manifestantes do Além, foi perdendo aquela repentina espiritofobia, se assim nos podemos exprimir, conseguindo em tempo rápido a mudança do seu estado psíquico.

E nos primeiros meses de 1855, por diversas vezes o romancista de *Notre-Dame de Paris* viu, conforme anotações do seu próprio punho, a forma vaporosa daquele Espírito feminino, quer de dia, quer de noite.

Alucinações, pontificam os incrédulos; mediunidade, afirmamos nós.

Os experimentadores habituais das sessões eram Victor Hugo e sua esposa, com os filhos Charles, François Victor (este, poucas vezes) e Adèle, seus amigos Auguste Vacquerie, Theophile e Émile Guérin, Émile e Jules Allix, Sra. Allix com sua irmã, o libertário húngaro Cel. Sandor Teleki e esposa, o general e diplomata francês Adolphe Le Flô, além de alguns outros exilados de passagem pela hospitaleira moradia do poeta, e um que outro jersiano.

A Sra. Victor Hugo e seus filhos, principalmente Charles, quase sempre se colocavam junto à mesa, com as mãos estendidas sobre ela; Vacquerie e os outros, alternativamente. Hugo, este sim, mui raramente o fazia — segundo assegura Paul Meurice[101] —, por-

---

101 Jules Bois chega, entretanto, a afirmar que Hugo jamais se assentou à mesa falante, dessa forma jamais tendo colaborado com o contacto das mãos.

que, quando ele assistia às sessões, desempenhava o papel de simples secretário, reproduzindo, sentado numa outra mesa, as letras que sucessivamente aquela ia fornecendo por meio de certo número de batidas convencionadas. Os ditados formaram três grossos cadernos, na sua maior parte escritos pela mão de Victor Hugo, como secretário das sessões.

Sully-Prudhomme, o célebre poeta francês, membro da Academia e Prêmio Nobel de Literatura, teve oportunidade de percorrer esses preciosos manuscritos de diálogos com o Além. "A sua opinião a respeito é das mais interessantes para a defesa de nossa causa" — escreveu a *Revista Internacional do Espiritismo Científico*, de 1905. "Prudhomme diz, de fato, que as páginas espíritas de Jersey frequentemente são iguais às mais belas de Victor Hugo, e, às vezes, até mesmo superiores". E o literato Jules Bois[102] declara que os "magníficos versos pronunciados pela *Boca da Sombra*, em *As contemplações*, parecem quase pálidos e insípidos ao lado da poderosíssima fala da *Sombra do Sepulcro*".

Muitas e muitas noites se sucederam em palestra com o Além-Túmulo, observando-se uma frequência assídua de quase toda a família Hugo. Igualmente durante o dia, e principalmente à tarde, inúmeras sessões foram realizadas, às quais Victor Hugo não compareceu, por estar, ou trabalhando em sua obra, ou passeando, como era seu costume, com Juliette Drouet.

A mesinha anunciava a presença de poetas e de autores dramáticos, celebridades como Molière, Ésquilo, Shakespeare, Dante, Camões, além de outras personalidades igualmente famosas, como Galileu, Alexander o Grande, etc. Mas, por vezes, quando interrogados os Espíritos sobre uma questão qualquer, com surpresa obtinha-se no final a assinatura de nomes imaginários, exóticos alguns, e sobre os quais ninguém havia pensado, nem de leve, tais como "Drama", "Romance", "Poesia", "Morte", "Ideia", etc., ou, mais amiúde, *Sombra do Sepulcro*. Respostas estranhas, de fundo apocalíptico, eram também subscritas por "Ezequiel", "O Leão de Ândrocles", "Pomba de Arche", etc., havendo, ainda, composições

---

102   Jules Bois, *Le Miracle moderne*, 4. ed., p. 126.

em que predominavam chistes aristofânicos, devidos à *blague*, picantes observações da *Crítica*, etc., etc.

O Espírito Shakespeare, em resposta a uma questão apresentada por Victor Hugo, a 22 de janeiro de 1854, sublinhou em certo trecho: "Eu vos pergunto mais, pobres homens de gênio, que é vossa grandeza, para ousardes afrontar o Deus dos abismos? Que são vossas obras-primas para que ouseis desafiar o Deus da eternidade? Que são vossos Ruy Blas, que são vossos dramas, que são vossos mundos diante da criação?"

E, mais adiante, o insigne vate inglês transformava na bela estrofe abaixo o seu pensamento havia pouco expresso em prosa:

> *Ô mon Dieu j'agenouille à tes pieds mes victoires;*
> *Hamlet, Lear, à genoux! À genoux, Roméo!*
> *Courbez-vous, mes drapeaux, devant le Dieu des gloires!*
> *Vous chantiez Homini, la tombe dit Deo.*

A partir desse instante, é quase sempre em admiráveis versos que passou a falar o Espírito Shakespeare, de improviso e num estilo grandíloquo e fluente, conforme todos os críticos têm reconhecido.

O Espírito Galileu assinou, em Marine-Terrace — segundo nos informa Camille Flammarion[103]—, páginas verdadeiramente belas sobre a ciência dos astros.

> Há — prossegue o autor da afamada *Astronomia popular* — notadamente uma espécie de trilogia em três capítulos, em que o último é de uma elevação, de uma nobreza, de uma grandeza e de uma transcendência sublimes. Admira-se aí, entre outras, esta afirmação: "Todos os bilhões de mundos, todos os milhões de séculos, somados, fazem um; o total de tudo é a unidade!"

E este último capítulo foi também assinado pela *Sombra do Sepulcro*.

Victor Hugo interroga Ésquilo sobre a Fatalidade e vem, por intermédio de batidas dadas pelo pé da mesa, a resposta do genial

---

[103] *Les Annales politiques et littéraires*, de 7 de maio de 1899.

poeta grego, em versos admiráveis, que, juntamente com os de outros autores da Espiritualidade, fizeram Jules Bois, escritor que não aceitava as comunidades espíritas, confessar: "O que se não pode contestar é a elevação e a beleza de certas manifestações".

Tanto Victor Hugo quanto Auguste Vacquerie de quando em vez inquiriam os Espíritos, a pedido destes, por meio de versos redigidos com antecedência, sendo de notar, escreveu ainda o autor de *Le miracle moderne*, que "às vezes o pensamento que vinha da mesa ultrapassava ou parecia ultrapassar a potência cerebral dos interrogadores".

Transcrevamos, na língua original (já que a tradução só por mão de mestre deve ser feita), apenas um desses intercâmbios poéticos entre dois mundos. Hugo, que declarara aos seres invisíveis não saber improvisar versos, elaborou, com tempo, duas perguntas versificadas para serem dirigidas a Molière. Foi, então, lida esta primeira:[104]

> *Les rois et vous là-haut, changez-vous d'enveloppe?*
> *Louis quatorze au ciel n'est-il pas ton valet?*
> *François premier est-il le fou de Triboulet,*
> *Et Crésus le laquais d'Ésope?*

Não é Molière quem responde: é a entidade misteriosa que se subscreve *Sombra do Sepulcro*:

> *Le ciel ne punit pas par de telles grimaces*
> *Et ne travestit pas en fou François premier;*
> *L'enfer n'est pas un bal de grotesques paillasses,*
> *Dont le noir châtiment serait le costumier.*

Não obstante isso, o poeta dirige a segunda pergunta a Molière, de quem faz questão de obter uma resposta:

> *Toi qui du vieu Shakespeare as ramassé le ceste,*
> *Toi qui, près d'Othello, sculptas le sombre Alceste,*
> *Astre qui resplendis sur un double horizon,*

---

[104] *Les Annales politiques et littéraires*, 7 de maio de 1899, p. 291, artigo de Camille Flammarion, já citado.

> *Poète au Louvre, archange au ciel, ô grand Molière,*
> *Ta visite splendide honore ma maison.*
>
> *Me tendras'tu là-haut ta main hospitalière?*
> *Que la fosse pour moi s'ouvre dans le gazon,*
> *Je vois sans peur la tombe aux ombres éternelles.*
> *Car je sais que le corps y trouve une prison,*
> *Mais que l'âme y trouve des ailes.*

E de novo, entre Moliére e Hugo, intervém vivamente a *Sombra do Sepulcro*:

> *Esprit qui veux savoir le secret des ténèbres,*
> *Et qui, tenant en main le terrestre flambeau,*
> *Viens, furtif, à tâtons dans nos ombres funèbres,*
> *Crocheter l'immense tombeau,*
>
> *Rentre dans ton silence et souffle tes chandelles,*
> *Rentre dans cette nuit dont quelquefois tu sors:*
> *L'oeil vivant ne lit pas les choses éternelles*
> *Par-dessus l'épaule des morts.*

Ninguém pode ler esta resposta sem ficar, de fato, impressionado com sua irônica grandeza, escreve Flammarion. A lição foi dura, e Victor Hugo, ferido em seu orgulho, levanta-se furioso e deixa a sala, indignado com a conduta dos Espíritos.

O eminente poeta, se a princípio esperava das mesas revelações absolutas, cedo verificou que "os mortos não sabem tudo" ou que não têm permissão de tudo dizer, e que muitos até mesmo podem querer enganar ou mentir, como foi observado, aliás, poucas vezes. Assim, por exemplo, contraditórias informações deram certos Espíritos a respeito da vida em outros planetas e do grau de adiantamento dos seus habitantes, parecendo a nós que a eles fora propositadamente permitido imiscuírem-se naquelas reuniões, seja para exercitar os assistentes humanos na distinção entre o erro e a verdade, seja para desviá-los de perguntas ainda fora de tempo, ou, ainda, para deixar bem clara a independência das comunicações e sua origem ultraterrestre.

Tudo isso, porém, não diminuía a crença de Victor Hugo, que, se não compreendia, resignava-se com esse estado de coisas.

O excelso lírico das *Contemplações* sempre acreditou haver, junto à mesa, a manifestação real das almas dos mortos, e todos os demais assistentes haviam chegado à mesma conclusão, inclusive a Sra. Victor Hugo, que em carta endereçada a Sra. Paul Meurice, no mês de março de 1855, tornava a dizer-lhe: "Desde muito tempo, eu própria converso com meus mortos. As mesas vieram dizer-me que eu não me enganara".[105]

Paul e Victor Glachant, examinando manuscritos de Victor Hugo na Biblioteca Nacional de Paris, encontraram uma anotação do próprio punho do poeta, traçada a tinta vermelha na margem do seu belo poema *Au Lion d'Androclès*, que faz parte da grandiosa obra *A lenda dos séculos*. Dizia assim: "Encontrar-se-á, nos volumes ditados pela mesa ao meu filho Charles, uma resposta do Leão de Ândrocles a este poema. Menciono aqui esse fato à margem. Simples registo de estranho fenômeno ao qual tenho assistido várias vezes".[106]

Convém assinalar que as respostas do "tripé moderno" eram tão independentes que Hugo às vezes as desaprovava, ou não as compreendia, ou, mesmo, as discutia. Igualmente se insurgiu contra certas comunicações o grande Auguste Vacquerie, o que deixa demonstrado nem sempre haver correspondência entre o pensamento da "mesa", ou seja, do Espírito, e o pensamento dos componentes do grupo. Jules Bois revela, mesmo, que as últimas páginas dos cadernos ditados pela mesa estão cheias de uma luta singular, duelo gigantesco entre o novo Jacob, que é Hugo, e a *Sombra do Sepulcro*, o anjo-espírito. E desta vez, diz o escritor de *Le monde invisible*, Jacob é vencido, mas não sem protestar...

> Hugo deixou o seu lugar, quase irritado, quase deslumbrado. Ele perdera a partida; mas a derrota do poeta não implica uma admiração ilimitada. Antes de sair, de subir ao seu quarto para o repouso do sono, ele inscreve, em resposta, na

---

105 Louis Barthou – *Les Amours d'un poète*, 1919, p. 325.
106 Jules Claretie – *Journal* de 26 de julho de 1898.

margem do caderno: "À Sombra do Sepulcro: Vós sois *enorme*, mas só Deus é *imenso*".

Charles Hugo foi, ao que parece, um dos médiuns mais influentes daquele grupo que de contínuo se reunia em volta da mesa. Não sabia ele a língua inglesa, nem mesmo seu pai, mas, em certa ocasião, um jovem convidado inglês resolveu invocar *Lord* Byron. Manifestou-se um Espírito que se recusou a falar em francês. Charles disse, então, que nesse caso pouco interessaria receber versos em inglês. Eis senão quando a mesa se movimenta e dita dois versos em inglês, assinados por Walter Scott:

> *Vex not the bard, his lyre is broken,*
> *His last song sung, his last word spoken.*

— Que é isto? Não compreendo nada! — exclama Charles Hugo.

O jovem inglês veio em seu auxílio e lhe fez a versão para a língua francesa. Em português podemos assim traduzir: "Não molesteis o bardo, sua lira está quebrada; seu último canto, cantado; sua última palavra, falada".

A *Sombra do Sepulcro*, cujos versos eram bastante admirados, comunicava-se também em prosa, "em uma prosa igualmente magnífica", como disse Richet.[107]

Certa feita, tendo Victor Hugo censurado esse Espírito pelo uso que vinha fazendo de expressões simbólicas e de termos bíblicos, eis o que obteve em resposta:

> Imprudente! Dizes: a *Sombra do Sepulcro* fala a linguagem humana, servindo-se de imagens bíblicas, de palavras, de metáforas, de ficções, para dizer a verdade; a *Sombra do Sepulcro* não tem asas; a *Sombra do Sepulcro* não se parece com o livro aberto diante de Deus; a *Sombra do Sepulcro* não é anjo, como a Igreja os vê, em veste branca e com uma palma na mão; e a *Sombra do Sepulcro* não é mascarada; tu tens razão,

---

[107] Charles Richet – *Traité de Métapsychique*, 2. ed., 1923, p. 90.

eu sou uma realidade. Se desço a falar-vos em vossa algaravia terrena, em que o sublime perde o vigor, é porque sois limitados. A palavra é a cadeia do Espírito; a imagem é a golilha do pensamento; vosso ideal é o cabresto da alma; vosso sublime é uma enxovia; vosso céu é o teto de uma adega; vossa língua é ruído encadernado num dicionário.

A língua, para mim, é a Imensidade, é o Oceano, é a Borrasca. Minha biblioteca contém milhões de estrelas, milhões de planetas, milhões de constelações. O Infinito é o livro supremo, e Deus é o Leitor Eterno. Se queres que te fale na minha linguagem, sobe o Sinai, e me ouvirás nos relâmpagos; eleva-te ao Calvário, e me verás nos raios; desce ao túmulo, e me sentirás na clemência.[108]

As afirmações vindas do Além eram, na sua generalidade, relativas, parciais, adaptadas aos conhecimentos humanos e ao homem. Victor Hugo, porém, queria dos Espíritos algo por demais transcendente, algo ultra-homérico, que se igualasse ao Divino. Contrariado quase sempre nos seus desejos, amofinava-se e acabrunhava-se. Daí certa feita o Espírito Galileu lhe ter respondido: "Se imperioso fosse que a mesa falasse, não a linguagem humana, mas a linguagem celeste, vós não a compreenderíeis!..."

Muitas e muitas páginas, em prosa e em verso, foram ditadas pela "mesa de Jersey", e Flammarion, que as teve entre as mãos, pode dizer, com sua autoridade de escritor, que algumas "são verdadeiramente de grande elevação de pensamento e escritas numa bela linguagem". De outros fatos o leitor poderá tomar conhecimento, consultando as obras que vimos citando nas notas ao pé destas páginas, bem assim outras que não registamos. Não nos propomos escrever aqui uma biografia de Victor Hugo espírita. Procuramos tão somente dar destaque maior à descrição que ora fazemos, por julgar os fatos merecedores dessa atenção, sem, com isso, ultrapassar os limites em que se enquadra o assunto que intitula este trabalho.

O famoso metapsiquista Charles Richet, embora achasse notável o caso de Victor Hugo, não aceitou a possibilidade da

---

108   Jules Bois – ob. cit.

intervenção de Espíritos na feitura das páginas transmitidas pela mesa (aliás, em todo o *Tratado de Metapsíquica* desse extraordinário homem de ciência, é hesitadamente afastada, sejam quais forem os fenômenos mediúnicos, a hipótese da manifestação das almas dos mortos) e apenas escreveu, com certa inconsistência: "Se, como a hipótese é verossímil, o inconsciente de Charles Hugo foi quem ditou essa prosa e esses versos, o inconsciente de Charles Hugo atingia o gênio do mestre".

Jules Bois, a princípio, também tendeu para a incerta explicação de Richet, e até chegou a considerar Charles Hugo como o inspirador voluntário das missivas do Além. Tais suposições ele as renegou após discuti-las com Paul Meurice (o íntimo amigo da família Hugo), que demonstrou a precariedade dessas hipóteses.

Outros comentaristas conjecturaram ter havido o desdobramento de um dos frequentadores das sessões, ao qual se deviam, então, as respostas, admitindo eles de preferência o do próprio Victor Hugo. Este, apesar de permanecer afastado da mesa falante, seria o autor inteligente e inconsciente das famosas composições de Jersey. Jules Bois, entre outros, acreditou que Hugo transmitia os seus pensamentos ao seu filho Charles, e que este, por sua vez, os retransmitia à mesa. Como veem os leitores, é uma hipótese de tão superficial enunciação, de tão falha contextura, de tal incongruência e discrepância com os fatos, que ela, por si mesma, se enterra.

Num manuscrito de *La Légende des siècles*, da autoria de Victor Hugo, encontrou Jacques de Valay uma outra anotação, que é incisiva e indireta resposta àqueles que pretendem insinuar uma fraude inconsciente (?) por parte do celebrado poeta. Eis o que aparecia escrito por quem se achava mais apto e autorizado a fazê-lo:[109]

> É confirmado o fenômeno do velho tripé, estranho fenômeno a que tenho assistido amiudadamente. Uma mesa de três pés dita versos por meio de batidas, e estrofes saem da sombra. Escusado é dizer que jamais misturei aos meus versos um verso sequer dos que provêm do mistério: estes, religiosamente sempre os deixei ao desconhecido, que deles é o único

---

109 J. Malgras – *Les Pionniers du spiritisme en France*, 1906, p. 43 – 44.

autor; não lhes tenho, pois, recebido o reflexo e até de sua influência me tenho subtraído. O trabalho do cérebro humano deve conservar-se à parte, e nada pedir de empréstimo aos fenômenos. As manifestações exteriores do invisível são um fato, e as criações interiores do pensamento são outro. A muralha que separa os dois fatos deve ser respeitada no interesse da observação e da Ciência. Nenhuma brecha deve ser feita, e um empréstimo seria uma brecha. Ao lado da Ciência que defende o fenômeno, manifesta-se também a religião, a grande, a verdadeira, a obscura, a incerta, que o proíbe. É então, repito-o, tanto por consciência religiosa, quanto por consciência literária, e por um respeito ao próprio fenômeno, que dele me isolei, impondo-me a mim mesmo não admitir nenhuma mistura em minha inspiração, de modo a conservar minha obra tal como é, absolutamente minha e pessoal.
— V. H., 28 de fevereiro de 1854.

Victor Hugo delimita a produção de sua própria mente, separando-a da que vem do mundo desconhecido dos pseudomortos. E ele era mestre, e por isso estava em condições, mais do que ninguém, de assentar onde terminavam os seus versos e onde começavam os que lhe eram ditados pela mesa. Sua integridade moral, seus escrúpulos de homem reto e consciente de sua posição perante o público, fizeram-no afirmar, para a posteridade, não ser dele a extraordinária obra legada pela "mesa falante".

Essa independência — tornamos a frisar — também se evidenciava quer naquelas respostas incompreensíveis a todos os assistentes ou contraditórias com o pensamento geral, quer nas ocasiões em que a mesa se interrompia, corrigia, hesitava de novo, suprimia e refazia o que ditara, relutando com a colaboração que os presentes lhe desejavam dar, ou rejeitando-a. Existe nesse sentido, publicado na obra de Levaillant, um fato minuciosamente narrado por Victor Hugo, com respeito ao final de uma estrofe que estava sendo transmitida pelo Espírito Shakespeare.

Se, como informou Flammarion, muitos dos ditados se compõem de trivialidades, banalidades, correspondentes às ideias, convicções e impressões dominantes no círculo, isto de modo algum poderá servir de argumento àqueles que pretendem ver neles a intervenção inconsciente de um dos assistentes encarnados. Como é natural, às sessões compareciam de preferência Espíritos afins, concordes com o pensamento geral, levados pela atração por afinidade. Só de onde em onde, quando o ambiente lhes era propício, é que se comunicavam Entidades de voos literários e filosóficos mais altos, mais acima do espírito vulgar das comunicações em geral.

Em certa noite de março de 1854, após uma sessão com a mesa, Hugo entrou em palestra com Vacquerie e seu amigo Guérin acerca da utilidade das revelações do Além. Algumas passagens dessa conversação foram registadas por Adèle Hugo (ver *La Revue de Paris*, abril de 1950, páginas 42-43), que declarou ter o seu pai conjeturado que as revelações feitas pela mesa de Marine-Terrace, publicadas após a morte dos exilados, fundariam "uma nova religião que abrangeria o Cristianismo, ampliando-o, como o Cristianismo abrangeu o Judaísmo".

Foram, entretanto, as revelações obtidas por Allan Kardec, o verdadeiro missionário para a grande revolução das ideias religiosas no século XIX, que constituíram, conforme estava deliberado no Alto, essa "nova religião", filosófica e científica — o Espiritismo.

Ainda daquela memorável palestra, podemos destacar este interessante diálogo:

> Victor Hugo: — Não creio nos fenômenos das mesas de maneira cega. Se o livro que preparamos for dado a público, ver-se-á que sempre discuti com os Espíritos; discuti respeitosamente, mas discuti. Trago comigo duas luzes, minha consciência, que vem de Deus, e minha razão.
> [...]
> Ficaria contente se, além de conversar com os Espíritos, eu os visse.
> Vacquerie: — Eu teria muito medo.
> Guérin: — Eu também.
> Victor Hugo: — Não sou como vós. Eu sentiria infinita serenidade se visse uma sombra, ou revisse os seres que amei e que estão mortos.

Como já vimos, essa "serenidade" se esfumou diante da visão que ele teve do Espírito *Dama Branca*, visão que o deixou cheio de pavor, originando-lhe mesmo uma espécie de nictofobia, que perdurou por algum tempo.

Antes de iniciar a sessão de 3 de julho de 1854, Auguste Vacquerie apresentou, de sua autoria, um resumo das doutrinas reveladas pela mesa de Marine-Terrace, do qual extraímos este trecho mais significativo:

> Vai-se ao céu por dois caminhos que se encontram e se fazem um: o amor e o pensamento. Por esta palavra, amor, as mesas possuem o Cristianismo. Elas a este engrandecem, dilatando o amor. Dão uma alma aos animais e às pedras, e, em consequência, nossa família se estende: o cão é nosso camarada de exílio, a árvore é nosso próximo, o seixo é nosso irmão. Imensa onda de ternura e de piedade se esparge dos olhos humanos sobre todas as coisas. O homem abre os braços e estreita junto ao seu coração centuplicado toda a criação.
>
> As mesas acrescentam ao Cristianismo o pensamento. Não mais somos forçados a crer. A revelação não mais se impõe, ela autoriza, ela solicita a discussão. Que o homem pense o que puder, contanto que pense. A fé abre um batente da porta do Paraíso; o outro, abre-o a dúvida.
>
> Mas há, sobretudo, dois aspectos pelos quais as mesas engrandecem o Evangelho.
>
> Em primeiro lugar, a vida presente do homem não é a única por ele vivida nesta terra. Aí ele expia faltas cometidas por si mesmo numa existência anterior. Assim, se sofremos, não o é pelo crime de outrem; as gerações não mais são culpáveis porque Adão procedeu mal. A justiça de Deus se evidencia.
>
> Em segundo lugar, as penas deixam de ser eternas. Não há passado monstruoso, não há fardos de crimes agravados, acumulados em mil existências precedentes, não há montanha de perversidade, que o arrependimento e a expiação não possam um dia remover.
>
> Bossuet condenava Sócrates às penas eternas, o Mistério não condena Judas. A revelação das mesas se enquadra entre essas

duas grandes linhas paralelas: afirmação da eternidade das almas, negação da eternidade das penas.

Diante dessa vasta renovação do Evangelho, admiro e sinto que vós (as mesas) encerrais uma verdade maior que a de todas as religiões. Mas eu sinto também que isso não é ainda senão uma verdade relativa e humana. Vêm-me, através de minha admiração, objeções ante as quais meu pobre raciocínio humano se perturba. Após um ano de reflexões incessantes e de coabitação cotidiana com o invisível, creio em Deus mais do que nunca, compreendo-o menos que jamais.[110]

Nessas revelações da mesa, Hugo observa, por vezes, a deslumbrante confirmação de suas ideias filosóficas e religiosas. E é nessa convicção que escreve, a 19 de setembro de 1854:[111]

Os seres que povoam o Invisível e que veem os nossos pensamentos sabem que há vinte cinco anos me ocupo dos assuntos que a mesa suscita e aprofunda. Mais de uma vez a mesa me tem falado desse trabalho; a *Sombra do Sepulcro* incitou-me a terminá-lo. Nesse trabalho, evidentemente conhecido no Além, nesse trabalho de vinte e cinco anos eu encontrara, apenas pela meditação, muitos resultados que compõem hoje a revelação da mesa; vira, distintamente confirmados, alguns desses resultados sublimes; entrevira outros que viviam no meu espírito num estado de embrião confuso. Os seres misteriosos e grandes que me escutam veem, quando querem, no meu pensamento, como se vê numa gruta com um archote; conhecem a minha consciência e sabem quanto tudo o que eu acabo de dizer é rigorosamente exato. E isto é tão exato, que fiquei por momentos contrariado, no meu miserável amor-próprio humano, com a revelação atual, que veio lanhar a volta de minha lampadazinha de mineiro o clarão dum raio ou dum meteoro. Hoje, tudo o que eu vira, é de todo confirmado pela mesa: e as meias revelações a mesa as completa. Neste estado de alma, escrevi: "O ser que se chama *Sombra do Sepulcro* aconselhou-me a terminar a obra começada; o ser

---

110 Maurice Levaillant – op. cit. p. 149 – 150.
111 Raymond Escholier – *La Vie glorieuse de Víctor Hugo*, Paris, 1928, p. 326 – 327.

que se chama *Ideia* foi mais longe ainda e ordenou-me que fizesse versos atraindo a piedade para os seres cativos e punidos, que compõem o que parece aos não videntes a Natureza morta. Obedeci. Fiz versos que *Ideia* me impôs".

Cerca de um mês mais tarde, o grande exilado, em declaração aos Espíritos, escrevia:

> Parte dessa revelação já está há séculos na tradição humana, outra parte fora encontrada por mim (o que não impede tenha vindo toda ela de Deus, sendo o homem nada mais que uma chaminé de candeeiro por onde passa a chama divina), e uma terceira parte foi revelada por todos vós, seres do desconhecido, em nossos diálogos com a mesa-tripé...

Foi essa comunhão com os mortos que exerceu sensível influência no fundo dos principais poemas do sexto livro de *Les contemplations*, compostos durante as meditações do poeta junto aos mais importantes dolmens de Jersey.[112] Numa belíssima peça poética desse livro, escrita em 1854, no Dia de Todos os Santos, e intitulada *O que é a morte*, cunhou Victor Hugo, para os descrentes, este verso de ouro: *Ne dites pas mourir; dites: naitre. Croyez!*

Essa influência se verifica em outras produções do famoso proscrito de Jersey, quer em verso, quer em prosa, o que permitiu a Paul Berret, profundo conhecedor da obra hugoana, asseverar que

> a impressão do Espiritismo na obra de Victor Hugo é um fenômeno que jamais se reproduziu, no mesmo grau, na história da literatura francesa: jamais escritor algum foi tão influenciado, no pensamento filosófico e na expressão poética, pela crença na intervenção de forças ocultas da Natureza.

A ilha de Jersey foi, então, para Hugo qual uma nova Patmos. Ali, abriu-se ao seu Espírito a janela do Infinito e ele pôde contemplar, confirmar, maravilhado, as verdades que a sua intuição o fazia

---

[112] Louis Barthou – *Les Carnets de Víctor Hugo* – *La Revue Spirite*, março – abril de 1952, *Víctor Hugo, le poète des dolmens*, artigo de Gaston Luce.

pressentir. Com as revelações da mesa, o pensamento do pujante escritor se alteou, inundando-se-lhe o coração de mais firmes e mais dilatadas esperanças na Outra Vida, na outra Pátria que a todos nos espera.

Afirma o Sr. Levaillant que "foi no drama de Villequier e no primeiro exílio, em Jersey, que a inspiração religiosa do poeta recebeu toda a sua força, e somente então se pode dizer que o seu gênio é completo".

No ano de 1855, o entusiasmo pelas "mesas" havia decrescido em todo o mundo, mas em Marine-Terrace elas ainda reinaram, principalmente nos primeiros seis meses. A seguir, parece que as sessões se foram rareando: é Vacquerie que deixa por algum tempo a ilha, é Victor Hugo absorvido na composição dos poemas que completariam *As contemplações*.

Dois acontecimentos inesperados e lamentáveis vieram arrefecer ainda mais o interesse da família Hugo pelas mesas falantes.

Jules Allix, devotado às mesas como seu irmão Émile, era um político inquieto e de febril atividade revolucionária, cheio de loucas esquisitices a se exteriorizarem de quando em quando por seus atos. Numa noite, em Marine-Terrace (a se acreditar no que diz o Sr. Levaillant), certamente subjugado por algum Espírito vingativo, Jules Allix de súbito avançou contra seus amigos Charles e François Victor, brandindo uma arma e proferindo, entre ameaças, palavras desconexas.

Antes, porém, desse incidente, Auguste Vacquerie, de volta de Paris, aonde tinha ido para ver sua mãe enferma, trouxera a notícia de que o político e filósofo *furierista* Victor Hennequin, velho amigo de Victor Hugo, e de razão pouco sólida desde algum tempo, não resistira aos "sopros do desconhecido".

Victor Hennequin — devemos esclarecer — era desde a sua mocidade um tipo que os médicos classificam como esquizofrênico. "Uma particularidade dessa organização cerebral poderosa e singular, na qual os fisiologistas veriam, sem dúvida, fatal prognóstico, um começo... do seu fim, oh! era um hábito de concentração que o tornava quase insociável". Tal declaração é de quem o conheceu bem de perto — Eugène Nus,[113] que assinalou adiante: "Ele era um iso-

---

113 Ver Eugène Nus – *Choses de l'autre monde*, 2. ed., p. 134 – 141.

lado; raramente, ou para melhor dizer, jamais tomava parte em nossas expansões, em nossas palestras sérias ou alegres", acrescentando que em qualquer lugar, desde que não fosse solicitado diretamente a falar, ele permanecia solitário. O golpe de Estado de 1851 veio agravar o seu comportamento, ou melhor, veio apressar a evolução contínua e progressiva da sua esquizofrenia. A perda de sua posição de deputado, a suspensão do jornal *Démocratie pacifique* do qual era redator, a ruína da República, o domínio do despotismo, foram para ele, salienta Nus, "um choque terrível".

Depois de sair da prisão de Mazas, Hennequin se aprofundou na sua melancolia, tornando-se ainda mais arredio dos amigos. Ademais, "a necessidade de ele retomar a advocacia, da qual tinha horror, elevou ao mais alto grau a sua angústia".

Nesse meio tempo, teve conhecimento das mesas que giravam e passou a realizar experiências em sua própria casa. Cedo, porém, ele se pretendeu investido de uma missão divina, e com a colaboração, a inspiração, da "alma da Terra", conforme dizia, escreveu dois livros, publicados em 1853: *Sauvons le genre humain* e *Religion*. Este último evidenciava que a esquizofrenia atingira à deteriorização final. Hennequin viveu bem pouco tempo mais, desencarnando em dezembro de 1854.

Como sinteticamente ponderou Allan Kardec (*O que é o espiritismo*, capítulo *Loucura; suicídio; obsessão*), "antes de Hennequin ocupar-se com os Espíritos, já ele havia dado provas de excentricidade nas suas ideias, e se as mesas girantes não tivessem aparecido (as quais, segundo um trocadilho bem espirituoso dos nossos adversários, lhe fizeram girar a cabeça), sua loucura teria seguido outro rumo", isto é, teria como causa incentivadora qualquer outra preocupação que se lhe fixasse na mente doentia, destrambelhando-a.

A penúltima ocorrência acima referida é que parece ter aumentado o estado de temor em que já se encontrava Victor Hugo, e logo o pânico se estabeleceu entre os seus, até que a partir de meados de outubro de 1855 eles cessaram definitivamente o intercâmbio com o outro lado da vida.

Posteriormente, em 1859, numa carta ao seu esposo, Mme. Victor Hugo escreve de Londres dizendo admirar "o ardor" com que uma de suas amigas se dedica às mesas, "com mais fervor que nós em nossos bons tempos". E acrescentava: "Para extinguir essa chama que nos veio iluminar, só mesmo sendo brutos, como o fomos".

Victor Hugo concorda com a esposa, conforme esse trecho de sua resposta: "Essa janela... foi aberta para mim. Penso como tu. Teríamos sido imbecis e culpados de a deixarmos fechar-se, não tivesse havido o pânico, que nos justificas. Talvez ela se nos abra de novo..."

Recebendo ordens da polícia para deixar Jersey, daí rumou, em 31 de outubro de 1855, para a ilha de Guernesey, levando consigo os humildes *guéridons* que haviam ditado, letra por letra, tantas revelações maravilhosas e que, de agora em diante, ficariam em silêncio...

Quando, em 1856, a família Hugo passou a residir em Hauteville-House, Victor Hugo gravou numa das portas daquele velho casarão de Guernesey uma pequenina frase latina, recordação ditada pela mesa de Jersey: *EDE, I, ORA*. A história da recepção dessas palavras foi narrada por Richard Lesclide, pessoa íntima do lar de Hugo. Eis o que ele ouviu e anotou do poeta, em Hauteville-House:[114]

> Nessa época, vivíamos no exílio, bem retirados, indiferentes aos latidos com que o Império nos perseguia. Estavam bastante em voga as mesas girantes e as mesas pés de galo falantes. Eu não tinha nem tempo, nem desejo de estudar seriamente esses fenômenos sobre os quais falavam de diversas maneiras. Todavia, era frequente ocuparem-se deles nas minhas proximidades, e tínhamos amigos que entravam em conversação regular com os nossos móveis, a estes não faltando inteligência. Uma noite, a Sra. Victor Hugo pediu ao nosso filho Charles, que passava por ter muito fluido, interrogasse com ela uma mesinha de acaju. Charles negou-se com diversos pretextos, desculpou-se, e minha esposa chamou sua criada de quarto, uma menina da região. Era esta uma pequena camponesa, com cerca de doze anos, órfã, abandonada, e que havíamos recolhido, sendo ela de natureza silenciosa e esquiva. A Sra. Victor Hugo fê-la aproximar-se da mesa de pé de galo, enquanto eu, a certa distância, continuava a trabalhar.

---

114 Richard Lesclide – *Propos de table de Victor Hugo, recueillis par...*, Paris, 1885, p. 332 – 334.

A mesa estava disposta a conversar. Minha esposa, encorajada pela boa vontade dela, pediu-me que lhe fizesse uma pergunta.
— Interrogue-a primeiro se ela me responderá — Disse eu.
— Sim — Respondeu a mesa, resolutamente.
— Pois bem, eis a pergunta: qual é a função do homem na Terra?
Vários amigos acabavam de entrar.
— Não deixa de ser uma bela pergunta — Disse um deles.
— Que pensa a mesa a respeito? — Falou Charles — A pergunta lhe convém?
— Sim — Afirmou ela.
E se pondo a tremer, o móvel bateu cinco pancadas, o que, pela numeração convencionada com as letras, representava o E. Depois, quatro pancadas deram o D; e cinco, um novo E. Até aí, nada de mais se havia dito: EDE.
Prosseguiu-se. A mesa de pé de galo indicou sucessivamente as letras I, O, R, A e parou. Todas elas reunidas formavam EDEIORA, palavra que para nós, a princípio, era incompreensível.
— É esta a resposta à pergunta? — Indagou-se da mesa.
— Sim.
— Mas, não se trata de uma palavra francesa.
— Não.
— É uma palavra latina?
— Não
— Várias palavras latinas?
— Sim.
Com efeito, o vocábulo se decompunha assim:

EDE, I, ORA

Isto é: *Coma, Caminhe, Ore.*

Essa frase interpretou-a magistralmente o apaixonado admirador de Victor Hugo, Paul Berret, definindo-a assim: [115] "É a fórmula da vida, da atividade e do progresso para Deus, pela oração".

---

115   Paul Berret – *Victor Hugo*, Paris, 1927, p. 110.

Victor Hugo não tinha dúvidas quanto à intervenção dos "mortos" em tais manifestações, e quando alguém, um amigo, um conhecido, lhe surgia com certo ar de descrença, ou lhe punha a riso as suas convicções, ele se sentia chocado, e prontamente respondia: "Pensai o que quiserdes", e não mais tocava no assunto. O poeta, cônscio daquilo que afirmava, jamais alterou ou renegou o seu pensamento a respeito das manifestações inteligentes obtidas através das mesas ou por outros meios.

Na sua obra *William Shakespeare*, livro II (*Les Génies*), 1864, página 34 e seguintes, escreveu Hugo, no tocante às mesas que rodopiavam e "falavam", este trecho que é uma advertência aos homens de ciência e um convite para o estudo dos fenômenos ditos supranormais:

> Ao demais, a mesa girante ou falante foi bastante ridicularizada. Falemos claro: essa zombaria carece de valor. Substituir o exame pela mofa é cômodo, mas pouco científico. Quanto a nós, julgamos que o dever elementar da Ciência é pesquisar todos os fenômenos, pois a Ciência, se os ignora, não tem o direito de rir; um sábio que ri do possível está bem perto de ser um idiota. O inesperado deve ser sempre aguardado pela Ciência, que tem por encargo retê-lo e estudá-lo atentamente, rejeitando o quimérico, confirmando o real. A Ciência apenas tem sobre os fatos um direito de visto. Ela deve averiguar e classificar. Todo o conhecimento humano repousa na seleção. Porque o falso se mistura ao verdadeiro, isso não justifica a rejeição do todo. Desde quando o joio é pretexto para se recusar o trigo? Mondai a erva daninha, o erro, mas ceifai o fato e atai-o aos outros. A Ciência é o feixe de fatos. Missão da Ciência: tudo estudar e tudo pesquisar. Todos, quem quer que sejamos, somos os credores da investigação e também seus devedores. Ela nos deve e nós lhe devemos. Evitar habilmente um fenômeno, recusar-lhe a dívida de atenção a que ele tem direito, despedi-lo, pô-lo na rua, virar-lhe as costas, sorrindo, e deixar a verdade caminhar para a bancarrota, é permitir que seja protestada a assinatura da Ciência. O fenômeno do antigo tripé e da atual mesa tem, como qualquer outro,

direito à observação. A Ciência psíquica sem dúvida alguma aí terá a ganhar. E acrescentemos isto: abandonar os fenômenos à credulidade é trair a razão humana.

Homero afirma que as trípodes de Delfos caminhavam sozinhas, e ele explica o fato dizendo (Canto XVIII da *Ilíada*) que Vulcano lhes havia forjado rodas invisíveis. A explicação não esclarece muito o fenômeno.

Platão conta que as estátuas de Dédalo gesticulavam nas trevas, eram voluntariosas e resistiam aos seus proprietários, sendo preciso fixá-las a fim de não desaparecerem.

Fléchier faz menção à página 52 de sua *Histoire de Théodose*, a propósito da grande conspiração dos feiticeiros do século IV contra o imperador, de uma mesa girante, *da qual talvez falemos noutra parte*, para dizer o que Fléchier não disse e parece ignorar. Essa mesa tinha sobre si uma placa circular feita de vários metais, *ex diversis meallics materiis fabrefacta*, como as placas de cobre e de zinco empregadas atualmente pela Biologia. Vê-se que o fenômeno sempre rejeitado, sempre renovado, não é novo.

Além disso, ainda que a credulidade assim o tenha dito ou pensado, o fenômeno dos tripés e das mesas não tem relação alguma com a inspiração dos poetas, inspiração toda direta. A sibila tem uma trípode; o poeta, não. O poeta é a própria trípode. É a trípode de Deus. Deus não fez esse maravilhoso alambique da ideia, o cérebro humano, para, dele, deixar de fazer uso. O gênio tem em seu cérebro tudo que lhe é necessário. Todo pensamento passa por lá. O pensamento sobe e se desprende do cérebro, como o fruto, da raiz. O pensamento é a resultante do homem. A raiz mergulha na terra, o cérebro mergulha em Deus, isto é, no Infinito. [...]

Sejamos reverentes diante do possível, cujo limite ninguém conhece, fiquemos atentos e sérios na presença do extra-humano, de onde viemos e para onde caminhamos.

Segundo afirma o Sr. Henri Guillemin (no seu artigo *Víctor Hugo et les fantômes de Jersey*, in *La Revue de Paris*, setembro de 1952, página 72), mais tarde o grande poeta ainda se comunicará com os Espíritos e deplorará que seu amigo, o Dr. Germano Sée, clínico de abalizada reputação e cientista empedernido, dê de ombros e recuse mesmo a assistir a tais intercâmbios com o Além. É diante desse procedimento pretensioso que Hugo então consignou no seu *carnet*: *La science est ouverte, mais les savants sont fermés*.

Victor Hugo, portanto, sempre se preocupou com as questões metafísicas, e o famoso sonâmbulo francês Alexis Didier, cuja clarividência foi atestada pelo célebre prestidigitador Robert Houdin, constituiu uma das personalidades mediúnicas com a qual ele e Alphonse Karr realizaram experiências decisivas.[116]

Num manuscrito endereçado por Hugo ao fecundo escritor Arsène Houssaye há uma bela poesia intitulada *Os destinos da alma*,[117] escrita, com certeza, a propósito da obra *Des destinées de l'âme*, deste último autor.

Os versos falam da reencarnação e da evolução do homem. Permitimo-nos, abusando da paciência dos leitores, transcrever aqui, na língua original, mais este florão literário:

> *L'homme a des soifs inassouvies;*
> *Dans son passé vertigineux*
> *Il sent revivre d'autres vies,*
> *De son âme il contemple les noeuds.*
>
> *Il cherche au fond des sombres dômes*
> *Sur quelle forme il a lui,*
> *Il entend ses propres fantômes*
> *Qui lui parlent derrière lui.*
>
> *L'homme est l'unique point de la Création*
> *Où, pour demeurer libre en se faisant meilleur,*
> *L'âme doit oublier sa vie antérieure,*
> *Il se dit: Mourir c'est connaitre.*[118]
>
> *Nous cherchons l'isthme à tâtons;*
> *J'étais, je suis, je dois être,*
> *L'ombre est une échelle, montons.*

---

116   Charles Richet – *Traité de Métapsychique*, 1923, p. 143.
117   Docteur Edm. Dupouy - *L'Au-delà de la vie*, 1917, p. 217 – 218.
118   É possível que no original estivesse *renaitre* em lugar de *connaitre*.

Outras páginas como esta poderiam ser aqui alinhadas, páginas que evidenciam as crenças espíritas do genial escritor francês, mas cremos ser bastante acrescentar ainda o que o sábio astrônomo Flammarion afirmou em *Les Annales politiques et littéraires* de 7 de maio de 1899, página 291: "Victor Hugo, alguns anos antes de sua morte, por várias vezes conversou pessoalmente comigo, em Paris; ele jamais deixara de crer nas manifestações de Espíritos". E essa inabalável crença, cujas raízes remontavam às experiências de Jersey, no convívio diuturno com as "mesas falantes", foi, para o gigante da literatura do século XIX, um incentivo para a vida, para o trabalho e para o amor aos semelhantes.

17
O cepticismo e o negativismo da Ciência das Academias. — O marquês de Mirville, sua obra e suas ideias. — A opinião de Kardec sobre o primeiro volume desse escritor. — Mirville e o Espiritismo. — Uma brochura de 1850 demonstra a realidade da comunicação com os mortos. — Outros livros de Mirville.

Como acabamos de ver, as mesas giraram e "falaram" até diante do maior gênio literário da França, e apesar disso sempre havia os terríveis cépticos da Ciência acadêmica, ou melhor, os descrentes possuídos de prejuízos, que só sabiam dar de ombros aos fatos, declarando-os impossíveis, sem ao menos examiná-los. Bem lhes assentariam estas palavras de Richet:[119] "Quando os sábios declaram que tal ou tal fenômeno é impossível, eles confundem, bem desgraçadamente, o que é *contraditório* com a Ciência e o que é novo na Ciência".

A História regista inúmeros casos de repulsa aos fatos novos.

Galileu só para si pôde proferir a célebre frase: *E pur si muove*!

Lavoisier afirmava a impossibilidade de pedras caírem do céu, pois, dizia ele, ali não havia pedras. E toda a Academia aprovou...

---

119 Charles Richet – *Traité de Métapsychique*, 2. ed., p. 7.

Claude Bernard foi objetado acremente porque dizia que os animais fabricavam açúcar.

O papel dos micróbios foi contestado durante vinte anos pelos acadêmicos de todas as Academias.

O Dr. Bouillaud, em plena Academia de Ciências de Paris, ao ser apresentado o fonógrafo de Édison, avançou para o representante desse sábio americano, gritando: "Miserável! Não nos deixaremos enganar por um ventríloquo!"

Johannes Müller, o maior fisiologista de sua época, afirmava, em 1840, que jamais se poderia medir a velocidade do influxo nervoso.

A circulação do sangue só foi admitida após quarenta anos de discussões.

Quando se falou do contágio da tuberculose, certo professor da Faculdade de Paris considerou: "Se a tuberculose fosse contagiosa, nós o saberíamos". E a Academia de Medicina quase unanimemente concordou com ele em 1878.

Galvani, a cujas experiências se devem tantas aplicações da eletricidade, foi ridicularizado com o epíteto de "o mestre de dança das rãs".

Auguste Comte afirmava que jamais se poderia estudar a composição química dos astros. Cinco anos depois de sua morte, a análise espectral revelava os constituintes químicos das próprias estrelas.

Chacotearam do grande químico Humphry Davy ao apresentar este a ideia de iluminar Londres a gás.

Quando Young demonstrou a teoria das ondulações da luz, foi tachado de insensato por todas as revistas científicas.

Muitos e muitos casos mais poderão encher páginas e páginas deste volume, mas o que aí está basta para demonstrar que "o desconhecido de ontem é a verdade de amanhã", e que, conforme as palavras de Arago, se "a dúvida é uma prova de modéstia e raramente tem criado obstáculos aos progressos das ciências, o mesmo não se poderia dizer da incredulidade".[120]

Todavia, para honra da raça humana, sempre existem alguns observadores sérios, independentes e resolutos, que se dispõem ao estudo daquilo que para a maioria não parece encerrar

---

120   C. Flammarion – *O desconhecido e os problemas psíquicos*, 2. ed., p. 39.

maior significação ou que, aparentemente, contraria as leis então conhecidas.

Já analisamos, em ligeiros tragos, a notável obra do conde Agénor de Gasparin — *Des tables tournantes, du surnaturel et des esprits* — publicada em 1854, uma das obras que alcançou fama naquela época, tanto pela incontestável honorabilidade quanto pelo reconhecido espírito científico do autor, então membro da Academia de Ciências de Paris.

Deveríamos ter citado uma anterior a essa, e que igualmente obteve êxito sem par, principalmente nos meios religiosos. Dela nos servimos várias vezes neste trabalho, e os leitores de antemão já percebem que queremos referir-nos à volumosa obra do marquês J. Eudes de Mirville, aparecida em meados de 1853, sob o título *Pneumatologie — des esprits et de leurs manifestations fluidiques*. Era, conforme as palavras do autor, uma memória dirigida à Academia de Ciências, Moral e Políticas, de Paris.

Essa obra movimentou a opinião da Imprensa francesa, mas, de dez jornais e revistas que teceram críticas, somente quatro se mostraram de pleno acordo com as teorias emitidas por Mirville, sendo que três periódicos (*Journal du Magnetisme, Journal des Débats, Revue Progressive*) se declararam inteiramente contrários às conclusões do ilustrado marquês, homem sincero, de grande cultura, mas excessivamente preso às concepções católicas.

Esse volume despertou tanta atenção, que em pouco tempo se esgotou, e dele se fizeram duas novas edições em menos de um ano.

Allan Kardec leu essa documentadíssima obra, e na *Revue Spirite* de 1861, páginas 44-45, recomendou aos espíritas a sua leitura e estudo, dizendo ser ela

> rica de fatos do mais alto interesse, extraídos de fontes fidedignas". "A conclusão do autor — continuava Kardec — é a única parte contestável, porque em qualquer situação ele só vê demônios. É verdade que o acaso concorreu para as suas inclinações, colocando-lhe, sob os olhos, os fatos que melhor o apoiassem nesse rumo, ao passo que lhe ocultou os inumeráveis fatos que a própria religião considera como obra dos anjos e dos santos.

Essa crítica chegou ao conhecimento de Mirville, que, no tomo II, intitulado *Des esprits et leurs manifestations diverses* (1863), página LIII, a ela aludiu, dizendo que a única diferença entre suas ideias e as dos espiritistas se firmava nesse ponto: "enquanto esses vadios (*bandits*) invisíveis são para nós *demônios*, para esses senhores eles nada mais são que maus espíritos, *não tanto melhores* que aqueles, mas que não passam, afinal de contas, de seres *atrasados* e ainda imperfeitos, etc".

Noutra ocasião, quando o Espiritismo codificado fazia numerosos adeptos, o catolicíssimo marquês escreveu este trecho no tomo IV da mesma série, página 526: "É à última dessas duas ordens de potências espirituais, assinalada por S. Paul como nosso eterno e capital inimigo (*Efésios*, 6:12), que se liga o flagelo do Espiritismo moderno".

O 1º volume da obra de Mirville, de 475 páginas na segunda edição, aliás, o único da série que interessa ao estudo que realizamos, é realmente um "grande arsenal de fatos", dos mais diferentes, colhidos numa multidão de obras e autores. O capítulo XII é o que mais intimamente se prende ao fenômeno das "mesas girantes e falantes" e, segundo informou o próprio Mirville, foi escrito depois que leu a brochura, publicada em 1850 nos Estados Unidos, *Explanation and history of the mysterious communion with Spirits, in Western New-York*, (*New York*, ed. Fowler and Wels), obra que, segundo um crítico, era a demonstração inegável e quase matemática da realidade dos fenômenos para os quais as irmãs Fox começavam a atrair a atenção pública.

Mirville não é um Espírito negativista, não põe em dúvida até mesmo os fenômenos observados com os "médiuns" norte-americanos. Tudo era verdadeiro, segundo acreditava ele, mas tudo era diabólico.

Como apêndice complementar à sua primeira memória, Mirville escreveu em 1855 outro livro interessante: *Question des esprits, ses progrès dans la science*, no qual as mesas girantes e falantes são estudadas com maior destaque.

O mencionado escritor publicou ainda, sob o título de *Des esprits et de leurs manifestations diverses* (*Memoires adresses aux academies*), mais quatro tomos, nos anos 1863–64. Um tomo sexto, sem data, foi intitulado *De l'Esprit-Saint et du miracle*. Em todas essas obras se patenteia a vasta erudição do autor, sendo elas monumentais repositórios de interessantes documentos em torno das relações entre este mundo e o "grande desconhecido", em todas as épocas da Humanidade.

18
Discussão pública entre o Prof. Brittan e o Dr. Richmond. — Publicada em Londres, em 1853, notável obra. — Extraordinários fatos espíritas verificados nos Estados Unidos e relatados por H. Spicer. — A conversão do Juiz Edmonds. — Na residência do Reverendo Dr. E. Phelps. O Neoespiritualismo revelado na França pelo conde de Richmond. — Descrição de maravilhosas manifestações mediúnicas. — Incompreendidas as novas ideias.

Em 1853 publicava-se nos Estados Unidos uma obra contrária à teoria espírita, obra que Alexander Aksakof considerou a mais bem elaborada e a mais sistemática naquela época. *Philosophy of mysterious agentes, human and mundane, or The dynamic laws and relations of man, embracing the natural philosophy of phenomena styled: spiritual manifestations* era o nome da obra, e E. C. Rogers,[121] o seu autor, que tudo atribuía ao *od*, isto é, a um agente físico, fluídico, que emanaria de diversas partes do "sensitivo" e que, unindo-se às emanações universais ou terrestres (*mundane or earthly*), produziriam todos os fenômenos, mesmo os que exigissem inteligência.

Ao seu aparecimento, levantou-se entre o Dr. Richmond e o Prof. Brittan uma discussão a respeito das "manifestações espirituais", discussões que os jornais norte-americanos *The Tribune* e *The Spiritual Telegraph*

---

121 O Sr. Rogers mais tarde se tornou adepto da teoria espírita, e em 1893 era o redator-chefe da *Light*, jornal espiritista de Londres.

120-a: Veja-se a obra *Portraits of eminent americans* (1854), de John Livingston.

registaram em suas colunas. Enquanto o primeiro sustentava ser possível a explicação dos fenômenos ditos "espiritualistas" sem a necessidade de se admitir a intervenção de Espíritos, o segundo defendia opinião contrária. As quarenta e oito cartas publicadas pelas duas partes foram em 1853 editadas num só volume, que recebeu o título *A Discussion of the Facts and Philosophy of Ancient and Modern Spiritualism*, by S. B. Brittan and B. W. Richmond.

Com o Dr. Brittan passou-se, em 1852, interessantíssimo fato, por ele próprio narrado no *Religio-Philosophical Journal*, conforme transcrição em *Light* de 1881, página 260:

> Numa certa manhã de 1852, assistia eu a uma sessão, em Greenfield, Massachusetts, com o médium D. D. Home, que cedo ganharia celebridade. Um dos assistentes recitava o alfabeto, enquanto as pancadas fornecidas pela mesa iam, de acordo com o seu número, construindo as comunicações. Em dado momento, aquelas se tornaram fortíssimas, e o sinal convencionado (cinco pancadas) nos advertiu de que o alfabeto era reclamado. Alguém fez a observação de que esse pedido não tinha sentido, visto que o alfabeto já estava sendo recitado. O mesmo sinal foi repetido pela mesa, ao mesmo tempo que esta se punha a dar violentas sacudidelas, o que levou um dos assistentes a pensar que à harmonia sucedera incompreensível desordem.
>
> Crendo ter adivinhado o que se passava, fiz notar que ali certamente não havia propósito de desordem, achando que talvez outra individualidade houvesse interrompido a mensagem que se estava recebendo, provavelmente com o intuito de nos comunicar algo de urgência. Minha suposição foi, de imediato, confirmada por pancadas batidas em diferentes partes do aposento, bem como por violento estremecimento da mesa. Pus-me então a recitar o alfabeto, e recebi esta mensagem: "Volta para casa, teu filho está doente, parte sem demora, ou chegarás tarde". Tomei minha mala de mão e saí. Mal alcancei a rua, ouvi o apito do trem que se avizinhava da estação; era o último trem que me permitiria voltar à casa naquela mesma noite. Achava-me distante da estação cerca de um oitavo de milha; comecei a correr com todas as minhas forças e ali cheguei no momento em que o trem

se punha em movimento. Apenas tive o tempo de saltar sobre a plataforma traseira do último carro. Ao entrar em casa, verifiquei a exatidão rigorosa da mensagem espírita.

Ainda em 1853, era editada em Londres *Sights and sounds, the mystery of the day*, da autoria de Henry Spicer, obra que atraiu grande numero de leitores, não só pelos fatos extraordinários descritos, como também pela reconhecida autoridade das testemunhas ali citadas, entre escritores, militares, professores, estadistas, etc. Nela, estão expostos os fenômenos espíritas mais impressionantes observados nos primeiros tempos do Neoespiritualismo, nos Estados Unidos.

A iniciação e conversão do respeitabilíssimo magistrado John Edmonds, que realizou grandes e memoráveis reformas nas prisões do Estado de Nova York, ex-presidente do Senado (120-a), e a quem aludimos no começo desta obra, são narradas com certa minúcia no livro de Spicer. Constitui o histórico dessa conversão uma das páginas mais brilhantes do movimento espiritualista mundial e, por isso mesmo, não podemos deixar de alinhar pelo menos ligeiras considerações a respeito.

A aparição ao Juiz Edmonds do Espírito de sua falecida esposa foi o primeiro fato que despertou esse eminente homem para o estudo sério dos fenômenos que então viviam na boca de todo o mundo. Procedeu ele a investigações, com a prudência e a habilidade que havia muitos anos aplicava às questões jurídicas, requereu provas e mais provas, não se contentando com pancadas, estalos e rotações de mesas.

Se deixassem de se produzir alguns fenômenos mais significativos, diante dos quais, segundo ele, "um Espírito são não mais pode resistir à evidência", certamente não teria o Espiritismo em sua história um vulto de primeira grandeza, qual foi o filho do famoso General Edmonds.

Sights and sounds descreve as experiências que o juiz e mais cerca de vinte pessoas realizaram em Nova York, no ano de 1852, com a obtenção de uma série de notáveis e variadíssimos fenômenos, muitos dos quais só mais tarde se dariam em outras partes do mundo.

O próprio Juiz Edmonds, sem o saber a princípio, era o principal médium daquele grupo de estudiosos, e em pouco tempo era incluído entre os maiores médiuns da América, vindo a ser ali o primeiro líder do movimento "espiritualista".

Em uma comunicação dirigida *To the Public*, estampada no *New York Courier* de 1º de agosto de 1853, o Juiz Edmonds deu a conhecer, abertamente, um notável extrato de suas próprias experimentações, com o relato circunstanciado de algumas delas. Após apreciar as acusações levantadas contra os médiuns e mostrar a futilidade de certas teorias explicativas dos fenômenos, e após demonstrar, com fatos recentes, a realidade da comunicação entre os vivos e os mortos, ele discorreu inesperadamente acerca dos benéficos efeitos do conhecimento espiritista, declarando em certo ponto:

> Nele se acha tudo o que consola o triste e conforta o desgraçado; tudo o que nos suaviza a marcha para o túmulo e nos livra dos temores da morte; tudo o que ilumina o ateu e contribui para reformar o viciado; tudo o que premia e anima o virtuoso em meio das provas e vicissitudes da vida, e o que esclarece o homem nos seus deveres e no seu destino, libertando-o da inquietude e da dúvida.

Juiz Edmonds

É pena não podermos reproduzir muita coisa de interessante da obra do escritor Spicer, como os fenômenos de materialização, levitação, etc., observados na residência do reverendo Dr. E. Phelps, atestados por centenas de pessoas; como os versos mediúnicos de Burns, de Campbell, de Southey e outros, obtidos com grande rapidez, no estilo e no espírito desses mesmos poetas, e que chegavam a pasmar os críticos, como o da *Revue Britannique*, o qual, no número de 12 de abril de 1853, escrevia isto: "Não nego que um charlatão possa simular um colóquio com os habitantes do mundo invisível no sentido de obter o total de uma soma, de soletrar um conto fantástico ou uma revelação mais ou menos autêntica, mas é mister ser o próprio Campbell para fazer versos como Campbell", como os curiosos manuscritos ditados em sânscrito, em hebreu, a médiuns muitas vezes extremamente ignorantes, cuja mão (pois havia psicógrafos nos Estados Unidos) traçava os caracteres com assombrosa rapidez.

Le Mysthère de la danse des tables dévoilé par ses rapports avec les manifestations spirituelles d'Amérique, da autoria do conde de Richmond, foi uma brochura que se publicou em Paris, antes da obra de Mirville. É a história sucinta do grande movimento do Espiritualismo nos Estados Unidos, acerca do qual a França tomaria afinal, estupefacta, mais exato conhecimento. Não será demais transcrever para estas páginas curioso trecho desse livro:

> Mediante batidas, dadas à proporção que o alfabeto vai sendo recitado, os seres invisíveis manifestantes conseguem afirmar e negar, contar e escrever frases e páginas inteiras. Mas isso está bem longe de ser tudo. Não somente batem marchas, seguindo o ritmo das árias que lhes são indicadas ou acompanhando as que são cantadas, mas também imitam todas as espécies de ruídos, tais como o da serra, da plaina, da lançadeira, da chuva, do mar, do trovão, e tocam, ainda, árias em violões, guitarras, fazendo soar sinos e executando, mesmo, sem que nenhum instrumento esteja presente, magníficos trechos da música militar.
>
> Outras vezes, e é o gênero de fenômenos que têm mais aproximação com os que aqui se verificam neste momento,

veem-se, sem causa conhecida, ou ao simples pedido dos assistentes, e sem que ninguém os toque, móveis e objetos de toda natureza e toda dimensão porem-se em movimento, enquanto que outros, ao contrário, aderem de tal forma ao assoalho, que vários homens não podem arredá-los.

Enormes mesas percorrem os quartos com espantosa rapidez, embora tenham sobre si centenas de livros; outras se agitam e se inclinam mais de 45 graus, sem que os objetos existentes sobre elas caiam ao chão; outras saltitam sobre um pé e executam verdadeira dança, malgrado o peso de várias pessoas que elas transportam.

Os próprios homens são arrastados de uma extremidade a outra do quarto, ou então elevados no ar e assim permanecendo por alguns instantes.

Acolá, mãos sem corpos se deixam ver e sentir; apõem, sobre papéis dos quais ninguém se aproximou, e sem que sejam vistas, assinaturas pertencentes a pessoas mortas ou outros caracteres. Aqui, percebem-se formas humanas diáfanas, das quais se ouve, às vezes, até a voz.

Em certos lugares, porcelanas se quebram, por si mesmas; estofos se fazem em pedaços; vasos reviram; velas se apagam e reacendem; quartos se iluminam e voltam subitamente à obscuridade; vidros de janelas são quebrados a pedradas; mulheres têm seus cabelos destoucados...

Quais as condições necessárias para que se obtenham essas manifestações? A única coisa, de que até agora se pode inteirar, e que parece indispensável, é a presença de certas pessoas que sejam intermediárias imprescindíveis entre os homens e os autores desses fenômenos, e que, por esta razão, se designam sob o nome de *médiuns*.

O conde de Richmond faz também uma classificação dos médiuns então existentes nos Estados Unidos, descrevendo ao mesmo tempo os fenômenos que com eles se passavam. Havia, assim, já naquela época, anteriormente a 1853, *os rapping médiuns*, na presença dos quais se ouviam pancadas, além de médiuns que num estado de transe respondiam às perguntas, verbais ou mentais, por meio de batidas dadas com a mão, de sinais feitos com a cabeça ou o corpo, ou apontando, com o dedo, com grande rapidez, as letras do alfabeto; havia ainda os médiuns psicógrafos, os falantes, os audientes, os videntes e até mesmo os receitistas e passistas.

> Existem médiuns — acrescentava o Sr. Richmond — que sob a influência dos Espíritos imitam com habilidade surpreendente a figura, a voz, a aparência e os gestos das pessoas que eles jamais conheceram, e representam cenas de sua vida, de tal maneira, que não se pode deixar de reconhecer o indivíduo que retratam.

O mencionado autor católico continua a descrever uma série de notáveis fenômenos observados nos Estados Unidos, cuja realidade ele aceita, mas ingenuamente os atribui a Satã.

Em cada mesa que gira — dizia certo crítico — o conde de Richmond vê um diabo que se agita, estendendo essa explicação principalmente aos chamados "espíritos batedores".

Alertando os sacerdotes e fiéis do perigo a que se expuseram nas experiências com a dança das mesas, e concitando-os a robustecer a fé, à vista dos "prestígios que lembram os tempos da primitiva Igreja e da Idade Média", o conde de Richmond conjurava os bispos e até mesmo o papa a se levantarem em defesa do rebanho e a aplicarem contra os Espíritos e as mesas, "em nome daquele a quem foi dado todo o poder no Céu, na Terra e nos infernos", a exclamação: *Vade retro, Satana!*

O ilustre conde, num certo ponto do seu livro, dizia ainda que o fim das "manifestações espirituais" era destruir as religiões cristãs então existentes, e isto porque os "neoespiritualistas" norte-americanos, instruídos pelos Espíritos, não mais aceitavam os dogmas por elas pregados.

Baseado numa premissa falsa, de que aquelas religiões cristãs expressavam o verdadeiro Cristianismo, Richmond não compreendia como os adeptos daquela nova revelação se diziam cristãos, pois — raciocinava ele —

> se admitiam os princípios da moral evangélica e veneravam Jesus Cristo como o melhor e mais esclarecido de todos os

homens, tendo-o por enviado e inspirado de Deus para salvar o mundo, não criam, entretanto, nem na sua divindade, nem no pecado original, nem na existência do demônio, nem, acima de tudo, na perpetuidade das penas, dogmas contra os quais concentravam todas as suas forças.

Ele muito naturalmente confundia o espírito puro e simples do Cristianismo do primeiro século com o espírito sectarista, dogmático e deturpador a que no correr dos séculos os homens deram origem.

Parece que naquele tempo a própria teoria da reencarnação não lhes era desconhecida. Isto se depreende do que escreveu o conde de Gasparin em sua obra: "eles pregam a salvação universal fundada ordinariamente numa estranha metempsicose".[122]

Ora, diante dessa torrente de revelações renovadoras, dadas, com perfeita concórdia, em diversos pontos do país, e que vinham derruir um longo passado de obscurantismo religioso, os sacerdotes protestantes e de outras seitas mais exaltadas lançaram anátema sobre o Espiritismo, que, segundo pensavam, acabaria minando a verdadeira revelação cristã.

> O clero protestante de todas as seitas — informava o conde de Richmond —, vendo que a coisa se tornava grave e que um certo número de seus respeitáveis membros perdera a sua fé e passara para o inimigo, saiu do seu adormecimento, e de seus púlpitos, e pelos seus jornais desferia, todos os dias, violentas diatribes contra as manifestações ditas espirituais, declarando-as obra do demônio.

---

122 Agénor de Gasparin – *Des tables tournantes, du surnaturel en général*, 2. ed. (1855), tomo II, p. 470. Na página 489, há um trecho extraído de uma obra baseada em escritos mediúnicos e publicada por Paul Louisy (*Luz! Espíritos e mesas girantes. Revelações mediúnicas*), e que diz: "Todos esses Espíritos, emanações divinas, foram criados bons; eles viveram em corpos, aqui e algures; eles reviverão assim milhões de séculos talvez até que cheguem à felicidade eterna". Essa mesma obra de Louisy, homem que, segundo Gasparin, não é nenhum charlatão ou supersticioso, contém, ademais, outras doutrinas, idênticas, em muitos pontos, àquelas com que Kardec, mais tarde, formaria a Codificação. Assim, por exemplo, explica que o homem não está sujeito ao chamado pecado original, que não existe o inferno católico, que o diabo é tola e perniciosa fábula, que todos os mundos são habitados ou destinados a sê-lo, que todas as almas chegarão, sem exceção, após uma peregrinação mais ou menos longa, à felicidade predita por Jesus Cristo, etc.

Além dessas obras dadas à luz em 1853, outras foram impressas no mesmo ano, dizendo respeito ao assunto de que nos ocupamos. Isto demonstra o interesse que aqueles fatos inabituais ganharam entre os estudiosos e os homens sérios.

19
O testemunho de homens célebres quanto às mesas girantes e falantes. — O conde de Meslon; Frédéric de Rougemont; conde de Tristan. — Félicien de Saulcy, membro do Instituto Francês, se rende aos fatos. — Carta que ele dirigiu ao marquês de Mirville. — A mesa dá aulas a De Saulcy e faz desenhos originalíssimos. — Confirma a veracidade dos fenômenos das mesas o Dr. Coze, deão da Faculdade de Medicina de Estrasburgo. — O ilustre teólogo italiano padre Ventura di Raulica aceita os fatos e censura os descrentes.

Prosseguiremos anotando mais algumas experiências registadas nessa época por homens dignos de crédito.

Tendo o conde L. de Meslon, nos primeiros dias de maio de 1853, lido em certos jornais a narrativa dos estranhos fenômenos que se produziam nos Estados Unidos e na Alemanha, quanto às mesas girantes e falantes, resolveu proceder a experiências nesse sentido, juntamente com dois rapazes e uma jovem de 23 anos. O fato se passou em Rauzan, cantão de Pujols (Gironda), na França.[123]

O primeiro Espírito a se servir da mesa de pé de galo foi a mãe da jovem acima aludida, Espírito que respondeu a inúmeras perguntas, de acordo com o seu grau de evolução. Como pequena amostra, eis algumas dessas perguntas e respectivas respostas:

— Qual a tua natureza? É material como a nossa?
— R.: Não.
— É fluídica ou gaseiforme?

---

123 Mirville – *Question des Esprits*, 1855, p. 97-101.

— R.: Sim.
— Há, depois da morte, recompensa para os bons e punição para os maus?
— R.: Sim.
— Há então um inferno eterno?
— R.: Não.
— A Religião Católica então nos induz em erro acerca dessa questão?
— R.: Sim.
— És da mesma natureza que os Espíritos batedores dos Estados Unidos?
— R.: Sim.
— Já viveste sobre a Terra?
— R.: Sim.
— Conservas a lembrança de tua vida entre nós?
— R.: Sim.

Meses mais tarde, a família do conde de Meslon conseguiu obter comunicações, através de outra mesinha de pé de galo, tendo, dessas reuniões, participado o próprio conde, que, sem fazer parte da cadeia em torno da mesa, a esta dirigia perguntas mentais acerca das mais diversas questões, sempre recebendo respostas rigorosamente exatas. Desta vez, contudo, o Espírito comunicante era um inteligente mistificador, cheio de ódio à família, e que habilmente por muito tempo se fez passar por um falecido irmão do conde e que só mais tarde foi constrangido por um poder mais forte, a que chamou Deus, a revelar-se como "espírito do mal".

O filósofo, teólogo e político Frédéric de Rougemont, "homem de grande valor intelectual e moral e uma das maiores glórias da Suíça francesa",[124] dedicou-se também, em maio ou junho de 1853, na cidade de Valentin, próxima de Yverdon, a experiências sobre o assunto em voga. Cinco pessoas assentadas em torno de uma mesa leve tinham suas mãos a três quartos de polegada acima do tampo. A mesa girou, com os assistentes imóveis. Semelhante prova foi repetida várias vezes por Rougemont,

---

124 Albert de Rochas – *L'Extériorisation de la motricité*, 4. ed., 1906, p. 449.

com todas as precauções, e sempre obtiveram completo êxito, atestando e comprovando o movimento sem contato que o conde de Gasparin também conseguira e que fora negado por vários homens de ciência.

O conde I. de Tristan, membro de inúmeras sociedades sábias, foi também uma das pessoas mais competentes que em 1853 se ocuparam das mesas girantes. Tinha sido ele o autor, vinte e tantos anos atrás, da obra muito comentada — *Recherches sur quelques effluves terrestres* — na qual expunha uma teoria física para explicar o movimento da varinha divinatória, fenômeno cuja realidade demonstrara.

Essa ilustre autoridade fora a princípio fortemente hostil a toda explicação "metafísica" para a classe dos fatos que se prendiam às mesas girantes, às quais observou *de visu* no outono de 1853. Nessa época acreditava que tudo não passava de simples fenômeno de rotação elétrica, até que certo dia sua atenção foi particularmente atraída para um fato singular: uma mesa leve pôs-se a dar batidas inteligentes com um dos pés. Durante três meses seguidos, o conde de Tristan acompanhou a nova experiência e, finalmente, chegou à conclusão última de que tanto o fenômeno da simples rotação das mesas quanto o das chamadas "mesas falantes" eram devidos a "intervenções de seres metafísicos".

Louis Félicien de Saulcy, sábio arqueólogo e numismata, membro do Instituto de França, que gracejara a princípio diante da notícia das "mesas girantes e falantes", recebendo-a com incredulidade, como o fizeram tantos outros seus colegas, acabou por retratar-se, conforme se lê na interessante carta que ele, provavelmente em fins de 1853, dirigiu ao marquês de Mirville:[125]

> Há cerca de oito ou dez meses, quando o público parisiense se alvoroçava com a notícia vinda da América e da Alemanha, sobre a existência de um fato cuja causa a Física pura era incapaz de julgar, tomei, *a priori*, como muita gente sempre o fez e o fará provavelmente ainda por muito tempo, a seguinte atitude: recebi essa nova com a incredulidade mais ousada, e, confesso-o, mais zombeteira. Considerei os adeptos como charlatães ou como

---

[125] Mirville – *Des Esprits et de leurs manifestations fluidiques, deuxième édition* (1854), p. XII – XV.

papalvos, e me recusei por muito tempo a tentar a mais mínima experiência.

Todavia, depois de longa resistência, e depois de ter ouvido muitas pessoas, às quais eu não podia aplicar nem um nem outro dos epítetos, afirmarem a realidade dos fatos, decidi-me a ensaiar por mim mesmo. Meu filho e um amigo foram meus *dois comparsas*: durante quarenta e cinco minutos, relógio sobre a mesa, tivemos a paciência de conservar o que se chama a cadeia. Declarar-vos-ei que pequena não me foi a surpresa ao ver, ao cabo desse tempo, a mesa sobre a qual operávamos, e que era a mesa de minha sala de jantar, pôr-se em marcha, e, após algumas hesitações, adquirir um movimento de rotação que logo se acelerou, acabando por tornar-se rapidíssimo. Experimentamos forçar a mesa para baixo, a fim de pará-la no seu curso estranho, e nada conseguimos. A mesa, sob a pressão, chegou a riscar o assoalho.

Após haver renovado essa experiência duas ou três vezes, busquei inteirar-me fisicamente da origem desse movimento, e criei, para mim, toda uma teoria eletrodinâmica, cujo valor procurei verificar com o auxílio do eletroscópio, da bússola, da limalha de ferro, etc. Como não pude perceber o menor traço de eletricidade, cri então em impulsões diferenciais devidas à vontade dos operadores, e com as quais uma espécie de integração poderia determinar a rotação da mesa. Neste ponto, suspendi as experiências e durante algumas semanas deixei de pensar, totalmente, no fenômeno que me não parecia merecer a atenção de um estudo mais longo.

Surgiu então a notícia da faculdade *falante*, e confesso-vos que minha incredulidade se tornou muito mais intensa quanto o fora com respeito ao simples movimento de rotação, movimento este devido, ao que eu supunha, à mesma causa que se dava para os fatos da *varinha divinatória, dos pêndulos magnéticos, da chave que gira* e de tantos outros fenômenos sobre os quais a nossa imaginação tem certamente influência, tal como o demonstrara de modo perfeito o Sr. Chevreul.

Eu estava, pois, bem decidido a não aumentar o número daqueles a que chamei néscios, quando o acaso me fez assistir a experiências desse gênero. Crendo a princípio, e sem hesitar, numa mistificação, apliquei-me em descobrir o mistificador, e nisto não triunfei. Após duas horas de observação atenta, não havia podido desvendar qualquer embuste, e já tinha visto produzirem-se resultados bastante positivos que permitissem a dúvida substituir em meu espírito a negação pura e simples e sem exame.

Tomei desde logo a resolução de recomeçar o que havia feito para o movimento de rotação das mesas, isto é, de experimentar por mim mesmo, e o fiz por muitíssimo tempo, *muitíssimo tempo* talvez.

Como consequência, essas novas experiências me fizeram crer desde logo, e com profundíssima convicção, que coisas incompreensíveis para mim existiam em realidade, e de maneira a confundirem a razão humana.

Analisei esses fenômenos em todas as suas fases mais difíceis de aceitação pelo meu orgulho de físico matemático, e como eu me havia de maneira a estar certo de que, se alguém fosse capaz de fraude, *este alguém não poderia ser senão eu mesmo*, fui obrigado a render-me e a dobrar minha razão ante a evidência dos fatos.[126]
[...]
Em suma, senhor, creio na existência de fatos que nem sempre a nossa vontade saberia produzir, e sobre os quais, sem embargo, declaro que essa vontade tem às vezes uma ação palpável. Creio na intervenção de uma inteligência *diferente da nossa* e que põe em jogo meios quase ridículos.

Notando F. de Saulcy que as respostas fornecidas pela mesa muitas vezes iludiam habilmente os assistentes, supôs, por isso, haver "perigo" nessas experiências, como verão os leitores no prosseguimento de sua carta ao marquês de Mirville:

> Creio que a religião cristã não deve estimular a prática dessas experiências. Creio que há perigo em se fazer delas um hábito, e que pelo menos se pode aí perder facilmente o pouco de razão que foi distribuída ao homem pelo Dispensador de todas as coisas. Creio, enfim, que o dever do homem honesto, que estudou esses fenômenos, é dissuadir os outros desse propósito, dando-lhes

---

126 Nota de Saulcy: Que dizer, por exemplo, senhor, do fato que verificamos juntos, qual seja, o de um lápis fixado ao pé de uma mesa, sobre a qual se apõem as mãos, e que escreve palavras às vezes bem legíveis?

o exemplo, isto é, não mais se interessando, ele próprio, de nenhum modo, por tais fenômenos.

Abrimos um pequeno parêntesis para declarar que o ilustre cientista não agiu, no citado período, como verdadeiro homem de Ciência, que deve investigar sempre, sejam quais forem os óbices, aparentes ou não, que se lhe apresentarem à frente. Limitar, circunscrever, restringir a pesquisa, em qualquer que seja o campo, é subordinar o conhecimento e seu progresso ao capricho de um julgamento quase sempre parcial ou errôneo. Onde estaríamos se até hoje fosse respeitado o que os antigos geógrafos escreveram nos seus mapas-múndi, no local do Estreito de Gibraltar: *Hic deficit orbis,* "aqui acaba o mundo?"

Afinal, concluindo a sua missiva, escreveu De Saulcy:

> Eis, senhor, o ponto em que cheguei, após alguns meses de ensaios, e peço-vos permissão para terminar esta carta, já muito longa, repetindo uma frase muito sábia que ouvi pronunciada por um homem dotado de elevada inteligência: "ou esses fenômenos não são reais ou eles o são; se não o são, é desonroso perder tempo com eles; se o são, é arriscado provocá-los e deles fazer um passatempo.

O filho de Saulcy posteriormente narrou a Mirville uma série de fatos observados nas sessões dirigidas por seu pai.[127]

Há o caso, por exemplo, da pesada mesa de carvalho que três robustos carpinteiros se esforçavam pela conservar apoiada no chão, e que, intimada a se levantar, ao simples toque do indicador de Saulcy derruba os três carpinteiros e se quebra.

Noutra ocasião, móveis da sala onde os assistentes se achavam reunidos correm ao encalço de Saulcy e o empurram com tal insistência que ele se vê forçado a entrincheirar-se atrás dos sofás, etc.

Certo dia, aquele membro do Instituto solicitou da mesa escrevesse, em árabe, que ela era um cão. A mesa, por meio de um lápis a ela preso, traçou uma mistura de letras sem nenhuma significação, o que levou o interrogador a censurá-la por nada haver escrito.

---

127 Mirville – *Question des esprits*, p. 81 – 85.

Como não compreendessem o porquê daquela resposta, a mesa, afinal, elucidou: "Estúpido que és, inverte a palavra". Feito isto, surgiu essa expressão: ANA KELB, que significava: "Sou um cão?"

A mesa também forneceu a De Saulcy lições de ortografia árabe, copta, hebraica, e ele por mais de uma vez lhes reconheceu a exatidão. Desenhos fantásticos, nunca imaginados pelos assistentes, foram feitos, e outros fatos mais foram vistos nas reuniões do arqueólogo francês, os quais punham por terra várias teorias que pretendiam firmar-se entre os homens cultos.

Outra carta a Mirville, agora do Dr. R. Coze, médico distinto, deão da Faculdade de Medicina de Estrasburgo, confirmava igualmente a realidade dos fenômenos presenciados em todo o mundo, dizendo o seu autor que havia chegado, pelo exame de alguns fenômenos do Magnetismo e daquele das mesas girantes, a conclusões pouco mais ou menos semelhantes às do citado marquês.

Todavia, a missiva que mais impressionou na época foi a do teólogo italiano Gioacchino Ventura di Raulica, cuja eloquente oratória lhe granjeou o epíteto de "o Bossuet italiano", chegando ele a pregar até na corte de Napoleão III, anos mais tarde.

Após a leitura que fez da obra de Mirville, o padre Ventura, nesse tempo "ex-geral dos Teatinos" e "examinador dos bispos e do clero romano", considerado "o representante mais ilustre da teologia e da filosofia católicas do século XIX", escreveu ao mencionado marquês, contando-lhe suas impressões.

Em determinada parte dizia: Não sou profeta, senhor, e não sei o que a misericórdia e a justiça de Deus nos preparam; mas, como vós, temo pelo presente, e, contudo, tenho esperança no futuro; pois, segundo percebo, surgem já de todas essas coisas lições maravilhosas". E acreditava que de todos esses fenômenos decorreria proximamente a glorificação do passado da Igreja e até de seus trevosos tempos medievais: "eis os fatos, de uma natureza inteiramente estranha, que vêm vingar esse passado das acusações de credulidade supersticiosa".

O padre Ventura di Raulica vinha fugido da Itália, onde a Igreja esteve ameaçada de perder seus Estados pontificais. O próprio Papa Pio IX refugiara-se em Gaeta, e aí preparara, amparado pelas baionetas de potências estrangeiras, a retomada dos seus domínios temporais.

O movimento anticlerical fazia-se sentir nos países europeus, entre todas as classes. E, ao que parece, o padre Ventura julgou, então, que os novos fenômenos despontavam em apoio dos dogmas e atos da Igreja, com o objetivo de realçá-la aos olhos do mundo.

À vista disso é que ele, nutrindo as mesmas ideias de Mirville quanto à origem da "epidemia espiritual", escreveu acertadamente, talvez por inspiração do Alto, este trecho: "A propagação universal e súbita (dessa epidemia) constitui, segundo penso, apesar de suas aparências de puerilidade, UM DOS MAIORES ACONTECIMENTOS DO NOSSO SÉCULO".[128]

O famoso teólogo italiano dissera, sem o querer, uma grande verdade que os anos posteriores confirmariam. Contudo, as mesas girantes e falantes não trouxeram maior glória para a "verdadeira" Igreja, como ele pensava aconteceria; foram, porém, o prelúdio de uma extraordinária renovação nos conhecimentos do homem, relativamente ao magno problema de sua existência, descortinando-lhe mais dilatadas possibilidades para a conquista do Infinito.

Quanto à recepção e ao julgamento que as mesas tiveram entre os homens, disse, o padre Ventura, o seguinte:

> Para começar por vossos sábios, é-me impossível não ficar espantado diante dessa obstinação de descrença que lhes não permite ainda, no momento que passa, levar em consideração aquilo de que todo o mundo pode hoje certificar-se. *Oculos habent et non vident.*
>
> Não obstante, espantam-me muito mais ainda aqueles que, após terem examinado, e visto, por conseguinte, sacodem a cabeça em sinal de indiferença e de piedade, como se tratasse de miserável fenômeno, e indigno de sua atenção.
>
> Afinal, exorbitando de todos os outros, há os que, dizendo-se dispensadores da verdade, me gelam de assombro, pois, na sua cegueira, recreiam-se sem escrúpulo com seus mais

---

[128] Em 1855, o padre Ventura pedira ao marquês de Mirville (*Question des esprits,* página 2) modificasse o fim desse período para "o maior acontecimento do século".

cruéis inimigos, inimigos que eles, experimentadores, já não conseguem reconhecer, esquecidos que se acham dos mais importantes ensinamentos a respeito.

Nesse último parágrafo, cremos que seu autor chama "cruéis inimigos" aos demônios, cuja manifestação, segundo ele, Deus permitiria para justificação do Evangelho e da Fé, e consequente glorificação do passado da Igreja, como já dissemos atrás.

As três cartas mencionadas foram a 22 de dezembro de 1853, publicadas pelo periódico *Union Médicale*, tendo o Dr. Amédée Latour, seu redator-chefe, escrito estas palavras de apresentação: "Que os sábios contemplem hoje em que deram o desdém e a zombaria!... Deixo para hoje a palavra aos fatos. Eles são cem vezes mais eloquentes do que tudo quanto eu poderia dizer... Essas cartas me trouxeram vivíssima surpresa; elas certamente produzirão o mesmo no leitor".

20 O Clero, o demônio e as "mesas".

— Escreve sobre o assunto, em 1853, o Correio Mercantil do Rio de Janeiro. — O teólogo francês Maynard atribui a Satã os fenômenos das mesas girantes. — Os bispos e suas pastorais proibitivas. — Razões apresentadas. —Comunicações recebidas por Robert Owen e Eugène Nus. — Tallmadge, ex-governador de Wisconsin, obtém notável escrita direta na presença das médiuns Fox. — Conclusões a que chegou. — O livro do abade Almignana, o sonambulismo, as mesas girantes e a intervenção dos mortos. — Refutadas as teorias do conde de Gasparin. — A extraordinária sonâmbula Adèle Maginot. — Cahagnet e os Espíritos. — Posição da Igreja.

O clero, em geral, desde algum tempo não vinha olhando com bons olhos os fenômenos das mesas, e se muitos clérigos aceitavam agora a ação do demônio sobre aquelas, outros havia, entretanto, que assim não pensavam.

Os exorcismos começaram a ser usados, sem nenhum êxito, porém. As mesas girantes, e principalmente as falantes, tornaram-se assunto obrigatório nos sermões pronunciados dos púlpitos.

O Cearense, jornal bissemanal do Ceará (Brasil), transcrevia em 21 de outubro de 1853 a seguinte crônica escrita no *Correio Mercantil* do Rio de Janeiro, crônica que em parte nos mostra o estado de coisas que vimos de referir:

> Pouco tempo duram as modas, diz o adágio. Não se falava há dois meses senão na dança das mesas, dos chapéus, dos pratos, de tudo, promovida pela cadeia magnética animal, coisa na verdade maravilhosa, e que, todavia, é real e positiva, sendo o que é mais para admirar, em tal objeto, a cega obediência e perfeita inteligência com que os objetos respondem a todas as perguntas que se lhes fazem, e a que podem dar resposta com simples movimentos, ou, para melhor dizer, a relação misteriosa que existe entre a vontade de quem faz a pergunta e a obediência do objeto que responde. Tudo isso, como disse, passou de moda;[129] o que, porém, é curioso, e tão curioso como o objeto em si, é haver ultimamente o bispo de Rennes lançado contra tal fenômeno os raios da Igreja, comunicando aos sacerdotes da sua diocese (na mesma circular em que ordena preces para que acabe a chuva, e com ela todos os flagelos que tem ocasionado) que o capítulo, consultado sobre o fenômeno, decidira que fossem proibidas, *como contrárias à fé*, todas as experiências daquele gênero. O que mais que tudo curioso fora, seria ouvir as razões em que os doutores do capítulo fundaram tão luminosa determinação!...
>
> O Colégio da Universidade de Pisa também condenou as pobres mesas, sob pretexto de levarem os míseros mortais à crença no Panteísmo, que é aquele sistema segundo o qual o Universo todo é Deus, e tudo parte desse Deus.
>
> A um frade, professor em Liorne, foi também proibido vender uma obra que sobre este assunto compusera!...

---

[129] Como diria Kardec, "Para as pessoas fúteis, que nada querem aprofundar, esse fenômeno era um passatempo, um divertimento, que abandonaram quando dele se aborreceram".

Tudo isso no século XIX! No século das luzes! No século do progresso!... E quando já o próprio Tertuliano, que foi considerado como um dos mais enérgicos defensores da fé cristã, escrevera há nada menos de dezessete séculos: *de mensis vaticinantibus aut circulatoriis proestigiis* — o que bem prova que já a coisa então era conhecida... Para que tudo aquilo seja ainda mais singular, enquanto consideram alguns como contrário à fé o exercício da dança das mesas, há prelados em França que a olham como uma nova manifestação do poder de Deus! Entendam-nos lá!...

Em outubro de 1853, o jornal *Bibliographie Catholique* dava a público um trabalho do abade cônego Maynard, teólogo francês, conhecido pelos seus ataques aos jansenistas e convulsionistas, trabalho em que procurava demonstrar serem, os fenômenos das mesas, obra *incontestável* de Satã, que — segundo ele — até então havia usado de sua grande astúcia com o fim de ser tomado por um mito.

Um leitor, em carta ao redator do jornal *L'Illustration*, teceu comentários acerca das várias explicações que haviam surgido, inclusive sobre a afirmação do referido abade, que ele analisou com inteligência, concluindo nestes termos: "O Satã de Job e do Evangelho pouco se assemelha àquele que nos pinta o Sr. Maynard!"[130]

Paulin, o brilhante cronista de *Histoire de la semaine*, publicada em *L'Illustration*, escrevia em 21 de dezembro de 1853, página 419, esta informação que patenteia o estado de quase pânico que começava a assaltar os altos dignitários da Igreja Católica: "Depois que certo eclesiástico, correspondente do *Univer*,[131] descobriu Satã em pessoa numa mesa de jantar, de pé central, as mesas falantes adquiriram sinistro renome que lhes valeu serem hoje postas no *index* por dois de nossos prelados, os Srs. bispos de Orleans e de Viviers".

O bispo de Viviers dirigira uma carta pastoral[132] à comunidade católica de sua diocese, cremos que em dezembro de 1853,

---

130 *L'Illustration*, novembro de 1853, p. 318.

131 Então um dos jornais mais católicos do Velho Mundo, segundo nos informa Gasparin.

132 *Cosmos*, tomo IV, p. 15.

pastoral que fez um histórico sucinto das mesas e de outros móveis que se agitavam e que respondiam às diversas perguntas a eles feitas.

Referiu-se ainda o bispo ao movimento norte-americano e à invasão que se processou na França, sobretudo nas cidades, onde, conforme suas palavras, quase todas as famílias se davam ao passatempo dessas sessões.

"Enquanto essas operações só apresentavam o caráter de exercício puramente recreativo, ou enquanto a curiosidade aí não encontrava senão os efeitos de um fluido espalhado na Natureza, nossa solicitude de nenhum modo se alarmou" — declarava o Sr. bispo em sua pastoral. Mas quando soube que as respostas das mesas iam, por vezes, de encontro às afirmações da Igreja, e denunciavam a presença das almas de pessoas já falecidas; quando observou que nascia uma tendência para se aceitar a intervenção dos "mortos" na produção daqueles fenômenos, o bispo de Viviers resolveu pôr em guarda os fiéis, proibindo-os, agora, de tomar parte nesses passatempos, aparentemente inocentes, dizia ele, mas ocultamente diabólicos.

Em verdade, tinham razão os bispos de Viviers, de Orleans e até mesmo os de Marselha e de Mans, pois que os ditados fornecidos pelas mesas girantes iniciavam verdadeira revolução nos velhos ensinos da dogmática e rígida teologia católica, anunciando ao mesmo tempo, seja nos Estados Unidos, seja na Inglaterra, seja na França, um novo período de renovação moral do mundo.

Robert Owen, o famoso reformador social inglês, perguntara mentalmente a certa mesa, servindo-se da então notável médium norte-americana Sra. Hayden, com que fim os Espíritos que deixaram a Terra se manifestavam, e recebera esta resposta, simples, mas incisiva: "Para reformar o Mundo".[133] Eugène Nus obtinha com a mesa frases desta natureza: "A religião nova transformará a crosta do velho mundo católico, já aluída pelos golpes do Protestantismo, da Filosofia e da Ciência".

Os fatos positivos e incontestáveis de manifestação dos "mortos", de que observadores de projeção social, sensatos e escrupulosos,

---

[133] M. Goupy – *Explication des tables parlantes, des médiuns, des esprits et du somnambulisme*, Paris, 1860, p. 122.

deram testemunho, nos Estados Unidos, eram agora divulgados em livros franceses, despertando a natural curiosidade do povo para essas manifestações condenadas pelos cânones da Igreja.

Quem, naquele tempo, não se entusiasmaria, lendo, por exemplo, uma carta do conhecido senador e ex-governador de Wisconsin, N. P. Tallmadge, datada de 12 de abril de 1853, e versando um assunto deveras palpitante, qual seja o da escrita direta ou pneumatografia?[134]

Debaixo de uma gaveta, com a abertura justaposta sobre a mesa, Tallmadge colocava papel e lápis, com o intuito de conseguir a escrita direta. Certa feita, presentes as médiuns Srtas. Fox, depois de assim proceder, disse ele ao Espírito comunicante, John C. Calhoun: "Desejaria que usásseis a mesma letra que tínheis quando na Terra, a fim de que vossos amigos a pudessem reconhecer". Por intermédio de pancadas, o Espírito respondeu: "Vós a reconhecereis. Pensai no Espírito de John C. Calhoun".

Leiamos, em continuação, o que o próprio Senador Tallmadge escreveu:

> Ouço um breve ruído. Olho dentro da gaveta, encontro meu lápis deitado, a folha de papel amarfanhada, e nela escrito: *I'm with you still*.
>
> Mostro a frase ao General Hamilton, ex-governador da Carolina; ao General Waddy Thompson, ex-ministro no México; ao General Robert Campbell, ex-cônsul em Havana; a outros amigos íntimos de Calhoun e a um de seus filhos: todos dizem que é de fato a letra dele. O General Hamilton fez mais uma observação convincente: que Calhoun tinha o hábito de escrever *I'm por I am*, e que possui várias cartas dele onde se encontra essa abreviação. A Sra. Macomb já me havia dito a mesma coisa. Seu esposo, o há pouco falecido General Macomb, lhe mostrara uma carta de Calhoun, na qual a mencionada abreviação fora por ela notada. A frase conseguida pela escrita direta

---

[134] Este fenômeno fora obtido em 1850, pela primeira vez, com o Hon. James F. Simmons, senador estadunidense pelo distrito de Rhode Island. No ano de 1852, Jonathan Koons obteve-o pela segunda vez, no distrito de Athens County (Ohio).

obedece, por outro lado, à índole de Calhoun: curta e clara, apenas o necessário.

E o Governador Tallmadge, cheio de satisfação, comentava adiante:

> Aí encontro a prova irrefragável: 1º) da imortalidade da alma; 2º) do poder que têm os Espíritos de tornar a visitar a Terra; 3º) de sua capacidade de se comunicarem com seus parentes e amigos. Como o coração se regozija com essas comunicações! E quão censuráveis são os homens que resistem a tais ondas de luz!

— concluía o venerável *espiritualista* americano.[135]

A relatórios, dessa espécie, vinha juntar-se um acontecimento de ampla repercussão nos meios católicos:

Em fins de 1853, segundo cremos, surgia, editado pela Livraria Dentu, de Paris, um opúsculo subscrito pelo abade Jean Baptiste Almignana, doutor em Direito Canônico, teólogo e magnetista, e que apresentava ainda qualidades mediúnicas apreciáveis que lhe ensejaram um estudo menos superficial do debatido assunto em torno dos sonâmbulos, dos médiuns e das mesas girantes. O opúsculo intitulava-se: *Du somnambulisme, des tables tournantes et des médiums, considérés dans leurs rapports avec la théologie et la physique; examen des opinions de MM. de Mirville et de Gasparin, par l'abbé Almignana, docteur en droit canonique, théologien, magnétiste et medium.*[136]

O autor, nesse opúsculo, provava que o sonambulismo, as mesas girantes e os médiuns não eram obra do demônio, conforme acreditava Mirville. Essa afirmação tinha valor duplicado, sabendo-se que o abade de forma alguma descria da existência do ardiloso "demônio" e de sua possível ação física e moral sobre o homem. Compreendendo e interpretando as Escrituras de acordo com os ensinamentos recebidos da Igreja Católica, ele aceitava sem discussão o poder das "forças demoníacas". Para repelir essas forças, conhecia,

---

135 M. Goupy – *Explication des tables parlantes, des médiuns, des Esprits et du somnanbulisme*, 1860, p. 127-8.

136 *Revue Spirite*, 15 de fevereiro de 1889 e 1º de março de 1889.

ele, todos os meios aconselhados pela Teologia, e é aplicando-os aos sonâmbulos, às mesas e aos médiuns que chegou a resultados inteiramente opostos aos que Mirville e prelados diversos haviam chegado.

Não julgando *ex-abrupto*, como geralmente se fazia, o abade de Pimprez (departamento de Oise) submeteu os fenômenos a numerosas experiências, a fim de descobrir-lhes as verdadeiras causas, como convinha, dizia ele, "à Verdade, à Ciência e à própria Religião".

A respeito dos sonâmbulos adormecidos por magnetizadores, Almignana narrou este fato:

> Uma menina de 13 anos, adormecida pela mãe, em minha casa, deu provas da maior lucidez, dizendo-nos estar em comunicação com seres ultramundanos.
> Assustado, confesso-o, com o que se passava à minha vista, na dúvida que me oprimia, de ser ou não o demônio o agente daqueles fenômenos, tomei meu crucifixo, e, apresentando-o à lúcida, esconjurei-a pelo santo nome de Jesus.
> E sabeis o que fez a sonâmbula? Em vez de repelir a imagem do Crucificado, tomou o crucifixo, levou-o respeitosamente aos lábios e adorou-o, para maior edificação minha e de sua mãe.

Salienta o abade que os meios por ele empregados, para confirmar ou não a presença do demônio nos fenômenos sonambúlicos, foram aplicados por outras pessoas piedosas, com o mesmo resultado que ele obtivera.

> Um dos modelos da eloquência sagrada, o Revmo. padre Lacordaire — continua Almignana —, pronunciava-se, em dezembro de 1846, acerca do sonambulismo, e longe de qualificá-lo satânico, como o Sr. de Mirville, dissera o sábio dominicano, do alto da cadeira da verdade, na igreja de Notre-Dame de Paris, que *este fenômeno pertencia à ordem profética, e que era uma preparação divina para humilhar o orgulho do materialismo.*
> Esta linguagem da alta tribuna sagrada foi publicamente aprovada por Monsenhor Affre, arcebispo de Paris o qual, dirigindo-se aos fiéis, lhes disse: 'Meu irmãos, *foi Deus quem falou pela boca do ilustre dominicano.*

N. P. Tallmadge

A outros fatos interessantes aludiu o abade sobre o sonambulismo, com o objetivo de demonstrar que de forma alguma o demônio interferia nos fenômenos, destacando-se a cura de uma sonâmbula desenganada pela Medicina oficial. A paciente viu e descreveu um Espírito que se reconheceu ser o de sua bisavó, falecida muitos anos antes de seu nascimento. Os conselhos recebidos da bisavó, em sono magnético, foram obedecidos, resultando na cura da sonâmbula.

O abade Almignana publicou este fato no número 19 de *Le Magnétisme Spiritualiste*, apelando, no final do artigo, para todos os que, por seus conhecimentos, pudessem explicá-lo.

Exemplares do jornal foram remetidos ao Papa, por intermédio do Núncio Apostólico de Paris, e bem assim ao arcebispo de Paris, à Faculdade de Teologia da Sorbona, aos reverendos padres jesuítas da *Rue des Postes*, ao padre Lacordaire e ao Consistório calvinista de Paris, rogando o autor que o esclarecessem sobre fato tão estranho e grave.

> Pois bem — declarou Almignana —, até agora, vai para três anos, nenhuma daquelas altas personagens me respondeu ser o demônio o autor do fato sobre o qual chamei a atenção delas, o que prova ser o demônio, a seus olhos, estranho ao fato, do contrário não teriam deixado de me advertir, seja pelo interesse da religião, seja, pelo menos, por caridade para comigo.

Deixemos, porém, os sonâmbulos, e vejamos o que o citado opúsculo de Almignana expôs sobre as mesas girantes e falantes, o assunto que mais intimamente se prende a este trabalho.

O abade de Pimprez realizou inúmeras experiências nesse campo, com leigos e sacerdotes, homens todos eles de sentimentos religiosos, e até com um venerável bispo, varão de virtudes apostolares, segundo a afirmação do abade.

> Desejando — escrevia ele —, no interesse da religião e de nossas almas, saber se o demônio era, com efeito, o agente do movimento e da linguagem das mesas, empregamos todos os meios que o ensino católico oferece para expeli-lo, inclusive o exorcismo, e nenhum resultado conseguimos.
> Nem a prece, nem os sagrados nomes de Deus e de Jesus, nem o sinal da cruz feito sobre as mesas, nem os Evangelhos, nem a água benta, puderam impedir que girassem, batessem e respondessem.

E prossegue o abade no seu sintético relatório:

> Numa experiência que realizei com o bispo, foi este quem fez o sinal da cruz sobre a mesa, sem que ela deixasse de se mover.
> Monsenhor perguntou-lhe se amava a cruz, e ela respondeu afirmativamente, causando surpresa ao ilustre varão o vê-la

inclinar-se ante sua cruz pastoral — e falar-lhe da vida futura de um modo ortodoxo.

Com esse e outros fatos, Almignana demonstrou que o "demônio" nada tem que ver com as mesas girantes e falantes, opondo assim, ao "demonismo exclusivo" de Mirville, objeções que o marquês pretendeu refutar em sua obra *Question des Esprits*, sem consegui-lo, porém, "apesar — escreveu o grande espírita visconde de Torres-Solanot, e nós o confirmamos — de toda a sua ilustração e habilidade".

A teoria da "reminiscência" ou do "reflexo do pensamento",[137] bem como a da fraude, sustentadas pelo conde de Gasparin para a explicação de muitos fenômenos mediúnicos e principalmente sonambúlicos de caráter inteligente, ficam refutadas no folheto do abade Almignana, que cita até as experiências efetuadas com sua própria pessoa, pois ele cedo se tornara psicógrafo, inteiramente consciente. Este fato se dera da seguinte forma: Ciente da existência de pessoas, denominadas médiuns pelos norte-americanos, cujas mãos, impelidas involuntariamente, escreviam coisas extraordinárias, ele quis assegurar-se desse fenômeno. Tomou, então, um lápis, colocou a mão sobre um pedaço de papel e concentrou-se. Minutos depois viu que sua mão era arrastada, à sua revelia, enquanto o lápis ia traçando no papel linhas, letras e palavras.

Numa ocasião, procedendo ele desta maneira, pediu à força oculta que, se possível, escrevesse algo acerca da Criação.

> Mal pronunciara esta última palavra, minha mão, conduzida sem a menor interrupção, escreveu sobre a Criação coisas verdadeiras ou falsas, mas que me surpreenderam.
> Terminada essa sessão — prossegue o culto teólogo —, e desejando saber se essas ideias sobre a criação eram reminiscências, busquei investigar se elas teriam podido ser gravadas em minha memória, seja pela leitura, seja pelas haver ouvido de alguém.

---

[137] O então arcebispo de Paris, Mons. Sibour, sem falar em "demônio", partilhava, segundo Almignana, dessa teoria.

> Com esse objetivo, comecei por reler os livros religiosos e filosóficos que me pertenciam, e que pudessem tratar da questão, mas neles nada encontrei que se assemelhasse ao que eu escrevera sobre a criação.
> Consultei as bibliotecas públicas, e elas nada me ofereceram de semelhante ao que minha mão me fizera conhecer a respeito do assunto.
> Passei, em seguida, em revista retrospectiva, todas as universidades que frequentei, e não achei um único professor que houvesse alguma vez empregado tal linguagem, nem que fosse mesmo capaz de a possuir.
> Examino as opiniões, quanto ao assunto, de todos os filósofos, naturalistas, fisiologistas, teólogos e historiadores com os quais eu mantive relações científicas, e nenhum jamais falou acerca da Criação como o fez minha mão.

Através de sua própria mediunidade, o abade Almignana efetuou uma série de experiências, por ele descritas no já mencionado folheto, as quais, acrescidas das que realizou junto à notável sonâmbula de Alphonse Cahagnet — Adèle Maginot —, abalaram em seus fundamentos as teorias emitidas, um tanto apressadamente, por Mirville e Gasparin.

Aliás, contra a explicação do "reflexo do pensamento", também se levantaram outros estudiosos, dentre os quais o Sr. Morin, que, em 10 de novembro de 1854, nas colunas do *Journal Du Magnétisme*, declarava energicamente:

> Como, se justamente no momento em que me encontro neutro, inativo, em que escuto com curiosidade a voz misteriosa do ser cuja natureza procuro penetrar... entro em conversação com um interlocutor que possui, às vezes, conhecimentos superiores aos meus, que me fala de assuntos estranhos, que sustenta doutrinas contrárias às minhas, que me escandaliza com seus paradoxos, que me trata com arrogância, que me ridiculiza e mesmo me injuria... e, afinal, esse interlocutor não seria outro que eu mesmo!... Há aí uma absurdidade, contra a qual protesta a minha razão, e, de todas as explicações, ela é a mais inaceitável.

A grande, a maior consequência a que chegou Almignana, com suas continuadas observações, foi a de que, tanto nas manifestações sonambúlicas, quanto nas dos médiuns e das mesas falantes, o principal agente causador delas era o mesmo, e que todas convergiam para um objetivo principal: demonstrar a realidade da sobrevivência de nossos mortos queridos pela comunicação destes com os que ficaram na Terra. Fora esta, efetivamente, a mais consoladora mensagem ao século XIX! O abade Almignana não a enunciara diretamente: deixou que o próprio leitor, com sua inteligência e raciocínio, a ela chegasse por si mesmo, como fatalmente aconteceria...

Faziam igualmente bastante ruído as evocações de pessoas mortas, obtidas através dos "extáticos" de Cahagnet e divulgadas em volumes cujas edições rapidamente se esgotavam.

Mais de uma centena de atas tinham sido firmadas por testemunhas idôneas, que declararam haver reconhecido os Espíritos que a sonâmbula magnética acima citada, Adèle Maginot, descrevera. Tido pelos seus contemporâneos como homem honesto e desinteressado, incapaz de fraude ou de qualquer arranjo em prejuízo da Verdade, Cahagnet chamava para os seus "arcanos" a atenção de muita gente. As experiências desse ilustre magnetizador ultrapassaram as fronteiras da França e chegaram à Inglaterra, à Alemanha e até aos Estados Unidos.

A possibilidade de comunicação dos vivos com os pretensos mortos entrou na ordem das ideias correntes, e, apesar do combate sistemático que contra ela se opunha, aos poucos se ia firmando no espírito de inúmeros estudiosos, por ser mais consentânea com os fatos observados, a ela não se podendo fugir, sem faltar com a verdade.

Assim, entretanto, não entendeu a Igreja Católica. Vendo contrariados os seus dogmas e a sua doutrina, procurou, através da palavra de altos dignitários eclesiásticos, impedir tais manifestações, seja com as mesas, seja com os sonâmbulos, lançando sobre elas a excomunhão e arrolando-as na lista das coisas proibidas!

21

No terreno da Ciência. — Crítica à teoria de Faraday transcrita no *Jornal do Commercio*, do Rio de Janeiro. — A "sugestão" do Prof. Carpenter. — Objeção do conde de Gasparin. — O ano de 1854. — Babinet, membro da Academia, publica sua hipótese explicativa. — Considera impossível o movimento e a suspensão da mesa, sem haver contacto. — Sua conversão posterior. — O conde de Ourches. — Análise da teoria de Babinet e das razões por ele apresentadas. — A Comissão da Sociedade Dialética de Londres. — Confirma-se o movimento de objetos, independentemente de qualquer contato material. — O professor suíço, Thury, repete as experiências de Gasparin e atesta-lhes a veracidade.

Enquanto essas coisas se passavam no mundo religioso, volvamos os olhos para o terreno da Ciência, onde alguns dos seus dignos representantes emitiam atabalhoadamente hipóteses mais ou menos absurdas.

A notícia das experiências e conclusões de Faraday, com respeito às mesas girantes, não foi bem recebida em vários países. Os fatos opunham-se tenazmente à explicação do sábio físico e químico inglês.

Aqui no Brasil quase passaria despercebida a teoria da "pressão involuntária", se não fosse a transcrição que o *Jornal do Commercio* do Rio de Janeiro de 5 de outubro de 1853 fez de um artigo publicado na folha francesa *Presse*, o qual dizia assim:

> Não fez Faraday essas experiências para descobrir a causa de fenômeno; não. Sabia ele de antemão o que devia acreditar, sabia que as mesas se movem porque são empurradas, porque se exerce sobre elas, com a pontinha do dedo mínimo, involuntariamente, uma pressão lateral.
> A questão reduziu-se, pois, a provar que as mãos se movem antes da mesa, e, estabelecido este fato, julgou poder concluir que as mãos arrastam a mesa.
> Quanto a provar que o esforço é suficiente para produzir o efeito observado, isso não entendeu, ele, necessário.

> Pode o ilustre físico gabar-se de ter levado as suas demonstrações a ponto de não haver lugar para objeções fundadas? Entendemos que não.
>
> Não temos em vista sustentar a influência atribuída à vontade sobre a matéria bruta; o Sr. Faraday, como o Sr. Arago, pôs isso na categoria das coisas inadmissíveis, e sabe Deus se ele tem razão. Ficamos nos limites que o Sr. Faraday impõe ao fato, e dizemos que não satisfez ele a todo o seu programa. As mãos moveram-se; portanto, exercem elas uma pressão lateral sobre as mesas, tendem a pô-la em movimento; está logicamente argumentado. Demais, a mesa moveu-se; portanto... portanto a pressão dos dedos entra de algum modo no movimento da mesa. Estamos ainda na verdade da argumentação; saímos, porém, dela se dissermos: logo o movimento da mesa vem unicamente da pressão dos dedos.
>
> Seria necessário, ao menos, que se demonstrasse que o efeito produzido não excede a causa invocada; forçoso nos é, pois, suspender o nosso juízo. Ora, numerosos são os casos em que há grande desproporção aparente entre essa causa e esse efeito. Assim, no círculo literário de Alençon, vinte e duas pessoas rodeiam um bilhar, põem as mãos nas bordas do mogno e conseguem levar o bilhar a uma distância de 120 centímetros, e depois trazê-lo para seu lugar. Caminho andado: 2 metros e 40 centímetros.
>
> Bastará mostrar a esses robustos giradores que suas mãos exerciam uma pressão? Não será também necessário prová-lhes que despenderam exatamente a quantidade de força muscular necessária para transportar o bilhar? Eia, Sr. Faraday, levai até ao cabo a vossa bondade. Já lhes abristes um olho; completai a vossa cura: abri-lhes o outro.

Por essa crítica da imprensa se vê porque a famosa experiência dos "discos" de Faraday, aos quais anteriormente já aludimos, só produziu barulho e nada mais.

Nova teoria explicativa para as mesas girantes vinha de nascer na Escócia. De agora em diante, só se falaria no "princípio da sugestão" do fisiologista Prof. William Carpenter, exposto na *Quartely Review* de setembro de 1853.

O entusiasmo em torno da nova interpretação foi grande. Contudo, se a sugestão era e é um fato inegável, devidamente estudada pelo cirurgião inglês Braid, não se aplicava ao movimento das mesas, conforme o demonstrou amplamente o conde de Gasparin na sua obra, páginas 131 a 149, já citada neste trabalho. Como sempre acontece, essa teoria em pouco tempo foi substituída por outra, por mais outra e assim por diante. Isso sucedia, explicava o culto conde de Gasparin, porque de ordinário esses homens ilustres ou nada viam, ou apenas assistiam a algumas rotações ridículas de mesas, sem se consagrarem a um estudo mais demorado da questão.

Embora reconheçamos em Gasparin um talentoso e verdadeiro homem de ciência, digno de nossa respeitosa admiração, ele, todavia, apressou-se também na enunciação de suas ideias relativamente às mesas, possuindo apenas alguns meses de observações realizadas adentro de um grupo por ele organizado. Não se interessou em observar o que se passava em outras reuniões, em outros lugares, e por isso emitiu uma teoria incompleta, que podia aplicar-se tão somente a restrito número dos fatos então observados.

Alvorece o ano de 1854. Babinet, distinto sábio da França, físico e astrônomo, membro da Academia das Ciências de Paris, publica em 15 de janeiro, na *Revue des Deux Mondes*, seu primeiro trabalho sobre a rotação das mesas, fazendo sair o segundo a 1º de maio do mesmo ano.[138]

Diz-nos Mirville que tais artigos tiveram pouquíssima repercussão na imprensa científica e nenhuma na imprensa diária.

No seu primeiro escrito: *Des tables tournantes au point de vue de la mécanique et de la physiologie*, Babinet apresenta a sua hipótese, apenas baseado em leituras que sobre o assunto parece ter realizado, ou que assim dá a entender. Relata muito superficialmente duas experiências para demonstrar a necessidade imprescindível do contato das mãos. O conde de Ourches, na França, e o físico Faraday, na Inglaterra, não conseguiram o movimento da mesa ao evitarem a aderência entre esta e os dedos dos circunstantes, pelo talco ou por lâmina de mica.

---

138 *Revue des Deux Mondes*, janeiro 1854, p. 408 – 419; maio 1854, p. 510 – 532.

À vista disso é que Babinet, objetivando consolidar a sua teoria, dogmatizou apressadamente, conforme estas palavras: "Deve-se relegar ao terreno das ficções tudo quanto se tem dito acerca de ações exercidas a distância e de movimentos comunicados à mesa sem ser esta tocada. É na verdade, inteiramente impossível, tão impossível quanto o movimento perpétuo".

Não nos devemos admirar com semelhante afirmação, se nos lembrarmos que em 1853, ao ser proposto o estabelecimento de um cabo submarino entre a Europa e a América, Babinet, examinador na Escola Politécnica de Paris, e distinguida autoridade em ciências físicas, deu a conhecer sua opinião na *Revue des Deux Mondes*, como se segue:

> Não posso considerar como sérias essas ideias; a *teoria das correntes* poderia dar provas insofismáveis da impossibilidade de tal transmissão, ainda mesmo que se não tomassem em conta as correntes que por si mesmas se estabelecem em um longo fio elétrico e que são muito sensíveis no pequeno trajeto de Douvres a Calais. *O único meio* de ligar o antigo ao novo mundo — concluía ele — é franquear o Estreito de Bering, a menos que se tome a resolução de passar pelas ilhas Feroé, pela Islândia, pela Groenlândia e pelo Labrador.[139]

Sabemos que tanto num quanto noutro caso Babinet foi vencido pelos fatos. O conde de Ourches, como páginas atrás fizemos notar, viu em 1858, ele próprio e vários outros estudiosos levantar-se uma pesada mesa que permaneceu por instantes suspensa no ar, sem contato algum. Até mesmo Babinet, infelizmente muito tarde, em 1868, por força dos fatos que ele de *visu* presenciou, teve de renunciar totalmente à sua já então arcaica e há muito esquecida teoria. Registou o acontecimento a *Revue Spiritualiste* desse mesmo ano, nos seguintes termos:

> Um fato notável, e de grande importância para as ideias que representamos, acaba de produzir-se em Paris. O ilustre sábio

---

[139] C. Flammarion – *L'Inconnu et les problèmes psychiques*, 1. ed., p. 12.

Babinet, apresentado ao médium Montet, foi testemunha da levitação de uma mesa, isolada de todo o contato. O acadêmico ficou por tal forma surpreso, que não pôde deixar de exclamar: É assombroso!
Sabemos isto de várias testemunhas de vista, entre as quais o honrado General Barão de Brewern, que nos autorizou a usar de seu nome. Ele está pronto a renovar o seu testemunho a quem o quiser.[140]

Mas, vejamos qual foi a hipótese proposta por Babinet para explicar o movimento das mesas. Pode-se dizer que é a mesma de Faraday, porém em outros termos.

Segundo ele, estabelece-se uma trepidação nervosa nas mãos das pessoas que tocam a mesa, e através da concordância de pequenas impulsões individuais de todos os operadores, das quais não têm eles consciência, a mesa recebe força mecânica suficiente para ser agitada.

Uma excitação nervosa insensível — acreditava o grande vulgarizador das ciências — centuplicaria a força fornecida pelas trepidações musculares das extremidades das mãos. Com isto, ficava, sem mais nem menos, tudo explicado! "Daí porque um espectador mentalmente hostil à manifestação do fenômeno — argumentava o físico — pode influir deploravelmente sobre os resultados".

Babinet esquecia-se, de acordo com o testemunho de outros estudiosos, de que muitas vezes os fenômenos eram obtidos quase que instantaneamente, e por pessoas já a eles bem acostumadas, desprovidas, portanto, de qualquer toque emocional. Outras vezes, conquanto houvesse a melhor boa vontade de todos os presentes, a mesa não se movia, ou então o fazia após mais de uma hora. Aquele cientista não explicava por que, sendo a causa idêntica, o efeito variava tanto.

Afora isso, a argumentação é também falha, pois acontecia, por vezes, que a mesa se movimentava de modo inteiramente oposto aos desejos reunidos de todos os assistentes, e alguns desses casos já deixamos consignados neste nosso trabalho.

---

140 G. Delanne – *Le Spiritisme devant la science*, 1885, p. 186.

Vemos, assim, que os fatos teimavam, por todos os lados, em contrariar os sábios da época.

Babinet, porém, volta à carga em 1º de maio de 1854 com novo artigo, intitulado *Les sciences occultes au XIX siècle — Les Tables tournantes et les manifestations prétendues surnaturelles*. Muita literatura, com longo histórico do *Espiritualismo* nos Estados Unidos e dos fatos então observados na Europa, para afinal repetir o que já anteriormente havia expendido. Babinet, certamente mais preocupado com a próxima falência de sua teoria, do que com a Verdade, torna a frisar a impossibilidade de a mesa ser levantada e mantida no ar, sem apoio algum, invocando "as leis bem estabelecidas do possível e do impossível", segundo a sua própria expressão. Eis o que ele escrevia, numa tentativa de ratificar essa impossibilidade:

> Todos os corpos são pesados, e, quando não sustentados, se precipitam para a terra. Não há exceção alguma, nem mesmo divergência, no exercício dessa propriedade, a mais geral de todas. Um quilo de pedra, de prata, de ferro, de água, um quilo de óleo, até de ar pesam todos por igual. Na força que sobre eles age não há alteração, intermitência ou peculiaridades. Vêm agora dizer-me que os *sujets* ou médiuns, nas manifestações americanas, fazem mover objetos sem tocá-los e mantém no ar, fora de apoio, corpos materiais imóveis. Desde logo reconheci a impossibilidade do fato e o erro ou a impostura do narrador.
> Já não me refiro ao caso de homens que foram vistos alçados até tocarem o teto com suas cabeças e que voltaram à posição normal *quando puxados pelos pés*; mas se pelo menos se pudesse conservar no ar uma pequena moeda de ouro, um dólar americano, ou a equivalente moedinha francesa de cinco francos, então estariam abertas as portas para toda manifestação sobrenatural que se quisesse adotar.

Babinet não aceitava a suspensão de corpos sem contato, porque esse fato ia de encontro à sua hipótese, achando, além disso, que se daria por terra com a famosa força da gravitação, existente desde todos os tempos (entretanto só posta à luz em 1687 pelo gênio de

Newton!), caindo-se no "milagre", em que ele, e com razão, também não acreditava...

Os fenômenos sem contacto, em suma, inexistiriam, por ser um verdadeiro contrassenso ante as leis da Natureza. A isso respondia mui sensatamente o conde de Gasparin: "Mas essas leis lhe foram todas reveladas? A ciência humana não leva mais em conta nem limites nem erros?" E referindo-se aos homens de saber, como Babinet, ponderava Gasparin: "Que eles se conformem em discutir as ideias novas sem assentarem em princípio que tudo sabem".

Essas palavras seriam mais tarde, em 1861, corroboradas por Allan Kardec, e dirigidas também àqueles que criam impossível a suspensão das mesas e outros objetos, sem haver ponto de apoio visível:

> Responder-lhes-emos, em primeiro lugar, que a negativa não constitui prova; em segundo lugar, que, sendo real o fato, pouco importa contrarie ele todas as leis conhecidas, circunstância que só provaria uma coisa: que ele decorre de uma lei desconhecida, e os negadores não podem alimentar a pretensão de conhecerem todas as Leis da Natureza.[141]

Não tendo tido a oportunidade de presenciar com seus próprios olhos o movimento e a suspensão, sem contato, da mesa e de outros objetos, Babinet achou mais fácil arrolar tais fatos como fantasia, pontificando, apesar dos testemunhos idôneos contrários, a impossibilidade de se darem. Chegou ao excesso, um tanto ridículo, de dizer que se algum experimentador comunicasse e provasse à Academia que um corpo ficava suspenso no ar, sem nenhum suporte, tal experimentador seria "proclamado o primeiro dos sábios do mundo inteiro". Pura ilusão! Os numerosos exemplos de resistência que a Academia das Ciências e outras Instituições culturais opuseram à marcha da verdade e do progresso, apesar das provas e demonstrações irrecusáveis que lhes foram fornecidas, sem dúvida eram bem conhecidas de Babinet. As ideias preconcebidas, o orgulho, o interesse ou o "medo do novo" (misoneísmo, na expressão

---

[141] Allan Kardec – *O livro dos médiuns*, 22. ed. brasileira, p. 82.

de Lombroso), não permitiriam a entrada no cenáculo acadêmico daquelas experiências com as mesas, haja vista a frase hostil com que foram recebidos os primeiros fenômenos das mesas girantes: "Não nos ocuparemos com essas coisas!" Era um sonho que Babinet devia saber impraticável. Basta dizer que o grande físico e astrônomo Arago, respeitadíssimo na Academia das Ciências de Paris, onde entrara com vinte e três anos de idade, foi nessa Instituição ridicularizado pelos próprios companheiros, quando propôs que se discutisse a questão do telégrafo elétrico.

É interessante ainda lembrar, a esse propósito, o papel triste que fez a conspícua Sociedade Dialética de Londres ali pelo meado de 1870. Na sessão de 6 de janeiro de 1869 decidira ela criar uma Comissão de seus membros para examinar os tão discutidos fenômenos do *Espiritualismo*, a qual comunicaria, depois, os resultados à Sociedade. A quase totalidade dos membros não admitia a realidade dos fenômenos, e pensava que em consequência dessa solene investigação ficaria para sempre aniquilado o *Modern Spiritualism*. A imprensa inglesa partilhou em peso essa mesma esperança, saudando, com exclamações de entusiasmo, o importante acontecimento.

Dezoito meses mais tarde, a dita Comissão, composta de homens pertencentes à magistratura, ao clero, às letras e às ciências — figurando nesta última classe, entre outros, o sábio físico e engenheiro Cromwell Varley, o grande naturalista Alfredo Russel Wallace, ambos membros da Sociedade Real de Londres, e o Prof. Augustus de Morgan, presidente da Sociedade Matemática de Londres e secretário da Sociedade Real de Astronomia — apresentava ao conselho administrativo o relatório, todo ele favorável a diferentes e inúmeros fenômenos espíritas. Nesse relatório, publicado em 1871 sob a responsabilidade da Comissão, com o título *Report on Spiritualism of the Committee of the London Dialectical Society*, pois que a Sociedade Dialética se recusou a imprimi-lo oficialmente, Babinet, bem como antigos estudiosos do assunto, ainda encarnados, puderam ler, entre outras notáveis proposições, estas duas:[142]

---

142 Eugène Nus – *Choses de l'autre monde*, 2. ed., p. 235-236.

> Movimentos de corpos pesados se processam sem o auxílio de quaisquer aparelhos mecânicos e sem um desenvolvimento equivalente de força muscular da parte das pessoas presentes, e mesmo, frequentemente, sem contato ou conexão com quem quer que seja. Corpos pesados se elevam no ar (homens, em certos casos) e aí ficam por algum tempo, sem suporte visível ou tangível.

A Subcomissão nº 1, da mesma forma que as demais, deixou consignado que

> movimentos podem produzir-se em corpos sólidos, sem *contato material*, por meio de uma força desconhecida até o presente, agindo a uma distância indeterminada do organismo humano e completamente independente da ação muscular, força essa que deve ser submetida a um exame científico mais aprofundado, no intuito de se conhecer a sua verdadeira origem, a sua natureza e o seu poder.[143]

O relatório estourou como uma bomba no seio da Sociedade Dialética. E que se viu? Aqueles que nada viram, nada experimentaram, declararam-se em desacordo com as conclusões da Comissão. A dita Sociedade fechou-se em copas e fugiu de pronunciar-se a respeito. Se, entretanto, a Comissão emitisse um parecer inteiramente desfavorável para os fenômenos espíritas, o fato na Sociedade seria comemorado com foguetórios e discursos, espalhando-se por todo o mundo a memorável notícia! Como são os homens...

Gasparin, que em 1853 realizara com espírito científico suas experiências, e obtivera, então, levantamento de mesas, sem qualquer contato, por cerca de trinta vezes, com cargas de 75 e 85 quilos, havia já concluído que a realidade desse fenômeno se colocara acima de toda contestação racional.[144]

Os acadêmicos em geral, respeitando a idoneidade moral do culto estadista, não tiveram a audácia de refutar ou pôr em

---

[143] Gabriel Delanne – *Le Phénomène spirite*, 1893, p. 64 – 65.
[144] Cte. Agénor de Gasparin – *Des tables tournantes*, vol. I, p. 48.
[143-a] Ou, mais precisamente, Associação Americana para o Progresso da Ciência, segundo consta no *Dictionary of American Biography*, editado por Dumas Malone.

dúvida as experiências dele. Todavia, fizeram pior: delas não tomaram conhecimento.

Mas um dos sábios colaboradores, ou melhor, coexperimentadores de Gasparin, levanta-se em apoio deste, publicando em 1855, na Suíça, a brochura *Les tables tournantes*. Tratava-se de Marc Thury, membro da Sociedade de Física e História Natural de Genebra e professor na Academia dessa cidade, o qual passou em revista as experiências do conde de Gasparin e entrou em longos detalhes acerca das pesquisas que ele próprio fez ao mesmo tempo, confirmando, entre inúmeros fatos, o extraordinário *levantamento sem contato*, aí incluída a "oscilação, sempre sem contato, até o reviramento total do móvel" (p. 15 e 16). Referindo-se à exatidão dos fenômenos narrados por Gasparin, frisava o sábio professor suíço: "A realidade deles está estabelecida", acrescentando mais adiante: "A ninguém sendo possível demonstrar, *a priori*, sua impossibilidade, ninguém tem o direito de considerar absurdos os testemunhos sérios que vêm afirmá-los".

22
As investigações do sábio americano Prof. Dr. Robert Hare. — Dale Owen e seus dois grandes livros acerca da comunicação entre vivos e mortos. — O visconde de Santo Amaro. — As ponderações de Babinet. — A teoria fluídica. — O ectoplasma. — O literato Alphonse Karr critica os "movimentos nascentes" de Babinet. — Os médiuns são ventríloquos! — Hipótese insustentável, demonstra-o o conde de Gasparin. — A teoria do "longo perônio" e os Espíritos batedores. — A teoria do "curto perônio" do Dr. Lamballe. — Argumentos que se lhes contrapõem. — Críticas várias, inclusive a de Kardec.

As hipóteses simplistas, como as de Faraday, de Babinet, de Chevreul, de Carpenter, além de outras surgidas posteriormente, não tiveram mais onde se apoiarem depois que o sábio Robert Hare, professor de Química, durante trinta anos, na célebre Universidade de Pensilvânia, famoso inventor, com uma bagagem de mais de 150 memórias científicas, publicou em 1855 os resultados de suas longas investigações na obra *Experimental Investigation of the Spirit Manifestations, demonstrating the existence of Spirits and their communion with Mortals.*

Foi em 1853 que o Prof. Hare fixou sua atenção nas mesas girantes e em fenômenos análogos. A princípio, a teoria de Faraday lhe pareceu convincente, mas bem cedo se certificou de que os fatos não podiam ser por ela explicados. Utilizando-se de aparelhos de sua própria invenção, os quais tornavam impossível a fraude consciente ou inconsciente, demonstrou que as pessoas, por cujo intermédio se movem as mesas, não exerciam qualquer esforço muscular sobre elas, deixando assentada a existência de uma força inteligentemente dirigida por seres extra-humanos.

Conta *Sir* Conan Doyle, o genial escritor de novelas policiais, que

> o caso maior e mais absurdo de intolerância científica — intolerância que sempre foi tão violenta e irracional como a da Igreja dos séculos passados — forneceu-o a Associação Científica Americana (143-a). A douta Corporação apupou o Prof. Hare quando este tentou falar sobre o tema espiritista, e fizeram constar que aquele tema era indigno de ser apreciado por ela.

Antes da citada obra do Prof. Hare, a qual contém grande número de comunicações obtidas pela mesa, e relativas à vida futura do homem, haviam sido publicados dois notáveis volumes do livro intitulado *Spiritualism*, respectivamente em 1853 e 1855, escritos por John W. Edmonds, antigo presidente do Senado, juiz da Suprema Corte de Nova York (*Justice of the New York Supreme Court*), juiz da Corte de Apelação, etc., em colaboração com o governador Nathaniel P. Tallmadge e com o Dr. George T. Dexter, famoso cirurgião de Nova York. Esta obra, se devidamente conhecida na França, não daria ensejo ao nascimento de teorias mais ou menos engenhosas, mais ou menos absurdas.

Robert Owen

Não se pode deixar, aproveitando esta espécie de parêntesis, de lembrar o nome do insigne homem público e reformador social norte-americano, por vários anos embaixador dos Estados Unidos em Nápoles, Robert Dale Owen, cujas duas principais obras, *Foot falls on the boundary of another world* (1860) e *The debatable land between this world and the next* (1872), foram consideradas por muitos como duas das melhores escritas, naquela época, sobre o assunto.

É a um brasileiro que Dale Owen deveu sua entrada no Espiritismo. Ele o relata no prefácio de sua primeira obra supracitada, conforme se segue:

> Ao excelente amigo e antigo colega, o visconde de Santo Amaro,[145] embaixador brasileiro em Nápoles, estarei sempre

---

145 Trata-se de João Carlos Álvares de Almeida, 2º Visconde de Santo Amaro, filho do segundo matrimônio do famoso 1º Visconde de Santo Amaro.

em dívida, por ter sido o primeiro que atraiu seriamente minha atenção para os fenômenos de caráter magneto-psicológico[146] e para o estudo de assuntos correlatos. Foi em seus aposentos, a 4 de março de 1856, e na presença dele e respectiva esposa, juntamente com um membro da família real de Nápoles, que eu pela primeira vez testemunhei, entre surpreso e incrédulo, certos movimentos físicos aparentemente sem qualquer influência material.

Essas manifestações abriram a Owen a porta do Invisível, e ele, naquela mesma cidade italiana, teve ocasião de ver, em sua própria residência, o levantamento de uma mesa com uma lâmpada, ao todo quarenta e três quilos e meio, e que ficaram assim suspensas no ar durante sete segundos.

A leitura de todos os livros citados fez que muitos estudiosos abandonassem suas ideias de fundo materialista e percebessem, com respeito às mesas girantes, algo mais que irrisórias impulsões musculares.

Mas, voltemos a Babinet e sua teoria dos movimentos nascentes.

Aos olhos desse respeitável acadêmico, a explicação física de todos os fenômenos observados com as mesas não oferecia nenhuma dificuldade. "Admiram-se — escrevia ele — de ver uma mesa em franco movimento, sob a ação de várias pessoas bem dispostas, vencer fortes obstáculos, quebrar até mesmo seus pés, quando bruscamente detida; isso é tudo simples, consequente à força de pequenas ações concordantes".

É diante dessa cândida ingenuidade do físico, que Gasparin fez essa apreciação satírica:

> Feliz físico! Feliz mecânico que responde a tudo! Nós, ignorantes, nós acreditávamos ter visto ali algo de extraordinário, e não sabíamos que obedecíamos às duas leis mais elementares do mundo: à lei dos movimentos inconscientes e especialmente à lei dos movimentos nascentes, cuja potência parece ultrapassar a dos movimentos desenvolvidos!

---

146 "Fenômenos magneto-psicológicos" ou "pneumatológicos" – assim denominava Dale Owen os fenômenos psíquicos ou espíritas.

No mesmo artigo da *Revue des Deux Mondes* (p. 530- 531), Babinet realiza um pequeno diálogo consigo mesmo, conforme se segue:

> As mesas se movem pela imposição, suficientemente prolongada, das mãos? Sim. — Qual a causa dos movimentos, em geral muito enérgicos, assim produzidos? É a simultaneidade de ação de todos os esforços concorrentes, quando esses esforços, pequeníssimos em intensidade, estão no estado a que chamei nascente. — As indicações da mesa são inteligentes? Sim, porque ela responde sob a influência inteligente dos dedos impostos. — Não há nada de sobrenatural nessas evoluções? Não. — Não há nada aí de novo, de curioso, de interessante? Há muito de tudo isso, e ainda longe estamos de conhecer todos os pormenores da transmissão dos efeitos da vontade do cabeça da cadeia, dita magnética, à mesa que obedece a todas as suas ordens. — Que é preciso fazer para o progresso desse ramo de conhecimento? É preciso que se observe bem tudo quanto possa relacionar-se com o caso em que a mesa aparentemente parece mover-se sem contato imediato, e se, por suposição, alguém levantasse e mantivesse no ar, sem contato, uma mesa ou um corpo qualquer, poderia gabar-se de haver realizado a primeira de todas as descobertas do século.

Afinal, que fazia Babinet negar peremptoriamente o movimento e o levantamento da mesa e outros objetos, sem contato algum das mãos? Cremos que tudo repousava neste falso raciocínio por ele enunciado no seu trabalho: "Há — dizia — um só exemplo de movimento produzido sem força ativa exterior? Não. Ora, como o movimento a distância não se opera sem força ativa exterior, então o movimento a distância é impossível".

Babinet devia saber que, naquele tempo, ninguém declarava inexistir essa "força ativa exterior". Ao contrário, vários estudiosos, não menos ilustres que ele, admitiam, para explicar esses movimentos sem contato, a ação de um fluido ou agente físico qualquer invisível, de natureza desconhecida e dirigido pela vontade humana. Sabia-se perfeitamente que os objetos não se levantavam miraculosamente, e nunca passou pela mente de alguém, como insinuou Babinet, que se estivesse diante de "verdadeiro efeito sem causa". Com relação àquele enunciado silogístico, disse na ocasião o conde de Gasparin que sua premissa maior é verdadeira e que sua conclusão seria legítima se sua menor não fosse uma petição de princípio pura e simples. E mesmo que se estivesse ante um silogismo perfeito, poder-se-ia dizer, com o escritor português Teófilo Braga, que "a investigação experimental fez que se rejeitassem a autoridade tradicional e o silogismo pela prova de demonstração".

A teoria fluídica, por assim dizer, sofreu com o correr dos anos transformações, deixando o "fluido" de ser algo indefinido ou abstrato para se tornar uma realidade insofismável. No caso que estudamos, o termo fluido tomou a designação mais concreta de "ectoplasma" ou "teleplasma". Através de observações a olho nu e de fotografias batidas durante experiências de levitação, com notáveis médiuns, foram vistas formações ectoplásmicas emanantes dos médiuns, com aspectos bem variados, que lhes valeram diferentes designações, as quais mostravam claramente o seu modo de agir. Sábios como Charles Richet, Oliver Lodge, W. J. Crawford, J. Ochorowicz, Eugène Osty, Bozzano, Morselli, Botazzi, Schiaparelli, Aksakof, Bergson, d'Arsonval, Courtier, Ballet, o casal Curie, Sigdwick e uma multidão de outros ilustres homens de ciência testemunharam, fora outros maravilhosos fenômenos, o levantamento de mesas e outros objetos, *sem contacto algum* do médium ou de qualquer um dos presentes, por intermédio daquelas formações que vimos mencionar. E apesar do progresso nesses conhecimentos, há aí muita coisa ainda para ser esclarecida, o que aos poucos se fará com a evolução da Ciência, juntamente com novos experimentos e mais aprofundados estudos.

Os pequeninos movimentos nascentes ou "começantes",[147] que Babinet criou para explicar os vigorosos movimentos das mesas, não foram olhados com simpatia, como é natural, por todos aqueles que viram os fenômenos, entre eles o famoso literato francês Alphonse Karr, que deles fez *gato e sapato* no periódico *Le Siècle* de 5 de fevereiro de 1854, utilizando-se do estilo humorista e satírico que o tornou conhecido e admirado.

---

147 Babinet – *Études et lectures sur les sciences d'observation* (1856), tomo II, p. 231 – 234.

No que respeita às pancadas ouvidas na mesa e em outros móveis, e que respondiam às perguntas a eles dirigidas, muito em voga nos Estados Unidos, Babinet não as desmentia, mas declarava, *a priori*, que o médium é quem produzia os sons e "pelo processo ordinário da acústica dos ventríloquos".[148]

Essa hipótese, de tão insustentável que era, não suportando o menor exame, caiu por si mesma. Ainda assim o conde de Gasparin, no tomo II de sua obra *Des tables tournantes,* p. 399 a 403, escreveu longo comentário a respeito, do qual extraímos estes trechos:

> Noto que mistificações e embustes provavelmente têm desempenhado seu papel nas cenas que nos são narradas. Não é impossível simular pancadas por meio da ventriloquia, despedaçar louças por meio de composições detonantes, pôr móveis em movimento por meio de cordéis e multiplicar as ilusões que fornecem as combinações de espelhos, as prestidigitações e a física recreativa em geral.
>
> O absurdo é não supor que isso se faça algumas vezes, é supor que isso se faz sempre e em toda a parte. Oh! Assim a hipótese é verdadeiramente insustentável e imagino quão alegres ficaram os *espiritualistas* quando viram Babinet atacá-los dessa forma no número de 1º de maio da *Revue des Deux Mondes*. Se há, com efeito, uma coisa mais difícil de crer que a intervenção dos Espíritos,[149] é a cumplicidade dos quarenta mil, dos sessenta mil médiuns talvez que existem atualmente sobre a Terra. Há entre eles grande número de homens honrados, eminentes, de cuja retidão jamais se duvidou; e eis que nos informam serem estes também mentirosos ventríloquos, que tratam de *embolsar dólares*!

Mais adiante prosseguia Gasparin:

> Como Babinet reconhece que as pancadas batidas em diversas direções não podem ser explicadas pela ação fraudulenta dos pés, ele recorre à ventriloquia. Todos os médiuns são

---

148 *Revue des Deux Mondes*, de 1º de maio de 1854, p. 531.
149 Gasparin, como protestante ortodoxo, não cria de modo algum nessa intervenção.

agora ventríloquos! E como tais infâmias devem ter algum objetivo, ei-los todos endinheirados! Babinet esquece o que ele próprio reconheceu, isto é, que homens importantes figuram entre os *médiuns* americanos e que os *médiuns* europeus não retiram o menor proveito de sua charlatanaria, mentindo gratuitamente!

A fraude, concebível num caso especial e com objetivos locais e determinados, jamais pode ser a explicação legítima de qualquer dos fatos gerais que marcam a história da Humanidade.

E quase a terminar, reafirmava Gasparin a impossibilidade de sessenta mil *médiuns* e quinhentos mil adeptos fraudarem todos os dias, em todos os lugares, durante seis anos.

Não nos devemos admirar com essas coisas, se nos lembrarmos que em 1878, quando da apresentação do fonógrafo de Édison à Academia das Ciências de Paris, o douto acadêmico Bouillaud declarava ter verificado, no caso, após maduro exame, nada mais que simples ventriloquia, não sendo o fonógrafo senão mera *ilusão de acústica*! Vemos, por essa amostra, até onde vai o saber presunçoso dos sábios em geral, quase sempre dispostos a inventar as explicações mais absurdas a fim de não se declararem convencidos ante as realidades novas.

Verificamos que as hipóteses de Babinet falharam, mas esse cientista deixou respondida a suposição daqueles que começavam a dizer que os estalidos dos dedos ou dos artelhos podiam dar nascimento aos sons que se ouviam nos móveis em geral. Se isto acontecesse, declarou ele, os sons partiriam sempre, em aparência, do mesmo ponto, o que não se dava. Essa resposta aplicou-se, como luva, na chamada teoria do "longo perônio", surgida por aquele tempo, e que rapidamente analisaremos.

Tratava-se de uma ideia inteiramente original, que jamais passara pelo cérebro de alguém. Formulou a nova teoria o então célebre médico de Napoleão III, o Dr. Pierre-François Rayer, membro da Academia de Medicina, presidente da Associação Geral dos Médicos de França, o qual, no 1º trimestre de 1854, apresentou, em companhia do Dr. Jobert de Lamballe,[150] ao Instituto de França, um alemão cuja habilidade fornecia, segundo pensava, a chave de todos os *knockings* e *rappings* obtidos no Velho e no Novo Mundo.[151]

Tudo se resumia em declarar que as pancadas e os ruídos diversos, ouvidos nas reuniões com as mesas e com os chamados "médiuns", tinham sua origem no deslocamento reiterado de um dos tendões da perna, o denominado *longo perônio*.

A demonstração com o tal alemão foi feita diante da douta assembleia de acadêmicos, que considerou "interessante" a comunicação, dando azo a que um professor agregado da Faculdade de Medicina, dias depois, cantasse vitória antes do tempo, assegurando que "com o pronunciamento dos sábios, o mistério finalmente ficava esclarecido".[152] "O que não impediu — comentou, em 1859, conhecido escritor e jornalista da época, o Sr. Amable Escande, num artigo dado à luz no jornal parisiense *La Mode* — que o mistério persistisse e aumentasse, a despeito da Ciência, que, recusando-se a experimentá-lo, se contenta em atacá-lo com explicações ridículas e burlescas".

Essa tão ingênua explicação não mereceu dos verdadeiros estudiosos a atenção que lhe quiseram emprestar. Era de pasmar verem-se homens inteligentes, respeitáveis pelos seus méritos científicos, concluírem, por uma única demonstração com um camarada dotado da destreza de deslocar o longo perônio, concluírem que todos os fatos semelhantes (fatos que eles não queriam testemunhar) se processavam da mesma forma. Essa teoria foi indiretamente contestada por Babinet, que se serviu de outra teoria da mesma família para dizer, como já vimos atrás, que "os sons não poderiam provir do estalar dos dedos e dos artelhos, porque assim partiriam sempre em aparência do mesmo ponto, o que não acontece".

O Dr. Jobert de Lamballe, o coadjutor do Dr. Rayer, impressionou-se tanto com a teoria deste último, que anos mais tarde, na

---

150 Jobert de Lamballe (A.J.) – Cirurgião dos hospitais de Paris, professor na Faculdade de Medicina, membro da Academia de Medicina (1840) e da Academia das Ciências (1856). Nomeado cirurgião ordinário de Napoleão III, em 1852. Autor de vários trabalhos de interesse médico, enlouquecendo em 1866.

151 Mirville – *Question des Esprits*, p. 32.

152 *Constitutionnel*, 15 de junho de 1854.

sessão de 18 de abril de 1859 da Academia das Ciências de Paris, apresentava a mesma teoria, então já esquecida, com ligeiras variantes, porém.

Talvez o tivesse feito, em virtude da comunicação que o fisiologista alemão Moritz Schiff apresentara àquela mesma Academia, no mês de abril de 1859, antes do dia 18, relativamente ao "fenômeno oculto dos Espíritos batedores". O Dr. Jobert, após sintetizar as observações e experiências deste seu colega, dele discordou num ponto essencial: era o tendão do curto perônio, e não o do longo perônio (como o queria Schiff), o único agente dos ruídos em questão. Todas as manifestações tiptológicas tinham sua origem nas contrações rítmicas involuntárias do curto perônio, baseando sua afirmação no caso de uma mocinha de 14 anos, que ele conhecera e que apresentava desde os 6 anos, segundo lhe fora informado, movimentos involuntários regulares do mencionado músculo, movimentos esses dolorosos e fatigantes, causadores de ruídos diferentes entre si e de intensidade variável.

O Dr. Lamballe dissecou, perante a Academia, o mecanismo fisiológico pelo qual se obtinham ruídos secos e sonoros, admitindo, em síntese, dois tempos: no primeiro, a contração muscular deslocaria o tendão do curto perônio lateral da goteira óssea; no segundo tempo, com nova contração muscular, o mesmo tendão retornaria à goteira, produzindo, ao bater contra as paredes daquela, um som por vezes audível a distância.

E sem mais nem menos, por analogia apenas, o famoso cirurgião estendeu a explicação desse caso a todos os ruídos e pancadas que testemunhos dignos de fé demonstravam partir dos Espíritos dos mortos.

Os não menos ilustres Drs. Velpeau e Jules Cloquet, seus amigos de trabalho hospitalar, fizeram coro com o Dr. Jobert, após o que toda a Academia os aclamou, satisfeita em ver que desta vez os fenômenos ditos espíritas ficariam *ad aeternum* exterminados. Os homens sem ideia própria, em suas conversas sobre o assunto, só se referiam agora, e com entono de falsa sabedoria, à chamada teoria do "músculo estalante".

Entretanto, muito antes que esta, existira, em 1851, a explicação com base em certos ruídos articulares no joelho, dela tendo sido partidários o Dr. Austin Flint, professor de Clínica Médica na Universidade de Búfalo (Estados Unidos) e os doutores Coventry e Lee. [153]

O objetivo de todos esses respeitáveis doutores não era encontrar a verdade. Já tinham a ideia firmada no espírito de que os fenômenos tiptológicos e outros correlatos, obtidos na presença de médiuns, e atribuídos aos Espíritos, nada mais podiam ser que hábeis mistificações de caráter fisiológico, produzidas por aqueles pseudointermediários. Assim julgando, tudo servia para ser lançado contra a hipótese da comunicação dos Espíritos com os homens, mesmo que pecasse por um sem número de contradições com os fatos.

Os argumentos que se podem contrapor à explicação do Dr. Jobert de Lamballe são igualmente aplicáveis a do Dr. Rayer. Um exame atento da comunicação que aquele fez à Academia revela-nos de imediato: 1º) que o autor jamais presenciou qualquer fenômeno espírítico, e, nessas condições, não tinha o direito de generalizar a sua conclusão; 2º) evidenciando esse total desconhecimento, ele só se referiu aos ruídos estranhos ouvidos junto ao leito de certas pessoas deitadas, e não se lembrou de explicar os ruídos e estalos que se ouvem aqui, ali e acolá, em diferentes partes dos móveis (a mesa, por exemplo), nas paredes, no teto, no assoalho, no espaço, obedientes muitas vezes ao simples pedido mental dos assistentes; não se lembrou de explicar como são produzidos esses ruídos que, inopinadamente, de um momento para outro, surgem em casas desabitadas ou entre famílias que jamais quiseram lhes acontecessem esses fatos; não se lembrou de explicar como a mesa é movida e suspensa sem nenhum contato, como pode ela investir com força contra as pessoas presentes e contra as próprias paredes, a ponto de se quebrar, e qual a causa que a faz bater com os pés e responder, por essa maneira, inteligentemente, as perguntas que se lhe dirigem, revelando até segredos desconhecidos de todos; não se lembrou de explicar uma infinidade de fenômenos outros e nem o poderia fazer com o fragílimo sistema

---

[153] Louis Figuier – *Histoire du merveilleux* (t. IV), p. 337; A. Conan Doyle, *El Espiritismo* (Ed. Espanhola), 1927, p. 67.

do "músculo estalante"; 3º) o Dr. Jobert qualificou de rara e singular afecção a faculdade patólogica que estudou, mas deu a entender, com a citação de apenas um caso (verificado com o Dr. Schiff), que todos poderiam adquirir as tais contraturas musculares, causadoras dos ruídos "sobrenaturais". O famoso literato francês Eugène Nus teceu, a respeito dessas ridicularias, o ligeiro comentário a seguir, no qual se sente o espírito de ironia do escritor:[154] "essa faculdade, raríssima até então nas barrigas de pernas humanas, tornou-se de repente tão comum, que já não há mais necessidade de pesquisar outras causas para os fenômenos de acústica atribuídos pelos americanos aos Espíritos batedores".

Milhares de médiuns, entre eles homens sérios e respeitabilíssimos, encarados como mistificadores e charlatães, e isto porque o Dr. Schiff conseguira, com exercícios continuados sobre si mesmo, produzir à sua vontade alguns dos ruídos em questão. A esse raciocínio precipitado, opôs Kardec[155] estas considerações:

> Mas como o Dr. Lamballe também disse que essa faculdade é acompanhada de dor e de fadiga, o que é bem natural, concordaremos ser preciso vivíssima vontade de mistificar, para que alguém se ponha a estalar seus músculos durante duas ou três horas seguidas sem que isso lhe traga nenhum lucro, tendo apenas por objetivo o prazer de iludir a sociedade.

Temos assim, em rápida análise, as verdadeiras proporções a que ficou reduzida a explicação Rayer-Schiff-Lamballe, cuja inconsistência e incoerência, aliadas a uma ingenuidade anticientífica, fizeram sorrir a muitos estudiosos da época,[156] levando Kardec, "o bom senso encarnado", a escrever ainda este melancólico comentário:[157] "É sempre de lamentar que homens de ciência se afoitem a dar, do que não conhecem, explicações que os fatos podem desmentir. O próprio saber que possuem deveria torná-los tanto mais circunspectos

---

154 Eugène Nus – *Choses de l'Autre Monde, deuxième édition*, p. 151.
155 *Revue Spirite*, 1859, p. 146.
156 Eugène Nus – op. cit., p. 152.
157 Allan Kardec – *O livro dos médiuns*, 24. ed. da FEB, questão 41.

em seus juízos, quanto é certo que esse saber lhes dilata os limites do desconhecido".

Mais tarde, o sábio fisiologista francês Charles Richet, membro do Instituto e prêmio Nobel, ao referir-se às objeções que aqueles ilustres colegas, então já desaparecidos, aventuraram, considerou-as igualmente "infantis" e "bem pobres".[158]

Como dizia o marquês de Puységur, "uma verdade é sempre uma verdade, e cedo ou tarde sua luz rompe as nuvens do erro, da ignorância e da inveja".

Há muito, aquela explicação e tantas outras, sem base na Verdade, jazem no olvido, conservando apenas papel histórico e nada mais. Caíram por si mesmas no descrédito dos próprios homens de ciência, vencidas que foram pela teimosia dos FATOS.

23 Considerações sobre o *Neoespiritualismo* nos Estados Unidos, em 1854. — Crescente número de adeptos. — A célebre petição ao Congresso com quinze mil assinaturas. — O descaso parlamentar. — O Senador Tallmadge versus o Senador Shields. — O Juiz Edmonds responde aos gracejos havidos no Congresso. — Importante sociedade espírita fundada em Nova York.

Mas, volvendo ao ano de 1854, do qual nos desviamos por uns instantes, encontramos um aspecto interessante do movimento iniciado pelos Espíritos: enquanto na França vários acadêmicos se entrecumprimentavam pelo que tinham na conta de mais uma vitória da Ciência, nos Estados Unidos da América do Norte vivia o *Neoespiritualismo* um dos seus belos momentos históricos, que nos permitimos relembrar para os nossos leitores, ainda que resumidamente, apesar de o sabermos não se enquadrar bem no âmbito deste trabalho. Assim o fazemos mais por um sentimento de admiração e

---

158 Charles Richet – *Traité de Métapsychique, deuxième édition*. 1923, p. 32 – 33.

reconhecimento a um pugilo de intrépidos pioneiros espiritualistas (espiritistas) norte-americanos, a cuja frente se colocou Nathaniel Pitcher Tallmadge, senador dos Estados Unidos e ex-governador do território de Wisconsin.

O *Espiritualismo Moderno* vinha alcançando adesões inúmeras, inclusive entre pessoas de reputação nacional ou de muita influência nas cidades em que habitavam. Só na cidade de Nova York, em 1853, existiam pelo menos 40.000 espiritualistas e cerca de trezentos círculos (*circles*), segundo os dados que o poeta e jornalista norte-americano Nathaniel Parker Willis (mais tarde, convertido ao Espiritualismo) registou no *Home Journal* da época.[159]

O movimento efervescia em todas as partes, e com ele o entusiasmo dos crentes novos e contra ele a investida cada vez mais calorosa dos incrédulos pertencentes às correntes materialistas e aos demais grupos religiosos existentes naquele grande país.

Para sanar de vez essa luta de ideias, essa divergência na maneira de aceitar e explicar os curiosos fenômenos em voga, ao Congresso, com sede em Washington, foi dirigida, nesse sentido, no mês de abril de 1854, uma petição apoiada por 15.000 assinaturas, a cuja testa figurava o nome de Tallmadge, seguido de muitos outros nomes dos mais respeitados naquela terra.

A petição é uma longa peça bem escrita, sem paixão partidária, iniciada nestes termos:[160]

> Os abaixo-assinados, cidadãos da República dos Estados Unidos da América, respeitosamente pedem permissão para expor à vossa digna assembleia que certos fenômenos físicos e intelectuais, de origem duvidosa e tendência misteriosa, recentemente se manifestaram neste país e em quase todas as partes da Europa.
> Esses fenômenos multiplicaram-se de tal forma no norte, centro e oeste dos Estados Unidos, que absorvem grande parte da atenção pública. A natureza particular do assunto,

---

159 W. G. Langworthy Taylor – *Katie Fox and the Fox-Taylor record*, 1933, p. 70.

160 Eugène Nus – ob. cit., p. 198-202; Louis Figuier- op. cit. tomo IV, p. 231 – 234; M. Goupy – *Explication des tables parlantes, etc*, 1860, p. 341 – 346.

sobre o qual os peticionários desejamos solicitar a atenção da vossa honrada assembleia, ressai de rápida análise das diferentes ordens de manifestações, imperfeitamente expressas na resumida exposição que se segue.

É então relatada, em síntese admirável, uma série de fenômenos espíritas dos mais comuns, fazendo-se, depois, menção das duas hipóteses gerais com que procuravam explicar as estranhas manifestações: a dos que as atribuíam ao poder e à inteligência dos Espíritos dos mortos, e a dos que sustentavam a opinião de que os princípios conhecidos da Física e da Metafísica forneceriam os meios de investigação suficientes para explicar todos esses fatos, de maneira satisfatória e racional.

Em seguida, os peticionários, apreciando a incontestável realidade dos fenômenos, sua origem misteriosa, sua natureza toda especial e sua alta relevância para os interesses da Humanidade, delicadamente reclamam uma investigação paciente, aprofundada, científica.

Ponderando ser da alçada dos representantes do povo todas as questões que pareçam verdadeiramente capazes de conduzir a descoberta de novos princípios, com prováveis consequências importantes para a Humanidade, pedem os subscritores da petição que sejam ouvidos no caso em apreço.

Respeitosamente requereram, então, ao corpo legislativo fosse nomeada uma comissão escolhida entre os homens mais habilitados, de modo a levar a bom termo a investigação necessária.

Eis como finalizava essa interessante memória: "Cremos que os progressos da Ciência e os reais interesses da Humanidade colherão grande benefício dos resultados das pesquisas a que demos causa, e temos a confiante esperança de que nossa petição será aprovada e sancionada pelas honradas Câmaras do Congresso Federal".

O ex-governador Tallmadge, julgando talvez melhor que a petição fosse apresentada por outrem que não ele, que era reconhecidamente *espiritualista*, solicitou a um dos seus amigos no Senado, o General James Shields, que o fizesse. Encarregou-se este, então, de até apadrinhar o pedido expresso *in fine*.

Qual não foi a surpresa de Tallmadge ao saber que o General Shields aproveitou a ocasião para pronunciar uma oração cômica, que o jornal oficial de Washington reproduziu no mesmo mês de abril de 1854.

O senador iniciou com seriedade a sua palavra, enunciando os principais fenômenos expostos na petição, bem como o objetivo que esta tinha em vista, após o que passou a comparar o movimento de então com a alquimia e a magia, mencionando Cornélio Agripa, Paracelso, Dr. Dee, os Rosacrucianos e Cagliostro, tudo numa exposição salpicada de fina ironia.

Examinada humoristicamente por alguns senadores, com risos gerais, foi enfim o requerimento deposto sobre a mesa, costume parlamentar que consiste em não levar em consideração o assunto apresentado.

A Sra. Emma Hardinge Britten, a famosa historiadora de *Modern American Spiritualism*, referindo-se ao fato em pauta, do seu tempo, escreveu isto:

> A petição foi, segundo a praxe, deposta sobre a mesa; mas, de acordo com as prescrições da lei em tais casos, ela entrou para os arquivos nacionais, onde permanece como prova de que houve ali, em nossa época, pelo menos quinze mil pessoas melhor informadas sobre a filosofia das ciências intelectuais e dos altos interesses da imortalidade, que seus representantes eleitos.

Ainda sobre o desinteresse do Congresso, um dos grandes pioneiros espiritistas dos Estados Unidos, E. W. Capron, deixou impresso este comentário: "É provável que nenhum dos subscritores esperasse melhor solução. Aos carpinteiros e pescadores de todo o mundo é que lhes toca investigar a nova verdade, para que a respeitem os Senados e os Tronos. Em vão se esperará tal respeito de homens colocados em posições tão altas".

O Senador Tallmadge não aceitou impassível o comportamento parlamentar, e pôs os pontos nos *ii* através de animada troca de cartas com o Senador Shields, registadas no periódico *National Intelligencer*, de Washington.

E informa o célebre autor dramático Eugène Nus[161] que o respeitável Juiz Edmonds, cérebro pujante e caráter íntegro, respondeu também aos gracejos havidos no Congresso, com o livro intitulado *Spirit Manifestations*, obra esta que produziu funda impressão nos Estados Unidos.

Nela escrevia o grande jurisconsulto americano:

> Darei uma ideia geral do que presenciei duas ou três vezes por semana, e pelo espaço de mais de um ano. Eu não era então um crente que buscava a confirmação de minhas crenças; pelo contrário, lutava contra a evidência das provas. Não me deterei em relatar, minuciosamente, as precauções que tomei para não me alucinar nem poder ser enganado, bastando dizer que não omiti nenhuma das que me ocorreram, tendo recorrido a todos os meios que achei mais eficazes para evitar as fraudes e torná-las impossíveis, realizando, com o mesmo assunto, exames minutíssimos que iam até a impertinência, além de investigações altamente escrupulosas.

A coisa, porém, não ficou por aí. A 10 de junho de 1854, formava-se uma importante organização "espiritualista", em Nova York, com o nome de Sociedade para a Difusão do Conhecimento Espiritual (*Society for the Diffusion of Spiritual Knowledge*).[162] Seu mais entusiasmado fundador foi o comerciante Charles Partridge, que contratou a Srta. Katie Fox, a já famosa médium de Hydesville, então com 15 anos, para diariamente dar sessões públicas e gratuitas, de dez a uma hora da tarde. [163]

A médium Emma Hardinge, o Juiz Edmonds e o ex-governador Tallmadge foram membros da dita Sociedade, que, além de contribuir largamente para a difusão dos novos conhecimentos, através de um periódico intitulado *The Christian Spiritualism*, amparou monetariamente outros grupos que sob os seus auspícios se fundaram no Estado de Nova York.

---

161 Eugène Nus – op. cit. p. 207.
162 Emma Hardinge – op. cit. p. 133
163 W. G. Langworthy Taylor – op. cit. p. 71.

E graças, ainda, à adesão de alguns destacados homens de ciência daquele país americano, entre eles o Prof. Robert Hare, cujos méritos aqui apontamos, e o Prof. James Jay Mapes, químico agrônomo de grande reputação, professor na *National Academy of Design*, de Nova York, presidente do Instituto de Mecânica e do Instituto Franklin, ambos de Nova York, vice-presidente do Instituto Americano da mesma cidade, e membro de várias sociedades culturais da América e da Europa, graças às investigações de cunho científico com que eles reconfirmaram os fenômenos, desassombradamente deles dando público testemunho, — "os quinze mil tornaram-se milhões", segundo a expressão usada por Eugène Nus.

Robert Hare

24

No Brasil, em meados de 1854. — "Evocações de alma d'outro mundo", interessantíssimo artigo publicado *em O Cearense*. — Sessões em Londres com o Espírito *Lord Byron*. — Esclarecidas inteligências presenciam os fenômenos. — Comunicações de vários Espíritos. — "É composição de Gluck!".

Enquanto o progresso da Nova Revelação ia, *de vento em popa*, nas plagas estadunidenses, vejamos até que ponto, em meados de 1854, o público da terra de Cabral se achava informado dos fenômenos maravilhosos que corriam mundo afora.

O intercâmbio da então modestíssima imprensa periódica brasileira com a imprensa estrangeira limitava-se, naquela época, quase que exclusivamente a alguns países europeus, em especial a França. É desta nação que aqui aportava a maior parte das notícias concernentes aos mais variados fatos que sucediam na superfície terrestre.

Vejamos, por exemplo, o que o jornal *O Cearense*, publicado em Fortaleza, e já conceituado pelos seus oito anos de vida, informava sob o título "Evocações de alma d'outro mundo", em página extraída do *Courrier de l'Europe*, aos 19 de maio de 1854:

Paris, saturada de novidades, e com um paladar estragado, já precisa, para que se lhe desperte a sensibilidade, fatos que toquem as raias do maravilhoso. Maravilhoso seja como for, e de que natureza for, ela o quer a todo o custo, só exigindo que a dose seja suficientemente forte, e capaz de fazer revoltar o bom senso do comum dos homens.

Tivemos as mesas rodantes, dançantes e falantes; mas isso não bastou. E se tais milagres tiveram apenas voga efêmera, se a indiferença, mais que a credulidade, os faz morrer ao nascer, foi somente porque eles não eram bastante extravagantes, nem suficientemente dramáticos. Hoje, porém, não há razão de queixa; manifestou-se o progresso, e o milagre tomou proporções verdadeiramente gigantescas. *Rodar, dançar, dar* (por meio de oscilações dos pés) respostas banais a perguntas triviais eram apenas os primeiros ensaios e exercícios elementares das mesas, que então mal começavam a sua educação mágica, e que faziam ainda no mundo a sua estreia com a timidez da infância. Hoje, porém, amestradas pela experiência, instruídas pelas lições de hábeis professores, e tendo já ascendido ao ponto mais culminante da ciência, as mesas se põem em relação com os mortos, coligem-lhes os pensamentos, e transcrevem-lhes as palavras.

A evocação se faz por intermédio de um *iluminado*, a quem se dá o nome de — médium.

A autenticidade do milagre é fácil de verificar, pois que entre os mortos ilustres há alguns que facilmente se distinguem pelo estilo. Evoque-se um desses ilustres finados; e se as palavras que ele ditar trouxerem o cunho irrecusável do seu gênio, não haverá mais dúvida.

Um escritor muito grave publicou, com toda a seriedade, que, achando-se em Londres há pouco tempo, levaram-no a uma dessas sessões mágicas, onde foi evocado o Espírito *Lord* Byron. O nobre poeta cumprimentou todos os assistentes, e particularmente o dito — grave escritor. Este conservava ainda algumas dúvidas, e não se queria confessar vencido sem uma prova decisiva. E como trazia na algibeira uma pequena poesia de sua composição, e acabada havia pouco, pediu ao grande poeta se dignasse de traduzir essa modesta poesia em versos ingleses, no seu gosto e estilo tão conhecidos no mundo literário. *Lord* Byron respondeu muito obsequiosamente que consentia no pedido, e meia hora depois produzia a tradução exata, e muito mais bela que o original, em quatro estrofes de oito versos cada uma.

Era irrecusável a prova; o gênio do poeta revelava-se em cada hemistíquio; e os muito competentes e esclarecidos declararam unanimemente que não havia em Inglaterra um só poeta capaz de imitar com tão rigorosa exatidão a forma byroniana, e de improvisar em meia hora trinta e dois versos tão admiravelmente belos.

O articulista, desconhecedor das leis que regem relações entre este mundo e o outro, escreveu em seguida:

> Que tal o prodígio? E que fonte de riqueza para esse — *médium* — que pode por essa forma obter, sempre que o queira, tais versos, que o próprio Byron em sua vida nunca vendeu por menos de um guinéu e que os livreiros e editores pagariam hoje pelo mesmo preço, e ainda mais caro, pela singularidade da origem e pelo merecimento particular de serem *versos do outro mundo*! Essas invocações, muito em voga em Londres e nos Estados Unidos, começam a fazer bulha em Paris. Não há muito

que teve lugar uma sessão sumamente curiosa, em brilhante salão dos Campos Elísios, dirigido por uma mulher de espírito e de talento,[164] e que então reunia uma sociedade bem escolhida. Eis aqui o modo de proceder do médium: coloca-se diante de mesa, sobre a qual há um quadrante semelhante ao de um relógio, com esta única diferença: que em lugar das cifras que designam as horas, o círculo reproduz as vinte e cinco letras do alfabeto. Um ponteiro roda sobre o quadrante, partindo do centro. Logo que o operador, pela onipotência de sua aptidão e vontade magnética, se põe em relação com o Espírito evocado, estende as mãos e comunica à mesa o fluido que o anima. O Espírito fala, sem que se ouça; mas a sua voz misteriosa influi sobre o ponteiro, que começa a mover-se, formando as palavras que o Espírito lhe vai ditando, com paradas sucessivas, após terminada cada uma delas. Os assistentes vão transcrevendo essas letras em papel. Nada há mais simples: o processo é o mesmo que o telégrafo elétrico.

O que, porém, surpreende e maravilha é ver o ponteiro rodar por si mesmo, e obedecer ao Espírito que o impele. É esse o grande prodígio, que excede tudo quanto até hoje se tem visto de mais espantoso e incrível a respeito de mágicas, *nigromancias* e feitiçarias; e ainda mais espantoso e admirável quando o Espírito evocado escreve sobre o quadrante algumas dessas coisas sublimes, profundas e inéditas, que o *médium* não podia imaginar por si.

No salão de que falamos, dos Campos Elísios, os assistentes, pessoas escolhidas, altas inteligências, celebridades nas ciências, nas artes e nas letras, formaram um auditório muito competente para julgar, e muito difícil de se contentar.

A primeira evocação que se fez foi a da *Ninon de Lenclos*.[165] Eram presentes muitas senhoras, e para satisfazê-las é que

---

164   Trata-se evidentemente da Sra. Émile de Girardin.

165   Ninon de Lenclos (1620–1705) — célebre cortesã francesa, dona de admirável formosura e talento, amante dos homens mais famosos do seu tempo, e, segundo Voltaire, também distinguiu com a sua intimidade o cardeal Richelieu. Seu salão foi muito frequentado por uma multidão de cultos admiradores e de distintas damas. Bateu-se contra o espírito dogmático de sua época e a favor do livre-exame.

foi evocada a ilustre amiga do conde da Villarceaux, da Sévigné, da la Chatre e tantos outros homens ilustres. As senhoras presentes no salão fizeram perguntas acerca dos meios que, em sua vida, Ninon tinha empregado para conservar-se eternamente moça e bela, a ponto de ainda inspirar paixões na idade de setenta anos. Ninon respondeu com muito espírito, e deu bons conselhos às perguntadoras. Ela falou na linguagem do século XVII e contou algumas anedotas daquele tempo, dessas que não se podem inventar, e que escaparam à coleção de Tallemant des Réaux.
Depois de Ninon, veio o Regente, e depois de Filipe de Orleans, a condessa Du Barry. Ambos encantaram e maravilharam o auditório com a revelação de muitas particularidades estranhas e picantes, que só eles podiam saber. Até aí só a curiosidade tinha determinado a escolha dessas personagens; mas a prova se tornou mais séria quando o operador trocou o quadrante alfabético por outro que, no círculo, tinha escritas todas as notas e os diversos sinais da música, e que um dos circunstantes exigiu a evocação do compositor Gluck.[166]
O célebre rival de Piccinni respondeu ao apelo. Pediram-lhe que compusesse uma ária, e ele não tardou em satisfazer ao pedido. Rodou o ponteiro; em papel pautado se foi transcrevendo quanto ele designava, e pouco depois a ária era executada ao piano. Logo aos primeiros compassos começou-se a conhecer o estilo do mestre: era o de Gluck, indubitavelmente, e na sua maior pureza; era um desses fragmentos que seria bem cabido no *Orfeo* ou na *Armida*. Depois, os nossos compositores mais célebres eram presentes, e declararam que ninguém se podia enganar, e que não haveria um só músico notável, nenhum discípulo do Conservatório, nem mesmo um simples amador, que, ouvindo aquela ária, não dissesse: — É composição de Gluck!

---

166   Cristovão Willibald Gluck (1714–1787) nasceu na Alemanha, uma das mais notáveis figuras da história da ópera. Realizou genial reforma na ópera italiana e na francesa, deixando inúmeras obras, como *Orfeu ed Euridice, Alceste, Paride ed Elena, Iphigénie en Aulide, Armida, Iphigénie en Tauride*, etc., etc. Cognominaram-no de "Michel Ângelo da música".

25 O sábio químico Chevreul e sua célebre memória sobre a varinha divinatória, o pêndulo explorador e as mesas girantes. — Hipótese da ação inconsciente dos movimentos musculares. — Críticas à parcialidade de Chevreul. — As mesas falantes na opinião desse autor. — Fortes argumentos se lhe contrapõem. — Fragilidade da hipótese de fraude. — O Prof. Thury, da Universidade de Genebra. — Tiro de morte nas hipóteses aventadas. — Levanta-se, sozinho, um piano de 300 quilos! — Aparece a Chevreul o Espírito do seu amigo.

Na sessão de 24 de junho de 1854 da Academia das Ciências de Paris, o sábio químico Michel Chevreul, do qual já tivemos ocasião de anotar breves dados biográficos (nota 39), apresentava aos seus colegas um fragmento do livro que iria editar, fragmento intitulado *Sur la baguette divinatoire, le pendule explorateur et les tables tournantes*.[167]

Essa memória é, em última análise — escreve o Sr. Govi[168]—,

> uma ampliação desse pensamento engenhoso do autor: todos os fenômenos de movimento de corpos inertes, embora pareçam obedecer a leis misteriosas, são apenas charlatanarias, ou manifestações dos nossos pensamentos por intermédio dos órgãos e sem o concurso explícito da vontade.

O interesse que a obra de Mirville despertara para o fenômeno das mesas girantes obrigava a Academia a manifestar-se de alguma forma, pelo menos indiretamente, através de um dos seus respeitáveis membros.

Chevreul fora incumbido, pela sua ligação, no passado, com fatos outros semelhantes, de apresentar um relatório que pudesse satisfazer à Academia e à opinião pública em geral.

Em 1833, em uma carta dirigida ao grande físico Ampère, estampada nas colunas da *Revue des Deux Mondes* de 1º de maio

---

167 O livro tomou nome semelhante: *De la baguette divinatoire, du pendule dit explorateur et des tables tournantes*, e só foi dado a público em fins de 1854, pelos Editores Mallet-Bachelier.

168 *Cosmos*, tomo V (julho a dezembro de 1854), p. 106 e seguintes.

do mesmo ano, Chevreul recordava as experiências que ele realizara em 1812, a respeito dos chamados pêndulos exploradores (*pendules explorateurs*), com os quais foi o naturalista Fortis o primeiro autor a fazer experiências, e isto pouco antes de 1803.[169]

A conclusão a que ele chegara, do muito pouco que vira, desprezando uma multidão de fatos inexplicáveis por sua teoria, e cingindo-se apenas às experiências de maior simplicidade, resumia-se neste seu parecer: o movimento muscular insensível do braço faz o pêndulo sair do estado de repouso, e as oscilações, uma vez começadas, são aumentadas pela influência que a vista exerce para colocar o operador num estado particular de disposição ou tendência ao movimento.

Chevreul, satisfeito com esta sua interpretação, correu a estendê-la, naquela mesma carta, às "varinhas divinatórias" (*baguettes divinatoires*), e o fez com rara infelicidade numa pequena e inexpressiva nota, que aberra, descomedidamente, da verdade dos fatos.

As varinhas divinatórias foram conhecidas desde a mais remota antiguidade, pelos judeus, hindus, citas, persas, babilônios, romanos, etc., sendo utilizadas na prática da adivinhação. A *Bíblia* mesma a elas se refere sob outros nomes. A Igreja Católica e a filosofia dos fins do século XVII explicavam os movimentos da varinha pela ação do diabo.[170] Relatar os espantosos fatos, às centenas, observados há mais de três mil anos com o auxílio daquele meio, não vem a propósito. No século XIX, e até os dias de hoje, o papel da varinha divinatória se circunscreveu quase que à descoberta de mananciais ou fontes de água subterrâneas, bem como de depósitos metalíferos.

Chevreul, em 1854, pôs-se em campo, conforme já vimos, tornando, com antecipação, conhecidas publicamente as suas intenções. O periódico parisiense *Assemblée nationale*, de 2 de março de 1854, destacava a preocupação do químico francês em responder ao livro de Mirville, nos capítulos referentes às mesas girantes e falantes, e logo depois escrevia isto:

---

169   Louis Figuier – *Histoire du mervelleux dans les temps modernes*, Paris, tomo II, 1860, p. 162.
170   Idem, ibidem, p. 146.

O Sr. Chevreul declara que se ocupará do primeiro fenômeno porque ele o viu, e não do segundo, porque não no viu... Não podemos, por nossa parte, aceitar esses motivos: fatos são fatos. Além do mais, nos fenômenos que têm entre si íntima conexão, como levar em conta uns, e não outros? É desprezar o verdadeiro método científico.

Também a *Gazette Médicale* de 25 de fevereiro de 1854, a propósito do rumo que aquele ilustre homem de ciência daria ao seu trabalho, além de se pronunciar contra a negação *toute gratuite et même légère* de todos os fatos verificados com as mesas, acrescentava firmemente: "Admitir que as mesas giram e não querer que elas falem é procedimento de lógica arbitraríssima". Se se disser que esse eminente químico apenas viu (assim ele o deixa entender) a faceta menos importante do fenômeno das mesas girantes, pode-se, desde já, perceber o nenhum valor que suas teorias mereceriam da parte dos estudiosos em geral.

Naquela sessão da Academia, em 24 de junho de 1854, Chevreul esgotou a hora regimental com a leitura da primeira parte do seu longo trabalho sobre o objetivo que tinha em vista atingir. Trouxe à baila os pêndulos exploradores e as varinhas divinatórias, efetuou um estudo histórico, leu a carta que dirigira a Ampère, tornando a frisar que tudo se reduzia, em última análise, seja a charlatanarias, seja a movimentos musculares imperceptíveis determinados pelo pensamento do operador, ainda que independentes de sua vontade. Para servir à sua teoria, Chevreul menosprezava experiências atestadas por inúmeras testemunhas idôneas e de profundo espírito crítico, arrolando aquelas entre os casos de impostura, somente porque algumas não obtiveram posteriormente o êxito desejado. Seria ocasião de lembrar ao respeitável cientista esse princípio de inabalável lógica científica: "mil fatos negativos jamais podem destruir um fato suficientemente demonstrado".

Com relação às varinhas divinatórias, se os fenômenos se restringissem a simples movimentos de intensidade mínima, com boa vontade poder-se-ia dizer que a hipótese de Chevreul avultaria ante as demais. Mas não se dá apenas isto. Elas possuem movimentos bruscos de inflexão, "com uma força quase irresistível",[171] chegando, por vezes, a se quebrarem; giram em torno do seu eixo, quando seguras pelas suas extremidades, e giram, em certos casos, até sem nenhum contacto dos dedos; revelam quase sempre uma atividade tal, que se fica obrigado a admitir a ação de uma força inteligente extra-humana, livre e independente; e muitas coisas mais se acham descritas, a esse respeito, por ilustres e idôneas personalidades do clero e da Ciência.

O célebre padre e teólogo oratoriano Pierre Lebrun, que conheceu e estudou numerosos e habilidosos rabdomancistas, e ao qual Chevreul respeitosamente dedicou a sua obra citada em a nota 166, escreveu em seu *Traité des Superstitions* que ele tinha, seguras, ambas as mãos de um presidente do parlamento de Grenoble durante uma experiência com a varinha divinatória, "o que não impediu que ela se torcesse tão fortemente que o presidente pediu quartel, pois que seus dedos se magoavam" (tomo II, p. 333).

No tomo III dessa mesma obra, o padre Lebrun, contrariando o seu futuro admirador, inscreveu este interessante comentário, que parece não ter sido meditado por Chevreul:

> Visto que demonstramos que nenhum corpo faz girar a varinha, vejamos qual é o Espírito que a põe em movimento. Seria o desejo daqueles que a consultam? Mas o Espírito do homem nada pode a não ser sobre o corpo que lhe está unido. Aliás, não é o espirito humano que consulta a varinha? E a consulta não é sobre uma coisa que lhe é desconhecida? Ele não sabe, pois, o que a varinha deve responder. Como então poderia dirigir-lhe o movimento?

A primeira explanação de Chevreul, diante do seleto plenário acadêmico, não passou de uma preparação de ambiente, para que o douto conferencista penetrasse com mais facilidade no ânimo dos seus ouvintes quando, noutra reunião, fosse tratar da dança das mesas e de outros fenômenos, que poderiam, no seu entender, ser também explicados por "ações análogas" às já mencionadas. Assim

---

[171] Charles Richet – *Traité de Métapsychique*, 2. ed., p. 292.

aconteceu: em 31 de julho. Chevreul subiu à tribuna da Academia das Ciências para continuar a leitura do seu extenso trabalho, agora sobre a discutida questão das mesas girantes e falantes.

Escreveu o comentarista da famosa revista *Cosmos* que o orador não acrescentou absolutamente nada ao que já anteriormente havia dito: as mesas giram, tal como as varinhas, sob a ação de movimentos musculares impressos pelo pensamento do operador.

É nos capítulos terceiro e quarto da obra que posteriormente Chevreul publicou que se encontra explanado o assunto referente às mesas. Aí declarou que se consagraria ao estudo das mesas girantes, por ele vistas, e não das mesas falantes, que disse não ter visto. Contudo, sentindo depois que lhe não ficaria bem deixar de analisar as segundas, já que o criticavam por isso, fez menção dessas mesas "batedoras", conforme as denominava, e levantou esta explicação: "uma pergunta, dirigida à mesa, desperta na pessoa que sobre ela age, e sem que disso se inteire, um pensamento cuja consequência é o movimento muscular, capaz de fazer bater um dos pés da mesa, de acordo com o sentido da resposta que parece mais verossímil a essa pessoa". E, em apêndice, repisava o mesmo autor: "Quando os pés da mesa se levantam e vos respondem, quem os faz levantar é o vosso pensamento".

Chevreul, como se vê, só conseguiu ajustar a varinha divinatória e as mesas sobre o leito de Procusta (sua teoria), sacrificando-lhes a parte mais bela, mais vital, mais importante de suas manifestações. Como bem destacou Mirville, que pode haver de comum entre o resultado imperceptível de um pensamento nascente e as revelações de coisas e de fatos completamente desconhecidos não apenas dos operadores, mas também de todos quantos interrogam? Com respeito às mesas "batedoras" ou "falantes", como explicaria Chevreul as respostas corretas, obtidas de perguntas mentais emitidas pelos assistentes das sessões? Se tudo isso não bastasse, o movimento e até o levantamento das mesas, sem nenhum contacto de mãos ou dedos dos operadores, não mais deixariam dúvida quanto à derrocada total da teoria do famoso descobridor das velas esteáricas.

Em virtude, certamente, dos fatos contraditórios, ele resolveu abrandar o pronunciamento acima, declarando, com prudência:

Eis o que me parece verossímil no fenômeno das mesas batedoras. Mas, em atenção às reservas feitas precedentemente, digo, qualquer que seja aos meus olhos essa verossimilhança, que não a apresento como coisa verdadeira e nem o faço com a mesma segurança que pus na exposição da teoria dos fenômenos do pêndulo explorador, deduzida de minhas experiências e minhas observações pessoais (p. 224 do seu livro).

Chevreul, na memória apresentada à Academia, finalizava com estas considerações queixosas:

> Ó vós que credes de boa-fé na faculdade reveladora das mesas falantes, na intervenção de Espíritos sempre prontos a levantar para vós o véu que encobre o mistério do mundo presente e futuro, dai pelo menos prova de inteligência; em lugar de vos perderdes num labirinto de questões vagas, ociosas, imprudentes, interessai-vos pelos grandes males que afligem a Humanidade, pedi aos vossos oráculos tão condescendentes o preservativo ou o remédio para o mal da videira, para a febre amarela, para a cólera-morbo; tereis então dado prova de uma Ciência verdadeiramente sublime, e não mais nos caberá o direito de vos tratar como sonhadores.

Sempre a mesma argumentação sofística e capciosa.

> Se — conforme ponderou Allan Kardec em *O que é o espiritismo* — bastasse interrogar os Espíritos para obter a solução de todas as dificuldades científicas ou para fazer descobertas e invenções lucrativas, todo ignorante podia tornar-se sábio sem estudar; todo preguiçoso, ficar rico sem trabalhar. Os Espíritos ajudam o homem de gênio pela inspiração oculta, mas não o eximem do trabalho nem das investigações, a fim de lhe deixar o mérito.

Se, por acaso, a mesa falante revelasse, naquele tempo, que a febre amarela se transmite por um mosquito, sem dúvida todos os acadêmicos e todas as academias ririam a bandeiras despregadas, criando um sem número de pilhérias e anedotas em torno da original revelação...

Cumpria ainda elucidar, naquele meado do século XIX, que os Espíritos não vinham abolir a iniciativa dos esforços humanos na conquista dos conhecimentos e estabelecer na Terra o regime dos braços cruzados e da preguiça mental. Se algo de novo sabem, elevadas entidades espirituais, no domínio da Ciência, chegada a ocasião propícia elas o inspiram a dedicados colaboradores encarnados, sem, contudo, lhes cercear a atividade própria.

Se as respostas das mesas comumente eram vãs e frívolas, é porque vãos e frívolos eram os seus autores espirituais. Isto, porém, não altera os fatos e não desdiz a teoria da manifestação dos Espíritos.

Vamos adiante. O Dr. Louis Figuier, referindo-se à hipótese da ação inconsciente dos movimentos musculares, devida a Chevreul, contestou-a deste modo, no tomo IV do seu livro *Histoire du merveilleux*:

> Acham que ela explica satisfatoriamente a rotação de uma grande mesa de sala de jantar, e mesmo uma de refeitório, ou a rotação de uma mesa de pé de galo sobre a qual há um peso de setenta e cinco quilos? Não somos desse parecer. Ao tratar, no segundo volume desta obra, da varinha divinatória, aderimos à teoria do Sr. Chevreul. Os movimentos inconscientes dos músculos bastam para explicar a direção constante de um pêndulo suspenso por um fio, bem como o giro de uma varinha de vime entre as mãos de um "vedor", visto que a impulsão mecânica que produz tais movimentos é da mais mínima intensidade.[172] Mas o caso é inteiramente outro quando se trata de explicar o deslocamento de um corpo de certo peso: aqui, o efeito mecânico produzido está fora de proporção com a causa invocada. Além disso, e está nesse ponto a consideração fundamental, se esta teoria pareceu, a princípio, plausível, é que ela só se aplicava ao fenômeno da rotação das mesas. Os efeitos surgidos posteriormente, isto é, os fenômenos que os médiuns apresentaram, ao substituírem o mecanismo por demais lento e indireto das mesas, ficam inteiramente fora daquela esfera de explicações. Uma teoria

---

172 Os fatos de ontem e de hoje provam que essa asserção é falsa em muitas ocasiões.

que explica a rotação das mesas, sem explicar a maneira por que os médiuns recebem e exprimem suas inspirações, não poderia obter a adesão dos homens sérios. Este duplo caráter — terminava a sua crítica o conhecido vulgarizador científico — falta à teoria que ora recordamos.

Todavia, para jogar abaixo a habilidosa explicação do professor Chevreul, não precisaria aquele escritor chegar aos médiuns. Bastaria invocar, como atrás salientamos, os movimentos e suspensões de mesas e de diferentes outros objetos, sem contacto algum das mãos dos assistentes, fato que então já não podia ser negado. E porque Louis Figuier não se serviu dessa excelente argumentação? Simplesmente porque, dizia ele, "o movimento das mesas, operado sem contacto material, é manifestamente uma impossibilidade física".

Ressaltando a perfeita honorabilidade, o espírito científico, os consideráveis conhecimentos de Gasparin, Figuier não põe em dúvida as afirmações do ilustre diplomata quanto à verdade do movimento sem contacto, mas se vê forçado, por considerar o fenômeno anormal e contrário a toda lei física, a acreditar na possibilidade de fraude, praticada por alguns dos assistentes, sem que disso ninguém se apercebesse.

Verifica-se, por aí, a quanto vai a insensatez de alguns homens de inteligência, e caberia bem aqui esta frase de Eugène Nus: "A maior das alucinações é a de crer que se conhecem todas as Leis da Natureza".

Se Figuier realmente folheou a obra de Gasparin, sobre as mesas girantes, deveria ter lido, em suas páginas, o capítulo dos *Fatos*, no subcapítulo "Apreciação dos resultados", que analisa matematicamente, com raro espírito científico, e não com meras palavras soltas ao vento, três hipóteses: ação muscular involuntária, fraude discreta e até mesmo fraude violenta, grosseira. Todas as três caem fragorosamente por terra ante as demonstrações irretorquíveis de Gasparin, que, como já sabemos, obteve, sem de leve tocá-la, o levantamento de uma mesa sobre a qual havia um peso de 75 quilos, e em condições que não permitem sequer o pensamento de fraude.

Deviam também ser do conhecimento de Figuier os fatos que Thury, professor de Física e de Astronomia na Academia de Genebra

(Suíça), publicou em 1855 na brochura intitulada *Les Tables tournantes considerées au point de vue de la question de physique générale qui s'y rattache*. Aí descreveu ele esta interessante experiência que teve oportunidade de observar juntamente com Gasparin:[173]

> Duas pessoas apenas, Sra. de Gasparin e Sra. Dorat, arrastam, sem a tocar, uma mesa de pé de galo que gira e se balança debaixo de suas mãos, postas a 2 ou 3 centímetros de distância do tampo. Vi continuadamente o espaço livre entre as mãos e a superfície da mesa, e estou seguro de que não houve contato durante quatro ou cinco revoluções do móvel... *Nenhuma dúvida era possível*.

Do mesmo autor transcreveremos outro relato, cuja extraordinária transcendência era, já naquela época, um tiro de morte às ideias de fraude, e um atestado vivo e insofismável do movimento de móveis, independentemente do contato de quem quer que seja.

Thury, além de confutar a condição que Gasparin dizia indispensável, isto é, a vontade daquele que opera, confirma o movimento e levantamento a distância. Eis o que ele deixou escrito (p. 21 a 25):

> Esses fatos têm por garantia o testemunho de um homem que eu queria poder nomear, pois que seus conhecimentos e seu caráter são de todos conhecidos. É em sua casa, e sob seus olhos, que se verificaram os fatos que vou narrar.
> No tempo em que todos se divertiam, fazendo girar e falar as mesas, ou conduzindo, sobre o papel, lápis colocados em arandelas (*bobèches*), as crianças da sobredita casa várias vezes se divertiram com esse passatempo. A princípio, as respostas obtidas foram tais, que ali se podia ver um reflexo do pensamento inconsciente dos operadores, um "sonho dos operadores, acordados". Cedo, entretanto, o caráter dessas respostas pareceu mudar: o que elas manifestavam, mui dificilmente poderia sair da alma dos jovens interrogadores; enfim, houve tal oposição às ordens dadas, que o Sr. N..., duvidoso sobre a verdadeira natureza dessas manifestações, proibiu que elas

---

[173] Citado por Charles Richet: *Traité de Métapsychique*, 2. ed., p. 533.

fossem de novo provocadas. Desde então, arandelas e mesas retornaram ao repouso.

Mal havia passado uma semana após o fim daquelas coisas, quando uma criança da casa, aquela que anteriormente conseguira maior êxito nas experiências das mesas, se tornou o agente ou o instrumento de fenômenos estranhos. Essa criança recebia lição de piano, quando um ruído surdo ressoou no instrumento, com tal vibração, que o aluno e a professora o fecharam a toda a pressa e abandonaram o salão.

No dia seguinte, o Sr. N..., prevenido do que se passara, assiste à lição, à mesma hora de sempre, ao cair da noite. Ao cabo de cinco a dez minutos, ele ouve sair do interior do piano um ruído difícil de se definir, mas que devia ser produzido por algum instrumento de música, pois que tinha qualquer coisa de musical e de metálico. Logo depois, o piano, com peso superior a 300 quilos, se levanta um pouco pelos seus dois pés anteriores. O Sr. N... se coloca numa das extremidades do instrumento, que ele experimenta levantar. Acontece, então, que ora o piano conservava seu peso normal, que ultrapassava a medida das forças do Sr. N..., ora dava a sensação de não ter nenhum peso, não mais se opondo à menor resistência. Como os ruídos interiores se tornavam mais e mais intensos, ele pôs fim à lição, com receio de que o piano sofresse algum dano.

Resolveu-se que as lições seriam dadas pela manhã, e num outro salão, situado no andar térreo. Os mesmos fenômenos se reproduziram, e o piano, mais leve que o outro, se levantava bem mais alto, isto é, algumas polegadas. O Sr. N... e um rapaz de dezenove anos experimentaram, em conjunto, calcar com todas as suas forças as duas extremidades que se levantavam. Verificaram, então, que ora o piano vencia essa vã resistência, erguendo-se assim mesmo, ora o mocho, sobre o qual a criança estava assentada, recuava com grande velocidade.

Se fatos que tais fossem produzidos uma vez só, poder-se-ia crer nalguma ilusão da criança ou das pessoas que os presenciaram; porém, eles se renovaram grande número de vezes, e isso durante quinze dias seguidos, na presença de testemunhas diferentes. Afinal, uma manifestação violenta se produziu, e desde aquele momento nenhum fato extraordinário voltou a se processar naquela casa...

Não cremos — prossegue Thury — que se procure atribuir ao esforço muscular direto de uma criança de 11 anos o levantamento de um peso de 200 quilos.[174]

Uma dama, que dissera explicável o efeito pela ação dos joelhos, passou, ela mesma, a mão entre o bordo do piano e os joelhos da criança e pôde assim convencer-se de que sua explicação não tinha fundamento.

A própria criança, para tocar ao piano, punha-se de joelhos sobra o mocho, e apesar disso não cessavam as perturbações de que ela tinha medo.

Aqui, eu chego ao ponto importante da questão: *quereria* a criança a produção daqueles fatos, como se precisaria admitir na teoria do Sr. de Gasparin? Segundo o testemunho dela, que acreditamos inteiramente verdadeiro, *ela não o queria*, parecendo visivelmente contrariada com essas coisas...

Mas, sabe-se que às vezes o nosso ser desdobra-se, se entretém consigo mesmo (sonhos), deseja inconscientemente o que não quer... Seria mister recorrer a explicações desse gênero, quiçá demasiado sutis, para quadrar esses fatos à teoria de Gasparin, e seria necessário, ainda, modificar e ampliar a deste mesmo autor, admitindo-se que o desejo, ainda que inconsciente, aja à revelia da vontade formulada.

Há, pois — encerrava, Thury, sua narração —, acerca do ponto essencial de Gasparin, razão para dele se duvidar.

O levantamento dos dois pesados pianos pareceu a Camille Flammarion tão extraordinário e concludente, que ele não conteve esta exclamação (*Les Forces naturelles inconnues* (1906), p. 372–373): "Diabo! Que mais é preciso aos físicos, aos químicos, aos sábios oficiais, a fim de que despertem do seu torpor, apliquem os ouvidos, abram os olhos e saiam de sua nobre e farisaica indiferença?"

---

[174] Nota de Thury: Com mais forte razão, de 300, como o pesado piano *Érard*, que foi objeto em primeiro lugar.

A decantada teoria do movimento muscular inconsciente, de Chevreul, perdia, com esses fatos relatados pelo eminente professor suíço, as poucas probabilidades que ainda tinha de vida.

O marquês de Mirville, em sua obra *Question des esprits*,[175] não deixou passar em branco as ideias do químico Chevreul. Opôs-lhes argumentação cerrada e bem concatenada, que certamente teria dado o que pensar ao sábio francês.

O conde de Gasparin, ao referir-se aos levantamentos de pesos e aos movimentos sem contato, salientava que todas as tendências aos movimentos, reunidas, não poderiam produzir uma impulsão a distância. Confiante, declarava a seguir: "Ninguém melhor o compreenderá que o sr. Chevreul; com essa lealdade que é apanágio da coragem, com essa sinceridade que sempre acompanha a verdadeira Ciência, não hesitará ele em reconhecer que sua objeção não tem o valor que era natural atribuir-lhe no começo".

Infelizmente, apesar dos numerosos fatos que se antepuseram à teoria de Chevreul, o orgulho deste, que considerava ser o seu trabalho uma "obra de erudição", talvez tenha sido a causa que o impediu de se retratar, tal como acontece frequentemente entre os seus pares.

Aliás, é interessante lembrar que o ilustre químico, quarenta anos antes, em 1814, segundo consta no tomo II da *Anatomie comparée du système nerveux*, de Leuret e Gratiolet (Paris, 1857, p. 534),[176] foi visitado pelo fantasma de um seu amigo, exatamente no momento em que este desencarnava longe de Paris. Isto, todavia, não foi suficiente para que Chevreul se interessasse por essas manifestações *post-mortem*, naturalmente porque ele, como tantos outros homens de projeção, achava-se preso aos preconceitos sociais e científicos da época.

A teoria dos "movimentos inconscientes" incentivou o nascimento de uma multidão de outras, pouco importando que não tivessem, na essência, nenhuma relação com o fenômeno que pretendiam explicar. A maioria dos espíritos se contentava com argumentações teóricas, desprovidas de qualquer fundamento experimental.

---

175 Mirville – *Question des esprits*, 1855, p. 51 – 68.
176 Narrado por Richet no seu *Traité de Métapsychique*.

Como bem se expressava Mirville, eram, porém, "invenções, ora mais, ora menos infelizes, que cada manhã se fundiam como a neve, ao nascer de uma nova experiência".

26
O Cavaleiro Gougenot des Mousseaux só vê demônios nas "mesas girantes e falantes". — Divergência de muitos católicos. — O redator de *La Table Parlante* crê em comunicações dos mortos. — Os exorcismos. — O vigário de Saint-Roch e o tamborete irrequieto. — O redator de *La Patrie*. — Monsenhor Bouvier, após negá-los, aceita os fatos. — "Operações diabólicas", salienta o bispo de Mans. — Satanás perde para o progresso.

Recordemos mais algumas das explicações divulgadas na época, quanto às mesas girantes e falantes.

Um nome que ganhou projeção nos meios eclesiásticos foi o do Cavaleiro Gougenot des Mousseaux, católico dos quatro costados. Data de 1854 a publicação de sua primeira obra sobre o assunto de que nos ocupamos e intitulada *Moeurs et pratiques des démons ou des esprits visiteurs, d'après les autorités de l'Église, des auteurs payens, les faits contemporains, etc.*, obra esta que recebeu, tal como a de Mirville, elogios da revista dos jesuítas *La Civiltà Cattolica*, até hoje existente.

Mais arraigadamente preso à doutrina católica do que o marquês de Mirville, ele vê em todas as manifestações da mesa, cuja veracidade testemunhou, a presença do "tentador", os sinais precursores do advento do Anticristo. Com referência especial às mesas falantes e aos médiuns norte-americanos, frisava que nada mais se fazia que negociar com os demônios.

Contestou-o o culto protestante conde de Gasparin, mostrando, com argumentos bíblicos, interpretados a seu modo, que esse papel não podia ser atribuído aos demônios e nem também aos "anjos" e às "almas". Verifica-se, porém, que o famoso estadista não se saiu tão bem quanto era de esperar, pois se prendeu demasiado à letra das Escrituras. Aliás, cumpre ressaltar que destas também se serviu Des Mousseaux para firmar o ponto de vista católico, juntando ainda uma multidão de textos extraídos de doutores, padres e outras autoridades da Igreja, desde os primórdios do Catolicismo, além de uma série de fatos sobre as mesas, selecionados dentre aqueles que melhor se adaptavam para demonstrar a intervenção de forças maléficas (ou galhofeiras, seria melhor).

Eis um desses fatos que Mousseaux consignou em sua citada obra, às páginas 300 e 301, conforme o diálogo com a mesa:

> — Foste tu quem tentou a primeira mulher?
> — Sim.
> — Tu ou a tua raça?
> — Eu.
> — Foi sob a forma de serpente?
> — Sim.
> — És do número dos demônios que entraram nos corpos dos porcos?
> — Sim.
> — Que atormentaram Madalena?
> — Sim.

Gougenot des Mousseaux, ao que parece, foi sempre perseguido por casos dessa espécie, talvez porque aos Espíritos comunicantes fizesse constantemente as mesmas perguntas tolas e fora de propósito. Ele assistiu a várias experiências, nas quais participaram um arcipreste, dois vigários, um capelão e um antigo aluno da Escola Politécnica,[177] tendo testemunhado coisas extraordinárias.

Como curiosidade apenas, citaremos mais dois daqueles ingênuos diálogos entretidos com o renomado "Satanás" ou algum enviado seu, através da mesa:

> — Quem és?
> — O diabo.

---

[177] Agénor de Gasparin – *Des tables tournantes...*, tomo II, 2. ed. (1855), p. 509.

— Qual diabo?
— Astaroth.
— Tens cornos?
— Sim.
— Quantos?
— Dois.
— Tens um rabo?
— Não.
— Tens um forcado?
— Sim.
— Quantas pontas tem ele?
— Duas.
— Em que o empregas?
— Para espetar.
— Quem desejas espetar?
— A todos que eu puder.

Eis outro diálogo entabulado noutra ocasião:

— Gostas do que eu tenho na mão? — perguntaram.
— Não! (Eram medalhas da Santa Virgem.)
— Gostas da Sociedade de São Vicente de Paul?
— Não...
— Reconheces a presença real na Eucaristia?
— Sim...
— Reconheces o purgatório?
— Sim...
O Sr. Arcipreste lhe ordena com autoridade permanecesse tranquilo e não mais respondesse, o que foi em vão.
— Esse rosário lhe faz mal?
— Sim.
— Um escapulário, um objeto bento, é sinal de proteção contra ti?
— Sim.

Em face dessas "merecidas" respostas, o Cavaleiro Des Mousseaux e seus companheiros católicos se viram na contingência de supor naquelas manifestações e em outras semelhantes a presença do *figadal inimigo de Deus*. Mas, isso não é tudo. No que toca às respostas inteligentes, porém sensatas, e desde que não ultrapassassem os conhecimentos dos presentes, ele as explicava dizendo que o próprio Espírito do interlocutor é quem respondia às suas próprias perguntas, acrescentando que esse ato, neste caso, se acompanhava de um fluido que do operador se escapava, à sua revelia, e que movia a mesa, governando-a de acordo com os sentimentos dele. Não sabemos o que Des Mousseaux fez daqueles diálogos que, pelas ideias expendidas, pelo comportamento diferente, não poderiam provir de "demônios" e nem pareciam decalcados no pensamento dos assistentes ou operadores.

Muitos católicos, entretanto, divergiram da maneira estreita por que Mousseaux procurava interpretar a causa dos fenômenos, e um deles, redator catolicíssimo de *La Table Parlante*,[178] defendeu uma terceira explicação, achando-a também merecedora de atenção, como se poderá ler a seguir:

> Não vai muito longe nosso digno correspondente ao afirmar que o Espírito que responde pelas mesas é sempre mau? Seria preciso então negar de modo absoluto todos os fatos contrários, e, em particular, aqueles que citamos no primeiro número desta compilação! Sabemos que o Espírito do mal toma todos os disfarces, mesmo o de almas santas; é, porém, isto razão para pensar que os mortos não podem, assim, de forma alguma, entrar em comunicação com os vivos?

Como a apoiar a sua tese, o mesmo autor narrou em *La Table Parlante* uma série de experiências dirigidas por pessoas católicas, nas quais muitos Espíritos destacaram e evidenciaram a sua condição de mortos. Houve, segundo ele, o caso de uma

---

[178] Id., ibid., p. 478.
Segundo o *Manuel Bibliographique des Sciences Psychiques ou Occultes* (1912), da autoria de Albert L. Caillet, *La Table Parlante* era um jornal que em 1854 se publicava na cidade de Paris e que teve a duração de um ano completo, num total de 319 páginas. Destinado a estudar, sob o ponto de vista do Catolicismo, os fenômenos das mesas girantes, do Mesmerismo, do sonambulismo magnético, etc., contou como colaboradores os Srs. B. du Vernet (redator-chefe), Henry de Courcy, Gougenot des Mousseaux e Salgues. O bibliógrafo A. Dureau assim se pronunciou a respeito de *La Table Parlante*: "Lendo-se esse jornal, crê-se estar em plena Idade Média."

"força" que punha toda uma casa em polvorosa, e eis que um grupo de católicos resolveu mandar dizer várias missas em intenção daquela provável alma turbulenta. Após terem ali conseguido a paz, o tal grupo dirigiu ao ser desconhecido este interrogatório, por intermédio da mesa:

— És um Espírito?
— Sim.
— Um anjo?
— Não.
— Um demônio?
— Não.
— Um homem?
— Sim.
— Estás no inferno?
— Não.
— No purgatório?
— Sim.
— Sofres?
— Sim.
— Vens pedir preces?
— Sim.
— Queres que recitemos a Oração Dominical em teu benefício, neste instante?
— Sim. (Cada um de nós rezou em sua intenção.)
— Esta prece foi suficiente para te livrar?
— Não.
— Ela te confortou?
— Sim.

A água benta, o rosário, o crucifixo e outros meios recomendados pela Igreja Romana, no exorcismo, eram habitualmente empregados pelos católicos mais escrupulosos.

Se em muitas ocasiões tais atos exorcizantes não surtiam o menor efeito, houve outras em que de fato eles pareceram agir, pelo menos aparentemente, sobre as mesas, tamboretes, mochos, etc., que, ao contacto daqueles objetos, corriam, reviravam-se, agitavam-se com violência, a fim de se verem livres deles.

O vigário de Saint-Roch, L. Chevojon, narrou, sob sua palavra de honra, ao marquês de Mirville[179] um caso com o segundo aspecto citado acima, dizendo que sobre um tamborete, influenciado pelas mãos de um menino de nove a dez anos, colocara um rosário bento e depois um Cristo de prata que consigo trazia. De ambas as vezes, apesar dos esforços conjugados, seu e de duas outras pessoas do meio dos assistentes, não se conseguiu dominar os movimentos impulsivos do tamborete, que sempre retirava de sobre si os mencionados objetos!

Contudo, como já assinalamos, muita vez o exorcismo não alterava a situação das coisas, isto porque nem sempre se comunicavam Espíritos frívolos ou brincalhões, que se comprazia em impressionar e amedrontar os assistentes.[180] A propósito, vale a pena transcrever um fato curioso e ao mesmo tempo espirituoso, que se prende ao que acabamos de lembrar:[181]

> Na sala de visitas de célebre banqueiro faziam girar e falar mesas. Junto a uma delas encontrava-se o redator do jornal *La Patrie*, Sr. Moutté, que se interessava bastante pelas ciências ocultas. Ela, a mesa, professava a doutrina de Swedenborg, da qual o jornalista era adepto.
> Ao lado, acionada por duas senhorinhas muito devotas, estava uma outra mesa, que exprimia ideias católicas. Uma dessas senhorinhas, cheia de santo zelo, declarou, em dado instante, que sua mesa era órgão de um anjo bom, e que a vizinha era intérprete do diabo. E, para provar isso, anunciou que, colocando seu rosário sobre a mesa do mencionado redator, iria obrigar Satã a confessar sua presença.
> O rosário foi posto em cima da mesa do Sr. Moutté, e a tal senhorinha, interpelando em alta voz o Espírito que animava essa mesma mesa, intimou-o a dizer quem era. O móvel em questão, ainda sob a influência do grupo Moutté, dá primeiro, pelo levantamento dos pés, as duas letras: s, a. A senhorinha católica, radiante, exclama que de fato se trata de Satã e que não é necessário ir mais longe. O Sr. Moutté, porém,

---

179 Mirville – *Question des Esprits...*, p. 95– 96.
180 Veja-se *O livro dos médiuns*, de Allan Kardec, § 95.
181 M. Pierre Larousse – *Grand dictionnaire universel du XIXe siècle*, tomo XIV (1875), p. 1372.

> deseja que a experiência se complete, e a mesa fornece sucessivamente as letras g, e, s, s, e; não era *Satan* (Satã), mas a *Sagesse* (Sabedoria). A essa mesma mesa pergunta-se, agora, qual é o Espírito da mesa das senhorinhas. Resposta: *Folie* (Loucura). Vá lá alguém contar com a virtude dos objetos bentos!— assim concluía o *Grande dicionário universal*.

Numa carta circular à clerezia de sua diocese, acerca das mesas girantes e falantes, datada de 15 de fevereiro de 1854, Monsenhor Bouvier, Bispo de Mans, confessava que os fatos de as mesas responderem inteligentemente lhe pareceram a princípio tão extraordinários e tão absurdos, que imediatamente os negou de todo. E acrescentava logo depois:[182]

> Mas eles se multiplicam de tal forma, são atestados por pessoas tão dignas de fé — as quais de forma alguma pensam em enganar, e têm mesmo tomado todas as precauções possíveis para não serem ludibriadas — que não achamos como negá-los por mais tempo: do contrário, precisaríamos duvidar de tudo, visto que os fatos revestidos dessas condições se elevam ao grau da certeza histórica.

Mais adiante, procurando explicar a causa de tais fenômenos, continuava Monsenhor Bouvier:

> Não se pode atribuí-los a Deus, aos anjos ou aos santos; semelhantes manifestações seriam indignas deles.[183] A conclusão a que se chega é esta: a causa de tudo isso é o grande sedutor do mundo e seus imundos satélites. Foi-nos possível conhecer e examinar as diversas explicações que têm sido dadas para esses fatos; nenhuma nos parece admissível, a não ser aquela que aqui formulamos; e que outros já se sentiram, conscientemente, no dever de também consignar.

---

182 Gougenot des Mousseaux – *La magie au dix-neuvième siècle, ses agents, ses vérités, ses mensonges*, 1860, p. 110.

183 Com esse raciocínio falso poder-se-ia até dizer que o estábulo, onde Jesus veio à luz, era indigno dele e, portanto, o Filho de Deus de nenhum modo poderia ter ali nascido. Contudo, o Mestre preferiu a manjedoura a berços de ouro, como preferiu simples pescadores e homens do povo para instrumentos disseminadores de sua palavra.

O referido Bispo de Mans, numa carta pastoral[184] de 14 de fevereiro de 1854, concitava os fiéis a revigorarem a fé na intervenção dos Espíritos (*sic*) nas coisas do mundo, repreendendo a incredulidade de muitos católicos a respeito desse ponto. Destacando fatos de adivinhação, de evocação de mortos, de suspensão no ar, não só de objetos como do próprio homem, relatados por antigos missionários católicos, incluía-os a todos entre as "operações diabólicas", que, segundo ele, produziam efeitos tão extraordinários, que seria impossível explicá-los naturalmente. Insurge-se contra aqueles que, não aceitando o "Mundo dos Espíritos", só viam, nessas espécies de operações e em todas as que vinham sendo relatadas até aquele momento, resultados de causas secretas, porém naturais, ou de manobras fraudulentas habilmente conduzidas. Os demônios, frisava o bispo, eram a causa de todos esses fenômenos, que puderam e podem produzir, desde que com a permissão de Deus.

Não havia dúvida, proclamava o clero em geral: o Príncipe das Trevas, esse "deus de mil faces", segundo a expressão de G. des Mousseaux, é quem se manifestaria através das mesas. De acordo com os ensinos teológicos, os demônios, com autorização divina, podem sair do Inferno, onde são obrigados a viver eternamente, e vir veranear entre os homens com o propósito deliberado de tentá-los!

Diante dessa crença, as mesas passaram a ser anatematizadas dos púlpitos e pelas pastorais dos bispos, sofrendo também uma guerra teológica por parte das igrejas protestantes, circunstância, porém, que não chegou a arrefecer o interesse dos crentes por tão estranhos fenômenos.

Cremos que, no princípio pelo menos, a intenção daqueles sacerdotes, de prevenir os fiéis, era elevada e sincera, portanto louvável, mas, como disse bem Kardec, "o objetivo falhou, porquanto a só proibição basta para excitar a curiosidade, e bem poucos são aqueles a quem o medo do diabo tolhe a iniciativa".

Cedo, conforme fizemos notar, pelo caráter das comunicações verificou-se que as inteligências manifestantes não podiam ser exclusivamente demoníacas, e daí nascer a corrente dos católicos que admitiam não só a intervenção do "diabo", mas igualmente a das almas dos mortos.

---

184 Agénor de Gasparin – op. cit. p. 542.

Aos poucos, o sistema "diabólico" foi perdendo crédito e adeptos, seja porque os fatos o contradiziam frequentemente, seja porque a Ciência, vivendo então num período de verdadeiro renascimento e de liberdade, declarava não aceitar essas fábulas religiosas, contra as quais a razão protestava. Entre outras ponderações, perguntavam como se poderia conciliar a bondade infinita de Deus com o sofrimento eterno, em regiões infernais, e sem remissão, de uma parte de seus filhos, constituída pelos anjos decaídos, os chamados demônios.

Interpretando à letra, erroneamente, as Escrituras Sagradas, os homens criaram absurdos sobre absurdos, que foram a causa do longo período de trevas por que passou a Idade Média. Era, porém, chegada a hora de tudo ser esclarecido, e ficou demonstrado, provado, que os tais demônios nada mais eram que as almas daqueles homens que na Terra foram maus, frívolos, brincalhões, materialistas, indiferentes, hipócritas, orgulhosos, fraudadores, etc., e que, ao atravessarem o túmulo, em pouco ou em nada mudaram, conservando, como é mais lógico, os mesmos defeitos e imperfeições que possuíam quando no corpo de carne.

Convinha, infelizmente, à Igreja, ou para dar a si mesma mais força sobre o povo, ou para glorificar-se aos olhos dos que lhe imputavam credulidade supersticiosa, ou para justificar seu tenebroso passado, convinha-lhe que a explicação diabólica não se eclipsasse.

O famoso padre Ventura di Raulica, sobre quem já falamos, declarava, peremptoriamente, numa carta que precedia a obra de Gougenot des Mousseaux, *La magie au dix-neuvième siècle*..., obra esta que põe em evidência a incontestável realidade dos fatos espíritas, embora busque demonstrar-lhe o caráter sobrenatural e a natureza demoníaca: "Demonstrar Satã — escrevia ele — é *restabelecer* um dos dogmas fundamentais que servem de base ao Cristianismo, sem os quais este não é senão um vocábulo" (grifo nosso).

E, noutro lugar, o padre Ventura dizia que tudo é satanismo: Magia, Mesmerismo, Magnetismo, Sonambulismo, Espiritismo, Hipnotismo... e acrescentava: "Pôr esta verdade à luz é desmascarar o inimigo e mostrar o imenso perigo de certas práticas reputadas inocentes". Aliás, essa mesma autoridade eclesiástica, "examinador dos bispos e do clero romano", ao elogiar, em carta de 5 de junho de 1855, a obra do Cavaleiro Des Mousseaux, já havia defendido o ponto de vista demonológico da Igreja, quando as mesas eram o grande cavalo de batalha, dizendo ainda mais: "Se alguma coisa nos pode surpreender é a precipitação com que a falsa ciência se tem esforçado em querer explicá-lo por hipóteses contraditórias e absurdas".[185]

Os tempos, todavia, bem que mudaram... Os demônios, em grande parte, foram recambiados às fornalhas infernais, pois, com a evolução das investigações científicas e consequente evolução da mentalidade humana, com o testemunho insuspeito, sempre multiplicado, de milhares de observadores de todas as classes sociais, testemunho que não dava margem a intervenção de um hipotético Satanás e sua *troupe*, as autoridades clericais se viram forçadas a destituí-los de muitas funções que seus antecessores lhes haviam conferido. O Mesmerismo, o Magnetismo, o Hipnotismo, três nomes significando quase a mesma coisa, e até o Espiritismo, perderam aquele antigo caráter fundamentalmente "demoníaco", tanto que altos sacerdotes do próprio Vaticano recebem hoje, como coisa perfeitamente natural, os passes magnéticos do famoso curador italiano Achille d'Angelo, enquanto os daqui, do Brasil, se dão a práticas de hipnotismo!

27 A. Morin e suas frágeis hipóteses. — Como as almas dos mortos se comunicam com os homens: singular explicação de um sábio. — Bénézet, escritor muito considerado, narra as suas experiências e observações. — Fatos extraordinários se sucedem. — Demônio, mistificação, sonambulismo desperto.

O magnetista Alcides Morin, redator de *La magie du XIXe siècle*, estudou o assunto das mesas em sua obra *Comment l'esprit vient aux tables*, dada a público em 1854. Numa exposição obscura e deficiente, num estilo salpicado de humorismo, distribuiu os casos

---

[185] Gougenot des Mousseaux – *Moeurs et pratiques des démons ou des esprits visiteurs du spiritisme ancien et moderne*, Paris, 1865. Trata-se de uma nova edição, inteiramente refundida e muito aumentada, do livro já citado, de título semelhante e do mesmo autor.

em duas explicações: alucinação e vibrações desenvolvidas sob a ação poderosa da fé e do instinto.

Segundo ele, os sons, os ruídos diversos ouvidos na mesa ou fora dela, mesmo os conseguidos com os médiuns dos Estados Unidos, tudo seria alucinação das testemunhas dessas operações ditas sobrenaturais.

Babinet, o grande físico a que já nos referimos, membro do Instituto de França, analisando a teoria alucinatória de Morin, considerou-a[186] bem difícil de se admitir, achando, afinal mais provável, naqueles casos, a ventriloquia, que, acrescentava ele, foi "timidamente evocada na Inglaterra e nos Estados Unidos".[187]

"Toda intervenção de fluidos ou de Espíritos — assinalava o Sr. Morin — deve traduzir-se pela força biológica da vibração, causa única do movimento em tudo e em cada coisa, em todos e em cada um". Essas vibrações, no seu entender, seriam uma espécie de móvel físico existente naturalmente no homem, e que nas pessoas sensitivas se desenvolveria sob a ação poderosa da fé e do instinto, propagando-se aos corpos inertes, a princípio pelo contacto das mãos, aos quais imprimiria movimentos e lhes comunicaria uma inteligência aparente, às vezes simples reflexo do pensamento dos operadores, mas, em certas circunstâncias, ultrapassando de muito esse pensamento, com a revelação do passado e adivinhação do futuro.

As mesas realmente giram, marcham ou levantam os pés, assegurava ele, mas não são impulsionadas por nenhum ser imaterial, pois que tal coisa seria, no seu entender, ridícula e indigna para seres inteligentes despojados da carne. A esse raciocínio juntava estas ponderações: "Em lugar de se servirem de uma pobre mesa para nos falarem, os mortos teriam a noite para soprar-nos aos ouvidos, ou mesmo para aparecer-nos".

Em suma, o "instinto" é tudo para o Sr. Morin, que lhe emprestou caráter quase divino, chegando mesmo, através de reflexões meio filosóficas, a criar uma lei nova, que ele denominou "lei das

---

186   *Revue des Deux Mondes*, tomo VI, 1854, p. 510 – 532. *Les Sciences occultes au XIXe siècle – Les tables tournantes et les manifestations prétendues surnaturelles*, artigo de Babinet.

187   Tal timidez era compreensível e lógica, visto que os próprios fatos desmentiam, a todo momento, a suposição de ventriloquia.

forças do instinto". Este, despertado por um ardente desejo ou pelo entorpecimento de outras faculdades da alma, manifestaria então a sua presença por intermédio de revelações verdadeiramente oraculares, de prodígios de ciência sobre-humana!

Os fatos impropriamente chamados, segundo ele, sobrenaturais, nada mais seriam que a expressão natural do instinto elevado ao máximo.

Salientando haver chegado o tempo em que os "milagres" se transformariam em atos naturais e comuns, continuava: "Os movimentos racionais das mesas, produzidos pelas vibrações dos vossos pensamentos interiores, são os primeiros sinais da telegrafia do pensamento a estabelecerem a solidariedade das almas, solidariedade que está em vias de se revelar à Humanidade". Essa visão do porvir, diga-se de passagem, ele chegou a delinear numa outra obra sua, publicada um ano depois e intitulada: *Les révolutions du temps: synthèse prophétique du XIXe siècle*.

A. Morin, se nega aos Espíritos, sejam de que natureza forem, participação nos fenômenos que vimos estudando, põe também fora de cogitação a hipótese "demoníaca", neste caso porque nega a "Satã" uma existência real, considerando-o apenas um mito, "personificação do contraste no conjunto e da diversidade na união".

Morin não foi materialista, como à primeira vista poderia parecer, e há em sua obra um fundo espiritualista elevado e interessante, que infelizmente o objetivo deste trabalho não nos permite examinar.

A "hipótese das vibrações do instinto" jaz sepultada no esquecimento há cerca de cem anos. Igual destino teve o seu autor. Fatal e triste fim o das ideias que não têm bases firmes onde se apoiarem...

Relata o conde de Gasparin[188] que um sábio, cujo nome não foi publicado, mas cujo trabalho saiu parcialmente reproduzido em *La table parlante* (p. 56 e seguintes), admitiu que as almas dos mortos não tinham necessidade de sair do lugar onde se achavam recolhidas, para se comunicarem com os homens através das mesas. Segundo esse sábio, o espaço estaria ocupado pelos então chamados

---

188   Conde Agénor de Gasparin – op. cit. vol. II, p. 377–379.

fluidos imponderáveis (elétricos, luminosos, calóricos, galvânicos, etc.), aos quais aplicou o sistema das ondulações, e de hipótese em hipótese supôs a existência de um éter que encheria todo o Universo. E depois de descrever o processo de recepção e transmissão dos despachos telegráficos, considerou que as coisas se passariam de maneira semelhante, ao serem evocadas as almas dos mortos.

Essa explicação, apesar de infeliz em alguns pontos, foi uma tentativa inicial para harmonizar duas coisas julgadas antagônicas: a produção de fatos materiais por entidades espirituais, que se acreditava serem inteiramente imateriais. Por isso, cremos interessante transcrever pelo menos o trecho a seguir do trabalho do aludido sábio, o qual sintetiza as suas ideias a respeito:

> A mesa (ou um objeto qualquer), quando carregada de fluido nervoso vital ou humano, vem a ser uma pilha eletrobiodinâmica. A vontade pode imprimir-lhe uma vibração que se comunica ao éter ou à eletricidade universal, vibração que certamente encontra nos seus anéis imensos a universalidade dos seres e impressiona, sem dúvida alguma, o Espírito em quem tendes a vontade ou o pensamento e do qual esperais obter uma resposta. Como esse Espírito possui, como vós, inteligência e livre arbítrio, ele vos reenviará, se o quiser, um sinal pela mesma via, seja rompendo as leis da gravitação natural, como o faz o fluido galvânico pela imanação a distância, seja indicando as letras sobre um quadro, como no telégrafo elétrico, seja produzindo uma centelha, um movimento giratório, etc. Não há razão para se crer que o Espírito esteja lá, na mesa que vos fala, do mesmo modo que não seria crível pensar-se que o empregado do telégrafo tenha seu interlocutor atrás do quadro.[189] Não há nem tempo nem espaço para o pensamento, quanto mais para os Espíritos; e constitui uma das mais sublimes invenções do Deus soberano o haver Ele suprimido, para o Espírito, o espaço e o tempo, o que não se podia admitir antes da invenção do telégrafo elétrico.

---

189 Trata-se de um quadro apropriado usado nos telégrafos elétricos de sistema ótico, e sobre o qual uma agulha aponta sucessivamente as letras nele existentes.

Não vamos analisar ou comentar o mérito dessa explicação e nem mostrar-lhe os pontos falhos e incompletos. Cremos que ela teria sido mais bem apresentada se então não houvesse tanta ignorância quanto à natureza dos Espíritos e os meios pelos quais se podem manifestar. Somente três anos mais tarde, os próprios Espíritos, então menos desconhecidos em sua natureza material, por assim dizer, forneciam ao grande Codificador Allan Kardec uma solução viável, clara e positiva da questão relativa às manifestações físicas e inteligentes, solução que *O livro dos médiuns* registou em brilhantes páginas.

Cabe-nos agora trazer ao leitor as observações realizadas por outro estudioso, cuja curiosa obra intitulada *Des tables tournantes et du panthéisme* (Paris, 1854) não foi muito comentada na época.

Trata-se de E. Bénézet, que, segundo o marquês de Mirville, era redator-chefe da *Gazette Du Languedoc* e um dos homens mais considerados e mais sérios da cidade de Tolosa. Escritor inteligente, sagaz, e católico sincero, durante muito tempo foi um cético obstinado quanto à questão das mesas, zombando desses fatos e ridicularizando-os impiedosamente.

Sua incredulidade, que recebeu o primeiro impacto quando ele mesmo viu a rotação obediente de pesada mesa, caiu por terra diante das adivinhações e de prodígios outros que teve ocasião de observar.

Os movimentos sem contacto, verificados na Suíça, repetem-se em Tolosa, conforme o testemunho insuspeito de Bénézet:

> Vi a mesa pé de galo elevar-se sob a pressão das mãos, sem tocar o solo! Nos primeiros dias desse novo fenômeno, havia necessidade, para consegui-lo, de ela apoiar-se contra a parede ou contra qualquer um de nós. Vi-a várias vezes elevar-se por pequenos abalos, ao longo do meu peito e nesse ponto parar por alguns instantes, para então cair com estrépito. Posteriormente, ela dava pulos, por assim dizer, debaixo de nossos dedos, buscando atingir os objetos que lhe apresentávamos de certa altura. Numa tarde, estando as janelas abertas por causa do calor, uma mariposa entrou no salão enquanto estabelecíamos a conversação com o Espírito. "Agarre essa

> mariposa", disse-lhe alguém. A mesa pé de galo no mesmo instante se pôs a cabriolar para a direita, para a esquerda, seguindo exatamente todos os movimentos da mariposa, e saltando, às vezes, para atingi-la. Quando quisemos cessar com essa brincadeira, para continuar a experiência, foi necessário expulsar aquele lepidóptero.
>
> A mesa chegou ao ponto de manter-se dois ou três minutos no ar, ora se afastando da mão, ora a ela se unindo, dando pequenas pancadas em nossos dedos, como que para nos fazer festas.

Notáveis experiências de adivinhação foram efetuadas, as quais, pelas circunstâncias envolventes, não poderiam fazer supor, como o quis o conde de Gasparin, uma impulsão ou atração fluídicas impressas pela vontade humana.

O ilustrado conde não foi sempre completo na citação dos fatos de que trata o livro de Bénézet. Assim, por exemplo, no relato acima, ele ocultou um trecho sumamente importante, referente à teimosia da mesa em perseguir a mariposa, contrariamente aos desejos dos operadores. Essa ocorrência basta por si só para demonstrar que algo mais entra em jogo no processamento dos fenômenos, ou seja, uma força inteligente, exterior e independente da vontade humana.

Lamentavelmente, Gasparin queria, a todo custo, fazer que prevalecessem as suas ideias, chegando a afirmar que a mesa só responderia certo, caso a resposta já fosse sabida de alguém dentro ou fora da cadeia em torno da mesa. Mas, para prevenir-se com respeito aos fatos opostos à sua tese, acrescentava, muito simplesmente, que nesses casos se estaria diante de coincidências ou do resultado de um cálculo bem simples de probabilidade!

Prossigamos: O manifestante, pela mesa, declarou ser o Espírito de antigo parente, mas em dado momento foi apanhado em flagrante mentira. Resolve, depois, descrever-se como sendo o diabo, e para impressionar a assistência faz mirabolantes travessuras num ambiente de semiobscuridade:

> A mesa de pé de galo — escreveu Bénézet — entrou num verdadeiro acesso de fúria, agitando-se em todos os

sentidos, batendo vigorosamente no assoalho. Depois, levantando-se no ar, percorreu várias vezes o salão, sem tocar o chão, distribuindo, com o pé, pancadas à direita e à esquerda.
[...]
Um rapaz, desconhecido de todos os da casa, mas que eu conhecia pessoalmente, bastante, para não duvidar de sua palavra, e cuja idade e bom senso excluem, por outro lado, toda ideia de alucinação ou de medo, afirmou-me que a mesa o havia empurrado até o canto do salão e lhe apertara o pescoço contra o muro, sem, porém, lhe fazer mal algum. Nessa situação, ele se assegurou, passando os três pés da mesa em revista, de que ninguém a sustentava e de que os esposos L... apenas conservavam uma das mãos acima dela.

Numa ocasião em que a mesa se achava ocupada em correr e saltar, um dos assistentes jogou sobre ela água benta. A mesa no mesmo instante começou a sacudir-se vivamente, a bater com os pés, até que tombou ao chão. Por meio de pancadas repetidas do tampo no assoalho, parecia querer expulsar a água benta de sobre si. Depois, levantou-se, e, achando-se aberta a porta da sacada do salão, precipitou-se para ali, tendo-se a impressão de que ela desejava pular a balaustrada... (p. 29 do livro de Bénézet).

Vê-se que um Espírito brincalhão se aproveitava para amedrontar e ao mesmo tempo levar a ridículo aquela crença católica, mas assim não pensaram os assistentes, e a ideia de que o demônio era realmente o autor dos fenômenos então observados fortaleceu-se no espírito do próprio Bénézet. Este, receoso de algum perigo nessas práticas, assentou que nem ele nem os seus jamais tomariam parte nelas. O casal L..., constituído do genro e da filha de Bénézet, firmou resolução semelhante.

Nos três primeiros dias, a mesa buscou provocar os esposos L..., que se mantiveram impassíveis. No terceiro dia, ouviram uma pancada seca batida sobre a mesa em que jantavam, sem que ela se movesse um milímetro. Logo a abandonaram e se dirigiram para o quarto de repouso, seguidos, porém, pelo tal ruído. Começa nessa memorável noite uma série de extraordinários fenômenos, que por muito tempo perseguiram os esposos L... (médiuns de efeitos físicos) e cuja narração Bénézet hesitou em dar a público, perguntando a si mesmo se não seria preferível largar a pena e fechar-se em silêncio.

Perdoe-nos o leitor se o fatigamos com esses repetidos relatos, mas permita-nos ainda assinalar o início, ao menos, dessa avalanche de manifestações que se sucederam com o casal L...

> Às onze horas da noite, sentados juntos a uma mesa de pé de galo, liam despreocupados. A Sra. L... havia posto água benta a seu alcance, esperando preservar-se, com isso, de todo terror noturno.
>
> Estavam ali cerca de meia hora, quando as mesmas pancadas secas se fizeram ouvir de novo; e como se manifestavam, mormente, sob a cadeira onde estava assentada a Sra. L..., esta mergulhou seus dedos na água benta e os sacudiu debaixo da cadeira. Ao fazer isso, sentiu sua mão agarrada e mordida abaixo da segunda falange do polegar, e só a custo a pôde retirar. Seu esposo, a princípio, não compreendia a causa dos gritos que ela dava, e ficou bem mais surpreso ao ver sobre a carne vermelha e inchada a impressão de uma dupla fieira de dentes.
>
> A Sra. L... ainda se não havia restabelecido da emoção causada pelo ataque inesperado, e eis que ela dá novos gritos levando a mão ao ombro direito, e caindo desmaiada. Seu marido, por mais que olhasse, não via coisa alguma, e a vestimenta, no lugar apontado, nada de anormal apresentava. Descobriu então o ombro e aí achou uma espécie de contusão, do tamanho de uma moeda de 5 francos, na qual se notavam algumas gotas de sangue. Quando a Sra. L... recobrava os sentidos, sentiu que novamente a mordiam no antebraço e, em seguida, nos rins, se bem que de modo menos sensível. O resto da noite ela o passou sem outro incidente, mas sem conseguir dormir, como era natural.
>
> Eu vi — afirmava o Sr. Bénézet —, na manhã seguinte, dezesseis horas após o acontecimento, traços da

mordedura: a parte do dedo que foi atingida achava-se ainda avermelhada, havendo, porém, desaparecido a marca dos dentes. No ombro via-se uma placa escura, que, observada de mais perto, mostrava linhas paralelas, como se houvessem praticado uma arranhadura sob a pele, parecendo que esta nada sofrera. O antebraço apresentava como que a marca de dois dentes caninos.

Isto não foi senão o começo das tribulações por que passou esse casal, das mil diabruras (transporte e levitação de objetos, desaparecimento e reaparecimento de outros, aparições, etc.) testemunhadas por muitas pessoas, inclusive por dois eclesiásticos, e só passíveis de explicação pela presença de Espíritos que se divertiam ou se vingavam, indiretamente patenteando, aos estudiosos não presos a crenças diabólicas, a continuidade da vida após a morte e a possibilidade de comunicação dos chamados mortos com os homens.

Enquanto Mirville, muito católico, afirmava tratar-se da manifestação de um "inimigo formidável", nada mais que o diabo, o conde de Gasparin, muito protestante, arrolava tudo isso em uma simples palavra — mistificação — lançada sem fundamento algum. Não tendo jeito de aplicar a sua teoria fluídica à nova classe de fatos descritos por Bénézet, o ilustre escritor, com incrível audácia, ideou um mistificador fantasma, que deveria agir às ocultas (pois nunca fora descoberto), e supôs, ainda, para certos casos, que os esposos ficariam mergulhados numa espécie de "sonambulismo desperto", o que os levaria a cometer, involuntariamente, aquelas peças de que se admiravam em seguida. Seria necessário, como afirmou Mirville, para que se pudesse concordar com essas explicações, seria necessário "exigir um 'sonambulismo desperto' como jamais se viu, e mistificadores como jamais foram encontrados, desde que o mundo é mundo". E acrescentava de maneira categórica: "Na verdade, se tais argumentos bastassem para aqueles mistérios, se o espírito francês, por mais leviano que fosse, se contentasse com soluções tão ingenuamente habilidosas, seria para desesperar da inteligência contemporânea".

28

O movimento "espiritualista" nos Estados Unidos. — O Velho Mundo aguarda um missionário. — Profecia do conde de Gasparin. — O Prof. Hippolyte Léon Denizard Rivail e suas primeiras ideias a respeito das mesas girantes. — A tendência geral dos magnetistas. — Baragnon, General Noizet, Dr. Mayer, Barão du Potet, etc.

Enquanto na Europa se multiplicavam as hipóteses explicativas das manifestações das mesas girantes e falantes, lançadas sem coordenação de estudos, sem método científico nas investigações, numa verdadeira balbúrdia de prós e contras, nos Estados Unidos da América do Norte já se havia formado um corpo de homens sérios e dedicados às pesquisas dos fenômenos que por quase todo o mundo irrompiam, ou melhor, se repetiam, visto que, a bem dizer, a História sempre os registou em todos os tempos.

O Juiz Edmonds, eminente personalidade norte-americana já nossa conhecida, após declarar, em 1854, que as ideias *espiritualistas* se haviam propagado com uma rapidez tal que o próprio Cristianismo, em cem anos, o não conseguira, juntava mais estas considerações: "[...] elas não buscam lugares retirados, não se envolvem de mistérios, mas vêm abertamente aos homens, provocando-os para minucioso exame, não pedindo uma fé cega, mas, em todas as circunstâncias, recomendando o exercício da razão e do livre julgamento".

Apesar do progresso rápido que as novas ideias ganhavam naquele país, no Velho Mundo o movimento era morno, sentindo-se necessidade de alguém que pelo seu saber e verdadeiro espírito missionário, sem preconceitos, sem dogmatismos, sem vaidades, avançasse, talhado pelo Destino, na vanguarda do movimento renovador, traçando-lhe uma orientação racional e inteiramente de acordo com as verdades dos fatos.

O conde de Gasparin, ao afirmar em 1854 que se estava no limiar de uma estrada que ninguém sabia aonde levava, teve a humildade de declarar adiante: "Entre nossas mãos incompetentes e inexperientes, o fato novo não pode produzir-se com todo o seu brilho; ele espera que um verdadeiro sábio dele se ocupe, cujos esforços saberá recompensar".

Nesse meio tempo entra em cena o Prof. Hippolyte Léon Denizard Rivail, homem de caráter sério e nobilíssimo, possuidor de sólidos conhecimentos de Filosofia, poliglota, cujas inúmeras obras de ensino, baseadas no método de Pestalozzi, lhe haviam granjeado um nome respeitado e querido.

"Foi em 1854 que pela primeira vez ouvi falar das mesas girantes"[190] — afirmou ele ao narrar sua primeira iniciação junto aos estranhos acontecimentos.

Num certo dia desse ano, no mês de dezembro, segundo informa o nosso confrade Dr. Canuto Abreu,[191] o Prof. Rivail encontrou-se com um seu velho amigo, o magnetizador Sr. Fortier, a quem desde muito não via, em vista dos inúmeros afazeres e obrigações que lhe tomavam todo o tempo.

Estabeleceu-se, então, entre os dois este diálogo:[192]

Fortier: — "Já sabe da singular propriedade que se acaba de descobrir no Magnetismo? Parece que já não são somente as pessoas que se podem magnetizar, mas também as mesas, conseguindo-se que elas girem e caminhem à vontade..."

Denizard Rivail: — "É, com efeito, muito singular, mas, a rigor, isso não me parece radicalmente impossível. O fluido magnético, que é uma espécie de eletricidade, pode perfeitamente atuar sobre os corpos inertes e fazer que eles se movam".

O Prof. Rivail, pelo que se depreende de suas próprias palavras, escritas logo depois do diálogo acima, não duvidava da realidade do fenômeno antes daquele *tête-a-tête* com o Sr. Fortier. Os jornais de toda a França, inclusive os parisienses, relatavam experiências inúmeras com pessoas inteiramente dignas de crédito, sendo bastante comentado o passatempo das mesas girantes nas rodas da alta sociedade. Tudo isso não era, pois,

---

190 *C'est en 1854 que j'etendis parler pour la première fois des tables tournantes* – Allan Kardec, *Oeuvres posthumes*, 1e édition, Paris, p. 301.

191 Canuto Abreu – *O livro dos espíritos e sua tradução histórica e lendária*, in *Unificação* de março de 1954, p. 4.

192 Allan Kardec – *Obras póstumas*, 10. ed. FEB, p. 237.

desconhecido do ilustre Prof. Rivail. Estudante do Magnetismo desde os 19 anos de idade,[193] ele sabia perfeitamente do que aquela Ciência de Mesmer era capaz, e por isso, como quase todos os demais magnetistas e magnetizadores, não dava maior atenção às mesas girantes, pelas julgar, de um modo ou de outro, incluídas na ordem dos fenômenos puramente magnéticos.

Nessa época, teria, sem dúvida, ainda feito essas considerações, mais tarde externadas na Introdução de *O livro dos espíritos*, e que bem demonstram não se ter ele colocado numa posição dogmática e inflexível, como aconteceu com inúmeros dos seus colegas.

> Estamos longe de conhecer todos os agentes ocultos da Natureza, ou todas as propriedades dos que conhecemos: a eletricidade multiplica diariamente os recursos que proporciona ao homem e parece destinada a iluminar a Ciência com uma nova luz. Nada de impossível haveria, portanto, em que a eletricidade modificada por certas circunstâncias, ou qualquer outro agente desconhecido, fosse a causa dos movimentos observados. Todos os astros se movem em curvas elipsóides; poderíamos, pois, ter ali, em ponto menor, um reflexo do movimento geral do Universo, ou, melhor, uma causa, até então desconhecida, produzindo acidentalmente, com pequenos objetos e em dadas condições, uma corrente análoga à que impele os mundos. Os ruídos insólitos, as pancadas, ainda que não fossem um dos efeitos ordinários da dilatação da madeira, ou de qualquer outra causa acidental, podiam muito bem ser produzidos pela acumulação de um fluido oculto: a eletricidade não produz formidáveis ruídos?

Julgou assim o Prof. Rivail que os fatos em voga também caberiam no domínio das explicações puramente físicas e fisiológicas, competindo igualmente aos sábios acadêmicos a devida investigação.

---

193 Allan Kardec – *O livro dos espíritos*, 24. ed. FEB, p. 40; *Revue Spirite*, junho de 1858.

Contudo, a tendência geral dos magnetistas em todo o mundo, inclusive no Brasil, era, com respeito às mesas que giravam, considerá-las como novas e simples manifestações do Magnetismo animal.

"É um fenômeno *magnético* irrecusável — acentuava P. Petrus Baragnon, ilustre adepto francês das teorias mesmerianas[194]—, ao alcance de instruídos e não instruídos, possível e evidente em mil condições diversas".

"Há uma analogia — declarava o General Noizet[195] — entre a causa involuntária da rotação das mesas e o modo de ação, semelhante, do magnetismo animal, sem ser preciso admitir que um fluido particular emane de nossos corpos e venha acidentalmente animar uma substância inorgânica".

"As mesas girantes são os prelúdios do triunfo do Magnetismo" — afirmava o eminente farmacêutico Bonjean.

O Dr. Mayer, o Barão Du Potet e outros sábios magnetistas da Europa e da América receberam tais fenômenos com efusivas manifestações de alegria, por suporem, à primeira vista, serem eles uma nova sanção universal aos que o Magnetismo de há muito vinha apresentando ao Mundo.

Assinado por A. A. Morin, *Le Dictionnaire universel* de Maurice Lachatre, tomo segundo (1856), p. 1198, apresenta longo artigo sobre as mesas girantes e falantes, dizendo que a espontaneidade de sua aparição no Novo e no Antigo Mundo, o caráter maravilhoso de suas manifestações, a discussão que elas levantam em todas as partes, levando uns a defendê-las, outros a negá-las ou a proscrevê-las, tudo isso é a prova de que o fenômeno "é um sinal dos tempos", tendo a Providência suscitado as mesas a fim de que o Magnetismo não morresse. O Sr. A. A. Morin explica depois que o fenômeno não foge às coisas naturais e tem por causa "a força magnética ou vital do homem, duplicada pela solidariedade que se estabelece entre as vontades daqueles que cercam as mesas".

---

194 P. Petrus Baragnon – *Étude du magnétisme animal*, Paris, deuxième édition, 1853.
195 General Noizet – *Mémoire sur le somnanbulisme et le magnétisme animal*, Paris, 1854.

29 O magnetismo animal no século XIX. — O marquês de Puységur, d'Eslon e Deleuze. — Sumidades da Ciência e da Igreja pronunciam-se sobre os fenômenos magnéticos. — Experiências no Brasil. — O infeliz relatório de 1784. — As confissões dos famosos Drs. Georget e Rostan. — Experiências magnéticas a que assistiram ilustres personalidades do mundo médico. — A posição da Academia de Medicina de Paris, em 1831, diante do relatório da Comissão por ela nomeada. — A lucidez da filha do Dr. Pigeaire, da Faculdade de Montpellier. — Protestam alguns membros da Academia de Medicina. — Angélique Cottin, a "menina elétrica". — Fatos e mais fatos. — O *od* do Barão de Reichenbach.

Na primeira metade do século XIX, grande número de espíritos imparciais aceitava a realidade dos fenômenos magnéticos, embora divergissem uns na explicação, enquanto que outros os consideravam inexplicáveis dentro dos conhecimentos de então.

Segundo Charles Richet, foi, sobretudo, graças ao marquês de Puységur que o magnetismo animal se popularizou. Modificando os métodos do mestre, criou ele, juntamente com d'Eslon e com o sábio naturalista Deleuze, bibliotecário da "Biblioteca do Jardim das Plantas", o verdadeiro magnetismo animal (sonambulismo provocado), tal como daí em diante ficaria conhecido.

A magnetização passou a ser quase que exclusivamente um processo de diagnose e terapêutica de moléstias, embora não se deixasse de notar, com os sonâmbulos, acontecimentos diversos: ação a distância, visão através de corpos opacos, clarividência ou lucidez, previsão, superinteligência, etc.

Sumidades médicas de França, como os Drs. Georget, Rostan, Chardel, Lafontaine, Bertrand, Récamier, Sabatier, Foucquier, Lordat, Orfila, Bousquet, Pariset, Pelletier, Adelon, Delens, Husson, etc., haviam testemunhado e confirmado os fatos que o Magnetismo multiplicava em todos os lugares.

Ilustres prelados, entre eles os padres Lacordaire e Ventura di Raulica, diziam da "necessidade de se tomar mais a sério essas altas e importantes questões", acompanhando-os nesse parecer a própria revista jesuítica *La Civiltà Cattolica*.

Do púlpito de Notre-Dame, em 6 de dezembro de 1846, o abade Lacordaire manifestava-se assim num certo ponto de sua oratória:

> Eu poderia oficialmente dispensar-me desse argumento das forças magnéticas, visto que a Ciência ainda os não reconheceu, e até os renegou. Todavia, prefiro obedecer à minha consciência, a obedecer à Ciência; invocais as forças magnéticas? Pois bem! Eu nelas creio sinceramente, firmemente.[196]

Em suas obras, teólogos famosos como o Cardeal Gousset e o Bispo de Mans consagravam longos artigos à discussão dos fatos do Magnetismo. Livros e mais livros, sobre o assunto, se editavam um após outro, e até o genial matemático e astrônomo Laplace levantava sua voz contra os céticos, dizendo-lhes: "É falta de espírito filosófico negar a existência dos fenômenos magnéticos só porque, no estado atual dos nossos conhecimentos, são eles inexplicáveis" (*Calcul des Probabilités*, p. 348).

Cumpre assinalar que no Império brasileiro os fenômenos sonambúlicos eram, nessa época, tão bem conhecidos quanto no Velho Mundo. Aqui, homens ilustres, principalmente médicos homeopatas, traduziam e publicavam obras de conceituados magnetizadores europeus, e ao mesmo tempo se dedicavam a experiências de sonambulismo. Entre eles, havia o ardoroso *Dr. Cesário*, ao qual já nos referimos em páginas muito atrás, e que num interessante artigo publicado no *Jornal do Commercio*, de 4 de outubro de 1853, dava notícia de várias curas de doentes que consultaram um sonâmbulo no seu gabinete, à rua de S. José n. 56. Escrevia que o sonâmbulo diagnosticava e formulava o tratamento com a devida precisão, acrescentando estas palavras:

> Se um fenômeno extraordinário não pode ser explicado por nenhuma das leis reguladoras do Universo, isso somente

---

[196] J. Eudes de Mirville – *Des esprits et de leurs manifestations fluidiques, deuxième édition*, p. 69.

prova que todas elas nos não são conhecidas, e que se fazemos ideia desse mesmo Universo é pelo que nos é conhecido e jamais porque nos fosse o seu segredo revelado pela Suprema Inteligência.

Portanto, não havendo nada mais real, como objetar-se que nunca será verdade que o sonâmbulo possa ver sem ser pelos olhos, e descrever qualquer moléstia e os remédios apropriados? Demais, se ele em 2, 4 e 6 minutos vê tudo o que se passa numa distância de centenares de léguas, com muito maior razão o fará estando em mediata ou imediata relação com o objeto. As provas estão na evidência dos fatos ministrados já pelos autores e já pelo nosso sonâmbulo, fatos ultimamente observados por muitos deputados, como Srs. Conselheiro Barreto Pedroso, Monsenhor Joaquim Pinto de Campos, Francisco Carlos Brandão, Cândido Mendes de Almeida, Joaquim Firmino Pereira Jorge, Francisco Mendes da Costa Correia, Antônio José Machado, José Tomás dos Santos e Almeida, Antônio Raimundo Teixeira V. Belfort, José Ascenço da Costa Ferreira Júnior e outros. Aí está hoje também curvado ante os maravilhosos fenômenos do sonambulismo o nosso colega Sr. Dr. Francisco Ferreira de Abreu, que, tendo sempre negado a sua existência, é o seu mais decidido e entusiasta defensor, com tanto mais ardor quanto é ele mesmo quem magnetiza. E não é o Sr. Ferreira da Abreu o nosso eminente químico? Será agora incluído na classe dos néscios, ignorantes e estúpidos?...

O malfadado relatório de 1784, da Academia das Ciências de Paris, que tudo quis explicar pela imaginação — chegando até a esta conclusão contraditória em si mesma: "o fluido magnético não existe, e os meios para pô-lo em ação são perigosos" —, apesar de chancelado por nomes respeitáveis, como Bailly, Darcet, Franklin, Lavoisier, não conseguiu sustentar-se no conceito geral. Um dos membros da comissão, o sábio botânico Laurent de Jussieu, foi o único que teve a coragem de divergir dos seus colegas, e terminantemente recusou sua assinatura, sob a alegação de que "vários fatos bem verificados, independentes da imaginação, e para ele fora de dúvida, bastavam para lhe fazer admitir a existência ou a possibilidade de um fluido ou agente que aflui do homem para seu semelhante [...], algumas vezes até mesmo por uma simples aproximação a distância".

Acontecimentos outros vieram dar maior impulso ao estudo científico dos fatos magnéticos.

Acabara de desencarnar uma das figuras relevantes da Medicina francesa, o Dr. Georget, cuja notável obra *Physiologie du système nerveux* lhe granjeara louvores de todos os lados. Eis que, aberto o seu testamento, a classe médica toma ciência, estupefacta e contrariada, de uma confissão que ele em vida não tivera coragem de fazer:

> Outro renomado médico, o barão Dr. Rostan, professor da Escola de Medicina, inseria com grande destemor, no famoso *Dictionnaire de Médicine*, um artigo favorável ao Magnetismo, que ele antes havia menosprezado. É trabalho longo, onde vêm narradas várias experiências em hospitais diferentes e na presença de inúmeros colegas, tendo sido obtidos fenômenos dignos da maior atenção, principalmente os de previsão sonambúlica.

Desse artigo, intitulado *Magnetismo*, não podemos deixar de transcrever ao menos esta louvável confissão:

> Quando pela primeira vez ouvi falar do magnetismo animal, os fatos que me contavam tinham tão pouca analogia com os fenômenos fisiológicos por mim conhecidos, que tive piedade dos seus adeptos, supondo-os atingidos de um novo gênero de loucura, pois para mim só um indivíduo privado de razão poderia dar crédito a semelhantes quimeras. Durante mais de dez anos falei e escrevi com esse pensamento. Exemplo deplorável de cega prevenção, que, nos fazendo desprezar o único meio positivo de instrução, a aplicação de nossos sentidos, nos mergulha num juízo contrário à verdade, de longa duração, parecendo, mesmo, indestrutível.
>
> Afinal, o acaso quis que, por simples curiosidade e pelo caminho da experimentação, eu praticasse o Magnetismo. A pessoa que se submeteu às experiências não conhecia nenhum dos seus efeitos. Esta circunstância é digna de notar. Qual não foi a minha surpresa, quando, ao cabo de alguns instantes, eu produzia fenômenos tão singulares, de tal forma

insólitos, que deles não ousei falar a quem quer que fosse, receoso de parecer ridículo.

A convicção do Dr. Rostan nos fenômenos magnéticos ficou tão bem assentada, que o escândalo rebentou entre os acadêmicos tradicionais, e tal foi a repercussão, que do mencionado dicionário, em sua nova edição, foi retirado o brilhante trabalho do Dr. Rostan, a fim de satisfazer os reclamos da classe médica em geral, que não apreciava os diagnósticos espantosamente certos fornecidos pelos sonâmbulos.

Entre 1820 e 1821, os ilustres magnetizadores Du Potet e Robouam, sob a direção competente dos doutores Bertrand, Husson e Récamier, e na presença de trinta médicos, realizaram notáveis experiências de Magnetismo, registadas em relatórios devidamente assinados por todos os assistentes.

Outras experiências vieram juntar-se a essas, em locais diversos, e testemunhas ilustres, entre elas os Srs. Londe, Mitivie e o Dr. Foucquier, este tido na época como um dos luminares da Faculdade de Paris, apoiaram a veracidade dos fenômenos magnéticos.

Tudo isso, tornado público, fez que o espírito negativista da Academia de Medicina de Paris procedesse a um novo exame da "velha" questão, nomeando, após acalorado debate, que se prolongou por várias sessões, uma comissão composta de onze dos seus membros, reduzida, logo depois, para nove. Isto se deu em 1826.

Pouco mais de cinco anos se escoaram, e finalmente, em 1831, o Dr. Husson, relator, lia ante o plenário acadêmico um relatório pormenorizado, pleno de sensatez e lógica, a respeito dos numerosos e curiosos fatos magnéticos que, durante todo aquele tempo, cada um dos nove membros da comissão averiguara.

Não vamos transcrever aqui a longa peça apresentada à Academia, mas tão somente registar as últimas linhas das brilhantes conclusões:[197]

> Não reclamamos de vós, senhores, uma crença cega em tudo quanto vos relatamos. Compreendemos que grande parte

---

197 Mirville – op. cit. p. 54 – 55.

desses fatos são tão extraordinários que não podeis reconhecê-los por verdadeiros. Talvez nós mesmos ousássemos recusar o vosso relatório se, mudando os papéis, viésseis anunciar tais fatos desta tribuna, a nós que, como vós, hoje, nada tivéssemos visto, observado, estudado e acompanhado. Pedimos apenas que nos julgueis como vos julgaríamos, isto é, que fiqueis bem convencidos de que nem o amor do maravilhoso, nem o desejo da celebridade, nem o mais mínimo interesse nos guiou em nossos trabalhos. Estivemos animados dos motivos mais elevados e mais dignos de vós, por amor da Ciência e pela necessidade de justificar as esperanças que confiastes ao nosso zelo e ao nosso devotamento.
Bourdois de la Mothe, presidente; Foucquier; Guéneau de Mussy; Guersant; Itard; Husson; Leroux; Marc; Thillaye.
Sessões de 21 e 28 de junho de 1831.

A Academia ouviu, com um calafrio a percorrer-lhe o corpo em peso, as conclusões do relatório, plenamente favoráveis ao Magnetismo. Apenas um que outro acadêmico se revoltou, mas as suas vozes foram abafadas pela maioria. O Dr. Castel, por exemplo, exclamou que "tal estado de coisas, se existisse, destruiria a metade dos conhecimentos fisiológicos". Outros ensaiaram levantar uma discussão, mas a maioria nobremente achou que isso "seria atacar as luzes ou a moralidade dos comissários, e que, portanto, não o toleraria".

Mas quando foi pedida a impressão do memorável relatório, aquela mesma maioria silenciosamente esfriou. Haveria necessidade de mais coragem para tal, e aqueles ilustres homens de ciência não a possuíam ainda. Resultado: o relatório, autografado, dormiu nas gavetas da Academia...

Comentando tudo isso, acrescentava, revoltado, o marquês de Mirville:

> E eis como se escreve a História! Por isso, quando no mundo ousarem dizer-vos "A Ciência se pronunciou", respondei sem hesitação: Sim, em 28 de junho de 1831, após cinco anos de pesquisas, a *elite da ciência médica solenemente se pronunciou, mas seu relatório, superabundantemente afirmativo, jamais veio à luz!*

Não nos alongaremos no relato de outros acontecimentos, nos quais a Academia de Medicina premeditadamente cometeu "assassínios científicos", segundo a expressão de Mirville, elaborando relatórios, ora artificiosos, ora infiéis, contra os quais se insurgiam autoridades médicas do quilate de um Jules Cloquet, de um Berna, de um Husson, etc.

Com o passar do tempo, o silêncio da Academia foi novamente rompido. A filha de ilustre médico da Faculdade de Montpellier apresentava, em estado sonambúlico, o dom de ver sem o auxílio dos olhos, os quais, durante as experiências, ficavam inteiramente vendados. O fato em si, até certo ponto comum, tomou vulto porque fora reconhecido e estudado por algumas celebridades médicas, inclusive pelo Dr. Lordat, então um dos maiores fisiologistas da Europa, que passou a crer no Magnetismo. Confirmaram, ainda, a notável lucidez da filha do Dr. Pigeaire, numerosas personalidades pertencentes ao Jornalismo, à Literatura e à Ciência, entre elas o Dr. Orfila, deão da Faculdade de Medicina, Bousquet, secretário da Academia, os doutores Reveillé-Parisse, De Montègre, Frappart, Pariset, secretário perpétuo da Academia, Cornac, etc.

Diante desses testemunhos idôneos e insuspeitos, a Academia de Medicina de Paris nomeou uma comissão para também estudar o caso, mas tantas foram as exigências, e tão absurdas, que a realização das experiências ficou impossibilitada. Era o que ela queria, mas isso não obstou a que no cenáculo acadêmico alguns "heróis" (Adelon, Pelletier, J. Cloquet e Delens) protestassem energicamente contra a comissão e seus processos. O Dr. Cloquet finalizava assim sua veemente objurgatória:

> Eu sei, senhores, que é preciso coragem para, perante vós, falar do Magnetismo e de seus efeitos; porém, por mais vos contrariem, os fatos são inflexíveis, e não me surpreenderei se, malgrado a resistência mais bem arranjada, um belo dia vier o Magnetismo a tomar lugar na Ciência, onde hoje recusam admiti-lo.

Surge em 1847 o retumbante caso de Angélique Cottin, a chamada "menina elétrica", como se tornou conhecida na Europa. Os fenômenos, então testemunhados por inúmeras pessoas dignas de crédito, por notabilidades médicas do país e por vários eclesiásticos, foram o prelúdio daqueles que em 1853 invadiriam o mundo todo.

Porque a menina era possuída às vezes de comoções vivas, e experimentasse sensações análogas às que uma pessoa sente ao receber pelo corpo uma corrente elétrica, supunham então que ela se eletrizava e que os fenômenos eram, portanto, elétricos. A Academia das Ciências, por meio de aparelhos de Física, verificou que não havia nenhuma eletricidade livre e confirmou pelo menos um fato: o dos movimentos bruscos e violentos das cadeiras nas quais a menina se assentava.

Já nos referimos a esse notável caso, no começo deste nosso trabalho, bem como a outros "prodígios" semelhantes, de fenômenos perfeitamente espiríticos, mas que na época constituíam um mistério, achando uns que tudo era devido ao demônio; outros, à eletricidade; e outros, máxime os magnetistas e magnetizadores em geral, a causas magnéticas ainda desconhecidas.

Não só na França se multiplicavam os fenômenos do mesmo gênero, mas também nos Estados Unidos e até na Inglaterra e Alemanha. Conta o jornal inglês *Douglas Jersold*, no seu número de 26 de março de 1847, que nas proximidades de Black-Lion-Lane, em Bayswater, na casa da família Williams, se verificaram movimentos e deslocamentos de inúmeros objetos, sem nenhuma causa visível, vários dos quais saltitavam sobre a mesa, aos olhos aterrorizados dos assistentes, "como se fossem inspirados por uma flauta mágica", segundo a expressão usada pelo referido jornal. A médium desses acontecimentos extraordinários era, ao que parece, uma espanholita que o casal adotara.

À Academia das Ciências de Paris o Sr. Dubois-Reynaud fazia, em 1849, interessantíssimas comunicações, apoiadas fortemente por ilustres cientistas da Alemanha, principalmente por duas cartas do sábio naturalista Alexander Humboldt. Este afirmava que ele próprio havia conseguido, por muitas vezes, a grandes distâncias, tão só pela força da vontade e pela simples contração dos músculos do braço, o desvio da agulha da bússola.

Aos ouvidos dos magnetizadores racionalistas chegavam todos esses fatos como coisas naturais, possivelmente explicáveis, de um modo ou de outro, dentro dos conhecimentos que a ciência magnética fornecia.

O ilustre químico e físico alemão Barão de Reichenbach vinha de trazer uma nova concepção sobre o agente mesmérico. De suas investigações e inúmeras experiências deduzira a existência de uma força da Natureza, por ele denominada força *odílica* (*od*), que circularia em todos os corpos e que nos chegaria do Sol em quantidade incomensurável. O Mesmerismo constituiria — segundo Reichenbach — apenas uma fração dessa extraordinária força cósmica.

30
Intercâmbio entre sonâmbulos e seres espirituais. — Observações, nesse sentido, de ilustres estudiosos. — Deleuze e o Dr. Billot. — Avolumam-se os fatos a favor das ideias espitualistas. — Cahagnet. — Ponderações do sábio Arago.

A ideia de seres espirituais, agindo exteriormente sobre a alma dos sonâmbulos, havia muito era levada na devida conta.

Às vezes se observavam fenômenos que a teoria da comunicação dos pensamentos entre o sonâmbulo e seu magnetizador não explicava satisfatoriamente. Os magnetizadores, em certas ocasiões, ficavam inteiramente desconcertados diante do a que assistiam, sem achar resposta sensata a perguntas da importância desta: Como o sonâmbulo lê, adivinha, prevê e afirma verdades, fatos, coisas que não estão nem em seu cérebro, nem no de seu magnetizador, ou que ainda não tiveram sequer existência?

De quando em quando, magnetizadores de todos os países ouviam, espantados, as afirmações dos *sujets* acerca de um mundo espiritual em relação com o nosso, sendo comuns verdadeiros colóquios interiores e até mesmo discussões assisadas entre o sonâmbulo e alguma inteligência invisível.

O sábio Deleuze[198] anotava, em 1813, no primeiro tomo de sua *Histoire critique du magnétisme animal*, esta observação: "Todos

---

198 Bertrand – *Du somnanbulisme*, p. 233.

os sonâmbulos, deixados livres na crise, se dizem esclarecidos e assistidos por um ser que lhes é desconhecido". O Dr. Bertrand repetiu exatamente a mesma coisa, acrescentando "que a maior parte dos sonâmbulos atribuem seus conhecimentos a uma voz que se faz ouvir no fundo do epigastro".

Homens eminentes como Ennemoser, Eschenmayer, Teste, o abade Faria e tantos outros, reconheciam, por vezes, nos efeitos do magnetismo animal a intervenção de um agente exterior, espiritual, misterioso e estranho à organização do sonâmbulo.

O célebre magnetizador Barão Du Potet, que sempre havia professado doutrinas materialistas sobre o Magnetismo, acabou também por aceitar a assistência de causas ocultas em determinados casos, e no tomo VIII do seu *Journal du Magnétisme*, p. 263, escrevia a propósito de um fato passado com seus sonâmbulos: "Não, não; há aqui alguma coisa que ultrapassa a nossa razão. O sobrenatural se evidencia, quando eu queria negar-lhe a existência".

Por volta de 1829, em vista dos vivos debates sobre Magnetismo, entre Deleuze e os redatores de *L'Hermès*, o Dr. Billot trocou com aquele célebre magnetizador várias cartas, algumas das quais vinham abalar a doutrina geralmente adotada, isto é, a do fluido magnético dirigido unicamente pela vontade do operador.

Deleuze, um dos maiores discípulos de Mesmer, que sempre sustentara ser físico o princípio do Magnetismo, e que, como consequência do seu emprego, as faculdades latentes do homem se desenvolveriam e se manifestariam, acabou por reconhecer que algo de novo aparecia para demonstrar a intervenção de seres espirituais nos fenômenos magnéticos.

Além de inúmeros outros, era comentado o caso de uma camponesa, pessoa iletrada e quase idiota, que em estado sonambúlico respondia com senso e conhecimento às perguntas que um médico lhe fazia. Certo dia, ao lhe indagarem o modo pelo qual o agente magnético agia sobre ela, sonambulizada deu a resposta a seguir, inesperada para todos os assistentes: "o Espírito age sobre o Espírito, isto é, sobre a alma que sou eu, e eu lhe obedeço ao impulso, e faço executar em meus órgãos os movimentos que vedes. Se resisto, o Espírito atua fortemente sobre meus órgãos, caso Deus o permita".

Fenômenos de efeitos físicos eram de quando em vez anotados por alguns magnetizadores, e tanto estes quanto os diagnósticos e prescrições médicas cometidos pelos sonâmbulos desorientavam bastante o raciocínio dos estudiosos.

Numa de suas cartas ao Dr. Billot, diz Deleuze que certa manhã recebera a visita de distinto médico, com várias memórias apresentadas na Academia das Ciências.

> Vinha para me falar de Magnetismo. Contei-lhe alguns fatos que me transmitistes, sem, contudo, lhe dar o vosso nome. Ele me respondeu não se admirar com meu relato, e me citou grande número de fatos semelhantes, que vários sonâmbulos lhe apresentaram. Crede, fiquei bem surpreso, tendo, a nossa conversa, tomado maior interesse. Entre outros fenômenos, destacou o do trazimento de objetos materiais até ele, fato que se deu convosco, quando vários objetos, inclusive um ramo de tomilho de Creta, miraculosamente vieram até vós.
>
> Não sei — prossegue Deleuze — que pensar de tudo isso, mas estou bem certo da sinceridade do médico, como igualmente do vosso relato. Os sonâmbulos de que ele me falou jamais estiveram em comunicação (provada, pelo menos) com seres espirituais, mas crê aquele amigo que a coisa seja possível. Quanto a mim, é-me impossível conceber que seres puramente espirituais possam mover e transportar objetos materiais: para isso seriam necessários órgãos físicos. Contudo, não ouso negar mais nada.

Os leitores devem estar lembrados que já respondemos a essa objeção levantada por Deleuze e por tantos outros estudiosos. Assim, passaremos adiante.

A crítica aos fatos mencionados e a outros da mesma categoria, por parte dos magnetistas racionalistas, tradicionalistas por excelência, não era pequena. Renunciar a ideias firmadas, desde muito tempo, era bem difícil. Mas as manifestações espiritóides, por assim dizer, se multiplicaram entre os sonâmbulos, e em 1845, conforme revela o marquês de Mirville, o assunto começou a ser debatido até nos periódicos magnetistas, como no *Le Somnambule* e na *Revue Magnétique*.

Engrossavam a corrente espiritualista investigadores sérios, médicos ilustres, como os Drs. Chambellan e Wiessiecké. A intervenção do "sobrenatural" nas sessões de Magnetismo era confirmada a todo o momento. O Dr. Billot, numa carta escrita em novembro de 1858,[199] declarava que ele mesmo recebia conselhos dos "verdadeiros Espíritos de luz" por intermédio de indivíduos mergulhados no "sopor clarividente (vulgo sonambulismo)", conselhos que ressumbram, acrescentava ele, uma linguagem elevada e moralizadora.

Bem poucos, entretanto, aceitavam a ideia de que esse intercâmbio se realizasse com o mundo dos chamados mortos, dos seres que entregaram à terra os seus corpos putrescíveis. Dentre eles, destacou-se a figura desassombrada do magnetizador Alphonse Cahagnet, que em 1847 dava a público o primeiro tomo dos seus *Arcanes de la vie future dévoilés*, fundando em fins de 1848, por sugestão do Espírito de Swedenborg, a Sociedade dos Magnetizadores Espiritualistas.[200]

Alphonse Cahagnet

---

199 Mirville – op. cit. p. 323 (nota 1).
200 Em 29 de março de 1852, essa instituição prosseguia seus estudos sob nova denominação: Sociedade dos Estudantes Swedenborguianos.

Os fatos a favor desse Magnetismo espiritualista se acumulam, as obras se difundem, e vemos, em 1853, o sábio Arago fazer no *Annuaire du bureau de longitudes* estas ponderações;

> A maior parte dos fenômenos, grupados hoje em torno desse nome (magnetismo animal), não eram nem conhecidos, nem anunciados em 1784... Os sábios que hoje se entregam a experiências de sonambulismo [...] penetram num mundo todo novo, de cuja existência os Lavoisier, os Franklin, os Bailly não suspeitavam sequer. A dúvida — continuava ele — é prova de modéstia, e raramente tem levantado obstáculos ao progresso da Ciência. Não se poderia dizer o mesmo da incredulidade. Aquele que fora das matemáticas puras pronuncia a palavra impossível comete imprudência.

31

Posição do Prof. Rivail ante o fenômeno das "mesas falantes". — Idêntico procedimento do Dr. Brierre de Boismont. — Providencial encontro, em 1855, do Prof. Rivail com o Sr. Carlotti. — Com a sonâmbula Sra. Roger. — Na casa da Sra. Plainemaison, o Prof. Rivail testemunha, afinal, os fatos então correntes. — As sessões com a família Baudin. — O processo da "cestinha" no intercâmbio com os Espíritos. — Experiências reiteradas levam Rivail a grandiosas conclusões. — Exploração do Novo Mundo. —Ilustres estudiosos insistem junto ao professor Rivail. — Os cinquenta cadernos de comunicações.

Voltemos ao período áureo das mesas girantes...

O professor Hippolyte Léon Denizard Rivail, como já vimos, externou em fins de 1854, ao amigo Fortier, sua opinião a respeito dessas singulares manifestações. Entre várias hipóteses que se depararam ao raciocínio ponderado do ilustre pedagogo, sobressaiu, naturalmente, a de que tudo poderia enquadrar-se nos limites de uma simples ação do fluido magnético. "Tal foi o primeiro pensamento que tive, como tantos outros" — declarou ele mais tarde.

O Magnetismo achava-se repleto de fatos maravilhosos, conforme mostramos em imperfeito e mal concatenado resumo, e não seria um girar de mesa que desviaria a atenção de velhos adeptos da ciência de Mesmer, preocupados com outras questões, para eles mais importantes.

Todavia, a trajetória missionária do Prof. Rivail, traçada de mais Alto, devia cumprir-se, para que cumprida fosse a promessa do Cristo quanto ao Consolador. "São chegados os tempos — anunciavam unanimemente as Vozes do Além — marcados pela Providência para uma manifestação universal. Têm eles o encargo de dissipar as trevas da ignorância e dos preconceitos. É uma nova era que desponta e prepara a regeneração da Humanidade".[201] Fora Rivail escolhido para dar destacado impulso a essa nova era, escolhido dentre aqueles gigantes Espíritos que através dos séculos reencarnam com o objetivo de guiar a Humanidade em sua marcha ascendente para o conhecimento e triunfo da Verdade.

Ainda em 1854, o Prof. Rivail encontrou-se novamente com o magnetizador Fortier, que desta vez lhe foi logo dizendo:[202] "Temos coisa muito mais extraordinária; não só se consegue que uma mesa se mova, magnetizando-a, como também que fale. Interrogada, ela responde".

Dotado, desde a juventude, daquele espírito criado na rigidez dos princípios científicos, mas sem os prejuízos que daí geralmente decorrem, habituado a raciocinar com madureza e discernimento, limitou-se a pôr em dúvida as informações do amigo, objetando com estas palavras: "Isto agora é outra questão. Só acreditarei quando o vir e quando me provarem que uma mesa tem cérebro para pensar, nervos para sentir e que possa tornar-se sonâmbula. Até lá, permita que eu não veja no caso mais do que um conto da carochinha".

A dúvida temporária é atitude científica; não conduz a uma credulidade gratuita, por vezes cega e bastante prejudicial ao

---

201 *Revue Spirite*, abril de 1858, do artigo de fundo.
202 *Obras póstumas* (10. ed. da FEB), p. 237.

progresso dos conhecimentos humanos em geral. Rivail, antes de aceitar o fato que lhe era revelado, pedia provas, queria ver e observar para crer. "Absteve-se de afirmar *a priori*, da mesma forma que, também *a priori*, evitou negar".[203]

> Eu estava — justificou ele sua reservada atitude — em face de um fato inexplicado, aparentemente contrário às leis da Natureza e que a minha razão repelia. Nada vira ainda, nem observara; as experiências, realizadas em presença de pessoas honradas e dignas de fé, confirmavam a possibilidade do efeito puramente material, mas a ideia de uma mesa *falante* ainda não me entrava no cérebro.

Pensamento um tanto semelhante externou-o o Dr. Brierre de Boismont, famoso cientista, autor de *Des hallucinations* (1845), sua obra capital.

Reconhecendo-se incompetente para exprimir uma opinião sobre as mesas girantes, acrescia em carta (14 de março de 1855) ao marquês de Mirville:[204] "Tenho visto mesas girarem, mas nunca as vi responder de maneira satisfatória às perguntas que lhes eram dirigidas. Não posso, entretanto, negar que pessoas instruídas, bastante dignas de crédito, me tenham declarado ser, muitas e muitas vezes, testemunhas desse fato".

O ano de 1855, logo no seu alvorecer, proporcionou a Rivail outro encontro providencial. Desta vez, defrontrou-se-lhe o Sr. Carlotti, linguista competente, natural da Córsega, e a quem permanecia ligado por uma amizade de vinte e cinco anos. O velho amigo, com o olhar inflamado de estranho júbilo e a voz embargada de arrebatamento emotivo, não perdeu ocasião: durante cerca de uma hora teceu entusiásticas considerações em torno do fenômeno das "mesas falantes".

"Foi o primeiro — observou Rivail — a me falar na intervenção dos Espíritos, e me contou tantas coisas surpreendentes que, longe de me convencer, ele me aumentou as dúvidas".

---

203 Hubert Forestier – *Reformador* de 1852, p. 53.
204 J. Eudes de Mirville – *Question des esprits, ses progrès dans la science*, 1855, p. 12.

O Prof. Denizard Rivail, magnetista filiado à Escola mesmeriana, puramente fluidista, achava-se afastado de qualquer concepção espiritualista para o caso em apreço. Sem tendência ao misticismo, por isso mesmo considerou intimamente que o amigo, um apaixonado por tudo quanto de novo surgia, decerto vira, na sua imaginação exaltada, almas do outro mundo onde elas não existiam.

O Sr. Carlotti deve ter percebido, através da expressão facial de Rivail, as dúvidas, bem próximas da incredulidade, que envolviam o espírito do emérito discípulo de Pestalozzi. Mesmo assim, ao concluir sua narrativa, não deixou de acrescentar, profeticamente: "Um dia, você será dos nossos". Ao que Rivail respondeu com simplicidade: "Não digo que não; veremos isso mais tarde".

> Essa réplica, exprimindo da parte do mestre o estado de espírito que nos permitimos qualificar de cepticismo benévolo e prudente — comentou o inolvidável Leopoldo Cirne[205] —, patenteia um aspecto fundamental do seu caráter. Embora possuindo vastos conhecimentos científicos, estava, todavia, isento dessa enfatuada pretensão de tantos cientistas que, acreditando-se na posse de todos os segredos da Natureza, decretam *a priori* a impossibilidade do que ultrapassa a órbita de seus conhecimentos e que se recusam a examinar, quando — o que é pior — não procuram dissimular a sua ignorância, engendrando evasivas interpretações para o que não viram ou de que só tiveram imperfeita notícia, como tantos o têm feito acerca dos fenômenos espíritas. Possuía, numa palavra, a humildade do verdadeiro sábio que, em face da imensa Bíblia da Criação, jamais se divorcia da modesta e legítima atitude de aprendiz.

Alguns meses se passaram sobre a conversação acima referida, e eis que em certo dia de maio o Prof. Rivail foi convidado a ir à casa da sonâmbula Sra. Roger, em companhia do Sr. Fortier, o magnetizador dela. Ali, o destino lhe reservara outra surpresa. Logo ao penetrar a residência da Sra. Roger, deu de rosto com antigo conhecido,

---

205 Leopoldo Cirne – *Doutrina e prática do espiritismo*, vol. II, 1921, p. 37.

o Sr. Pâtier, funcionário público que se impunha pelo seu caráter grave, frio e calmo, bem como pela sua cultura. Estava também presente à reunião a Sra. Plainemaison. Esses dois respeitáveis assistentes teceram, no decorrer dos trabalhos, largos comentários sobre os fenômenos observados com as "mesas girantes e falantes", usando o Sr. Pâtier de linguagem tão desapaixonada e serena, em que as conclusões se impunham pela lógica dos raciocínios bem encadeados, que Rivail pela primeira vez ficou realmente impressionado.

Ali mesmo foi convidado para comparecer às reuniões que, com aquele fim, se realizavam na casa da Sra. Plainemaison, à Rua Grange-Batelière n. 18. O ilustre pedagogo aceitou sem delonga o convite, raciocinando desta maneira, como o fizeram outros homens de saber: "Já que tanta gente se aplica a tais fenômenos, e homens respeitáveis fizeram deles objeto de estudo, deve haver ali alguma coisa de verdade; uma ilusão, uma farsa, seja lá o que for, não pode ter esse caráter de generalidade; seduziria um círculo, uma sociedade, mas não daria volta ao mundo".

Assim, numa terça-feira de maio de 1855, às 20 horas, conforme fora combinado, o Prof. Rivail comparecia ao citado local. "Foi aí — depõe ele próprio — que, pela primeira vez, presenciei o fenômeno das mesas que giravam, saltavam e corriam, em condições tais que não deixavam lugar a qualquer dúvida".

> Vimos [a mesa] mover-se, levantar-se, dar pancadas, sob a influência de um ou de vários médiuns. O primeiro efeito inteligente observado foi o obedecerem esses movimentos a uma determinação. Assim é que, sem mudar de lugar, a mesa se erguia alternativamente sobre o pé que se lhe indicava; depois, caindo, batia um número determinado de pancadas, respondendo a uma pergunta. Doutras vezes, sem o contato de pessoa alguma, passeava sozinha pelo aposento, indo para a direita, ou para trás, executando movimentos diversos, conforme o ordenavam os assistentes (*O livro dos médiuns*, § 67). Assisti também a alguns ensaios, muito imperfeitos, de escrita mediúnica numa ardósia, com o auxílio de uma cestinha. Minhas ideias estavam longe de precisar-se, mas havia ali um fato que necessariamente decorria de uma

causa. Entrevi, naquelas aparentes futilidades, no passatempo que faziam daqueles fenômenos, alguma coisa de sério, como que a revelação de uma nova lei, que tomei, a mim, estudar a fundo.

Rivail podia finalmente declarar, como o fez o Sr. Delorme, diretor de um dos principais estabelecimentos de ensino de Lyon: "O que eu vi é bem claro e bastante positivo. Os fatos para mim já não são duvidosos; o que ignoro são as causas".

Continuando a frequentar as reuniões da Sra. Plainemaison, o célebre professor, que adquirira no estudo das ciências exatas o hábito das coisas positivas, submeteu tudo a meticuloso e esperto exame a fim de ajuizar, de vez por todas, a veracidade, ou falácia da fraude e de outras hipóteses que se achavam em voga. "Busquei — salientou ele — explicar-me tudo, porque não costumo aceitar ideia alguma, sem lhe conhecer o como e o porquê".

Foi na casa da Sra. Plainemaison que certo dia Rivail teve a felicidade de travar conhecimento com a família Baudin, em cuja residência, à Rua Rochechouart, também se realizavam sessões concorridas. Convidado, Rivail passou desde então a frequentar assiduamente a casa do Sr. Baudin, cuja esposa e as duas filhas, moças muito prendadas, serviam de médiuns.

O meio ali usado para a recepção das respostas dos Espíritos não era o da "mesa falante", mas o da "cestinha",[206] mais prático e concludente, oferecendo melhores possibilidades de um estudo menos superficial da matéria em questão.

"Aí — recordou posteriormente Rivail —, tive ensejo de ver comunicações contínuas e respostas a perguntas formuladas, algumas vezes até a perguntas mentais, que acusavam, de modo evidente, a intervenção de uma inteligência estranha". Essas inteligências reiteravam, em todas as partes do mundo, a sua condição de Espíritos, de almas daqueles que já tinham vivido na Terra. "Ninguém — salientou o professor lionês — imaginou os Espíritos como meio de explicar o fenômeno; foi o próprio

---

[206] Esse processo se acha bem descrito n'*O livro dos médiuns*, cap. 13 da 2ª Parte.

fenômeno que revelou a palavra". Fatos irrecusáveis, por ele mesmo presenciados, confirmaram-lhe a veracidade daquelas singulares afirmações.

Apesar de geralmente banais os assuntos tratados nessas sessões, ocupando-se a quase totalidade da numerosa e heterogênea assistência em formular perguntas fúteis e mundanas aos Espíritos, sem outro propósito que o de se entreterem e satisfazer uma curiosidade passageira, apesar de tudo isso, o Prof. Rivail, no silêncio de suas observações, revelando a acuidade de sua visão de predestinado, logo pressentiu que na frivolidade daquelas experiências talvez se envolvessem questões do maior interesse para o Mundo.

Eis o que ele nos diz em continuação, consoante o seu interessantíssimo depoimento pessoal:

> Foi nessas reuniões que fiz meus primeiros estudos sérios em Espiritismo, mais por observações do que por meio de revelações. Apliquei a essa nova ciência, como o fizera até então, o método experimental. Nunca elaborei teorias preconcebidas; observava cuidadosamente, comparava, deduzia consequências. Dos efeitos procurava remontar as causas, por dedução e pelo encadeamento lógico dos fatos, só admitindo por válida uma explicação quando ela resolvia todas as dificuldades dos problemas. Foi assim que sempre procedi em meus trabalhos anteriores, desde os meus quinze ou dezesseis anos. Compreendi, antes de tudo, a gravidade da exploração que ia empreender; entrevi naquele fenômeno a chave do problema, tão obscuro e tão controvertido, do passado e do futuro da Humanidade, a solução que eu procurara durante a minha vida inteira. Era, em suma, toda uma revolução nas ideias e nas crenças. Cumpria, portanto, proceder com circunspecção, e não levianamente; ser positivista e não idealista, a fim de me não deixar embair por ilusões.

Nessas palavras está definido o verdadeiro homem de Ciência, com diretrizes solidamente fundadas sobre a razão.

Prosseguindo a investigar palmo a palmo o novo mundo em que penetrava, observando paciente e perseverantemente as manifestações que se davam, muito cedo a experiência lhe demonstrou que os Espíritos comunicantes, nada mais sendo que as almas de criaturas terrenas já falecidas, não tinham a infalibilidade apregoada por outros estudiosos. "Esta verdade — disse Rivail — me preservou de formular teorias prematuras, baseado nas declarações de um ou de vários Espíritos".

Malgrado tudo isso, Rivail chegara à conclusão de que só o fato da comunicação com os Espíritos, dissessem eles o que dissessem, provava a existência de um mundo invisível intimamente relacionado com o nosso, cujo conhecimento lançaria luz sobre uma infinidade de fenômenos inexplicados, solvendo inúmeros problemas até então tidos por insolúveis.

Orientando-se pela regra invariável que a si mesmo impôs desde o princípio: "observar, comparar e julgar", conduzindo-se com serenidade, imparcialidade e elevado bom-senso, o educador Rivail, "novo e predestinado Colombo de outro gênero",[207] começou a explorar esse enigmático mundo para além das fronteiras da morte, quase desconhecido dos seres humanos, geralmente mal interpretado, negado por muitos e incompreensível para a maioria. E, para o bom desempenho dessa tarefa, Rivail possuía, aliadas às suas vastas possibilidades intelectuais, qualidades morais que sobremaneira lhe esmaltavam o caráter.

As sessões na casa do Sr. Baudin, a princípio destituídas de qualquer fim útil, servindo apenas para um passatempo amistoso entre amigos, pouco a pouco foram tomando caráter sério, graças à atuação de Rivail nesse sentido. Levando perguntas relacionadas com questões filosóficas, psicológicas e religiosas, era de ver a admiração geral ante as respostas precisas, profundas e lógicas que os Espíritos forneciam. É que assistia agora aqueles trabalhos o bem-aventurado *Espírito da Verdade*, que meses depois, em 25 de março de 1856,[208] de maneira bem interessante se daria

---

207 Leopoldo Cirne – op. cit. p. 39.
208 Allan Kardec – *Obras póstumas* (10. ed. FEB), p. 244 a 247.

a conhecer ao Professor Rivail, jamais faltando a este com a sua proteção em todas as circunstâncias da vida.

"A morte, o problema milenário das criaturas, perdia sua feição de esfinge".[209]

Contudo, cumpre esclarecer que naquela ocasião Rivail visava apenas a ampliar seus próprios conhecimentos sobre esse problema tão debatido por grandes pensadores, não lhe passando pela cabeça dar a público as lições que lhe chegavam do outro mundo.

Diz mesmo um seu biógrafo[210] que ele, absorvido por seus afazeres cotidianos e com o pensamento dirigido para futuros trabalhos de ensino pedagógico, esteve a ponto de abandonar as investigações que vinha realizando. Mas as forças do Alto novamente se fizeram sentir. Um grupo de intelectuais, tendo à frente o Sr. Carlotti, o velho amigo de Rivail (a "grande e bela alma" que primeiro lhe falou da intervenção de Espíritos nos fenômenos das mesas), dirigiu-se incontinenti à presença do erudito professor, e graças às insistentes solicitações daqueles ilustres homens, Rivail prosseguiu nos estudos que vinha empreendendo na residência da família Baudin.

O Sr. Carlotti, ao que parece, desde 1850 se preocupava com essas manifestações espirituais, servindo-se, nas suas experiências, dos sonâmbulos e posteriormente das mesas falantes. A ele juntaram-se depois, além de outros, o professor e lexicógrafo Antoine Léandre Sardou, apreciado autor de várias obras escolares, e seu filho Victorien Sardou, talentoso escritor e médium desenhista, mais tarde membro da Academia Francesa; Saint-René Taillandier, famoso literato, agraciado ao depois com uma cadeira na Academia Francesa; Tiedeman-Marthèse, ex-residente de Java e primo-coirmão da rainha da Holanda; Pierre-Paul Didier, editor da Academia.

Esse grupo de homens eminentes havia reunido cinquenta cadernos de comunicações de almas que se diziam de pessoas

---

209 Emmanuel – Kardec e a Espiritualidade, de *O Revelador*, 1941, p. 57.
210 Henri Sausse – *Biographie d'Allan Kardec, 4me édition* (1927), p. 29 – 30.

mortas. Acordaram, então, em entregá-los ao insigne professor Rivail, cuja imparcialidade de julgamento, cultura e notável espírito de síntese eram bem conhecidos, rogando-lhe que os examinasse e apreciasse com a necessária atenção, e que depois os arranjasse numa classificação metódica, por ele mesmo planeada.

> Esse trabalho — informa-nos ainda Henri Sausse[211] — era árduo e exigia muito tempo, em virtude das lacunas e obscuridades dessas comunicações, e o sábio enciclopedista se esquivava a tão absorvente e enfadonha tarefa em razão de suas habituais ocupações. Uma noite, Z.,[212] seu Espírito protetor, lhe deu por um médium uma comunicação toda pessoal, em que lhe dizia, entre outras coisas, tê-lo conhecido numa existência precedente, ao tempo dos druidas, quando juntos viviam nas Gálias, e que ele, Rivail, então se chamava Allan Kardec. Como a amizade que lhe votara crescera sempre, prometia-lhe esse Espírito secundá-lo na importantíssima tarefa para a qual o solicitavam e na qual estaria em condições de triunfar.

Esse mesmo companheiro do Além já lhe havia dito que ele possuía aptidão para penetrar as grandes verdades acerca do nosso destino futuro, mas que o resultado dependeria da sua perseverança no trabalho. Rivail relembrou essas e outras palavras, e, pesando bem suas responsabilidades, pôs mãos à obra: tomou os cadernos que lhe haviam sido confiados, leu-os atentamente, dissecou-os friamente, joeirou, pelo crivo da razão, todas aquelas informações vindas do Além, excluiu tudo que era de interesse secundário ou que constituísse repetição desnecessária, elegeu de entre os ditados aproveitáveis os melhores, anotou-os cuidadosamente, agrupando-os segundo uma mesma ordem de ideias. Juntou, em seguida, o que de interessante ele mesmo já vinha obtendo nas sessões do Sr. Baudin, verificando após essa extraordinária compilação as lacunas a preencher e o complemento a atingir.

---

211 Henri Sausse – Id., ibid., p. 30.
212 Trata-se de um Espírito bom, que se assinava Zéfiro, sendo manifestante habitual nas sessões do Sr. Baudin, desde que Rivail começou ali seus sérios estudos.

32
Acontecimentos marcantes de 1855. — A obra mediúnica do ferreiro Linton. — O histórico das manifestações espiritistas segundo o pioneiro W. Capron. — Robert Hare, professor na Universidade de Pensilvânia, e seu monumental livro sobre a intervenção dos Espíritos. — O Prof. Thury e o engenheiro Girard de Caudemberg. — Dunglas Home, prodigioso médium americano, visita Paris. — Sua influência na propagação das ideias espíritas. — As sessões com a sonâmbula Srta. Japhet e o Prof. Rivail. — Émile Littré. — Diálogo memorável. — Pronta a primeira parte de *O livro dos espíritos*. — Nas livrarias as *Revelações do além*, de Cahagnet. — O pseudônimo de Allan Kardec. — O "18 de Abril de 1857". — O Barão de Guldenstubbé e o notável fenômeno da "escrita direta". — Incontestável prova da comunicação dos Espíritos. — A relevante contribuição das "mesas girantes e falantes". — Sua destacada importância no Espiritismo.

Vários acontecimentos de certa monta vieram, nesse ano de 1855, fortalecer, incentivar o trabalho de Rivail, e preparar os homens do povo e os homens de ciência para mais fácil e mais rápida aceitação da obra em que os Espíritos do Senhor punham as suas melhores esperanças.

Nos Estados Unidos apareciam três interessantíssimos livros, que realizavam grande propaganda do movimento *Neoespiritualista*, pelos fatos positivos neles apresentados: *The Healing of the Nations*, Nova York, obra de origem mediúnica, com mais de 500 páginas, recebida por um ferreiro analfabeto de nome Charles Linton, e prefaciada pelo governador Tallmadge, sobre quem já tivemos oportunidade de falar. A respeito do seu valor, assim se pronunciou o célebre escritor *Sir* Arthur Conan Doyle: "é indubitavelmente uma produção notável, seja qual for a sua origem, e é absolutamente impossível que tenha sido produto normal de semelhante autor";[213] *Modern Spiritualism, its Facts and Fanaticisms*, Boston, da autoria de E. W.

---

213 Arthur Conan Doyle – *El espiritismo*, tradução de E. Diaz Retg. Madrid (1927), p. 114.

Capron, sincera e muito bem escrita obra sobre o histórico das manifestações dos Espíritos, desde Hydesville até aquele ano de 1855. O mundo podia agora tomar leal e completo conhecimento dos fatos extraordinários que revolucionavam aquele país norte-americano; contudo, o livro que fez mais barulho nos Estados Unidos e em quase todo o mundo culto, foi o do Prof. Robert Hare, da Universidade de Pensilvânia, célebre por diversos inventos e descobertas, membro honorário da *Smithsonian Institution*, na época um dos homens de ciência de maior renome na América. *Experimental Investigation of the Spirit Manifestations, demonstrating the existence of Spirits and their communion with Mortals. Doctrine of the Spirit-world respecting Heaven, Hell, Morality and God, etc.* — era como se intitulava a obra em questão, editada em Nova York, e nela o Prof. Hare consignou suas experiências científicas, demonstrando que os fenômenos das mesas, dos *raps*, das pancadas, etc., eram devidos à intervenção dos Espíritos, isto é, dos nossos mortos queridos.

Na Suíça, o Prof. Thury, da Universidade de Genebra, despertava respeitosa atenção dos estudiosos com a sua brochura *Lès Tables tournantes considérées au point de vue de la question de physique générale qui s'y rattache*, obra da qual já destacamos, alhures, alguns trechos. Explicando que uma substância de natureza desconhecida, própria do nosso organismo, e a que ele deu o nome de *psicodo,* seria suscetível, em certas condições especiais, de exteriorizar-se e agir sobre os corpos inertes, o Prof. Thury não considerou, entretanto, absurda a hipótese da intervenção de Espíritos. Sua obra contribuía enormemente para firmar um fato: o levantamento, sem contacto algum, da mesa, dando o que pensar a muitos incrédulos.

Na França, o engenheiro Girard de Caudemberg,[214] membro de várias Academias, homem positivista por educação, um sábio afinal, segundo Louis Figuier, escrevia no boletim científico do periódico *L'Assemblée Nationale*, do qual era redator:

> Os fenômenos do movimento das mesas, e especialmente aqueles que o Sr. Gasparin estudou com certo aparato

---

[214] "Primer Congreso Internacional Espiritista", Barcelona, 1888, p. 45 – 46 ; Louis Figuier, *Histoire du merveilleux dans les temps modernes*, tomo IV (1860), p. 353.

científico, só podem encontrar sua explicação numa potência sobrenatural, inteligente, animada... que se manifesta fora dos operadores, ainda que sujeita, de certo modo, à influência de seus desejos e de suas vontades.

As comunicações que ele vinha obtendo dos Espíritos, a princípio por intermédio da mesa e logo depois pela psicografia manual, deram muito que falar, o que, entretanto, não impediu que ele publicasse, em 1857, na cidade de Paris, um livro intitulado *Le Monde spirituel, ou Science chrétienne de communiquer intimement avec les puissances célestes et les âmes heureuses*, livro que é, em suma, um vibrante testemunho da realidade dos fatos, apesar de conter doutrinas errôneas.

Outro acontecimento digno de nota, no ano de 1855, é a visita que o prodigioso médium Daniel Dunglas Home, nascido na Escócia, mas vivendo nos Estados Unidos, fez a Paris no mês de outubro daquele ano.[215]

Tinha ele ido à Europa a conselho dos médicos, para tratamento de saúde, mas tem-se a impressão de que forças superiores poderosamente concorreram para aquele fim, e daí dizer o Prof. Rivail que, "se ele veio, é porque devia vir".

Primeiramente desembarcara na Inglaterra, em abril de 1855, e aí respeitáveis inteligências, como *Lord* Brougham, o cientista *Sir* David Brewster, o conde de Dunraven, os talentosos romancistas *Lord* Lytton e Anthony Trollope, o alienista Dr. J. Garth Wilkinson, etc., etc., testemunharam a realidade de certo número de fenômenos espíritas.

> A França, ainda na dúvida quanto às manifestações espíritas, tinha necessidade de fatos chocantes; foi o Sr. Home quem recebeu essa missão, pois, quanto mais chocantes os fatos, mais eco produzem. A posição, o conceito, as luzes dos que o acolheram e que ficaram convencidos pela evidência dos fatos, abalaram as convicções de uma multidão de gente, mesmo entre os que não puderam testemunhar ocultamente

---

215 *Revue Spirite*, fevereiro de 1858, do artigo *M. Home*, p. 58 e seguintes.

os fatos. A presença do Sr. Home foi poderoso auxílio para a propagação das ideias espíritas.[216]

Confirmando de modo insofismável a existência de forças espirituais invisíveis, o médium Home amanhou milhares de mentes para que pouco depois pudessem aceitar a semente da Doutrina dos Espíritos, em vias de formação.

Ilustres personalidades do mundo político, social, literário e científico atestaram, estupefatos, de maneira categórica e incontestável, um sem número de fenômenos (ruídos diversos, movimento, levitação e transporte de corpos pesados, instrumentos de música que tocavam sozinhos, aparições materializadas, etc., etc.) de que era causa involuntária o médium Home.

Rivail teve, na época, notícias de vários desses fatos maravilhosos, através de pessoas amigas que os testemunharam, e ele mesmo, ao que se depreende de suas palavras, ditas mais tarde, teria assistido a algumas sessões com o referido intermediário dos Espíritos.

Além disso, principiando a ler periódicos espíritas norte-americanos, entre os quais *Le Spiritualiste de la Nouvelle-Orléans*, que se imprimia em francês, Kardec ampliava seus conhecimentos acerca dos fenômenos em voga, verificando, pela concordância de muitas respostas obtidas de ambos os lados do Atlântico, a universalidade dos ensinos dos Espíritos. E, sem dúvida, não lhe passara despercebida a larga repercussão de extraordinários fenômenos, entre eles os de levitação e de voz direta, produzidos pelos jovens irmãos Davenport (Ira e William) e comprovados por centenas de pessoas em várias cidades dos Estados Unidos, nas quais eles davam sessões públicas, obedientes à recomendação de certos Espíritos comunicantes.

Tudo isso, como é natural, concorreu para roborar, aos olhos do estudioso professor, as verdades que providencialmente fluíam do Mundo dos Mortos para toda a família humana.

Ouvindo os Espíritos como meros informantes do Além-Mundo e não quais deuses soberanos e infalíveis, "reveladores predestinados", conforme suas próprias palavras, o Prof. Rivail

---

216 Idem, ibidem.

foi levantando o arcabouço do monumental edifício doutrinário do Espiritismo.

Em 1856, o ilustre pedagogo começou também a frequentar as sessões que se efetuavam à rua Tiquetonne n. 14, na casa do magnetizador Sr. Roustan, nas quais tomava parte como médium de sérias e excelentes comunicações a sonâmbula Srta. Japhet, sendo empregado o processo da "cesta de bico".[217]

Pouco tempo depois, concluída uma parte do trabalho a que se entregara, escrupulosamente fez questão de submetê-la a exame por parte dos Espíritos presentes às sessões do Sr. Roustan, esmerando-se em escoimá-la dos defeitos possivelmente ainda existentes.

Esse trabalho de revisão, ao princípio realizado nas sessões ordinárias, foi continuado em sessões particulares, a pedido mesmo dos Espíritos, que desejavam, com isto, criar um ambiente mais propício para a delicada tarefa, assim como "evitar as indiscrições e os comentários do público". Dia e hora eram previamente marcados pelos Espíritos, e a Srta. Japhet sempre emprestou a melhor boa vontade e o mais completo desinteresse a esse importantíssimo trabalho.[218]

Nesse ano, como a teoria espírita se firmava cada vez mais no terreno dos novos fenômenos, saiu a campo o então eminente discípulo de Auguste Comte — o filósofo e filólogo Émile Littré. É assim que em 15 de fevereiro de 1856 dava ele à luz, na *Revue des Deux Mondes*, p. 847 a 872, longo artigo intitulado: *Des Tables Parlantes et des Esprits Frappeurs*.

Littré, após recordar a fenomenologia oculta de todo um passado em que o pobre "demônio" era quase sempre palavra explicativa para tudo, descreve, em rápidas pinceladas, o movimento *Neoespiritualista* e os diferentes fenômenos então observados, inclusive as mesas girantes e falantes. Alinhando, a seguir, estudos de fisiologia e patologia, atinge os estados alucinatórios, e daí por diante, num mistifório de considerações fora de propósito, o autor parece ficar sem diretriz e chega ao fim sem fornecer a devida explicação para os fatos que intitulam o seu trabalho.

---

217 Veja-se sua descrição em *O livro dos médiuns*, § 154.
218 *Revue Spirite*, janeiro de 1858, do artigo *Le Livre des Esprits*, p. 36.

Nada tendo visto, e supondo, por não compreendê-los, que aqueles fenômenos mediúnicos iam de encontro às suas ideias positivistas, o sábio francês tentou levantar uma explicação com argumentos psicofisiológicos, trazendo fatos que de nenhuma forma deveriam equiparar-se aos testemunhados em todo o mundo, por milhares de pessoas reconhecidamente idôneas. O infeliz artigo de Littré, ao que sabemos, nenhum comentário posterior mereceu, parecendo com isso não lhe terem dado a menor importância. E, realmente, não havia outro caminho!

E é por essa época que Victor Hugo se dirige aos positivistas, negadores sistemáticos da existência da alma e de um mundo além da morte, e lhes fala poeticamente desta maneira: "Pois quê! Negais intransigentemente o mundo invisível... Mas essa criação invisível, quem vos diz que um dia não a vereis?"

E o pujante escritor descreve, a seguir, a impressão que teria uma criatura que acordasse pela manhã, na semiobscuridade do seu quarto.

> [...] Súbito, um raio de sol nascente passa pelo postigo da janela, e percebeis um mundo... uma imensidade de grãos de poeira. Eis o invisível tornado visível.
> Um dia, despertareis num outro leito, vivereis dessa grande vida a que chamam morte, olhareis, e vereis a escuridão. Inesperadamente, o sol nascente do infinito brilhará acima do horizonte, e um raio de luz, da verdadeira luz, atravessará as profundezas, a perder-se de vista; então, estupefato, admirareis nessa região de claridade, simultaneamente, bruscamente, confusamente, juntos voando, turbilhonando, afastando-se, pairando, milhões de seres desconhecidos, uns celestiais, outros infernais, esses invisíveis que hoje negais, e sentireis asas se abrirem atrás de vós, e sereis um convosco mesmo.[219]

O 12 de junho de 1856 veio inscrever nos fastos aurorais do Espiritismo uma página de rara beleza e emotividade, a qual aqui nos permitimos transcrever *in-totum*, certos de que nossos pacientes leitores nos aprovarão esta medida.

---

219 Maurice Levaillant – op. cit. p. 269 – 270.

O Prof. Rival, em sessão na casa do Sr. C., entreteve com o Espírito da Verdade, através da médium Srta. Aline C.,[220] o memorável diálogo abaixo:

> Pergunta (ao Espírito da Verdade) — Bom Espírito, eu desejaria saber o que pensas da missão que alguns Espíritos me assinalam. Dize-me, peço-te, se é uma prova para o meu amor-próprio. Tenho, como sabes, o maior desejo de contribuir para a propagação da verdade, mas, do papel de simples trabalhador ao de missionário-chefe, a distância é grande e não percebo o que possa justificar em mim graça tal, de preferência a tantos outros que possuem talento e qualidades de que não disponho.
> Resposta — Confirmo o que já te disseram, mas recomendo-te muita discrição, se quiseres sair-te bem. Tomarás mais tarde conhecimento de coisas que te explicarão o que ora te surpreende. Não esqueças que podes triunfar, como podes falir. Neste último caso, outro te substituiria, porquanto os desígnios de Deus não assentam na cabeça de um homem. Nunca, pois, fales da tua missão; seria a maneira de a fazeres malograr-se. Ela somente pode justificar-se pela obra realizada, e tu ainda nada fizeste. Se a cumprires, os homens saberão reconhecê-lo, cedo ou tarde, visto que pelos frutos é que se verifica a qualidade da árvore.
> P. — Nenhum desejo tenho, certamente, de me vangloriar de uma missão na qual dificilmente creio. Se estou destinado a servir de instrumento aos desígnios da Providência, que ela disponha de mim. Nesse caso, reclamo a tua assistência e a dos bons Espíritos, no sentido de me ajudarem e ampararem na minha tarefa.
> R. — A nossa assistência não te faltará, mas será inútil se, de teu lado, não fizeres o que for necessário. Tens o livre arbítrio, do qual podes usar como o entenderes. Nenhum homem é constrangido a fazer coisa alguma.
> P. — Que causas poderiam determinar o meu malogro? Seria a insuficiência das minhas capacidades?

---

220 Trata-se, segundo o Dr. Canuto Abreu, de Aline Carlotii.

R. — Não; mas a missão dos reformadores é prenhe de escolhos e perigos. Previno-te de que é rude a tua, porquanto se trata de abalar e transformar o mundo inteiro. Não suponhas que te baste publicar um livro, dois livros, dez livros, para em seguida ficares tranquilamente em casa. Tens que expor a tua pessoa. Suscitarás contra ti ódios terríveis; inimigos encarniçados se conjugarão para a tua perda; ver-te-ás a braços com a malevolência, com a calúnia, com a traição mesma dos que te parecerão os mais dedicados; as tuas melhores instruções serão desprezadas e falseadas; por mais de uma vez sucumbirás sob o peso da fadiga; numa palavra: terás de sustentar uma luta quase contínua, com sacrifício de teu repouso, da tua tranquilidade, da tua saúde e até da tua vida, pois, sem isso, viverias muito mais tempo. Ora bem! Não poucos recuam quando, em vez de uma estrada florida, só veem sob os passos urzes, pedras agudas e serpentes. Para tais missões, não basta a inteligência. Faz-se mister, primeiramente, para agradar a Deus, humildade, modéstia e desinteresse, visto que Ele abate os orgulhosos, os prestimosos e os ambiciosos. Para lutar contra os homens, são indispensáveis coragem, perseverança e inabalável firmeza. Também são de necessidade prudência e tato, a fim de conduzir as coisas de modo conveniente e não lhes comprometer o êxito com palavras ou medidas intempestivas. Exigem-se, por fim, devotamento, abnegação e disposição a todos os sacrifícios.

Vês, assim, que a tua missão está subordinada a condições que dependem de ti.

Eu — Espírito da Verdade, agradeço os teus sábios conselhos. Aceito tudo, sem restrição e sem ideia preconcebida.

Senhor! Pois que te dignaste lançar os olhos sobre mim para cumprimento dos teus desígnios, faça-se a tua vontade! Está nas tuas mãos a minha vida; dispõe do teu servo. Reconheço a minha fraqueza diante de tão grande tarefa; a minha boa vontade não desfalecerá, as forças, porém, talvez me traiam. Supre a minha deficiência; dá-me as forças físicas e morais que me forem necessárias. Ampara-me nos momentos difíceis e, com o teu auxílio e dos teus celestes mensageiros, tudo envidarei para corresponder aos teus desígnios.

Em meado de junho de 1856 estava revista a primeira parte do futuro livro que Rivail tinha o propósito de publicar, o qual, diga-se entre parêntesis, se constituiria, em sua 1ª edição, de três partes: "Doutrina Espírita", "Leis Morais" e "Esperanças e Consolações".

Estando o genial compilador,[221] em 17 de junho, no lar do Sr. Baudin, aí, em sessão especial com a médium Srta. Baudin, perguntou ao Espírito da Verdade: "Uma parte da obra foi revista; quererás ter a bondade de dizer-me o que dela pensas?" E a resposta não se fez esperar: "O que foi revisto está bem; mas quando a obra estiver acabada deverás revê-la novamente, a fim de ampliá-la em certos pontos e abreviá-la noutros".

Denizard Rivail vinha agora ativamente trabalhando na segunda parte do livro, na que respeita às *Leis Morais*, auxiliado, como sempre, por uma plêiade de elevadíssimos Espíritos, entre eles São Luís, São Vicente de Paul, Santo Agostinho, Fénelon, Swedenborg, etc., todos superintendidos pelo Espírito da Verdade.

Esses mesmos mensageiros do Senhor, objetivando afervorar o ânimo de Rivail, pouco depois lhe renovavam, através de confortadora e muito instrutiva comunicação,[222] afirmações anteriormente feitas, dizendo-lhe entre outras coisas: "Ocupa-te, cheio de zelo e perseverança, do trabalho que empreendeste com o nosso concurso, pois esse trabalho é nosso. Nele pusemos as bases de um novo edifício que se eleva e que um dia há de reunir todos os homens num mesmo sentimento de amor e caridade".

Nesse meio tempo causava sensação em toda a Paris um novo livro do conceituado e erudito magnetizador Alphonse Cahagnet, que havia muitos anos se dedicava ao intercâmbio com os Espíritos dos chamados mortos. Chamava-se essa obra *Révelations d'outre-tombe*, ditada por vários Espíritos, e abrangendo os mais diversos assuntos referentes a ambos os planos da Vida. Foi ela como que o prelúdio da que viria meses depois!

---

[221] "O compilador – diz o *Dicionário dos sinônimos da língua portuguesa*, por J. I. Roquete e José da Fonseca, s. d. – reúne, com mais ou menos inteligência, os escritos e pensamentos de outros para formar uma coleção, que, se bem feita, traz utilidade às ciências e faz apreciável o título de compilador". E acrescenta: O compilador pode ser um literato apreciável e útil, digno de louvor.

[222] Veja-se Prolegômenos, de *O livro dos espíritos*.

Correm os dias... Em 11 de setembro de 1856, achando-se Rivail em casa do Sr. Baudin, a ler para este alguns capítulos da segunda parte da obra em preparação, a Srta. Baudin caiu em transe e espontaneamente escreveu:

> Compreendeste perfeitamente o objetivo do teu trabalho. O plano está bem concebido. Estamos satisfeitos contigo. Continua; mas, sobretudo, lembra-te, concluída a obra, de que te recomendamos a faças imprimir e a propagues. Estamos satisfeitos, e jamais te abandonaremos. Crê em Deus, e avante. *Muitos Espíritos.*

Rivail não perde tempo. Investido da missão de patentear aos homens novas luzes para o seu progresso e felicidade, com autoridade bastante para analisar, confrontar, selecionar, ordenar, sistematizar e comentar as intruções que continuava a receber de diversos médiuns, na sua maior parte escritas sob as suas próprias vistas, Rivail, o sábio educador lionês, prosseguiu, dia e noite, no acabamento e aperfeiçoamento sucessivo de sua obra. Mais de dez médiuns prestaram seu concurso a esse magno trabalho, muitas vezes retocado por ele mesmo, quando, a sós, "no silêncio da meditação", pedia aos Céus o inspirassem nesse empreendimento altamente melindroso.

A obra chega finalmente ao seu término. Escreve-lhe o Prof. Rivail magnífica "Introdução", síntese magistral da Doutrina Espírita, e põe-lhe por fecho uma "Conclusão" elogiável sob todos os pontos de vista. Estava pronto *O livro dos espíritos*, a obra básica de uma filosofia que modificaria as concepções estacionárias em que se conservava a Humanidade.

Entretanto, obediente ainda ao que meses atrás recomendara o Espírito da Verdade, o grande missionário francês torna a rever a obra, ampliando aqui, abreviando ali, aprimorando-a em todas as partes, para, por último, entregá-la ao prelo das Livrarias E. Dentu, em Paris, nos primeiros dias de janeiro de 1857.

Nas provas tipográficas dá a última demão. Agora, era chegado o momento de paginação e impressão, e havia mister designar o autor do livro. Conta Henri Sausse que Rivail refletiu maduramente sobre esse problema. Usar o próprio nome, conhecidíssimo nos meios culturais de França, em virtude de suas numerosas produções didáticas, poderia trazer confusão e talvez prejudicar o êxito do empreendimento. Ademais, com a publicação de *O livro dos espíritos*, sua existência entrava em nova fase, distinta da anterior, fase em que os trabalhos já não eram somente seus, mas resultantes da direção e do concurso de vários Espíritos. E, por assim pensar, passou a adotar o pseudônimo de Allan Kardec, nome que lhe pertencera em existência anterior, conforme lhe fora revelado por Zéfiro, seu Espírito protetor.

Entra em máquina a obra em questão, e os dias se sucedem cheios de ansiedade para ambos os planos da vida. Por fim, em 18 de abril de 1857, aparece à venda nas livrarias *O livro dos espíritos*, com 501 perguntas e respectivas respostas.[223]

O lançamento deste marco revolucionário das ideias espiritualistas, assente em fatos atestados por milhares de testemunhas, escrito em linguagem clara, elegante e precisa, isento das "fórmulas abstratas da Metafísica", alcançou êxito surpreendente, e Allan Kardec se inscreveu para sempre entre os reformadores que mais recomendam seus nomes à imortalidade.

> Data do aparecimento de *O livro dos espíritos* a verdadeira fundação do Espiritismo, que, até então, se contava com elementos esparsos, sem coordenação e cujo alcance nem toda a gente pudera apreender. Desde esse momento a Doutrina cativou a atenção dos homens sérios e tomou rápido desenvolvimento.[224]

Os Espíritos incumbidos de preparar o advento da Terceira Revelação tudo dispuseram para que não faltassem à Codificação Kardequiana os meios com os quais ela cimentaria sua perpetuidade através dos séculos.

É assim que em 1857 surgia, também na França, um outro livro curioso, que despertou de imediato a atenção geral. Seu autor era

---

[223] Nas edições posteriores, ampliadas e melhoradas, o número de perguntas ascendeu a 1.019.
[224] Maurice Lachatre – *Nouveau dicttionnaire universel, panthéon littéraire et encyclopédie illustrée* (1865–1870), Paris, tomo primeiro, p. 199.

o honrado Barão L. de Guldenstubbé, que gozava de elevada reputação, e a obra se intitulava *Pneumatologie positive et expérimentale. La réalité des esprits et le phénomène merveilleux de leur écriture directe démontrée*. Relata esse volume cerca de quinhentas experiências de escrita direta devida aos Espíritos, efetuadas por ele, Guldenstubbé, juntamente com o conde de Ourches, o general Barão de Brewern e o marquês de Planty, experiências confirmadas por mais de cinquenta pessoas e iniciadas em agosto de 1856.[225]

O fenômeno já era conhecido na América desde algum tempo, mas na Europa constituía espantosa novidade, de sorte que a publicação do mencionado livro, com 15 estampas e 93 fac-símiles de escritos em línguas diversas, muitos deles reconhecidos como pertencentes a pessoas falecidas, veio aduzir novas e esmagadoras provas a favor da realidade do Mundo dos Espíritos e sua comunicação com os seres humanos.

*

Parafraseando um trecho de *O que é o espiritismo*, diremos que se Denizard Rivail não se aprofundasse no estudo do fenômeno burlescamente conhecido por "dança das mesas"; se Newton não houvesse prestado atenção à queda de uma maçã; se Galvani não investigasse o porquê do movimento acidental das pernas de rãs mortas; se Franklin não se valesse de um simples papagaio, talvez por muito tempo ainda ficássemos sem conhecer a imortal Doutrina Espírita, a admirável lei da gravitação universal, as fecundas propriedades da pilha elétrica e o utilíssimo para-raios.

Quis Deus, entretanto, que das mesas girantes e falantes, por alguns anos simples objeto de curiosidade e divertimento nos salões franceses, ridicularizadas e até anatematizadas (!), surgissem vastas e profundíssimas deduções científicas e filosófico-religiosas, de consequências extremamente benéficas para o presente e o porvir de toda a Humanidade.

---

[225] Gabriel Delanne – *O fenômeno espírita*, ed. FEB (1951), p. 143 e seguintes.

Allan Kardec

A "época heroica das mesas girantes",[226] assim chamada a época febril desses fenômenos, extinguiu-se com a publicação de *O livro dos espíritos*. Isso, contudo, não obstou a que elas, embora tendo constituído apenas o "período de gestação", a "infância" do Espiritismo, segundo as expressões de Kardec, ainda por muito tempo (mas agora em sessões sérias, científicas) contribuíssem, em diferentes partes do mundo, para abalar ou convencer inúmeros céticos e negativistas.

---

226   Dr. J. Grasset – *Le Spiritisme devant la Science, nouvele édition* (1904), p. 74.

Stainton Moses, renomado pregador, professor na University College School; Alfredo Russel Wallace, famoso naturalista, membro proeminente da Sociedade Real de Londres; Cromwell Varley, engenheiro-chefe das companhias de telegrafia internacional e transatlântica, membro da Sociedade Real de Londres; William Crookes, o sábio descobridor das célebres ampolas de Crookes, do tálio, etc.; Charles Richet, professor da Faculdade de Medicina de Paris, prêmio Nobel de Medicina e Fisiologia; Lombroso, professor de Medicina Legal e Antropologia Criminal na Universidade de Turim, internacionalmente admirado pelos seus estudos de Criminologia; *Sir* Oliver Lodge, membro da Sociedade Real de Londres e reitor da Universidade de Birmingham; Enrico Morselli, professor na Universidade de Gênova, eminente psiquiatra e neurologista; J. Ochorowicz, professor na Universidade de Lemberg; Alexander Aksakof, lente da Academia de Leipzig e Conselheiro privado de S. M. o Imperador da Rússia; o barão Dr. Schrenck-Notzing, respeitadíssimo por todos os homens de saber; William Crawford, professor de Mecânica Aplicada na Universidade de Belfast; e uma multidão de outros eminentes cientistas, que seria fastidioso aqui alinhar, deveram às mesas, em experiências submetidas a rigoroso controle, o conhecimento de uma faceta do Grande Desconhecido.

Como veem os leitores, muita coisa ainda se poderia escrever acerca das "manifestações das mesas" (com novos e mais extraordinários característicos) e sua imensa importância na evolução do movimento espírito, o que em 1848 teve o seu berço nos Estados Unidos, alastrando, num surto sem igual, o mundo todo, e que adquiriu com Allan Kardec, quase um decênio depois, a expressão marcante de uma grandiosa Doutrina.

Não vamos, contudo, mais além.

Propusemo-nos tão somente a despretensioso trabalho de síntese histórica dos primórdios do Espiritismo, girando-a em torno do fenômeno das mesas girantes, as quais, no dizer autorizado de Allan Kardec, "representarão sempre o ponto de partida da Doutrina Espírita".

ÍNDICE DOS ANTROPÔNIMOS CITADOS NESTE LIVRO[227]

Abreu (Canuto) – 277 e 308.
Abreu e Lima (Gen. José Ignácio de) – 135.
Abreu (Francisco Ferreira de)– 282.
Adelon – 286 e 280.
Affre (Monsenhor) – 209.
Aksakof (Alexander)– 31, 187, 229 e 315.
Allix (Émile) – 162.
Allix (Jules) – 162 e 176.
Almeida (Cândido Mendes de)– 282.
Almeida Rosa (Francisco Octaviano de) – 137.
Almignana (Abade Jean Baptiste) – 203, 208 a 214.
Ampére – 71, 246 e 248.
André, de Brémen (Dr.) – 33, 42 e 133.
Angelo (Achille d') – 267.
Antonelli (Cardeal Giacomo) – 83.
Arago – 45, 61, 70, 96, 101, 102, 126, 184, 216, 222 e 292.
Arsonval (d') – 229.
Ashburner (Dr.) – 31.

Babinet – 103, 110, 217, 218, 219, 220, 221, 222, 224, 227, 228, 229, 230, 231, 232 e 268.
Bailly – 282 e 292.
Ballet – 229.
Ballou (Adin) – 29.
Balzac – 66, 144 e 149.
Bancroft – 20.
Baragnon (P. Petrus) – 276 e 279.
Barlow (Rev. J.) – 127.
Barreto Pedroso – 282.
Barthou (Louis) – 157, 167, 175.
Basch (Victor) – 90 e 91.
Baudin – 292, 297, 299, 300, 301, 310 e 311.
Bautain (Padre Louis Eugéne Marie) – 105, 106 e 107.
Belfort (Antº R.T.V.) – 282.
Bénézet (E.) – 271, 272, 273, 274 e 275.
Benolt (Adolphine) – 46.
Bentner (Dr.) – 35.
B. du B. – 92 e 96.
Bergson – 229.
Berna – 286.

---

[227] N.E.: Remete ao número das páginas.

Índice dos antropônimos citados neste livro

Bernard (Claude) – 184.
Berret (Paul) – 158, 175 e 179.
Bertrand (Dr.) – 280, 284, 288 e 289.
Bigelow – 20.
Billot (Dr.) – 288, 289, 290 e 291.
Blanck (F.A.) – 35 e 36.
Bliss (B.K.) – 21.
Bocage (José Vicente Barbosa du) – 96.
Boehm – 134.
Bois (Jules) – 143, 149, 152, 162, 163, 165, 167, 169 e 170.
Boismont (Dr. Brierre de) – 292 e 294.
Boissier – 86.
Boissy (marquesa de) – 48 e 52.
Bonjean (A.) – 37, 69, 82 e 279.
Bonnard (Dr. Arthur) – 55 e 56.
Botazzi – 229.
Bouillaud (Dr.) – 184 e 231.
Bousquet – 280 e 286.
Boussingault (Jean) – 110.
Bouvier (Bispo) – 258 e 264.
Bozzano (Ernesto) – 229.
Braga (Teófilo) – 229.
Braid – 217.
Brandão (Francisco Carlos) – 282.
Brewern (Gen. Barão de) – 219 e 313.
Brewster (David) – 31 e 304.
Britain (Rev. S.B.) – 22.
Brittan (S.B.) – 187.
Brougham (*Lord* Henry) – 31 e 304.
Bryant (W.) – 20 e 21.
Buchanan (Dr. J. Rhodes) – 21.
Bureau (Allyre) – 52, 57, 58 e 59.
Busoni (Filipe) – 55.

Cagliostro – 17, 67, 98 e 239
Cahagnet (Alphonse) – 17, 213, 214, 291 e 310.
Caillet (Albert L.) – 261.
Cairu (Barão de) – 136.
Calhoun (John Caldwell) – 25 e 207.
Campbell (Gen. Robert) – 191 e 207.
Campos (Monsenhor Joaquim Pinto de) – 282.
Capron (E.W.) – 239 e 303.
Carlotti (Aline) – 294, 295 e 300.
Carneiro (Jerônimo) – 99.
Carpenter (William) – 216 e 224.
Carrière (Moritz) – 27 e 28.
Carus (Dr.) – 84.
Castel (Dr.) – 285.
Castelnau – 78.
Castro Lopes (Antônio de) – 135.
Caudemberg (Girard de) – 302 e 303.
Cesário (Dr.) – 128, 136, 137 e 281.
Chambellan (Dr.) – 291.
Chambers (Robert) – 31.
Channing (W.E.) – 25 e 152.
Chardel (Dr.) – 280.
Chereau (Achille) – 134.
Chevojon (L.) – 263.
Chevreul (Michel) – 68, 69, 71, 76, 82, 110, 198, 224, 246, 247, 248, 249, 250, 251, 252, 253 e 257.
Cirne (Leopoldo) – 295 e 299.
Claretie (Jules) – 167.
Clert-Biron (Alexis) – 82.
Cloquet (Jules) – 233, 235, 286, 289 e 290.
Codemberg, V. Caudemberg
Combermere (Gen. Stapleton Cotton) – 31.
Combermere (*Lady*) – 31.
Comte (Auguste) – 184 e 306.
Cooper (Fenimore) – 20.
Cornac – 286.
Corvisart – 78.
Cossart – 134.

Índice dos antropônimos citados neste livro

Costa Correia (F. Mendes da) – 282.
Cottin (Angélique) – 44, 45 e 286.
Courcy (Henry de) – 261.
Courtier – 229.
Coventry (Dr.) – 234.
Coze (Dr. R.) – 201.
Crawford (William J.) – 229 e 315.
Crookes (William) – 127 e 315.
Crowe (Katie Stevens) – 31.
Curie (Casal) – 229.

Darcet – 282.
Davenport (William) – 305.
Davenport (Ira) – 305.
David (Félicien) –59.
Davy (Humphry) – 184.
Dechambre (Dr.) –104.
Delanne (Gabriel) – 22, 219, 233 e 313.
Delens – 280 e 286.
Deleuze – 280, 288, 289 e 290.
Delorme – 297 e 301.
Depping (Wilhelm) – 41, 42 e 44.
Deschamps – 144.
Dexter (George T.) – 225.
Dickens – 30.
Dickson (Dr. Daniel) – 31.
Dickson (Dr. Samuel) – 31.
Didier (Alexis) – 182.
Didier (Pierre-Paul) – 60 e 300.
Dorat (Sra.) – 254.
Doyle (Arthur Conan) – 30, 32, 225, 234 e 302.
Drouet (Juliette) – 163.
Dubois-Reynaud – 287.
Dunraven (conde) – 304.
Dupouy (Dr. Edm.) – 159 e 182.
Dureau (A.) – 261.

Edmonds (John Worth) – 20, 21, 189, 190, 225, 236, 240 e 276.
Edwards (W.) – 21.

Eissen (Dr. Édouard Frédéric) – 41, 80 e 133.
Elliotson (Dr. John) – 31.
Emmanuel – 300.
Ennemoser (Joseph) – 39 e 289.
Escande (Amable) – 232.
Eschenmayer (Karl von) – 39 e 289.
Escholier (Raymond) –174.
Eslon (d') – 280.

Faraday (Michael) – 109, 110, 111, 112, 113, 114, 116, 117, 119, 124, 125, 126, 127, 128, 215, 216, 219, 224 e 225.
Faria (Abade) – 289.
Ferreira Júnior (José A.C.) – 282.
Figuier (Louis) – 49, 234, 237, 252, 253, 287 e 303.
Fitzgerald (Sra.) –31.
Flammarion (Camille) – 113, 153, 156, 164, 165, 166, 169, 171, 183, 184, 218 e 256.
Flatau –83.
Fléchier – 181.
Flint (Austin) – 234.
Forestier (Hubert) – 294.
Fortier – 277, 292, 293 e 295.
Fortis – 247.
Foucault (Léon) – 83, 85, 109, 114, 115, 116, 117, 124 e 134.
Foucquier (Dr.) – 280, 284 e 285.
Fourier – 158.
Fox (David S.) – 18.
Fox (Família) – 18.
Fox (Irmãs) – 18, 20, 23, 26, 35, 47, 132 e 186.
Fox (Katie) – 22, 237 e 240.
Francis (Dr. J.W.) – 20.
Franklin – 282, 292 e 313.
Frappart – 286.
Friederike (Madame Hauffe) – 34.
Freire (Dr. Antônio J.) – 49, 52 e 53.

Índice dos antropônimos citados neste livro

Frémy (F.) – 64.

Galileu – 65, 106, 133, 163, 164, 169 e 183.
Galvani – 184 e 313.
Gama e Castro (José da) – 129.
Garcia (Dr. José Maurício Nunes) – 136.
Garnay (M. L. Hébert de) – 45 e 77.
Gasparin (Agenor Etienne de) Passim – 84, 114, 120, 121, 123, 185, 194, 223, 259, 265 e 269.
Gasparin (Sra.) – 88.
Gatchell – 21.
Gathy (August) – 110.
Gay (Delphine) – 59 e 152.
Georget (Dr.) – 280 e 283.
Gibier (Paul) 20.
Gibson (Sra. Thomas Milner) – 31.
Girardin (Madame) – 52, 59, 143, 144, 145, 146, 147, 148, 149, 150, 152 e 244.
Glachant (Paul) – 167.
Glachant (Victor) – 167.
Gottlieben Dittus – 17.
Goujon (Jean) – 45 e 61.
Goupy – 25, 30, 206, 208 e 237.
Gousset (Cardeal) – 281.
Govi – 246.
Grasset (J.) – 314.
Gratiolet – 257.
Grattan (Colley) – 31.
Griswold (Rev.) – 20.
Guérin (Émile) – 162 e 172.
Guérin (Dr. Jules) – 69.
Guérin (Theophile) – 162.
Guersant – 289.
Guiccioli (condessa Teresa) – 43 e 52.
Guillemin (Henri) – 181.
Guiraud – 144.
Guldenstubbé (Barão L. de) – 302 e 313.

Hamilton (General) – 207.
Hardinge Britten (Emma) – 18, 20, 24, 239 e 240.
Hare (Robert) – 224, 225, 241, 302 e 303.
Hauffe (Madame) – 34.
Haumond (Rev. C) – 19 e 26.
Hawks (Rev. Dr.) – 20.
Hayden (M.B.) – 29, 30, 31, 32 e 206.
Hennequin (Victor) – 158, 176 e 177.
Hering (Chr. Elisa) – 40.
Hobson (Rev. A.W.) – 31.
Home (Daniel Dunglas) – 128, 188, 237, 302, 304 e 305.
Homero – 181.
Houdin (Robert) – 44, 47 e 182.
Houssaye (Arséne) – 182.
Hugo (Adèle) – 172.
Hugo (Charles) – 168 e 170.
Hugo (Sra. Victor) – 153, 162, 167 e 178.
Hugo (Victor) – 15, 143, 144, 149, 152, 153, 155, 156, 157, 158, 159, 160 a 172, 176, 177, 178, 179, 180, 181, 182, 183 e 307.
Humboldt – 68, 90, 96, 98, 287 e 291.
Husson (Dr.) – 280, 284, 285 e 286.
Hymans (Louis) – 83.

Irving (Edward) – 17.
Isabel II – 90 e 97.
Isham (Charles) – 31.
Itard – 285.

Jackson Davis (Andrew) – 18.
Janin (Jules) – 63, 65 e 66.
Japhet (Madame) – 60 e 62.
Japhet (Srta.) – 302 e 306.
Jouve – 75, 77 e 139.

Índice dos antropônimos citados neste livro

Jussieu (Laurent de) – 282.

Kaepellin (Carlos) – 110.
Kardec (Allan) – 15, 35, 62, 90, 99, 105, 108, 150, 152, 172, 177, 183, 185, 194, 204, 221, 224, 235, 251, 263, 265, 271, 277, 278, 299, 300, 301, 302, 305, 312, 314, 315 e 320.
Karr (Alphonse) – 182, 224 e 229.
Kent (Duque de) – 31.
Kerner (Dr. Justinus) – 17, 33, 34 e 39.
Koons (Jonathan) – 207.
Kossuth (Lajos) – 21.

Lachatre (Maurice) – 279 e 312.
Lacombe (Madame Louis) – 77.
Lacordaire (padre) – 104, 107 e 108.
Lafontaine – 280.
Lamartine – 144 e 149.
Lamballe (Jobert) – 224, 232, 233, 234 e 235.
Laplace – 281.
Lapponi (Giuseppe) – 29.
Larousse (Pierre) – 263.
Latino Coelho (J.M.) – 93 e 96.
Latour (Dr. Amédée) –203.
Laugier – 45.
Lavoisier – 183, 282 e 292.
Lebrun (Padre Pierre) – 249.
Lecomte (Jules) – 64.
Lee (Dr.) – 234.
Le Flô (Gen. Adolphe) – 162.
Lepère – 113.
Leroux. – 285.
Lesclide (Richard) – 178.
Lesseps (Ferdinand de) – 113.
Leuret – 257.
Levaillant (Maurice) – 152, 156, 161, 171, 174, 176 e 307.
Leymarie (Pierre-Gaëtan) – 62.

Linton (Charles) – 302.
Littré (Émile) – 302, 306 e 307.
Livingston (John) – 187.
Lodge (Oliver) – 229, 315.
Loewe (Dr.) – 39.
Loger (Henri) – 134.
Lombroso – 222 e 315.
Londe – 284.
Lopes de Mendonça – 90 e 98.
Lordat (Dr.) – 280 e 286.
Lourdoueix (Barão Jaques de) – 67.
Luce (Gaston) – 175.
Luis XVII – 17.
Lyman (Gen.) – 20.
Lytton (*Lord*) – 304.

Machado (Antônlo José) – 282.
Macomb (General) – 207.
Macomb (Sra.) – 207.
Maginot (Adèle) – 17, 213 e 214.
Malcom (Dr. John) – 31.
Malgras (J.) – 170.
Malta (Ignácio José) – 137.
Mans (Bispo de) – 264, 265 e 281.
Mapes (James Jay) – 241.
Marc – 285.
Marcellinus (Ammianus) – 52.
Marcy (Dr.) – 20.
Martins (Jean Vicente) – 135.
Mathieu – 45, 61 e 62.
Mayer (Dr. A.) – 50, 63, 79, 133, 276 e 279.
Maynard (Cônego) – 205.
Meslon (conde L. de) – 195 e 196.
Meunier (Victor) – 59, 109 e 125.
Meurice (Paul) – 153 e 170.
Meurice (Sra. Paul) – 153, 154 e 167.
Mirville (marquês J. Eudes de) Passim – 22, 23, 29, 35, 40, 41, 47, 48, 49, 67, 68, 69, 75, 78, 87, 88, 105, 110, 113, 114, 124,

Índice dos antropônimos citados neste livro

185, 186, 191, 195, 197, 199,
200, 201, 202, 208, 209, 212,
213, 217, 232, 246, 247, 250,
257, 258, 263, 271, 275, 281,
284, 285, 286, 290, 291 e 294.
Mitivie – 284.
Mittermaier (Carl) – 39.
Mohl (Robert von) – 39.
Moigno (Abade Francisco) – 63,
70, 71, 72, 73, 74, 76, 82,
100, 101, 102, 120 e 234.
Mondetour (B. de) – 64.
Monte Alegre (marquês de) –136.
Montègre (De) – 286 e 289.
Montet – 219.
Montgolfier (Eugéne) – 72 e 74.
Montorgueil (Georges) – 60.
Morgan (Augustus de) – 31 e 222.
Morin (Alcides) – 213, 267,
268, 269, 270 e 279.
Mornand (Félix) – 121.
Morrow – 21.
Morselli (Enrico) – 229 e 315.
Mothe (Bourdois de la) – 285.
Mousseaux (Gougenot des) – 258,
259, 260, 261, 264 e 265.
Moutté – 263.
Müller (Johannes) – 184.
Mure (Benoît) – 135.
Muret – 86.
Musset (Alfred de) – 144.
Mussy (Guéneau) – 285.

Nerval (Gérard de) – 59.
Nolzet (General) – 276.
Novais (Faustino Xavier de) – 99.
Nus (Eugène) – 19, 52, 56, 57,
58, 59, 60, 63, 109, 113, 114,
122, 176, 177, 203, 206, 222,
235, 237, 240, 241 e 253.

Ochorowicz (J.) – 126, 229 e 315.
Olinda (visconde de) – 136.
Oliveira, (Henrique
Veloso de) – 142.
Orfila (Dr.) – 280 e 286.
Orleans (Bispo de) – 205.
Osty (Eugène) – 229.
Ourches (conde de) – 100, 103,
104, 153, 215, 217 e 218.
Owen (Robert) – 30,
203, 206 e 226.
Owen (Robert Dale) –
104, 224 e 227.
Owens (William) – 21.

Paladino (Eusapia) – 126.
Pariset – 280 e 286.
Partridge (Charles) – 22 e 240.
Pàtier – 296.
Paulin (J. B. Alexander)
– 65, 66 e 205.
Pelletier – 280 e 286.
Pereira Jorge (Joaquim
Firmino) – 282.
Pfaffen –34.
Phelps (Rev. Dr.) – 19 e 191.
Pietra-Santa (Dr. Prosper) – 78.
Pigeaire (Dr.) – 286.
Pinho (Dr. Sabino Olegário
Ludgero) – 128.
Plainemaison (Sra.) – 296 e 297.
Planty (marquês de) – 313.
Platão – 181.
Post (Isaac) – 18.
Potet (Barao Du) – 51,
279, 284 e 289.
Pottier – 60.
Prevorst (Vidente de) – 17 e 34.
Prevost (Dr.) – 64.
Prudent – 59.
Puységur (marquês de) – 236 e 238.

Índice dos antropônimos citados neste livro

Quételet (Lambert) – 84.

Rappard (De) – 39.
Raulica (Padre Gioacchino Ventura di) – 48, 201, 266 e 280.
Rayer (Pierre-François) – 231, 232, 234 e 239.
Récamier – 280 e 284.
Reichenbach (Barão de) – 280 e 288.
Renaud (Prof.) – 39.
Rennes (Bispo de) – 204.
Reuter – 86.
Reveillé-Parisse – 286.
Richet (Charles) – 123, 126, 127, 168, 169, 170, 182, 183, 229, 236, 249, 254, 257, 280 e 315.
Richmond (conde B.W.) – 187, 191, 192, 193 e 194.
Rivail (Hippolyte Léon Denizard) – 276, 277, 278, 292, 293, 294, 295, 296, 297, 298, 299, 300, 301, 302, 303, 304, 305, 310, 311, 313 e 322.
Robouam – 284.
Rochas (Albert de) – 196.
Roger (Sra.) – 292 e 295.
Rogers (E.C.) – 187.
Rostan (Barão Dr.) – 280, 283, 284.
Roubaud (Félix) – 63, 78, 109 e 125.
Rougemont (Frédéric de) – 195 e 196.
Roustan – 306.

Sabatier – 280.
Saint-Roch (Vigário de) – 44, 47, 258 e 263.
Sainte-Beuve – 144.
Salgues – 261.
Sänger (Philippine) – 36.
Sänger (Pierre) – 36.
Santo Amaro (visconde de) – 224 e 226.

Santos e Almeida (José Tomás dos) – 282.
Sardou (Antoine Léandre) – 300.
Sardou (Victorien) – 60, 61 e 62.
Saulcy (Louis Félicien de) – 195, 197, 199, 200 e 201.
Sausse (Henri) – 60, 62, 300, 301 e 311.
Savatier-Laroche – 158.
Schauenberg (C.H.) – 40.
Schiaparelli – 229.
Schiff (Moritz) – 233 e 235.
Schrenck-Notzing (Barão) – 77 e 315.
Schumann (Clara) – 91.
Schumann (Eugenie) – 91.
Schumann (Robert) – 86, 90 e 91.
Sébille (Gen.) – 64.
Sée (Dr. Germano) – 181.
Séguin (Marc) – 71, 72, 73, 74 e 75.
Serizay (conde) – 64.
Shakespeare – 15, 150, 159, 163, 164, 165, 171 e 180.
Shields (James) – 236, 238 e 239.
Sibour (Arcebispo) – 212.
Sigdwick – 229.
Simon (Gustave) – 153.
Simmons (James F.) – 207.
Soumet – 144.
Spicer (Henry) – 187, 189 e 191.
Stainton Moses – 314.
Strauss – 34.
Stroumbo – 102 e 103.
Sully-Prudhomme – 143 e 163.
Swedenborg – 17, 263, 291 e 310.
Swetchine (Mme.) – 107.

Tachet – 86.
Taillandier (Saint-René) – 60 e 300.
Tallmadge (N.P.) – 24, 203, 207 e 210.

Taylor (W.G. Langworthy)
– 22, 237 e 240.
Teleki (Cel. Sandor) – 162.
Tennent (Emmerson) – 128.
Tertuliano – 51 e 205.
Teste – 289.
Texier (Edmond) – 144.
Thierry (Edouard) – 157.
Thillaye – 285.
Thompson (*Sir* Henry) – 31.
Thompson (Gen. Waddy)– 207.
Thury (Marc) – 224, 225, 246, 253, 254, 256, 302 e 303.
Tiedeman-Manthèse – 60 e 300.
Toledo (Demétrio de) – 61 e 143.
Torres-Solanot (viscon-
de de) – 22 e 212.
Toussenel – 52 e 60.
Tristan (conde I. de) – 195 e 197.
Trollope (Anthony) – 304.
Tscherepanof – 88 e 89.

Underhill (A. Leah) – 19.

Vacquerie (Auguste) – 143, 144, 145, 146, 151, 153, 162, 165, 167, 172, 173 e 176.
Valay (Jacques de) – 170.
Valverde (José) – 99.

Vangerow (Prof.) – 39.
Varley (Cromwell) – 222 e 315.
Vasconcellos (José Smith de) – 138.
Vauquelin – 100.
Velpeau (Dr.) – 233.
Véran-Sabran – 60.
Vernet (B. de) – 261.
Verrier (Hippolyte) – 64.
Vesme (C. de) – 52.
Vigny (Alfred de) – 144.
Victor (Charles) – 176.
Victor (François) – 176.
Viviers (Bispo de) – 205 e 206.

Wallace (Alfredo Russel) – 222 e 314.
Wasilewski – 90 e 91.
Weatherhead (David) – 32.
Weekmans – 18.
Weil (Alexander) – 158.
Wells (David A.) – 21.
Whitman (Sarah Helen) – 25.
Wiessiecké (Dr.) – 291.
Wilkinson (J. Garth) – 304.
Williams (Família) – 287.
Willis (Nathaniel Parker) – 20 e 237.

Young – 184.

Zoepfl (Henrich) – 39.

ÍNDICE GERAL[228]

A

Abreu, Canuto, Dr.
  encontro de Allan Kardec com Sr. Fortier – 28.2

Abreu, Francisco Ferreira de, químico
  defensor do fenômeno do sonambulismo – 29.3

Academia das Ciências de Paris
  assassínios científicos – 29.7
  comissão para estudo dos fenômenos das mesas girantes – 14.1
  comissão para estudo dos fenômenos magnéticos – 29.7
  comunicação do Sr. Dubois-Reynaud – 29.8
  fenômeno oculto dos espíritos batedores – 22.10
  fonógrafo de Edison – 17.2
  François Jean Dominique Arago, astrônomo – 5.1; 21.7
  inexistência do fluido magnético – 29.3
  Jacques Babinet, físico – 21.3
  Michel Chevreul, químico – 9.5, nota; 25.1; 25.4
  reconhecimento dos fenômenos das mesas girantes – 14.1, nota
  relatório da * sobre as mesas falantes – 12.1
  revolta da * contra o barão Humboldt – 9.6
  teoria do longo perônio – 22.9

Academia de Medicina de Paris
  Dechambre, Dr., membro – 13.1

Academia Real das Ciências de Lisboa
  J. M. Latino Coelho – 11.7, nota
  José Vicente Barbosa du Bocage 11.7, nota
  nova reorganização – 11.8

Academia Real de Ciências de Bruxelas
  carta do Sr. Lambert Quételet endereçada ao Dr. Carus – 10.2

Agostinho, Santo
  colaboração na grandiosa obra kardequiana – 16.9

Alemanha
  fenômenos mediúnicos – 1.1

---

[228] N.E.: Remete à numeração presente à margem das páginas.

Índice geral

Justinus Kerner
   planos dos mensageiros da
      Terceira Revelação – 3.7
   primeira ocorrência das mesas
      girantes – 4.4; 4.6
   promotor do movimento espírita – 4.7

Allix, Émile
   experimentador habitual das sessões
      das mesas falantes – 16.19

Allix, Jules
   experimentador habitual das sessões
      das mesas falantes – 16.19
   político de febril atividade
      revolucionária – 16.33

Almeida, João Carlos Álvares de
   Visconde de Santo Amaro – 22.3, nota

Almignana, Jean Baptiste de, abade
   consequência das observações – 20.12
   *Somnambulisme, des tables tournantes
      et des médiums, considérés dans
      leurs rapports avec la théologie et la
      physique; examen des opinions de
      MM. de Mirville et de Gasparin,
      Du,* livro – 20.6, nota
   sonâmbula Adèle Maginot – 20.11
   sonâmbulos adormecidos por
      magnetizadores – 20.7

Amours d'un poète, Les, livro
   Louis Barthou – 16.24

*Anatomie comparée du système
   Nerveux,* livro
   François Leuret, psiquiatra – 25.12, nota
   Louis Pierre Gratiolet,
      crítico – 25.12, nota

Annales politiques et littéraires, Les, livro
   Nicolas Camille Flammarion
      – 16.21, nota; 16.40

Annuaire du bureau de longitudes, livro
   François Jean Dominique Arago – 30.5

André, Dr.
   primeira ocorrência das mesas girantes
      na Alemanha – 4.4; 15.6

Animismo e espiritismo, livro
   Alexander Aksakof – 3.5, nota
   Henry Brougham, *Lord* – 3.5, nota

Antonelli, Cardeal Giacomo
   experiência da dança das mesas – 10.1

Apologeticum, livro
   Tertuliano – 6.4, nota

Apt, cidade francesa
   sonambulismo magnético – 9.5, nota

Arago, François Jean Dominique,
   astrônomo
   Academia das Ciências de
      Paris – 5.1; 21.7
   *Annuaire du bureau de
      longitudes,* livro – 30.5
   derrocada da teoria do movimento
      muscular inconsciente – 12.3
   diretor do Observatório de
      Paris – 5.1; 8.2
   dúvida, incredulidade – 17.2, nota
   invalidade dos fenômenos – 5.1
   Jean Goujon, secretário – 8.2

Arcanos da vida futura desvendados, livro
   Louis Alphonse Cahagnet – 1.1; 30.4

Ashburner, Dr.
   conversão à teoria espiritista – 3.5

Assemblée nationale,
   periódico parisiense
   preocupação de Chevreul em responder
      ao livro de Mirville – 25.2

Ata da experiência com a mesa de
   bilhar
   B. de Mondetour – 9.2
   F. Frémy, Sr., maire – 9.2
   Hippolyte Verrier, adjunto – 9.2

Sébille, general – 9.2
Serizay, conde – 9.2

Athenaeum, periódico inglês
   doutrina de Faraday concernente
      às mesas – 14.5
   trabalho escrito de Michael Faraday,
      químico – 14.2, nota

Avis aux chrétiens sur les tables tournantes et parlantes, par un ecclésiastique, livro
   Luís Eugênio Maria Bautain,
      padre – 13.2

B

B., B. du *ver* também Bocage, José Vicente Barbosa du
   Dança das mesas e dos chapéus, A, artigo – 11.3
   Imprensa, jornal – 11.3
   lente na Escola Politécnica de Lisboa – 11.7, nota
   sócio efetivo da Academia Real das Ciências de Lisboa – 11.7, nota

Babinet, Jacques, físico
   análise da teoria alucinatória de Morin – 27.2, nota
   cabo submarino entre a Europa e a América – 21.4, nota
   carta recebida do conde de Ourches – 12.4, nota
   comissão para estudo dos fenômenos das mesas girantes – 14.1
   examinador na Escola Politécnica de Paris – 21.4
   explicação de * para o movimento das mesas – 21.5
   impossibilidade do movimento das mesas – 21.4
   membro da Academia das Ciências de Paris – 21.3
   processo da acústica dos ventríloquos – 22.7, nota
   ratificação da impossibilidade de movimento das mesas – 21.6
   renúncia a sua arcaica teoria – 21.4
   Sciences occultes au XIX siècle — Les Tables tournantes et les manifestations prétendues surnaturelles, Les, artigo – 21.6
   Tables tournantes au point de vue de la mécanique et de la physiologie, Des, livro – 21.3
   teoria dos movimentos nascentes – 22.4
   trabalho sobre a rotação das mesas – 21.3, nota
   Revue des Deux Mondes, revista – 22.5; 22.7, nota

Ballou, Adin
   Exposition of Views respecting the Principal Facts, Causes and Peculiarities involved in Spirit Manifestation, An, livro – 3.3

Baragnon, P. Petrus
   adepto francês das teorias mesmerianas – 28.4, nota

Barlow, J., reverendo
   experiência com as mesas girantes – 14.19, nota
   secretário do Royal Institution – 14.19, nota

Barthou, Louis
   Amours d'un poète, Les, livro – 16.24
   Carnets de Victor Hugo, Les, livro – 16.14, nota; 16.32
   premonições de Victor-Marie Hugo – 16.14, nota

Basch, Victor
   Vie douleureuse de Schumann, La, livro – 11.1

Baudin, família
  assistência do Espírito da
    Verdade – 31.8, nota
  caráter sério das sessões com o
    processo das cestinhas – 31.8
  encontro com Allan Kardec – 31.6
  primeiros estudos sérios de Allan
    Kardec em Espiritismo – 31.7

Baudin, Srta., médium
  mensagem para Allan Kardec – 32,10

Bautain, Louis-Eugène Marie, padre
  *Avis aux chrétiens sur les tables
    tournantes et parlantes, par un
    ecclésiastique,* livro – 13.2
  experiências com as mesas
    girantes – 13.2
  natureza boa ou má dos Espíritos – 13.3
  primeiro sacerdote na França a
    tratar das mesas – 13.2, nota
  processo da cesta – 13.4

Bénézet, E.
  experiência com a mesa de
    pé de galo – 27.5
  redator-chefe da *Gazette Du
    Languedoc* – 27.5
  *Tables tournantes et du panthéisme,
    Des,* livro – 27.5

Benoît, Adolphine
  médium de efeitos físicos – 5.3

Bentner, Dr.
  médico real do cantão – 4.3

Bergzabern, cidade
  manifestações físicas – 4.3

Bergzabern, Jornal de
  F. A. Blanck, redator – 4.3

Bernard, Claude
  objeção acre – 17.1

Berret, Paul
  impressão do Espiritismo na obra de
    Victor-Marie Hugo – 16.32
  significado das palavras latinas
    EDE, I, ORA – 16.36, nota
  Victor Hugo, Spirite, artigo –
    16.15; 16.36, nota

Bertrand, Dr.
  experiências de Magnetismo
    – 29.5; 30.1

Bibliographie Catholique, jornal
  trabalho do abade cônego
    Maynard – 20.3

Billot, Dr.
  cartas trocadas entre * e o
    magnetizador Deleuze – 30.2
  conselhos dos verdadeiros Espíritos
    de luz – 30.4, nota

Blanck, F. A.
  fenômenos de Bergzabern – 4.4
  redator do *Jornal de Bergzabern* – 4.3
  resumo do caso do fantasma-
    batedor – 4.3

Bliss, B. K., professor da
  Universidade de Harvard
  manifestação de força
    inteligente – 2.3, nota

Bocage, José Vicente Barbosa
  du *ver* B. du B.

Boehm, Dr.
  diretor do Observatório de Praga – 15.6

Boismont, Brierre de, Dr.
  carta endereçada ao marquês
    de Mirville – 31.3
  Hallucinations, Des, livro – 31.3

Boissier, Sr.
  experiência com a mesa de freixo – 10.4

Boissy, marquesa
    Byron, *Lord* – 6.5
    ex-condessa Teresa Guiccioli – 6.5

Bonjean, Sr.
    comunicação de * na Academia
        das Ciências de Paris – 9.20
    invalidação dos movimentos
        musculares – 9.20
    manifestação contrária às
        explicações de Chevreul – 9.7
    membro da Academia Real
        de Saboia – 9.20

Bonnard, Artur de, Dr.
    experiências com mesas girantes – 7.3
    processo do alfabeto das
        mesas girantes – 7.3

Bouillaud, Dr.
    Academia das Ciências de
        Paris – 17.2; 22.8
    fonógrafo de Edison – 17.2; 22.8

Bousquet, Dr.
    testemunho dos fenômenos
        magnéticos – 29.7

Boussingault, Jean-Baptiste Joseph
    Dieudonné, químico
    comissão para estudo dos fenômenos
        das mesas girantes – 14.1

Bouvier, Monsenhor bispo de Mans
    carta pastoral – 26.8, nota
    experiências com as mesas
        girantes – 26.7, nota

Brasil
    teoria da pressão involuntária – 21.1

*Brasil, coração do mundo, pátria
    do evangelho,* livro
    Francisco Cândido Xavier – 15.9, nota

Brewern, Barão
    testemunha da levitação de
        uma mesa – 21.5, nota

Brewster, David, físico
    simpatizante dos fenômenos
        espiritistas – 3.5

Brittan, Samuel Byron, reverendo
    discussão entre o * e o Dr. B.
        W. Richmond – 18.2
    Religio-Philosophical Journal,
        jornal – 18.2
    Spiritual Telegraph, jornal – 2.4, nota

Britten, Emma Hardinge, Sra.
    historiadora de Modern American
        Spiritualism – 23.4
    Rappings, noises, knockings – 1.2

Brougham, Henry, *Lord*
    Animismo e espiritismo, livro – 3.5, nota

Bryant, W., professor da
    Universidade de Harvard
    manifestação de força
        inteligente – 2.3, nota

Buchanan, Joseph Rhodes, Dr.,
    precursor da Psicometria
    testemunho de fenômeno espírita – 2.3

Bureau, Allyre, político
    notícia da mesa pé de galo – 7.5; 7.7
    notícia das mesas girantes – 7.1

Burguesmente
    significado da palavra – 14.5, nota

Busoni, Filipi
    L'Illustration, jornal – 7.3, nota

Byron, George Gordon, *Lord*, Espírito
    evocação – 24.2
    invocação – 16.25

C

C., Aline, Srta., médium
  diálogo de Allan Kardec com o
    Espírito da Verdade – 32.7, nota

Cagliostro
  profecias – 1.1

Caderno de comunicação dos Espíritos
  Antoine Léandre Sardou – 31.9
  Carlotti – 31.9
  Henri Sausse – 31.10, notas
  Pierre-Paul Didier – 31.9
  Saint-René Taillandier – 31.9
  Tiedeman-Marthèse – 31.9
  Victorien Sardou – 31.9

Cahagnet, Louis Alphonse, magnetizador
  Adèle Maginot, sonâmbula – 1.1; 20.11
  Arcanos da vida futura desvendados – 1.1; 30.4
  evocações de pessoas mortas – 20.12
  fundação da Sociedade dos
    Magnetizadores Espiritualistas – 30.4
  Révelations d'outre-tombe, livro – 32.9

Callhoun, John Caldwell, Espírito
  mensagem espírita – 2.6

Canal de Suez
  construção do *, Ferdinand
    de Lesseps – 14.5

Canto do mar, O, melodia
  mesa pé de galo – 7.7

Capron, E. W.
  pioneiro espiritista dos Estados
    Unidos – 23.4

Carlotti, Sr.
  encontro com Allan Kardec – 31.3; 31.9
  primeiro a falar na intervenção
    dos Espírito – 31.3; 31.9

Carnets de Victor Hugo, Les, livro
  Louis Barthou – 16.14, nota; 16.32

Carpenter, Willian, fisiologista
  princípio da sugestão – 21.2

Carrier, Maurício, filósofo alemão
  anúncio à Humanidade – 3.2
  *Discursos e meditações religiosas
    dirigidos à nação alemã por
    um filósofo alemão* – 3.1

Castelnau, Sr.
  vibrações musculares invisíveis – 9.16

Castro, José da Gama e, médico
  correspondente de Berlim – 15.3
  experiências com as mesa girantes – 15.3
  notícia da Alemanha sobre a rotação
    da mesa e do chapéu – 15.2

Caudemberg, Girard de, engenheiro
  L'Assemblée nationale, jornal – 32.2, nota

Cearense, O, jornal
  artigo de seu correspondente no Rio
    de Janeiro – 15.13; 15.14, nota
  crônica sobre a dança das mesas – 20.2
  *Evocações de alma d'outro
    mundo,* artigo – 24.1
  Mesas dançantes, artigo – 15.11
  primeira notícia sobre as mesas
    girantes – 15.10
  transcrição de periódicos
    europeus – 15.11

Cesário, Dr.
  experiências com a mesa de
    pé de galo – 15.10
  fenômenos das mesas girantes – 15.9
  Magnetismo Animal – 15.9; 29.2

Cestinha
  processo utilizado para recepção das
    mensagens dos Espíritos – 31.6, nota

Índice geral

Chambers, Robert, literato
simpatizante dos fenômenos
espiritistas – 3.5

Channing, William Ellery,
apóstolo do unitarismo
colaboração na grandiosa obra
Kardequiana – 16.9
objetivo das comunicações dos
Espíritos – 2.7, nota

Charles-Louis
clariaudiência – 1.1

Chateaubriand, François René Auguste
de, escritor
colaboração na grandiosa obra
Kardequiana – 16.9

Chereau, Achille, Dr.
correspondente do jornal *Siècle* – 15.6

Chevojon, L., vigário de Saint-Roch
experiência com as mesas
girantes – 26.6, nota

Chevreul, Michel, químico
Academia das Ciências de Paris – 25.4
carta do * para André-Marie
Ampère – 9.9; 25.1
comissão para estudo dos fenômenos
das mesas girantes – 14.1
dança das mesas – 25.4
membro da Academia das
Ciências de Paris – 9.5
sistema das vibrações musculares – 9.7
*Sur la baguette divinatoire, le
pendule explorateur et les tables
tournantes*, livro – 25.1, nota
teoria da ação muscular – 9.5, nota; 9.20
teoria do movimento muscular
inconsciente – 25.12
varinhas divinatórias – 24.2; 25.5

Choses de l'autre monde, livro
Eugène Nus – 1.3; 7.1; 7.6; 14.5; 16.33,
nota; 21.8, nota; 22.12, nota

Choses vues, livro
Victor-Marie Hugo – 16.12, nota

Christian Spiritualism, The, jornal
difusão dos conhecimentos
espiritualistas – 23.5

Circulação das almas *ver* Reencarnação

Círculo Literário de Alençon
ata da experiência com uma
mesa de bilhar – 9.2
Prevost, Dr. – 9.2, nota

Civiltà Cattolica, La, revista
importância do magnetismo
animal – 29.1
revista dos jesuítas – 26.1

Clert-Biron, Alexis, Sr.
construção de engenhosa mesa – 9.20

Coelho, J. M. Latino
lente na Escola Politécnica de
Lisboa – 11.7, nota
Nação, A, jornal – 11.4
sócio efetivo da Academia Real das
Ciências de Lisboa – 11.7, nota

Combermere, *Lady*
simpatizante dos fenômenos
espiritistas – 3.5

Compilador
significado da palavra – 32.9, nota

Comissão para exame dos fenômenos
do Espiritualismo
Alfred Russel Wallace, naturalista – 21,8
Augustus de Morgan, professor – 21.8
Cromwell Varley, físico – 21.8

Comment l'esprit vient aux tables, livro
Alcides Morin, magnetista – 27.1

Comte, Auguste, filósofo
　estudo da composição química
　　dos astros – 17.2

Constitutionnel, jornal
　informação de fenômenos físicos – 5,3

Contemplations, Les, livro
　Victor-Marie Hugo – 16.19;
　　16.20; 16.32, nota; 16.33

Corvisart, Jean-Nicolas, Dr.
　vibrações musculares invisíveis – 9.16

Correio de Lyon, jornal
　artigo assinado pelo Sr. Jouve – 15.12
　experiências com as mesas
　　girantes – 15.11
　notícia extraída do jornal *O*
　　Nacional de Portugal – 15.12

Correio Mercantil do Rio
　de Janeiro jornal
　crônica sobre a dança das mesas – 20.2

Correspondance avec Mme.
　Swetchine, artigo
　Revue Spirite – 13.4, nota

Cosmos
　Francisco Moigno, redator-chefe – 9.8
　Pesquisas experimentais sobre as
　　mesas girantes, artigo – 14.2
　Tables tournantes, artigo – 12.4

Cossart
　danças das mesas, As, artigo – 15.7

Cottin, Angelica, médium
　fenômenos físicos na França – 5.1
　manifestações físicas de caráter
　　mediúnico – 5.2
　menina elétrica – 29.7

Cotton, major
　simpatizante dos fenômenos
　　espiritistas – 3.5

Courrier de l'Europe
　artigo extraído do * – Evocações de
　　alma d'outro mundo – 24.1

Courrier de Lyon, jornal
　M. Jouve, diretor – 9.13

Courrier des États-Unis, jornal
　repercussão de fato nos
　　meios médicos – 2.8
　revolução religiosa e social – 2.7

Courrier du Bas-Rhin, jornal
　informação sobre os fenômenos
　　das mesas girantes – 4.5

Coze, R., Dr.
　carta do * para o marquês
　　de Mirville – 19.7
　fenômenos das mesas girantes e
　　do Magnetismo – 19.7

Crise mystique de Victor Hugo, d'après
　des documents Inédits, La, livro
　Maurice Levaillant – 16.9, nota

Critic
　artigo do reverendo A. W. Hobson – 3.5

Crookes, William, químico
　carta de * para Emmerson
　　Tennent – 14.19
　pesquisas sobre a força psíquica – 14.19
　Recherches sur les phénomènes du
　　spiritualisme, livro – 14.19, nota

Crowe, Catarina Stevens
　conversão à teoria espiritista – 3.5

D

D..., abade
　comunicação com o invisível – 5.4

D'Angelo, Achilles, curador italiano
　passes magnéticos – 26.10

Índice geral

D'Eglinton, conde
  simpatizante dos fenômenos espiritistas – 3.5

Dama Branca, Espírito
  Maurice Levaillant – 16.18, nota
  traços do próprio retrato – 16.18, nota
  visão de Victor-Marie Hugo – 16.17; 16.29

Dança das mesas e dos chapéus, A, artigo
  B. du B., autor – 11.3
  Imprensa – 11.3

Danças das mesas, As, artigo
  Cossart – 15.7
  Courrier Du Bas-Rhin, jornal – 15.7
  Diário de Pernambuco, jornal – 15.7

Daniels, Dr.
  simpatizante dos fenômenos espiritistas – 3.5

Danse des tables. Phénomènes physiologiques démontrés, La, livro
  Félix Roubaud, Dr. – 9.16; 9.17

David, Félicien
  melodias executadas pela mesa pé de galo – 7.7

Davis, Andrew Jackson
  mediunidade – 1.1
  Principles of Nature; her Divine, The, livro – 1.1

Davy, Humphry, químico
  iluminação de Londres a gás – 17.2

De Montègre, Dr.
  testemunho dos fenômenos magnéticos – 29.7

Debatable, land between this world and the next, The, livro
  Robert Dale Owen – 22.3

Dechambre, Dr., diretor
  Dictionnaire encyclopedique des sciences médicales – 13.1
  membro da Academia de Medicina de Paris – 13.1

Delanne, Gabriel
  Phénomène Spirite, Le, livro – 21.9, nota; 32.11, nota
  Spiritisme devant la science, Le, livro – 21.5, nota

Deleuze, Joseph Philippe François
  cartas trocadas entre * e o Dr. Billot – 30.2
  discípulo de Mesmer – 30.2
  Histoire critique du magnétisme animal, livro – 30.1
  Magnetismo animal – 29.1

Démocratie Pacifique
  periódico defensor da república – 7.1; 7.8

Depping, Georges-Bernhard, historiador
  Espiritualismo americano – 4.10
  pai de Wilhelm Depping – 4.9

Depping, Wilhelm
  filho de Georges-Bernhard Depping – 4.9
  L'Illustration, jornal – 4.9
  Secte aux esprits, La, artigo – 4.9

Desconhecido e os problemas psíquicos, O, livro
  Nicolas Camille Flammarion – 17.2

Deslon, Charles Nicolas
  Magnetismo animal – 29.1

Destinos da alma, Os, livro
  Arsène Houssaye, escritor – 16.39, nota

Dexter, George T., Dr.
  Spiritualism, livro – 22.2

Diário de Pernambuco, jornal
  Anais da Imprensa Periódica
    Brasileira – 15.4, nota
  artigo de Sabino Olegário
    Ludgero Pinho, Dr. – 15.8
  danças das mesas, As, artigo – 15.7
  primazia na Imprensa de toda
    a América Latina – 15.4
  seita dos Espíritos, A, artigo – 15.7

Dicionário bibliográfico português
  Inocêncio Francisco da
    Silva – 15.15, nota

Dickson, Samuel, Dr.
  simpatizante dos fenômenos
    espiritistas – 3.5

Dictionnaire de Médicine
  artigo sobre o Magnetismo – 29.4
  Rostan, Dr. – 29.4

*Dictionnaire encyclopedique
  des sciences médicales*
  Dechambre, Dr., diretor – 13.1

*Dictionnaire universel de
  Maurice Lachatre*
  A. Morin – 28.4

Didier, Alexis, sonâmbulo
  clarividência – 16.39
  Jean Eugène Robert-Houdin,
    prestidigitador – 16.39

Didier, Pierre-Paul
  editor da Academia Francesa – 8.1, nota

Discursos e meditações religiosas
  dirigidos à nação alemã por um
  filósofo alemão, obra
  Maurício Carrier – 3.1
  *Discussion of the Facts and
  Philosophy of Ancient and Modern
  Spiritualism*, A, livro – 18.1

Dittus, Gottlieben, médium
  fenômenos mediúnicos – 1.1

Dorat, Sra.
  experiência com a mesa de
    pé de galo – 25.9

Douglas Jersold, jornal
  movimentos e deslocamentos de
    inúmeros objetos – 29.8

Doutrina Espírita
  princípios da * e Victor-Marie
    Hugo – 16.16, nota

Doyle, Arthur Conan, escritor
  comportamento da Associação
    Científica Americana – 22.2
  History of Spiritualism, The, livro – 3.4
  Journal du Magnétisme – 6.4
  M. B. Hayden, médium – 3.4; 3.6

Du Potet, magnetista
  assistência de causas ocultas
    no Magnetismo – 30.2
  conversão às ideias espiritistas – 6.4
  experiências de Magnetismo – 29.5
  Journal du Magnétisme – 30.2
  magnetista – 6.4; 28.4

Dupouy, Edmond, Dr.
  L'Au-delà de la vie, livro – 16.16,
    nota; 16.39, nota

Duque de Orleans *ver* Éric,
  Ferdinand Philippe Louis Charles

E

Éclair, jornal
  Georges Montorgueil, redator – 8.1

EDE, I, ORA, expressão latina
  história da recepção das palavras
    latinas – 16.35, nota
  significado da * por Paulo
    Berret – 16.36, nota

Edison, Thomas Alva
Academia das Ciências de
Paris – 17.2; 22.8
Bouillaud, Dr. – 17.2; 22.8
fonógrafo de Edison – 17.2; 22.8

Edmonds, John Worth, jurista
antigo presidente do Senado – 22.2
aparição de sua falecida esposa – 18.3
conversão – 2.3; 18.3
filho do general James Edward
Edmonds – 18.3
investigações no campo da
fenomenologia espiritualista – 2.2
juiz da Suprema Corte de
Nova Iorque – 22.2
membro da Sociedade para a Difusão
do Conhecimento Espiritual – 23.5
New York Courier, jornal – 18.4
Spirit Manifestations, livro – 23.5
Spiritualism, livro – 22.2

Edwards, W., professor da
Universidade de Harvard
manifestação de força
inteligente – 2.3, nota

Eissen, Édouard Frédéric, Dr.
carta do * endereçada ao Dr.
Roubaud – 9.18
Gazette des Hôpitaux – 4.9
Gazette Médicale de Strasbourg
– 4.9; 15.6

Elliotson, John, médico
conversão à teoria espiritista – 3.5
emprego do magnetismo animal – 3.5

Ennemoser, Joseph, médico
intervenção de um agente exterior
espiritual no sonâmbulo – 30.2
medicina magnética – 4.7
observações junto às mesas girantes – 4.7

Época heroica das mesas girantes
Livro dos espíritos, O, livro – 32.13, nota

Éric, Ferdinand Philippe Louis Charles
encontro de * com Victor-Marie
Hugo – 16.12, nota

Eschenmayer, Karl August von,
professor
intervenção de um agente exterior
espiritual no sonâmbulo – 30.2
observações junto às mesas girantes – 4.7

Escholier, Raymond
*Vie glorieuse de Victor Hugo,
La*, livro – 16.31, nota

Escola Politécnica de Lisboa
J. M. Latino Coelho – 11.7, nota
José Vicente Barbosa du
Bocage – 11.7, nota

Escrita direta
carta sobre * por Nathaniel Pitcher
Tallmadge – 20.5, nota

Escritura Sagrada
consequência da interpretação
à letra – 26.9

España, La, jornal
ação da cadeia magnética – 11.9

Espanha
vidência de Victor-Marie Hugo
em sua viagem – 16.13

Espiritismo
arcabouço do monumental
edifício doutrinário – 32.4
data da fundação – 32.11
iniciação ao *, Allan Kardec – 28.2, nota
período de gestação – 32.13
perseguição aos adeptos do
* nascente – 2.7
precursores – 1.1
síntese histórica dos primórdios do
* e Zêus Wantuil – 32.14

Espírito
    trombeta celestial – 2.6
Espírito da Verdade
    assistência do * na casa da família
        Baudin – 31.8, nota
    diálogo com Allan Kardec – 32.7, nota
Espírito Santo
    conceito – 3.2
Espírito Superior
    Modern Spiritualism na Europa – 3.2
    objetivo dos fenômenos de
        Bergzabern – 4.3
Espiritualismo moderno
    adesões ao *registradas no *Home
        Journal* – 23.2, nota
Espiritualismo, O, livro
    Paul Gibier – 2.2, nota
    investigações – 8.3
    perigo social – 2.5
    primeiro núcleo de estudantes – 1.2
*Esprits et de leurs manifestations
    diverses, Des*, livro
    Jules Eudes de Catteville
        de Mirville – 17.4
*Esprits et de leurs manifestations
    Fluidiques, Des*, livro
    comentários de Mirville sobre as
        críticas de Allan Kardec – 17.4
    Jules Eudes de Catteville de Mirville,
        marquês – 2.4; 4.3, nota; 5.4, nota;
        9.6, nota; 9.13, nota; 19.3, nota

Ésquilo, dramaturgo grego
    resposta de * sobre a Fatalidade – 16.21
Estados Unidos
    berço do movimento espírito – 32.14
    importância das mesas falantes – 2.3

manifestações das mesas girantes
    e falantes – 28.1
movimento Neoespiritualista – 32.1
Neoespiritualismo – 23.1
novo processo de correspondência – 13.1
origem dos fatos espíritas – 10.7, nota
petição sobre os fenômenos
    espíritas – 23.2, nota
Eugenie, Schumann
    filha de Robert Alexander
        Schumann – 11.2, nota
    Schumann — Vida romântica —
        Inquietudes artísticas — Diário
        Íntimo, obra – 11.2, nota
Europa
    chegada da Terceira Revelação – 3.1
    experiências com as mesas
        girantes – 15.1
    importância das mesas falantes – 2.4
    manifestações das mesas girantes
        e falantes – 28.1
    mesas girantes – 3.2
    Modern Spiritualism – 3.2, nota
Evolução do espiritismo, Da, livro
    Antônio J. Freire – 6.2, nota
Exorcismo
    experiências com as mesas
        girantes – 26.5; 26.6, notas
Experimentador habitual das
sessões das mesas falantes
    Adèle Hugo – 16.19
    Adolphe Le Flô – 16.19
    Allix, Sra. – 16.19
    Auguste Vacquerie – 16.19
    Charles Hugo – 16.19
    Émile Allix – 16.19
    Émile Guérin – 16.19
    François-Victor Hugo – 16.19
    Jules Allix – 16.19
    Sandor Teleki, Cel. – 16.19

Teophile Guérin – 16.19
Victor Hugo, Sra. – 16.19
Victor-Marie Hugo – 16.19

Experimental Investigation of the *Spirit Manifestations, demonstrating the existence of Spirits and their communion with Mortals*, livro
Robert Hare, psicólogo – 22.1

Explication des tables parlantes, des médiuns, des esprits et du somnanbulisme, livro
M. Goupy, Sr. – 2.7; 20.4, nota; 20.6, nota

Exposition of Views respecting the Principal Facts, Causes and Peculiarities involved in Spirit Manifestation, An, livro
Adin Ballou – 3.3
G. W. Stone, editor – 3.3

F

Faraday, Michael, químico
crítica de Félix Roubaud – 14.17
doutrina de * concernente às mesas – 14.5
experiência dos discos – 21.2
experiências sobre os discos de papelão – 14.4
membro da Sociedade Real de Londres – 14.2, nota
objeções de Victor Meunier – 14.17
Pesquisas experimentais sobre as mesas girantes, artigo – 14.2
Table turning delusion, The, artigo – 14.4
teoria sobre as mesas girantes – 14.3

Faria, José Custódio de
intervenção de um agente exterior espiritual no sonâmbulo – 30.2

Fénelon, François, teólogo
colaboração na grandiosa obra Kardequiana – 16.9

Fenômeno de voz direta
Willian Davenport, médium – 32.4
Ira Davenport, médium – 32.4

Fenômeno espírita, testemunho
Gatchell – 2.3
Joseph Rhodes Buchanan, Dr., precursor da Psicometria – 2.3
Lajos Kossuth, político – 2.3
Morrow – 2.3
William Owens – 2.3

Fenômeno magneto-psicológico *ver* também Fenômeno pneumatológico
Robert Dale Owen – 22.3, nota

Fenômeno pneumatológico
Robert Dale Owen – 22.3, nota

Figuier, Louis
adesão de * à teoria de Miguel Chevreul – 25.7, nota
Histoire du merveilleux dans les temps modernes, livro – 6.2, nota; 14.1, nota; 22.10, nota; 25.2, nota; 25.7, nota
Monde spirituel, ou Science chrétienne de communiquer intimement avec les puissances célestes et les âmes heureuses, Le, livro – 32.3
Primer Congreso Internacional Espiritista – 32.2, nota

Fitzgerald, Sra.
conversão à teoria espiritista – 3.5

Flammarion, Nicolas Camille, Astrônomo
Annales politiques et littéraires, Les, livro – 16.21, nota; 16.40
cadernos com o registro das sessões das mesas girantes – 16.10, nota

*Desconhecido e os problemas
psíquicos, O*, livro – 17.2
*Forces naturelles inconnues,
Les*, livro – 25.11
Galileo Galilei, Espírito –
16.21, nota; 16.26

Fléchier, Esprit, sacerdote
Histoire de Théodose, livro – 16.38

Flint, Austin, Dr.
professor de Clínica Médica
na Universidade de Búfalo
– 22.10, nota, nota
teoria dos ruídos articulares
no joelho – 22.10

Fluido
considerações – 14.15

Fluido magnético
Antoine Laurent de Jussieu,
botânico – 29.3
conceito – 28.2

*Footfalls on the boundary of
another World, with narrative
illustration*, livro
Robert Dale Owen – 12.4

Forces naturelles inconnues, Les, livro
Nicolas Camille Flammarion – 25.11

Fortier, Sr., magnetizador
diálogo com Allan Kardec – 28.2, nota
encontro com Allan Kardec –
28.2; 31.1; 31.2, nota

Foucault, Jean Bernard Léon, físico
carta do conde Gasparin – 14.7
descaso com as mesas girantes
– 10.3, nota; 15.6
Journal des Débats – 10.3, nota
Sociedade Real de Londres – 14.6, nota

Foucquier, Dr.
experiências de Magnetismo – 29.5

Fourier, François Marie Charles
adepto da reencarnação – 16.15

Fox, David S.
telegrafia espiritual – 1.2

Fox, família
Hydesville, aldeia – 1.2
primeiras demonstrações públicas – 1.2

Fox, irmãs, médiuns
missão das * e reverendo
Haumond – 2.8
primeiras demonstrações públicas – 1.2
renovação espiritual no mundo – 2.5

Fox, Katie, médium
contrato para sessões públicas
e gratuitas – 23.5, nota

França
Angélique Cottin, médium – 5.1
chegada das mesas girantes – 4.12
grupos de experimentadores
curiosos – 9.1, notas
Journal du Magnétisme, jornal – 4.4
Louis Eugéne Marie Bautain,
primeiro padre na * a tratar
das mesas – 13.2, nota
maior acontecimento do século – 6.1
mesas falantes – 7.2
novo processo de correspondência – 13.1
obra do Dr. Kerner – 4.2
primeira comunicação com
o invisível – 5.4

France Médicale
fundação da * por Félix Roubaud – 14.1

François-Victor Hugo
experimentador habitual das sessões
das mesas falantes – 16.19

filho de Victor-Marie Hugo – 16.19

Frappart, Dr.
testemunho dos fenômenos magnéticos – 29.7

Fraser's Magazine, jornal
doutrina de Faraday concernente às mesas – 14.5

Freire, Antônio, escritor espírita
Evolução do espiritismo, Da, livro – 6.2. nota
fenômenos espiritistas – 6.4

Frémy, F., Sr., maire
ata da experiência com mesa de bilhar – 9.2

Sociedade dos Magnetizadores Espiritualistas
fundação – 30.4, nota

G

Galilei, Galileo, Espírito
Nicolas Camille Flammarion – 16.21, nota; 16.26
páginas belas sobre a ciência dos astros – 16.21, nota
resposta do * à Victor-Marie Hugo – 16.26

Galvani, Luigi, médico
mestre de dança das rãs – 17.2

Garcia, José Maurício Nunes, Dr.
lente de Anatomia da Escola de Medicina – 15.9
Magnetismo – 15.9

Garnay, L. M. Hébert de, magnetista
experiência com mesa de pé de galo – 9.15
manifestações físicas da médium Cottin – 5.2

Nouvelle magie, par Un croyant de Chambéry, La – 9.15, nota
redator do *Journal Du Magnétisme* – 9. 15, nota
Tables mouvants et les miracles du dix-neuvième siècle, Les – 9.15, nota

Gasparin, Sra.
experiência com a mesa de pé de galo – 25.9

Gasparin, Agénor Étienne de, conde
apreciação satírica de * sobre a teoria dos movimentos nascentes – 22.4 carta do * endereçada ao jornal *L'Illustration* – 14.11
carta do * endereçada ao *Journal de Genève* – 10.2, nota; 10.4, nota
carta do * endereçada ao *Journal des Débats* – 14.6
carta do * endereçada ao Sr. Foucault – 14.7
carta do *, comentário de Mirville – 10.5, nota
experiências com a mesa de freixo – 14.10
comentário do jornalista Félix Mornand – 14.12
contribuição de * para o progresso da Humanidade – 14.19
obra defensora das mesas girantes – 14.15
princípio da sugestão – 21.3
realidade das mesas girantes – 14.13, nota; 21.7; 21.9, nota
Tables tournantes, du surnaturel en général et des esprits, Des, livro – 10.2, nota; 10.4, nota; 14.6; 14.12, nota; 17.3; 18.8, nota; 21.9, nota; 22.7; 26.2, nota
teoria da reminiscência ou do reflexo do pensamento – 20.10, nota

Gatchell
  testemunho de fenômeno espírita – 2.3
Gathy, Augusto, musicógrafo
  luta entre uma mesa e uma mesa pé de galo – 14.2
Gay, Delphine *ver* Girardin, Émile de
Gazeta de Augsburgo, jornal
  dança das mesas na Itália – 10.1
  fenômenos de Bergzabern – 4.4; 4.5, nota
  informação sobre os fenômenos das mesas girantes – 4.5; 15.6
  North-China-Herald, jornal – 10.7
  relatório do Dr. André – 4.5, nota
Gazette de France, revista
  Jaques de Lourdoueix, barão – 9.5
Gazette des Hópitaux
  conclusão da Academia das Ciências de Paris – 5.2
  Édouard Frédéric Eissen, Dr. – 4.9
Gazette des Tribunaux, jornal
  fenômenos de efeitos físicos – 5.3
Gazette Du Languedoc
  E. Bénézet, redator-chefe – 27.5
Gazette Médicale de Paris
  Jules Guérin, Dr., redator-chefe – 9.7
  teorias de Chevreul sobre as mesas girantes – 25.3
Gazette Médicale de Strasbourg
  conclusão da Academia das Ciências de Paris – 5.2
  Édouard Frédéric Eissen, Dr. – 4.9; 15.6
Georget, Dr.
  desencarnação – 29.4
  Physiologie du sustème nerveux, livro – 29.4
Gibier, Paul
  Espiritualismo, O, livro – 2.2, nota

Gibson, Sra.
  simpatizante dos fenômenos espiritistas – 3.5
Girardin, Émile de, Espírito
  ditado espontâneo *em O livro dos médiuns* – 16.9
Girardin, Émile de, Sra.
  Auguste Vacquerie, poeta – 16.2, nota
  cognome de Musa da Pátria – 16.2
  colaboração na grandiosa obra Kardequiana – 16.9
  desencarnação – 16.9
  melodias executadas pela mesa de pé de galo – 7.7
  privilégio no século XIX – 16.2
Glachant, Paul
  exame de manuscritos de Victor-Marie Hugo – 16.24, nota
Glachant, Victor
  exame de manuscritos de Victor-Marie Hugo – 16.24, nota
Goujon, Jean, astrônomo
  fenômenos físicos – 5.1
  secretário de Arago, astrônomo – 8.2
Goupy, M., Sr.
  carta de Robert Dale Owen – 3.4
  Explication des tables parlantes, des médiuns, des esprits et du somnanbulisme, livro – 2.7; 20.4, nota; 20.6, nota
Grand dictionnaire universel du XIXe siècle
  M. Pierre Larousse – 26.6, nota
Grande enciclopédia portuguesa e Brasileira
  João Vicente Martins, médico – 15.9, nota

Gratiolet, Louis Pierre, crítico
  Anatomie comparée du système nerveux – 25.12, nota

Grattan, Colley, escritor
  simpatizante dos fenômenos espiritistas – 3.5

Guérin, Jules, Dr.
  comentários em torno da hipótese de Michel Chevreul – 9.7
  Gazette Médicale de Paris – 9.7

Guiccioli, Teresa
  Boissy, marquesa – 6.5

Guillemin, Henri, Sr.
  Victor Hugo et les fantômes de Jersey, in La Revue de Paris, livro – 16.38

Guldenstubbé, L. de, barão
  Pneumatologie positive et expérimentale. La réalité des esprits et le phénomène merveilleux de leur écriture directe démontrée, livro – 32.11, nota

Guyenne, La, jornal
  chapéu submetido a imanação animal – 9.3

H

Hallucinations, Des, livro
  Brierre de Boismont – 31.3

Hardinge, Emma
  Espiritualismo moderno – 2.5
  History of Modern American Spiritualism, livro – 2.2, nota
  membro da Sociedade para a Difusão do Conhecimento Espiritual – 23.5

Hare, Robert, psicólogo
  Experimental Investigation of the Spirit Manifestations, demonstrating the existence of Spirits and their communion with Mortals, livro – 22.1; 32,1
  investigações de cunho científico – 23.6
  membro honorário da Smithsonian Institution – 32.1

Hauffe, Friederike, sonâmbula
  fenômenos espiritistas – 4.2
  Pfaffen, magistrado – 4.2

Haumond, C., reverendo
  afirmação da veracidade de fenômenos – 1.3
  missão das irmãs Fox – 2.8

Hayden, M. B, Sra.
  médium norte-americana – 20.4, nota
  Arthur Conan Doyle – 3.6
  conversão de várias personalidade à teoria espiritista – 3.5
  desencarnação – 3.6
  divulgação dos fenômenos na Inglaterra – 3.3
  honorabilidade – 3.5

Healing of the Nations, The, livro
  Arthur Conan Doyle – 32.1, nota

Hennequin, Victor
  adepto da reencarnação – 16.15
  declaração de Jean-Baptiste Eugène Nus – 16.33, nota
  desencarnação – 16.33
  excentricidade nas ideias – 16.34
  experiência com as mesas girantes – 16.34
  redator do jornal *Démocratie pacifique* – 16.33
  Religion, livro – 16.34
  Sauvons le genre humain, livro – 16.34

Hering, Christopher Elisa, professor
  Mesas girantes: sessenta e quatro novas experiências físicas com indicação dos resultados obtidos, obra – 4.8

Hippolyte Bailliere
- editora londrina – 3.6
- *Practical instructions in table-moving, with physical demonstrations*, livro – 3.5

Hippolyte Léon Denizard Rivail
- *ver também* Kardec, Allan
- magnetista filiado à Escola mesmeriana – 31.4

Histoire de Théodose, livro
- Esprit Fléchier – 16.38

Histoire critique du magnétisme animal, livro
- Joseph Philippe François Deleuze – 30.1

Histoire du merveilleux dans les temps modernes, livro
- Louis Figuier – 6.2, nota; 14.1, nota; 14.4, nota; 22.10, nota; 25.2, nota; 25.7, nota

History of Modern American Spiritualism, livro
- Emma Hardinge – 2.2, nota

History of Spiritualism, The, livro
- Arthur Conan Doyle – 3.4
- M. B. Hayden, médium – 3.4

Hobson, A. W., reverendo
- artigo no jornal *Critic* – 3.5
- honorabilidade da médium Hayden – 3.5
- simpatizante dos fenômenos espiritistas – 3.5

Home Journal
- registro das adesões ao Espiritualismo Moderno – 23.2, nota

Home, Daniel Dunglas, médium
- fenômenos com as mesas girantes – 14.19
- testemunho da realidade de fenômenos espíritas – 32.3, notas
- visita a Paris – 32.3, notas

Homeopatia
- João Vicente Martins, médico – 15.8
- Magnetismo – 15.8

Homero, poeta grego
- trípodes de Delfos – 16.38

Houdin, Jean Eugène Robert, prestidigitador – 5.4; 16.39
- comentário sobre os fenômenos físicos – 5.4

Houssaye, Arsène, escritor
- *Destinos da alma, Os*, livro – 16.39, nota
- manuscrito endereçado por Victor-Marie Hugo – 16.39

Hugo, Adèle, Sra.
- experimentadora habitual das sessões das mesas falantes – 16.19
- filha de Victor-Marie Hugo – 16.19
- registros sobre a fundação de uma nova religião – 16.29

Hugo, Charles
- experimentador habitual das sessões das mesas falantes – 16.19
- filho de Victor-Marie Hugo – 16.19

Hugo, François-Victor
- filho de Victor-Marie Hugo – 16.19

Hugo, Léopoldine, Sra.
- filha de Victor-Marie Hugo – 16.2
- informação sobre sua morte – 16.13

Hugo, Victor, Sra.
- carta da * para Paul Meurice – 16.24, nota
- carta da * para Victor-Marie Hugo – 16.34
- experiência com as mesas de pé de galo – 16.35

experimentadora habitual das sessões
    das mesas falantes – 16.19
Hugo, Victor-Marie, romancista
  Adèle Hugo, filha – 16.19
  anotações de Richard Lesclide
    – 16.35, nota
  Auguste Vacquerie, poeta – 16.2, nota
  carta da Sra. Victor Hugo – 16.34
  carta de * ao amigo Eduardo
    Thierry – 16.14
  censura de * e resposta de A
    Sombra do Sepulcro – 16.26
  Charles Hugo – 16.19
  Choses vues, livro – 16.12, nota
  confirmação das ideias filosóficas
    e religiosas – 16.31, nota
  Contemplations, Les, livro – 16.19; 16.33
  conversação de * sobre a fundação
    de uma nova religião – 16.29
  diálogo com Vacquerie e Guérin – 16.29
  encontro de * com Ferdinand Philippe
    Louis Charles Éric – 16.12, nota
  evidências da crença espírita – 16.40
  experiências com as mesas
    falantes – 16.19
  fala poética aos positivistas – 32.6, nota
  fenômeno premonitório – 16.13
  François-Victor Hugo – 16.19
  Germano Sée, cientista amigo – 16.38
  história da recepção das palavras latinas
    EDE, I, ORA – 16.35, nota
  incentivo de Vacquerie na participação
    de * nas mesas girantes – 16.10
  informação sobre a morte de sua
    filha Léopoldine – 16.13
  Journal de l'Exil – 16.15, nota
  Julieta Drouet – 16.20
  Lenda dos séculos, A, livro –
    16.12; 16.24; 16.27
  Léopoldine Hugo, filha – 16.2
  Lion d'Androclès, Au, livro – 16.24

  matéria publicada na folha
    Pyrénées – 16.13
  Miseráveis, Os, livro – 16.10
  ordens da polícia para deixar
    Jersey – 16.35
  Orientales, livro – 16.15
  participação de * nas duas últimas
    sessões promovidas pela Sra.
    Girardin – 16.9, nota
  perguntas de * dirigidas à
    Molière – 16.22
  personalidade mediúnica – 16.19
  primeiras sessões com as
    mesas falantes – 16.1
  princípios da Doutrina
    Espírita – 16.16, nota
  privilegio no século XIX – 16.2
  Que é a morte, O – 16.32
  resposta aos ateus – 16.16, nota
  resposta do Espírito Galileo – 16.26
  romancista de Notre-Dame
    de Paris – 16.19
  secretário nas sessões das
    mesas falantes – 16.19
  significado das palavras latinas
    EDE, I, ORA – 16.36, nota
  teorias filosóficas – 16.15
  Um sonho, narrativa – 16.12, nota
  utilidade das revelações do Além – 16.29
  vidência na sua viagem à
    Espanha – 16.13
  visão do Espírito Dama
    Branca – 16.17; 16.29
  William Shakespeare, livro – 16.37, nota

Humboldt, Friedrich
  Wilhelm Heinrich
  Alexander von, barão
  cartas afirmando experiências com
    fenômenos magnéticos – 29.8
  revolta da Academia das
    Ciências de Paris – 9.6

Husson, Dr.
experiências de Magnetismo – 29.5
relatório sobre curiosos fatos magnéticos – 29.5, nota

Hydesville, aldeia
Emma Hardinge Britten, Sra. – 1.2
família Fox – 1.2
família Weekman – 1.2

I

Igreja Católica
excomunhão – 20.12
impedimento das manifestações espirituais – 20.12

Indépendance Belge, jornal
Jules Lecomte, jornalista – 9.2, nota

Inglaterra
divulgação dos fenômenos na * e médium M. B. Hayden – 3.3
epidemia de Hydesville na * e marquês de Mirville – 4.3, nota
experiência com as mesas – 3.6
obra do Dr. Kerner – 4.2

Imprensa, jornal
Dança das mesas e dos chapéus, A, artigo – 11.3

Irving, Edward
fenômenos mediúnicos – 1.1

Isham, Charles, *Sir*
conversão à teoria espiritista – 3.5

Itália
dança das mesas – 10.1

J

Janin, Jules, literato
Príncipe dos críticos, O, folhetim – 9.3

Japhet, Srta., médium
processo da cesta de bico – 32.5, notas

sessões na casa do Sr. Roustan – 32.5, nota

Jean Jacques Rousseau, filósofo
colaboração na grandiosa obra Kardequiana – 16.9

José Valverde *ver* Novais, Faustino Xavier de

Jornal do Commercio, Rio de Janeiro
Antonio de Castro Lopes, médico – 15.8
artigo do Dr. Cesário – 29.2
fenômenos giratórios – 15.4
irmãs Fox – 15.5
João Vicente Martins, médico em defesa da Homeopatia – 15.8
primeiro órgão da imprensa brasileira a noticiar as mesas girantes – 15.2
rotação elétrica, A, artigo – 15.2
Semana, A, artigo – 15.5
Sombra do Sepulcro, entidade espiritual – 16.20
transcrição da teoria da pressão involuntária – 21.1

Journal de Genève
carta do conde Agénor de Gasparin – 10.2, nota

Journal de l'Exil
Victor-Marie Hugo – 16.15, nota

Journal des Débats
carta do conde Agénor de Gasparin – 14.6
Jean Bernard Léon Foucault – 10.3, nota

Journal du Magnétisme, jornal
Barão Du Potet – 30.2
Edgar Morin – 20.11
fenômenos de Bergzabern – 4.4
Hébert de Garnay, redator – 9.15, nota
teoria do reflexo do pensamento – 20.11

Jouve, M., diretor
  artigo de * no jornal *Courrier de Lyon*, – 9.13
  experiência com a mesa de pé de galo e cesta de vime – 9.13; 9.15; 9.16, nota

Jules-Bois, Henri Antoine, escritor
  confissão de * sobre as comunidades espíritas – 16.21
  declaração de * sobre a Sombra do Sepulcro – 16.20, nota
  dúvidas quanto a possibilidade da intervenção dos Espíritos – 16.27
  hipótese para as comunicações dos Espíritos – 16.27
  Miracle moderne, Le, livro – 16.22

Jussieu, Antoine Laurent de, botânico
  reconhecimento do fluido magnético – 29.3

K

Kaepellin, Carlos, Sr.
  secretário da Sociedade de Agricultura do Alto-Reno – 14.1

Kardec, Allan *ver* Rivail, Hippolyte Léon Denizard
  adoção do pseudônimo – 32.10
  apresentação do Espírito da Verdade – 31.8, nota
  arcabouço do monumental edifício doutrinário do Espiritismo – 32.4
  biografia – 8.3, nota; 31.9, nota
  cinquenta cadernos de comunicações diversas – 8.3, nota; 31.9
  comentários de * sobre o livro *Pneumatologie — des esprits et de leurs manifestations fluidiques* – 17.3
  comunicação de Z., Espírito protetor – 31.10, nota
  confirmação das palavras do conde Gasparin sobre os fenômenos das mesas – 21.7, nota
  considerações de * sobre a teoria dos ruídos articulares no joelho – 22.12, nota
  diálogo com o Sr. Fortier – 28.2, nota
  diálogo de * com o Espírito da Verdade – 32.7, nota
  encontro com a família Baudin – 31.6
  encontro com a sonâmbula Sra. Roger – 31.4
  encontro com a Sra. Plainemaison – 31.4; 31.6
  encontro com o Sr. Carlotti – 31.3
  encontro com o Sr. Fortier – 28.2; 31.1; 31.2, nota
  encontro com o Sr. Pâtier – 31.4
  encontro com Victorien Sardou – 8.3
  estudante do Magnetismo – 28.2, nota
  falange de espíritos auxiliares – 32.9, nota
  infalibilidade dos Espíritos – 31.8
  iniciação ao Espiritismo – 28.2, nota
  Livro dos espíritos, O, livro – 8.3; 28.3
  Livro dos médiuns, O, livro – 11.9, nota; 13.2; 16.9; 21.7, nota; 22.12, nota; 27.5; 28.2, nota; 31.5
  objetivo dos Espíritos Superiores – 4.3
  Obras póstumas, livro – 11.9, nota; 28.2, nota
  Oeuvres posthumes ver Obras póstumas
  origem do nome – 31.10
  pergunta de * ao Espírito da Verdade – 32.9
  Pierre-Gaetan Leymarie, sucessor – 8.3
  perfil – 28.2
  primeiros estudos sérios em Espiritismo – 31.7
  processo da cesta – 13.2

Que é o espiritismo, O, livro –
   11.9, nota; 16.34; 25.6
   regra invariável para orientação
      – 31.8, nota
   reuniões na casa da Sra.
      Plainemaison – 31.6
   revisão da primeira parte do
      futuro livro – 32.9
   revolução das ideias religiosas
      no século XIX – 16.29
   Revue Spirite – 13.5; 22.12, nota
   sessões na casa do Sr. Roustan – 32.5
   suposições iniciais – 11.9, nota
   trajetória missionária – 31.2, nota

Karr, Jean-Baptiste Alphonse, crítico
   experiências com as mesas
      girantes – 16.39, nota

Katie Fox and the Fox-Taylor Record
   W. G. Langworhy Taylor – 2.4

Kerner, Justinus, Dr.
   obra do * na França – 4.2
   obra do * na Inglaterra – 4.2
   preparação do povo alemão para
      a Terceira Revelação – 4.2
   promotor do movimento espírita
      na Alemanha – 4.7
   vidente de Prevorst – 1.1
   Vidente de Prevorst, A, livro – 4.1

Kossuth, Lajos
   testemunho de fenômeno espírita – 2.3

L

L..., casal
   manifestações da mesa de
      pé de galo – 27.8

L'Au-delá de la vie, livro
   Edmond Dupouy, Dr. – 16.16, nota

L'Esprit-Saint et du miracle, De, livro
   Jules Eudes de Catteville
      de Mirville – 17.4

L'Extériorisation de la motricité, livro
   Albert de Rochas – 19.2

L'Hypnotisme et le spiritisme, livro
   Giuseppe Lapponi, Dr. – 3.3, nota

L'Illustration, jornal
   carta de um leitor sobre o trabalho
      do abade Maynard – 20.3, nota
   carta do conde Gasparin – 14.11
   comentário do * sobre o artigo
      de Tscherepanof – 10.7
   crítica de Félix Roubaud às
      afirmações de Faraday – 14.17
   doutrina de Faraday concernente
      às mesas – 14.5
   Félix Roubaud, médico – 9.16; 14.1
   Filipe Busoni – 7.3, nota
   Wilhelm Depping – 4.9
   Histoire de la semaine, seção – 9.3
   J. B. Alexandre Paulin, fundador – 9.3

L'Univers, jornal francês
   Courrier des États-Unis – 2.7
   revolução religiosa e social – 2.7
   Spiritualistes d'Amérique, Les, – 2.5

Lacombe, Louis, pianista
   experiência com mesa de
      pé de galo – 9.15

Lacordaire, Jean-Baptiste-Henri
Dominique, padre
   carta endereçada à Mme.
      Swetchine – 13.4, nota
   comentário sobre o
      sonambulismo – 20.7
   crença de * no magnetismo
      animal – 29.2, nota
   existência e manifestação
      dos Espíritos – 13.5

experiências com as mesas
    falantes – 13.4, nota
importância do magnetismo
    animal – 29.1

Lamballe, Jobert de, Dr.
    teoria do longo perônio –
        22.8, nota; 22.10

Laplace, Pierre-Simon, matemático
    importância do magnetismo – 29.2

Lapponi, Giuseppe, Dr.
    L'Hypnotisme et le spiritisme,
        livro – 3.3, nota

Larousse, M. Pierre
    *Grand dictionnaire universel du
        XIXe siècle* – 26.6, nota

Latour, Amédée, Dr.
    apresentação das cartas de Louis
        Félicien de Saulcy – 19.9
    redator-chefe do jornal *Union
        Médicale* – 19.9

Laugier, Sr.
    fenômenos físicos – 5.1

Lebrun, Pierre, padre
    Traité des Superstitions, livro – 25.4
    varinhas divinatórias – 25.4

Lecomte, Jules, jornalista
    Indépendance Belge, jornal – 9.2, nota

Légende des siècles, La, livro
    Victor-Marie Hugo – 16.12;
        16.24; 16.27

Lesclide, Richard
    anotações de Victor-Marie
        Hugo – 16.35, nota
    história da recepção das palavras latinas
        EDE, I, ORA – 16.35, nota

Lesseps, Ferdinand de
    construção do Canal de Suez – 14.5

Leuret, François, psiquiatra
    *Anatomie comparée du système
        Nerveux*, livro – 25.12, nota

Levaillant, Maurice
    *Crise mystique de Victor Hugo,
        d'après des documents Inédits,
        La*, livro – 16.9, nota
    dados sobre a premonição de
        Victor-Marie Hugo – 16.13
    Dama Branca, Espírito – 16.18, nota
    impressões de Victor-Marie
        Hugo – 32.6, nota
    inspiração religiosa de Victor-
        Marie Hugo – 16.33

Levitação
    Barão Brewern testemunha da
        * de uma mesa – 21.4
    descrição das experiências de * pela
        Sra. Paul Meurice – 16.10
    formações ectoplásmicas emanantes
        dos médiuns – 22.6
    William Davenport, médium – 32.4
    Ira Davenport, médium – 32.4
    Jaques Babinet testemunha da
        * de uma mesa – 21.4

Leymarie, Pierre-Gaetan
    sucessor de Allan Kardec – 8.3

Licht mehr Licht, jornal
    Carl von Rappard, diretor – 4.7

Lima, José Ignácio de Abreu e, general
    experiências do Dr. Sabino Olegário
        Ludgero Pinho – 15.8, nota

Lion d'Androclès, Au, livro
    Victor-Marie Hugo – 16.24

Littré, *Émile*, filósofo
    descrição do movimento
        Neoespiritualista – 32.5
    *Tables Parlantes et des Esprits
        Frappeurs, Des*, artigo – 32.5

Livro dos espíritos, O, livro
    Allan Kardec – 8.3; 28.3; 32.10
    conclusão de *, obra básica da
        Doutrina Espírita – 32.10
    época heroica das mesas
        girantes – 32.13, nota
    nova revisão – 32.10
    primeira edição – 32.11, nota

Livro dos médiuns, O, livro
    Allan Kardec – 11.9, nota; 13.2;
        16.9; 21.7, nota; 22.12, nota;
        27.5; 28.2, nota; 31.5
    ditado espontâneo de Émile
        Girardin, Espírito – 16.9
    recepção das mensagens dos Espíritos
        pela cestinha – 31.6, nota

Loewe, Dr.
    teoria para explicação do
        movimento da mesa – 4.7

Loger, Henri
    descaso com as mesas girantes – 15.6
    quinzenista do jornal
        Constitutionnel – 15.6

Londe, Sr.
    experiências de Magnetismo – 29.5

Lopes, Antonio de Castro, médico
    conversão à Doutrina de
        Hahnemann – 15.8
    propagador do Espiritismo – 15.9

Lordat, Dr.
    crença no Magnetismo – 29.7

Lourdoueix, Jaques de, barão
    Gazette de France, revista – 9.5

M

Magie au dix-neuvième siècle, ses agents, ses vérités, ses mensonges, La, livro
    evidência da realidade dos
        fatos espíritas – 26.9

Gougenot des Mousseaux – 26.7, nota

Maginot, Adèle
    Jean Baptiste de Almignana,
        abade – 20.11
    sonâmbula – 1.1; 20.11

Magnétisme Spiritualiste, Le, jornal
    cura de uma sonâmbula
        desenganada – 20.8
    remessa do * ao Papa – 20.8

Magnetismo
    artigo do Dr. Rostan – 29.4
    artigo do jornal *O Cearense* –
        15.13; 15.14, nota; 15.15
    artigos de Gousset, cardeal – 29.2
    barão de Cairu – 15.9
    artigo de Bouvier, Bispo de Mans – 29.2
    conto de fadas – 15.10, nota
    crença de Lacordaire – 29.2, nota
    curas – 15.9
    fenômenos do * e Dr. R. Coze – 19.7
    Homeopatia – 15.8
    José Maurício Nunes Garcia, Dr. 15.9
    marquês de Olinda – 15.9, nota
    Pierre-Simon Laplace,
        matemático – 29.2
    prelúdios do triunfo – 28.4
    revigoramento – 6.3
    sumidades médicas de França
        confirmam fatos – 29.1

Magnetismo animal
    Alphonse Teste
        intervenção de um agente exterior
            espiritual no sonâmbulo – 30.2
    Carl von Eschemayer
        intervenção de um agente exterior
            espiritual no sonâmbulo – 30.2
    Cesário, Dr. – 29.2
    Charles Nicolas Deslon – 29.1
    José Custódio de Faria

intervenção de um agente exterior
  espiritual no sonâmbulo – 30.2
Joseph Ennemoser, médico
intervenção de um agente exterior
  espiritual no sonâmbulo – 30.2
Joseph Philippe François Deleuze – 29.1
popularização do * e marquês
  Puységur – 29.1
tendência com respeito às
  mesas girantes – 28.4

Magnetismo Animal, livro
Cesário, Dr.– 15.9

Magnetismo, artigo
Sabino Olegário Ludgero
  Pinho, Dr. – 15.8, nota

Magnetização
conceito – 29.1

Malcom, John, Dr.
simpatizante dos fenômenos
  espiritistas – 3.5

Malgras. J.
*Pionniers du spiritisme en France,
  Les*, livro – 16.27, nota

Manifestação de força inteligente
B. K. Bliss; professor da Universidade
  de Harvard – 2.3, nota
David A. Wells, professor da
  Universidade de Harvard – 2.3, nota
W. Bryant; professor da Universidade
  de Harvard – 2.3, nota
W. Edwards, professor da Universidade
  de Harvard – 2.3, nota

Mapes, James Jay, químico
investigações de cunho científico – 23.6

Marcellinus, Ammianus
Rerum gestarum, obra – 6.5

Martins, João Vicente, médico
*Brasil, coração do mundo, pátria do
  evangelho*, livro – 15.9, nota
em defesa da Homeopatia – 15.8
*Grande enciclopédia portuguesa
  e Brasileira* – 15.9, nota

Mathieu, Sr.
fenômenos físicos – 5.1; 8.2; 8.3

Mayer, A., Dr.
carta do * endereçada ao Dr.
  Roubaud – 9.17
magnetista – 28.4
Presse Médicale, jornal – 6.3; 9.17; 15.6
purificação da Humanidade – 6.3

Maynard, abade
trabalho sobre os fenômenos das
  mesas girantes – 20.3

Mediunidade auditiva
Robert Alexander Schumann,
  músico – 11.1

*Mémoire sur le somnanbulisme et
  le magnétisme animal*, livro
Noizet, general – 28.4, nota

Mendonça, Lopes de, escritor
declaração sobre as mesas girantes – 11.9
Revolução de Setembro, A, jornal – 11.9
sócio efetivo da Academia Real das
  Ciências de Lisboa – 11.9
teoria sobre as mesas girantes – 11.9

Mesa de pé de galo
Alphonse Toussenel, literato – 7.9
características – 6.2; 7.2; 7.5; 7.6;
  9.14; 9.15; 9.16; 11.5; 14.2; 14.3;
  14.7, nota; 15.10; 15.11; 16.12;
  16.36; 16.37; 19.1; 19.2; 25.10;
  27.5; 27.6; 27.8; 29.5; 29.6; 29.8
composições musicais – 7.6
Delphine de Girardin, Mme. – 7.8

Dorat, Sra. – 25.9
Eugène Pottier, poeta – 7.9
Félicien David – 7.8
Gasparin, Sra. – 25.9
Gérard de Nerval – 7.8
Jean-Baptiste Eugène Nus – 7.9
L. de Meslon, conde – 19.1, nota; 19.2
Prudent, pianista – 7.8
títulos musicais – 7.7
Véran-Sabran, literato – 7.9

Mesa girante/falante
Alemanha – 4.7
América do Sul – 10.1
Artur de Bonnard – 7.4
Ásia – 10.1
assunto obrigatório nos sermões dos púlpitos – 20.2
atenção de muitos sacerdotes ilustres – 13.2
Bigelow, periodista – 2.2
Bryant, poeta – 2.2
Cardeal Giacomo Antonelli – 10.1
carta de Marcos Séguin – 9.9
causa dos movimentos da * e Francisco Moigno – 9.9
Cearense, O, jornal – 15.10
chegada da * na França – 4.2
comentário de vários periódicos portugueses – 11.10
comissão para estudo dos fenômenos – 14.1
considerações de Charles Richet – 14.18; 14.19
Correio de Lyon, jornal – 15.11
Courrier du Bas-Rhin, jornal – 4.6
Daniel Dunglas Home, médium – 14.19
deduções científicas e filosófico-religiosas – 32.12
experiências na Europa – 15.1
experiências do Abade de Pimprez – 20.9
definição da fé – 7.6
definição do Infinito – 7.5
época heroica – 32.13, nota
Espanha – 10.1
Espíritos Superiores e * na Europa – 3.2
exorcismo – 26.5; 26.6, notas
experiência do conde de Ourches – 12.4, nota
Fenimore Cooper, novelista – 2.2
França – 7.3
giro pelas cidades alemãs – 4.7
Griswold, reverendo – 2.2
Hawks, Dr. – 2.2
Império Otomano – 10.1
Império Romano – 10.1
importância da * na Europa – 2.4
importância da * nos Estados Unidos – 2.3
index – 20.3
Inglaterra – 3.6
intervenção dos puros Espíritos – 12.3
Itália – 10.1
J. Bancroft, historiador – 2.2
J. Eudes de Mirville, marquês – 2.4, nota
J. W. Francis, Dr. – 2.2
José da Gama e Castro, médico – 15.3
L. de Meslon, conde – 19.1, nota
Lacordaire, padre – 13.4
Louis Eugène Marie Bautain, padre – 13.2
Louis Félicien de Saulcy – 19.3
Lyman, general – 2.2
Marc Thury – 25.9, notas
Marcy, Dr. – 2.2
olhar do clero – 20.1
padres católicos – 2.2, nota
Países Baixos – 10.1
Patrie, La, jornal – 9.2
Portugal – 10.1
personalidades anunciadas – 16.20
primeira ocorrência na Alemanha – 4.4
processo do alfabeto – 7.3

Quaker Willis, poeta – 2.2
reconhecimento da Academia das
    Ciências de Paris – 14.1, nota
relatório da Academia das
    Ciências de Paris – 12.1
reverendo J. Barlow – 14.19, nota
Revue des Deux Mondes, revista – 9.4
Robert Alexander Schumann,
    músico – 11.1
Saint-René Taillandier, literato – 8.1
Suíça – 10.1
superinteligência – 10.5, nota
surgimento – 2.2, nota
teorias explicativas – 4.7; 9.5, nota; 9.9;
    9.20; 11.9; 12.3; 14.3; 21.1; 20.10,
    nota; 20.11; 22.4; 22.6; 22.7; 22.9;
    22.10; 25.8; 25.12; 27.2, nota; 27.3
Tiedeman-Manthèse,
    filósofo – 8.1, notas
Victor-Marie Hugo – 16.1
Victorien Sardou, dramaturgo – 8.1
William Crookes – 14.19

Mesa magnetizada
    comentário de Faustino Xavier
        de Novais, poeta – 11.10

Mesas Girantes e os Espíritos Batedores, As, jornal
    circulação em Bremen – 4.8

Mesas girantes: sessenta e quatro novas experiências físicas com indicação dos resultados obtidos, livro
    Christopher Elisa Hering – 4.8

Meslon, L. de, conde
    experiências com as mesas girantes
        e falantes – 19.1, nota

Messager du Midi, jornal
    experiências com as mesas – 9.8

Meunier, Victor
    mesa de pé de galo – 7.7
    redator do jornal *Le Rappel* – 7.7, nota

resposta de * para Faraday – 14.17

Meurice, Paul, literato
    cadernos com o registro das sessões
        das mesas girantes – 16.10
    carta à Sra. Victor Hugo – 16.10
    publicação das obras inéditas de
        Victor-Marie Hugo – 16.10

Meurice, Paul, Sra.
    atuação de Victor-Marie
        Hugo nas sessões das mesas
        falantes – 16.19, nota
    carta da Sra. Victor Hugo – 16.24, nota
    descrição das experiências de
        levitação – 16.10
    participação nas sessões com o
        conde Ourches – 16.10

Miettes de l'histoire, Les, livro
    Augusto Vacquerie, poeta – 16.3, nota;
        16.6, nota; 16.7, nota; 16.8, nota

Miracle moderne, Le, livro
    Henri Antoine Jules-Bois – 16.22

Mirville, Jules Eudes de
    Catteville de, Marquês
    carta de Louis Félicien de Saulcy – 19.3
    carta do Dr. R. Coze – 19.7
    carta do teólogo Gioacchino
        Ventura di Raulica – 19.7
    comentário de * sobre a carta do
        conde Gasparin – 10.5, nota
    comentários de * sobre as explicações
        de Michel Chevreul – 9.6, nota
    demonismo exclusivo – 20.10
    doutrina de Faraday concernente
        às mesas – 14.5, nota
    epidemia de Hydesville na
        Inglaterra – 4.3, nota
    *Esprits et de leurs manifestations
        diverses, Des*, livro – 17.4
    *Esprits et de leurs manifestations
        Fluidiques, Des*, livro – 2.4;

4.3, nota; 5.4, nota; 9.6, nota;
9.13, nota; 19.3, nota
interesse da obra de * para o fenômeno
das mesas girantes – 25.1
*L'Esprit-Saint et du miracle,
De*, livro – 17.4
Louis Eugéne Marie Bautain,
padre – 13.2, nota
mesas falantes na Europa – 2.4, nota
obra defensora das mesas
girantes – 14.15
*Pneumatologie — des esprits et de leurs
manifestations fluidiques*, livro – 17.3
primeira comunicação com o
invisível na França – 5.4
*Question des esprits, ses progrès dans
la science*, livro – 6.1, nota; 13.2,
nota; 14.5, nota; 17.4; 19.1,
nota; 19.6, nota; 25.12, nota

Miseráveis, Os, livro
Victor-Marie Hugo – 16.10

*Missing link in Modern
Spiritualism, The*, livro
A. Leah (Fox) Underhill – 1.2

*Mistério da dança das mesas,
desenvolvido e publicado por um
católico, O*, obra estrangeira
tradução de Henrique Veloso de
Oliveira – 15.15, nota

Mitivie, Sr.
experiências de Magnetismo – 29.5
Mittermaier, Carl Joseph Anton,
jurisconsulto
observações junto às mesas girantes – 4.7

Modern Spiritualism
Centros – 1.3, nota
Espíritos Superiores e * na
Europa – 3.2, nota
Eugene Nus – 1.3

*Modern Spiritualism, its Factsand
Fanaticisms*, livro
E. W. Capron, autor – 32.1

*Moeurs et pratiques des démons ou des
esprits visiteurs, d'après les autorités
de l'Église, des auteurs payens, les
faits contemporains, etc.*, livro
Gougenot des Mousseaux,
cavaleiro – 26.1; 26.2

*Moeurs et pratiques des démons ou
des esprits visiteurs du spiritisme
ancien et moderne* – 26.9, nota
Gougenot des Mousseaux,
cavaleiro – 26.9, nota

Mohl, Robert von, jurisconsulto
observações junto às mesas girantes – 4.7

Moigno, Francisco, abade
artigo na revista Cosmos – 12.1
carta recebida de Marcos Séguin – 9.9
comentários sobre as experiências
de Séguin-Montgolfier – 9.10
considerações sobre os puros
Espíritos – 12.2; 12.3
descaso com as mesas girantes – 15.6
hipótese da intervenção dos
Espíritos – 12.2
promessa não cumprida – 14.12
redator-chefe da revista
Cosmos – 9.8, nota
relatório da Academia das
Ciências de Paris – 12.1
Tables tournantes, artigo – 9.11
*Tables tournantes, les femmes
pirouettantes, les chapeaux
pivotants, les pendules inteligentes,
Les*, artigo – 9.8, nota
teoria da ação muscular – 9.9; 9.20
transcrição da carta de Chevreul – 9.9

Molière *ver* Poquelin, Jean-Baptiste

Monde invisible, Le, livro
Henri Antoine Jules-Bois, escritor – 16.24

Monde spirituel, ou Science chrétienne de communiquer intimement avec les puissances célestes et les âme heureuses, Le, livro – 32.3

Mondetour, B. de
ata da experiência com mesa de bilhar – 9.2

Moniteur des Hôpitaux
B., B. du, autor – 11.3
transcrição de experiências com as mesas girantes – 11.3

Montet, médium
levitação de uma mesa – 21.4

Montgolfier, Eugéne
encontro com Marc Séguin – 9.9; 9.10

Montorgueil, Georges
redator do jornal *Éclair* – 8.1
Victorien Sardou – 8.1

Morgan, Augustus de, professor
Comissão para exame dos fenômenos do Espiritualismo – 21.8
conversão à teoria espiritista – 3.5
presidente da Sociedade Matemática de Londres – 21.8
secretário da Sociedade Real de Astronomia – 21.8

Morgen-Blatt, periódico
fenômenos de Bergzabern – 4.4

Morin, Alcides, magnetista
análise da teoria alucinatória – 27.2, nota
causa dos fenômenos das mesas girantes e falantes – 28.4
Comment l'esprit vient aux tables, livro – 27.1
Dictionnaire universel de Maurice Lachatre, Le – 28.4
Journal Du Magnétisme – 20.11
leis das forças do instinto – 27.2
redator de *La magie du XIXe siècle*, jornal – 27.1
Révolutions du temps: synthèse prophétique du XIXe siècle, Les, livro – 27.3
teoria do reflexo do pensamento – 20.11

Mornand, Félix, jornalista
comentário sobre o conde Gasparin – 14.12

Morrow
testemunho de fenômeno espírita – 2.3

Mousseaux, Gougenot des, cavaleiro
Magie au dix-neuvième siècle, ses agents, ses vérités, ses mensonges, La, livro – 26.7, nota
Moeurs et pratiques des démons ou des esprits visiteurs, d'après les autorités de l'Église, des auteurs payens, les faits contemporains, etc., livro – 26.1; 26.2
Moeurs et pratiques des démons ou des esprits visiteurs du spiritisme ancien et moderne – 26.9, nota

Müller, Johannes Peter, fisiologista
medição da velocidade do influxo nervoso – 17.2

Muret, botânico
experiência com a mesa de freixo – 10.4
trabalho sobre as mesas girantes – 11.4

Musset, Alfred de
privilégio no século XIX – 16.2

Mysthère de la danse des tables dévoilé par ses rapports avec les manifestations spirituelles d'Amérique, Le, livro
   Eugène Panon-Desbassayns Richmond, conde – 18.5
   finalidade das manifestações espirituais – 18.7
   origem do espírito sectarista, dogmático e deturpador – 18.8
   pecado original – 18.7

N

Nação, A, jornal
   Faustino Xavier de Novais, poeta – 11.10

Nacional, O, jornal de Portugal
   notícia sobre as mesas girantes – 15.12

Neoespiritualismo
   Estados Unidos – 23.1

Nerval, Gérard de
   melodias executadas pela mesa de pé de galo – 7.7

New York Courier, jornal
   extrato das experimentação do juiz Edmonds – 18.4

Noizet, General
   animação de substância inorgânica por um fluido – 28.4, nota
   Mémoire sur le somnanbulisme et le magnétisme animal – 28.4, nota

North-China-Herald, jornal
   Gazeta de Augsburgo – 10.7

Novais, Faustino Xavier de, poeta
   comentário sobre a mesa magnetizada – 11.10
   Nação, A, jornal – 11.10

Nus, Jean-Baptiste Eugène
   Choses de l'autre monde, livro, 1.3; 7.1; 7.6; 14.5; 16.33, nota; 21.8, nota; 22.12, nota
   comentário sobre a obra de Gasparin – 14.14
   descoberta do planeta Plutão – 7.6, nota
   experiências com as mesas de pé de galo – 7.4
   experiências com as mesas girantes – 8.1
   membro da Academia Francesa – 8.1
   Modern Spiritualism – 1.3
   processo do alfabeto das mesas girantes – 7.4, nota; 7.9
   resposta da mesa – 20.4
   Tiedeman-Manthèse, filósofo – 8.1, notas

O

Obras póstumas, livro
   Allan Kardec – 11.9, nota

Observatório de Paris
   François Jean Dominique Arago, diretor – 8.2

Ochorowicz, Julian, filósofo
   experiências com Charles Richet – 14.18, nota

Oliveira, Henrique Veloso de, tradutor
   Mistério da dança das mesas, desenvolvido e publicado por um católico, O, obra estrangeira – 15.15, nota

Orientales, livro
   Victor-Marie Hugo – 16.15

Orfila, Dr.
   testemunho dos fenômenos magnéticos – 29.7

Orleans, bispo de
   index das mesas girantes – 20.3

Ourches, conde
experiência com as mesas girantes
– 12.4, nota; 16.10; 21.4

Owen, Robert Dale
carta ao Sr. Goupy – 3.4, nota
conversão – 3.4
Debatable, land between this world and the next, The, livro – 22.3
Footfalls on the boundary of another World, with narrative illustration, livro – 12.4; 22.3
Kent, duque – 3.5
médium norte-americana Sra. Hayden – 20.4, nota
pergunta mental à mesa – 20.4

Owens, William
testemunho de fenômeno espírita – 2.3

P

Paladino, Eusapia
experiências com Charles Richet – 14.18, nota

Pariset, Dr.
testemunho dos fenômenos magnéticos – 29.7

Partridge, Charles, comerciante
contrato com a médium Katie Fox – 23.5, nota
fundador da Sociedade para a Difusão do Conhecimento Espiritual – 23.5, nota
Spiritual Telegraph – 2.4, nota

Pâtier, Sr.
encontro com Allan Kardec – 31.4

Patrie, La, jornal
August Gathy, musicógrafo dança das mesas – 9.2
experiência com mesa de pé de galo – 9.15

explicação para os fenômenos físicos – 9.5

Paulin, J. B. Alexandre, escritor
Histoire de la semaine – 9.3
L'Illustration, jornal – 9.3
transcrição do folhetim O príncipe dos críticos – 9.3

Pays, jornal
informações sobre os fenômenos das mesas – 4.8

Pfaffen, magistrado
Friederike Hauffe, sonâmbula – 4,2

Phelps, E., reverendo
afirmação da veracidade de fenômenos espíritas – 1.3
obra do escritor Spicer – 18.5

Phénomène Spirite, Le, livro
Gabriel Delanne – 21.9, nota; 32.11, nota

Phénomènes phsiques de la médiumnité, Les
Schrenck-Notzing, Dr. – 9.15

Philosophy of mysterious agentes, human and mundane, livro –
E. C. Rogers – 18.1, nota

Physiologie du sustème nerveux, livro
Georget, Dr. – 29.4

Pimprez, abade de
descoberta das verdadeiras causas dos fenômenos – 20.7
experiências com as mesas girantes e falantes – 20.9

Pinho, Sabino Olegário Ludgero, Dr.
artigo do * no *Diário de Pernambuco* – 15.8, nota
José Ignácio de Abreu e Lima, general – 15.8
Magnetismo, artigo – 15.8

Pionniers du spiritisme en France, Les, livro
J. Malgras – 16.27, nota

Plainemaison, Sra.
encontro com Allan Kardec – 31.4; 31.6

Platão, filósofo grego
estátuas de Dédalo – 16.38

Pneumatografia
carta sobre * por Nathaniel Pitcher Tallmadge – 20.5, nota

Pneumatologie – des esprits et de leurs manifestations fluidiques, livro
comentários de Allan Kardec – 17.3
fenômenos das mesas girantes e falantes – 17.4
Jules Eudes de Catteville de Mirville – 17.3

Pneumatologie positive et expérimentale. La réalité des esprits et le phénomène merveilleux de leur écriture directe démontrée, livro
Barão L. de Guldenstubbé – 32.11, nota
provas a favor da realidade do Mundo dos Espíritos – 32.12

Poquelin, Jean-Baptiste (Molière)
perguntas de Victor-Marie Hugo – 16.22

Post, Isaac
divulgação do alfabeto – 1.2

Pottier, Eugène, poeta
experiência com a mesa de pé de galo – 7.8

Practical instructions in table-moving, with physical demonstrations, livro
depoimento anônimo de um médico – 3.6
Hippolyte Bailliere, editora londrina – 3.6

Premonição
dados sobre a * de Victor-Marie Hugo – 16.13
Louis Barthou e * de Victor-Marie Hugo – 16.14, nota

Presbitério de Cideville
fenômenos físicos – 5.3
primeira comunicação com o invisível na França – 5.4

Presse Médicale, jornal
carta do Dr. Mayer endereçada ao Dr. Roubaud – 9.17

Presse, La, jornal
teoria da pressão involuntária – 21.1
Victor Meunier – 14.17

Prevost, Dr.
Círculo Literário de Alençon – 9.2, nota
movimento de uma mesa de bilhar – 9.2

Primer Congreso Internacional Espiritista
Torres-Solanot – 2.3

Principles of Nature, her Divine, The, livro
Andrew Jackson Davis – 1.1

Processo da cesta
Allan Kardec – 13.2

Prosper, Dr.
refutação da teoria de Corvisart-Castelnau – 9.16

Prudent, pianista
melodias executadas pela mesa de pé de galo – 7.7

Prudhomme, René Armand François
membro da Academia das Ciências de Paris – 16.20
Prêmio Nobel de Literatura – 16.20
Revista Internacional do Espiritismo Científico – 16.20

Índice geral

Puro Espírito
   considerações sobre *, Francisco Moigno, abade – 12.2; 12.3

Puységur, marquês
   popularização do magnetismo animal – 29.1

Pyrénées, folha
   matéria publicada na * por Victor-Marie Hugo – 16.13

Q

Quartely Journal of Science
   pesquisa sobre a força psíquica – 14.19

Quartely Review, jornal
   princípio da sugestão – 21.2

Que é a morte, O
   Victor-Marie Hugo – 16.32

Que é o espiritismo, O, livro
   Allan Kardec – 11.9, nota; 16.34; 25.6; 32.12

Question des esprits, ses progrès dans la science, livro
   Jules Eudes de Catteville de Mirville – 6.1, nota; 17.4; 19.1, nota; 19.6, nota; 20.10; 25.12, nota

Quételet, Lamberto, Sr.
   carta do * endereçada ao Dr. Carus – 10.2

R

Rappard, Carl von, Sr.
   antigo diretor do *Licht mehr Licht* – 4.7

Rappel, Le, jornal
   Victor Meunier – 7.8, nota

Raulica, Gioacchino Ventura di, padre
   carta do * ao marquês Mirville – 19.7

importância do magnetismo animal – 29.1
maior acontecimento do século na França – 6.1
propagação da epidemia espiritual – 19.8, nota
recepção e julgamento das mesas – 19.8
restabelecimento de um dos dogmas fundamentais – 26.9

Rayer, Pierre-François, Dr.
   membro da Academia de Medicina – 22.8
   presidente da Associação Geral dos Médicos de França – 22.8
   teoria do longo perônio – 22.8; 22.9

Récamier, Dr.
   experiências de Magnetismo – 29.5

Recherches sur les phénomènes du spiritualisme, livro
   William Crookes – 14.19, nota

Recherches sur quelques effluves terrestres, livro
   I. de Tristan, conde – 19.3

Reencarnação
   François Marie Charles Fourier, adepto – 16.15
   Jean Reynaud, adepto – 16.15
   Victor Hennequin, adepto – 16.15

Reichenbach, barão de
   força odílica – 29.9

Religion, livro
   Victor Hennequin – 16.34

Renaud, Achilles
   observações junto às mesas girantes – 4.7

Report on Spiritualism of the Committee of the London Dialectical Society
   relatório da Comissão para exame dos fenômenos do Espiritualismo – 21.8, notas

Rerum gestarum, obra
   Ammianus Marcellinus – 6.5

Reuter, botânico
   experiência com a mesa de freixo – 10.4

Reveillé-Parisse, Dr.
   testemunho dos fenômenos magnéticos – 29.7

Revista Internacional do Espiritismo Científico
   Demétrio de Toledo, jornalista – 8.1; 16.1, nota
   Georges Montorgueil – 8.1
   René Armand François Prudhomme – 16.20
   Victorien Sardou – 8.1

Revolução de Setembro, A, jornal
   experiência com a mesa de pé de galo – 11.4
   experiências magnéticas – 11.8, nota
   Lopes de Mendonça, escritor – 11.9

Révolutions du temps: synthèse prophétique du XIXe siècle, Les, livro
   Alcides Morin, magnetista – 27.3

Revue Britannique
   críticos da * e versos mediúnicos – *18.5*

Revue des Deux Mondes, revista
   cabo submarino entre a Europa e a América – 21.4, nota
   carta de Chevreul para André-Marie Ampère – 25.1
   carta do Sr. Miguel Chevreul – 9.9
   diálogo de Babinet – 22.5
   Émile Littré, filósofo – 32.5
   fenômenos giratórios – 15.4

   Jacques Babinet, físico – 21.3
   processo da acústica dos ventríloquos – 22.7, nota
   revolução das mesas girantes – 9.4
   trabalho sobre a rotação das mesas – 21.3, nota
   Victor Hugo, *Spirite*, livro – 16.15, nota
   Vidente de Prevorst, A, livro – 4.1

Revue Magnétique
   manifestações espiritoides – 30.3

Revue Médicale
   refutação do Dr. Prosper – 9.16
   teoria de Corvisart-Castelnau – 9.16

Revue Spirite
   Allan Kardec – 13.5; 22.12, nota; 31.2, nota
   Correspondance avec Mme. Swetchine – 13.4, nota
   Somnambulisme, des tables tournantes et des médiums, considérés dans leurs rapports avec la théologie et la physique; examen des opinions de MM. de Mirville et de Gasparin, Du, livro – 20.6, nota
   abade Jean Baptiste Almignana – 20.6, nota
   tradução do caso do fantasma – batedor – 4.3
   trajetória missionária de Allan Kardec – 31.2, nota

Reynaud, Jean
   adepto da reencarnação – 16.15

Richet, Charles, fisiologista
   aspecto das mesas falantes – 14.19
   considerações de * sobre os movimentos das mesas girantes – 14.18; 17.1, nota
   dúvidas quanto a possibilidade da intervenção dos Espíritos – 16.26

experiências com Eusapia
Paladino – 14.18, nota
experiências com Julian
Ochorowicz – 14.18, nota
prêmio Nobel – 22.13, nota
teoria de * sobre as mesas
girantes – 14.19
Traité de Métapsychique, livro –
14.15, nota; 14.18; 16.25, nota;
16.39, nota; 17.1, nota; 25.3,
nota; 25.8, nota; 25.12, nota

Richmond, B. W., Dr.
discussão entre o * e o reverendo
Samuel Byron Brittan – 18.2

Rio de Janeiro
notícias vindas do Velho Mundo – 15.1

Rivail, Hippolyte Léon Denizard
ver Kardec, Allan

Robert Schumann, eine biographie, livro
Wilhelm Joseph von Wasielewski,
violinista – 11.1, nota

Robouam, magnetista
experiências de Magnetismo – 29.5

Rochas, Albert de
*L'Extériorisation de la
motricité*, livro – 19.2

Roger, Sra., sonâmbula
encontro com Allan Kardec – 31.4

Rogers, E. C.
*Philosophy of mysterious agents, human
and mundane*, livro – 18.1, nota
conversão à teoria espírita – 18.1, nota

Romancista de Notre-
Dame de Paris *ver*
Victor-Marie Hugo

Rosa, Francisco Octaviano
de Almeida, jornalista
folhetinista no *Jornal do
Commercio* – 15.7

Rostan, Dr.
artigo favorável ao Magnetismo – 29.4

Roubaud, Félix, médico
carta do Dr. Eissen – 9.18
carta do Dr. Mayer – 9.17
crítica às afirmações de Faraday – 14.17
*Danse des tables. Phénomènes
physiologiques démontrés,
La* – 9.16; 9.17
fundação da France Médicale – 14.1
L'Illustration, jornal – 9.16; 14.1

Rougemont, Frédéric de
experiências com as mesas
girantes e falantes – 19.2

Roustan, Sr., magnetizador
sessões na casa de * com Allan
Kardec – 32.5, nota

S

Sänger, Philippine, médium
fenômenos físicos de Bergzabern – 4.4
filha de Pierre Sänger – 4.4

Sänger, Pierre, alfaiate
manifestações físicas – 4.3

Sardou, Victorien, dramaturgo
adesão ao Espiritismo – 8.1; 8.3
encontro com Allan Kardec – 8.3
encontro com madame Ruth-
Celine Japhet, médium – 8.3
experiências com as mesas girantes – 8.1
Georges Montorgueil – 8.1
Jean Goujon, astrônomo – 8.2
médium e espírita fervoroso – 8.3
membro da Academia Francesa – 8.1
Spiritisme, peça – 8.1

Saulcy, Louis Félicien de, arqueólogo
  carta do * ao marquês de Mirville – 19.3
  lições das mesas girantes – 19.7
  retratação com relação as mesas girantes e falantes – 19.3

Sausse, Henri
  Biographie d'Allan Kardec – 8.3, nota; 31.9, nota; 31.10, nota
  cadernos de comunicações dos Espíritos – 31.9, notas

Sauvons le genre humain, livro
  Victor Hennequin – 16.34

Schauenberg, C. H.
  Tischrucken und Tischkloppen: eine Thatsache, livro – 4.8

Schiff, Moritz, fisiologista
  fenômeno oculto dos espíritos batedores – 22.10

Schrenck-Notzing, Dr.
  Phénomènes phsiques de la médiumnité, Les – 9.15

Schumann, Clara
  esposa de Robert Alexander Schumann – 11.2, nota

Schumann, Robert Alexander, músico
  interesse pelas mesas girantes – 11.1, nota; 11.2, nota
  mediunidade auditiva – 11.1
  sintoma de loucura – 11.3

Sciences occultes au XIX siècle — Les Tables tournantes et les manifestations prétendues surnaturelles, Les, artigo – 21.6

Sébille, general
  ata da experiência com mesa de bilhar – 9.2

Séguin, Marc, engenheiro
  carta endereçada ao abade Moigno – 9.9
  encontro com Eugéne Montgolfier – 9.9; 9.10
  experiência com a mesa – 9.10
  membro correspondente do Instituto de France – 9.9
  nova carta endereçada ao abade Moigno – 9.11

Seita dos Espíritos, A, artigo
  Diário de Pernambuco, jornal – 15.7

Ser invisível *ver* Espírito

Serizay, conde
  ata da experiência com mesa de bilhar – 9.2

Shakespeare, William, Espírito
  resposta de * a uma pergunta de Victor-Marie Hugo – 16.21; 16.28

Shields, General James
  petição sobre os fenômenos espiritualistas – 23.3

Sibour, arcebispo de Paris
  teoria da reminiscência ou do reflexo do pensamento – 20.10, nota

Siècle, Le, jornal
  fenômenos de movimentos e levantamentos de mesas – 5.3

Sights and sounds, the mystery of the day, livro
  Henry Spicer – 18.3

Silva, Inocêncio Francisco da
  Dicionário bibliográfico português – 15.15, nota

Simon, Gustave
  Chez Victor Hugo, livro – 16.10

Sistema diabólico
  perda do crédito e adeptos – 26.9

Sjevernaja Ptschelà, jornal russo
artigo do sábio Tscherepanof
– 10.6, nota

Sociedade de Física e História Natural de Genebra
Marc Thury – 21.10

Sociedade Dialética de Londres
Comissão para examinar os fenômenos do Espiritualismo – 21.8

Sociedade para a Difusão do Conhecimento Espiritual
fundador Carlos Partridge – 23.5, nota

Sociedade Real de Londres
Jean Bernard Léon Foucault – 14.6, nota
Michael Faraday, químico – 14.2

Sombra do Sepulcro
comunicação em versos e prosas – 16.25, nota
entidade espiritual – 16.20
página do Espírito Galileo – 16.21, nota
resposta da * às censuras de Victor-Marie Hugo – 16.26
respostas da * às perguntas de Victor-Marie Hugo – 16.22

Somnambule, Le, livro
manifestações espititóides – 30.3

Somnambulisme, des tables tournantes et des médiums, considérés dans leurs rapports avec la théologie et la physique; examen des opinions de MM. de Mirville et de Gasparin, Du, livro
abade Jean Baptiste Almignana – 20.6, nota
fenômenos das mesas girantes e falantes – 20.9
Revue Spirite – 20.6, nota

Sonambulismo
Apt, cidade francesa – 9.5, nota
comentário do padre Jean-Baptiste-Henri Dominique Lacordaire – 20.7
defensor do fenômeno do *, Dr. Francisco Ferreira de Abreu – 29.3

Sonâmbulo
assistência de um ser desconhecido – 30.1
comunicação em línguas estranhas – 12.2
fenômenos de efeitos físicos – 30.3
indicação da moléstia – 15.9
intervenção de um agente exterior espiritual estranho – 30.2
manifestações espititóides – 30.3
proibição da Igreja Católica – 20.12
seres espirituais agindo sobre a alma – 30.1
visão sem ser pelos olhos – 29.3
voz no fundo do epigastro – 30.1

Soymonof, Anne Sophie *ver* Swetchine, Mme Spicer, Henri, escritor
fenômenos de materialização, levitação – 18.5
Sights and sounds, the mystery of the day, livro – 18.3

Spirit Manifestations, livro
John Worth Edmonds, jurista – 23.5

Spiritisme devant la science, Le, livro
Gabriel Delanne – 21.5, nota

Spiritual Telegraph
Partridge, Sr. – 2.4, nota
primeiro periódico espírita do mundo – 2.4, nota
Samuel Byron Brittan, reverendo – 2.4, nota

Spiritualism, livro
John Worth Edmonds, jurista – 22.2

Spiritualiste de la Nouvelle-Orléans, Le
Allan Kardec – 32.4

Spiritualistes d'Amérique, Les, artigo
   L'Univers, jornal francês – 2.5

Stone, G. W., editor
   Exposition of Views respecting the Principal Facts, Causes and Peculiarities involved in Spirit Manifestation, An, obra – 3.3

Strauss, David Friedrich
   Vida de Jesus, A, livro – 4.2

Stroumbo, Sr.
   carta de * à revista Cosmos – 12.3; 12.4, nota
   professor de Física na Escola Real Militar – 12.3
   professor de Física na Universidade de Atenas – 12.3

Sully-Prudhomme *ver* Prudhomme, René Armand François

Swedenborg, Emanuel
   visões – 1.1

Swetchine, Mme. *ver* Soymonof, Anne Sophie
   carta endereçada à * por Jean-Baptiste-Henri Dominique Lacordaire – 13.4, nota

T

Table Parlante, La, jornal
   experiências dirigidas por pessoas católicas – 26.4, nota
   relato do conde Gasparin sobre a reprodução do trabalho de um sábio – 27.3, nota

Table qui danse et table qui répond, expériences à la portée de tout le monde
   brochura traduzida do alemão – 10.1

Table turning delusion, The, artigo
   Michael Faraday – 14.4

Tables Parlantes et des Esprits Frappeurs, Des, artigo
   Émile Littré – 32.5

Tables tournantes au point de vue de la mécanique et de la physiologie, Des, livro
   Jaques Babinet, físico – 21.3

Tables tournantes considerées au point de vue de la question de physique générale qui s'y rattache, Les, livro
   Marc Thury, professor – 25.8, nota

Tables tournantes de Jersey, Les, livro
   setenta atas das sessões – 16.10

Tables tournantes et du panthéisme, Des, livro
   E. Bénézet – 27.5

Tables tournantes, artigo
   Cosmos, revista – 9.11
   Francisco Moigno, abade – 9.11

Tables tournantes, du surnaturel en général et des esprits, Des, livro
   ata da sessão do * sobre o movimento das mesas girantes – 14.12, nota
   comentário do jornalista Félix Mornand – 14.12
   Agénor de Gasparin, conde – 10.2, nota; 10.4, nota; 14.6; 14.12, nota; 14.13, nota; 17.3; 18.8, nota; 21.9, nota; 22.7; 26.2, nota

Tables tournantes, les femmes pirouettantes, les chapeaux pivotants, les pendules inteligentes, Les, artigo
   Cosmos, revista – 9.8
   Francisco Moigno, abade – 9.8

Tachet, pastor
   experiência com a mesa de freixo – 10.4

Taillandier, Saint-René, literato
experiência com as mesas girantes – 8.1
Membro da Academia Francesa – 8.1

Tallmadge, Nathaniel Pitcher, senador
carta à Sra. Sarah Helen
Whitman – 2.6, nota
carta sobre a escrita direta,
pneumatografia – 20.5, nota
ex-governador do território
de Wisconsin – 23.1
membro da Sociedade para a Difusão
do Conhecimento Espiritual – 23.5
petição sobre os fenômenos
espiritualistas – 23.2, nota
Spiritualism, livro – 22.2

Taylor, W. G. Langworhy
Katie Fox and the Fox-Taylor Record – 2.4

Telegrafia espiritual
David S. Fox – 1.2
Isaac Post – 1.2
primeira comunicação – 1.2, nota

Tennent, Emmerson, *Sir*
carta de William Crookes – 14.19

Terceira Revelação
chegada da * na Europa – 3.1
introdução do processo da escrita – 13.1

Tertuliano
Apologeticum – 6.4, nota

Teste, Alphonse
intervenção de um agente exterior
espiritual no sonâmbulo – 30.2

Thierry, Eduardo
carta de Victor-Marie Hugo – 16.14

Thompson, Henrique, *Sir*
simpatizante dos fenômenos
espiritistas – 3.5

Thury, Marc
experiência com as mesas
girantes – 25.9, notas
membro da Sociedade de Física e
História Natural de Genebra – 21.10
*Tables tournantes considerées au
point de vue de la question de
physique générale qui s'y rattache,
Les*, livro – 25.8, nota; 32.2

Tiedeman-Manthèse, filósofo
experiências com as mesas
girantes – 8.1, notas

*Tischrucken und Tischkloppen:
eine Thatsache*, livro
C. H. Schauenberg – 4.8

Toledo, Demétrio de, jornalista
*Revista Internacional de Espiritismo
Científico* – 8.1; 16.1, nota

Torres-Solanot, visconde de
demônio e mesas girantes
e falantes – 20.10
Primer Congreso Internacional
Espiritista – 2.3

Toussenel, Alphonse, literato
experiência com a mesa de
pé *de galo* – 7.8

Traité de Métapsychique, livro
Charles Richet, fisiologista – 14.15,
nota; 14.18; 16.25, nota;
16.39, nota; 17.1, nota; 25.3,
nota; 25.8, nota; 25.12, nota
considerações sobre os movimentos
das mesas girantes – 14.18

Traité des Superstitions, livro – 25.4
Pierre Lebrun, padre – 25.4

Tristan, I. de, conde
experiências com as mesas
girantes – 19.3

Recherches sur quelques effluves terrestres, livro – 19.3

Tscherepanof, sábio russo
artigo do * no jornal *Sjevernaja Ptschelà* – 10.6, nota

Sonho, Um, narrativa
Victor-Marie Hugo – 16.12, nota

U

Underhill, A. Leah (Fox)
Missing link in Modern Spiritualism, The, livro – 1.2

Union Médicale, jornal
Amédée Latour, Dr., redator-chefe – 19.9
publicação das cartas de Louis Félicien de Saulcy – 19.9

Univer, jornal
descoberta de Satã em pessoa numa mesa de jantar – 20.3, nota

V

Vacquerie, Auguste, poeta
Émile Girardin, Sra. – 16.2, nota
incentivo de * na participação de Victor-Marie Hugo nas mesas falantes – 16.10
Miettes de l'histoire, Les, livro – 16.3, nota; 16.6, nota; 16.7, nota; 16.8, nota
relato das experiências com as mesas girantes – 16.2, nota
resumo das doutrinas reveladas pela mesa de Marine-Terrace – 16.30

Valay, Jacques
anotações encontradas por * sobre os fenômenos espíritas – 16.27, nota

Vangerow, Karl Adolph von
observações junto às mesas girantes – 4.7

Varinha divinatória
adesão de Louis Figuier à teoria de Micuel Chevreul – 25.7, nota
Bíblia – 25.2
explicação para os movimentos – 25.2, nota; 25.3, nota
filosofia dos fins do século XVII – 25.2
Igreja Católica – 25.2
Michel Chevreul, químico – 25.5
Pierre Lebrun, padre – 25.4
remota antiguidade – 25.2

Varley, Cromwell, físico
Comissão para exame dos fenômenos do Espiritualismo – 21.8
membro Sociedade Real de Londres – 21,8

Vauquelin, Louis Nicolas, Sr.
experiência com as mesas falantes – 12.1

Véran-Sabran, literato
experiência com a mesa de pé de galo – 7.8

Verrier, Hippolyte, adjunto
ata da experiência com a mesa de bilhar – 9.2

Victor Hugo et les fantômes de Jersey, in La Revue de Paris, livro
Henri Guillemin, Sr. – 16.38

Victor Hugo, Spirite, livro
Paulo Berret – 16.15, nota

Vida de Jesus, A, livro
David Friedrich Strauss – 4.2

Vidente de Prevorst, A, livro
Justinus Kerner, Dr. – 4.111
Revue des Deux Mondes, revista – 4.2

Vie douleureuse de Schumann, La, livro
  Victor Basch – 11.1

Vie glorieuse de Victor Hugo, La, livro
  Raymond Escholier – 16.31, nota

Visconde de Santo Amaro *ver* também
  Almeida, João Carlos Álvares de
  primeiro que atraiu a atenção de
  Robert Dale Owen para os
  fenômenos espíritas – 22.3, nota

Viviers, bispo de
  carta pastoral com histórico sobre
  as mesas – 20.3, nota
  index das mesas girantes – 20.3

W

Wallace, Alfred Russel, naturalista
  Comissão para exame dos fenômenos
  do Espiritualismo – 21.8
  membro Sociedade Real de
  Londres – 21,8

Wanderer, jornal
  experiência com as mesas girantes – 10.1

Wantuil, Zêus
  síntese histórica dos primórdios
  do Espiritismo – 32.14

Wasielewski, Wilhelm Joseph von,
  violinista
  Robert Schumann, eine biographie,
  livro – 11.1, nota

Weatherhead, David
  manifestações das mesas – 3.6
  fundador do jornal *Yorkshire
  Spiritual Telegrap*h – 3.6

Weekman, família
  Hydesville, aldeia – 1.2

Wells, David A., professor da
  Universidade de Harvard
  manifestação de força
  inteligente – 2.3, nota

Whitman, Sarah Helen, Sra.
  carta do governador Nathaniel
  Pitcher Tallmadge – 2.6, nota

William Shakespeare, livro
  Victor-Marie Hugo – 16.37, nota

Willis, Nathaniel Parker, jornalista
  conversão ao Espiritualismo – 23.2, nota
  registro das adesões ao Espiritualismo
  Moderno – 23.2

X

Xavier, Francisco Cândido
  *Brasil, coração do mundo, pátria do
  evangelho*, livro – 15.9, nota

Y

Yorkshire Spiritual Telegraph, jornal
  fundação – 3.6

Yorkshireman, The, jornal
  experiências com as mesas – 3.6

Young, Thomas
  teoria das ondulações da luz – 17.2

Z

Z., Espírito protetor
  Allan Kardec – 31.10, nota
  identificação – 31.10

Zéfiro, Espírito
  protetor de Allan Kardec – 32.10

Zoepfl, Henrich, jurisconsulto
  observações junto às mesas girantes – 4.7

Zöllner, Johann Karl Friedrich
  sábio alemão
  passagem da matéria através
  da matéria – 5.2

FEB editora
Livro espírita para um novo mundo
www.febeditora.com.br
@febeditoraoficial
@febeditora

Conselho Editorial:
Carlos Roberto Campetti
Cirne Ferreira de Araújo
Evandro Noleto Bezerra
Geraldo Campetti Sobrinho – Coord. Editorial
Jorge Godinho Barreto Nery – Presidente
Maria de Lourdes Pereira de Oliveira
Miriam Lúcia Herrera Masotti Dusi

Produção Editorial:
Elizabete de Jesus Moreira

Revisão:
Jorge Leite de Oliveira
Patrícia Mendes

Capa, Projeto Gráfico e Diagramação:
Thiago Pereira Campos

Foto capa:
Acervo Reformador

Normalização técnica:
Biblioteca de Obras Raras e Documentos Patrimoniais do Livro

Esta edição foi impressa no sistema de Impressão pequenas tiragens, em formato fechado de 140x210 mm e com mancha de 110x178 mm. Os papéis utilizados foram o Off white 80 g/m² para o miolo e o Cartão 250 g/m² para a capa. O texto principal foi composto em fonte Adobe Garamond Pro 12/14 e os títulos em Adobe Garamond Pro 28/30. Impresso no Brasil. *Presita en Brazilo.*